智元微库
OPEN MIND

成长也是一种美好

AI 客户服务

创造前所未有的客户体验

The AI Revolution
in Customer Service
and Support

A Practical Guide to Impactful Deployment
of AI to Best Serve Your Customers

[美] 罗斯·史密斯（Ross Smith）
[西] 梅特·库比诺（Mayte Cubino）著
[美] 艾米丽·麦肯（Emily McKeon）

吴涛 杨锦芳 刘永鑫 芮苏英 译

人民邮电出版社

北京

图书在版编目（CIP）数据

AI 客户服务：创造前所未有的客户体验 /（美）罗斯·史密斯（Ross Smith），（西）梅特·库比诺（Mayte Cubino），（美）艾米丽·麦肯（Emily McKeon）著；吴涛等译. -- 北京：人民邮电出版社，2025.
ISBN 978-7-115-67590-3

Ⅰ . F719-39

中国国家版本馆 CIP 数据核字第 2025MP6876 号

版 权 声 明

◆ 著 [美] 罗斯·史密斯（Ross Smith）
　　　 [西] 梅特·库比诺（Mayte Cubino）
　　　 [美] 艾米丽·麦肯（Emily McKeon）
　 译 吴 涛 杨锦芳 刘永鑫 芮苏英
　 责任编辑 刘艳静
　 责任印制 周昇亮
◆人民邮电出版社出版发行　　　北京市丰台区成寿寺路 11 号
邮编 100164　电子邮件 315@ptpress.com.cn
网址 https://www.ptpress.com.cn
天津千鹤文化传播有限公司印刷
◆开本：787×1092　1/16
印张：27.5　　　　　　　2025 年 8 月第 1 版
字数：519 千字　　　　　　2025 年 8 月天津第 1 次印刷
著作权合同登记号　图字：01-2024-5715 号

定　价：129.00 元
读者服务热线：（010）67630125　印装质量热线：（010）81055316
反盗版热线：（010）81055315

推荐序
当客服不再只是客服

说起客户服务，很多人的第一反应可能是排队等电话、机械的标准话术，或是那些让人哭笑不得的智能客服对话。长期以来，客服部门在公司里就像是"救火队"——只有出了问题才被想起，平时基本被忽视。

但这种情况正在改变。

前几天我和一位朋友聊天，他说现在给银行打电话，AI 客服不仅能准确理解他的需求，还能主动提醒他一些可能遗漏的业务。"感觉比以前的人工客服还贴心。"他这么说。这让我意识到，我们可能正在见证一个转折点。

《AI 客户服务：创造前所未有的客户体验》这本书，就是在这样的背景下诞生的。作者没有停留在"AI 工具有多厉害"的表面，而是深入探讨了一个更根本的问题：当技术真正融入服务，我们该怎么重新理解客户关系？

书中的 6Ds 框架特别实用。它不是那种听起来很厉害但无法落地的理论，而是真正可以指导企业一步步搭建智能服务体系的方法。从最初的战略规划到最后的持续优化，每个环节都有具体的操作指南。

书中最打动我的，是作者的一个观点：AI 的价值不在于替代人，而在于让人做更有价值的事。想想看，当 AI 可以处理 90% 的标准化问题时，客服人员就能把更多的精力放在那些真正需要人情味、需要创造性才能解决的复杂问题上。这不是威胁，而是解放。

当然，技术永远只是工具。真正决定服务质量的，还是企业对客户的态度和理解。AI 可以让响应更快，但让客户感受到被重视，依然需要人的智慧。

读这本书的过程中，我一直在想：十年后的客户服务会是什么样的？也许到那时，我们再也不会把"客服"当作一个独立的部门，而是把它看作企业与客户建立信任关系的核心。

这本书既有实操价值，也有思考深度。如果你正在考虑如何用 AI 改善客户体验，或者想了解这个领域的发展趋势，我推荐你认真读读这本书。

它不会告诉你标准答案，但会帮你问出更好的问题。

谢东

北京电子数智科技有限责任公司　首席技术官

译者序

人工智能浪潮席卷全球，正以前所未有的速度、广度和深度改变人们的生产生活方式，对全球经济社会发展和人类文明进步产生深远影响。2024年下半年，我们收到了来自人民邮电出版社智元微库文化发展有限公司的翻译邀约，期待能做好出版社精挑细选的《AI客户服务：创造前所未有的客户体验》这本书的翻译工作。随同寄来的还有已经出版的《AI启示：智能世界的新质技术先机》（以下简称《AI启示》）。由于《AI启示》出版后市场反响很好，我们四位译者也被寄予厚望。大家期待我们可以超越前者，再创辉煌，能够将这份"大餐"在保留原汁原味的同时，重新烹制成"本地中餐"带给广大中文读者。

珠玉在前，我们所背负的期望和压力清晰可见，自然不敢稍有懈怠。我们四位译者均于京沪两地外资企业工作多年，从事计算机和互联网的研发工作。有人是始终奋斗在一线的资深技术人员，有人多年从事研发管理工作，还有人从事互联网行业洞察咨询相关工作，因此，我们在技术、语言或者文字能力方面均有积累。出于对互联网行业的热爱以及对文字工作的兴趣，我们在工作之余从事与本行业相关的文化知识传播，并乐在其中。在人工智能深入改变每个人生活的时代来临之际，我们将这本书的翻译工作看作我们在工作之外的另一个舞台，也是参与人工智能革命的一次机会。欣然于在直接从事人工智能研发工作之外，还可以在文化领域担当人工智能普及的推手，我们接受了这次翻译工作。

下面，请允许我们向你推荐这本书。

不同于大多数介绍人工智能的技术书籍，本书着眼于人工智能在企业与行业内的推广，它从对人工智能的高度抽象和概括的介绍谈起，详细阐述了将人工智能引入企业或行业的方法论体系，之后讨论了在组织机构中引入人工智能可能会面临的思想、文化和管理上的挑战以及应对方法，最后描绘了人工智能行业推广的愿景以及对领导力提出的新挑战。这不是一本讲述人工智能的技术图书，因此本书面向的读者群非常广泛，既可以是企业或行业的领导者和决策者，也可以是对人工智能在企业中的应用感兴趣的读者，甚至是关心人工智能与社会和人文环境关系的读者。技术是本书的依托，但并不是重点。虽然书中有一两个小节涉及人工智能的基础概念，但是直接跳过完全不影响阅读。此外，图书的书名虽然是"AI 客户服务：创造前所未有的客户体验"，但是书中针对客户服务行业的专门内容并不多，因此完全可以将其作为一本人工智能在企业内落地的指导手册来阅读。

本书的内容按如下方式展开。

本书的第一部分讨论了人工智能在协助提供高质量客户服务和支持体验方面的实际应用，以及如何将人工智能集成到你的支持组织中。

第 1 章从技术角度去探寻机器学习和人工智能的历史和应用过程，从而帮助解释它们如何工作以及在客户服务和支持行业中的潜在应用。在第 2 章中，更深入的技术讨论可以帮助你获得对人工智能背后的机制的一个基本了解，从而了解人工智能的能力和局限性。第 3 章进一步讨论了在客户支持业务中，使用人工智能最有裨益的领域。通过确定人工智能可以在你自己的业务中产生重大影响的关键领域，你可以有效地优先布局你的资源。

本书的第二部分探讨了如何将人工智能这个强大的工具一步步用于现实，即使用 6Ds 框架将人工智能整合到客户支持组织中去。

第 4~7 章首先高屋建瓴地指出创建一个稳健的愿景和战略规划的重要性，进而描述了在人工智能部署的探索阶段、设计阶段和开发阶段需要着重考虑的"点"和"面"，以确保人工智能在企业的顺利落地。从第 8 章开始，本书则阐述了在评估阶段、交付阶段和正式使用后的检测阶段需要关注的核心点，为人工智能在企业的落地过程保驾护航，提供理论依据和可实操的全方位建议。

这部分内容通过详细的人工智能设计、创建、训练、部署等一系列的战略规划，帮助构建、落实模型，赋能支持团队，提升客户支持体验，全面拥抱人工智能时代的到来！

本书的第三部分深入探讨了将人工智能集成到客户支持业务时必须考虑的因素，以及它们所带来的影响；同时指明以客户支持指标为基准去衡量人工智能集成的影响和成败，其中既要包括人工智能模型的效率和精准性，也要包括客户满意度和支持人员的参与度。在运营中整合人工智能需要仔细考虑，并在效率和高质量的人际互动之间取得平衡。最后，该部分深入探讨了客户支持角色随着人工智能技术的发展会如何演变。

本书第四部分探索了如何在接受新的人工智能技术的过程中，使用游戏化的方式来培训客户服务人员，改变其已有的工作方式和观念，以及如何面对变化，找到新的职业发展契机，从而避免被变革淘汰。最终，帮助组织通过集成人工智能去提升整体客户体验，并能够在卓越客户服务方面树立新标准。第 16 章介绍了如何使用游戏化的方式去

帮助人们学习和适应新的人工智能时代，提升学习热情和学习效果。第17章指明了领导者在人工智能时代进行思考、决策并带领组织成功转型所需的领导力。第18章通过7种可能的情景来探索客户服务与支持工作的未来。第19章总结了当前应对已然来临的人工智能时代所取得的经验，并展望了成功应用人工智能的组织后续需要持续考虑和建设的内容。

译者虽均在互联网行业从业多年，也见证和参与了这近10年人工智能技术飞速发展、应用并逐渐普及的历程，但是在翻译本书的过程中仍觉得受益匪浅，因为它系统详尽且高屋建瓴地综合阐述了在企业中推广应用人工智能技术的指导思想和行为规范，帮助我们从思维模式到企业文化和组织架构等方面全面武装，帮助企业在新一轮科技革命中立于不败之地，甚至引领潮流，做变革的倡导者。

本书不仅仅涉及人工智能技术，其内容还涉及经济、文化、法律、历史甚至心理学。译者虽然殚精竭虑，但是难免百密一疏。如有差错，敬请批评指正！

祝你阅读愉快！

吴　涛　杨锦芳　刘永鑫　芮苏英

前言

从早期的电话总机和邮件通信，到当今数字时代的全渠道支持平台，客户服务技术的发展历程就是一部进化史。这一历程反映了在为客户提供支持和提高其对产品的忠诚度的过程中，人们对效率、个性化服务和满意度的不断追求。在人工智能重新定义客户互动和满意度参数的时代，我们的使命是确保你——作为客户服务核心的专业人士——能充分掌握在这一变革环境中进行导航并发挥引领作用所需的信息和资源。

多年来，我目睹了我们通过跨行业合作取得的显著进步。在将人工智能融入客户服务框架的过程中，先驱者们提出了大量真知灼见。如果我们在这些成功经验的基础上再接再厉，继续推进我们的集体思考和创新，我们就能更好地为客户服务。我们每个人都在促进伙伴关系方面发挥着重要作用，能够将技术、客户服务等领域的顶尖人才聚集在一起，分享见解、探讨挑战并交流成功经验。

在客户服务历史上，我们从未像现在这样需要跨组织合作。通过共享学习环境，我们可以探索新兴技术的潜力，确保客户服务行业能够跟上技术变革的步伐，并在其中处于领先地位。我们的目标是为你提供所需的知识、资源、工具和智慧，助力你利用人工智能提升客户服务能力，同时保持我们行业一贯的人性化服务。

在瞬息万变的客户服务和支持领域，我们走在最前沿，并引领着技术进步的每个阶段。我们将本书视为客户服务与支持领域专业人员的指南，因为他们直接处于提供卓越客户服务与运用尖端人工智能技术的交汇点。

我们认识到，技术进步可能令人振奋、鼓舞人心，也可能令人心生畏惧、望而却步。本书旨在为那些在新领域中探索的人提供指引，在传统的客户服务专业知识与人工智能的技术细节及其细微差别之间架起一座桥梁。

作为客户服务与支持的专业人员，我们在为组织提升品牌忠诚度和客户满意度的过程中发挥至关重要的作用。这个行业有着丰富的传统和深厚的人际关系，如今正处于人工智能带来的变革时代的风口浪尖。随着人工智能技术重新定义了客户服务与其他领域的界限，在不同领域间分享见解、探讨挑战并交流解决方案已变得弥足珍贵。这种知识共享加快了人工智能融入客户服务实践的步伐，并确保了人们能够更广泛地了解人工智能对各种客户接触点的影响。

虽然人工智能在客户服务与支持领域的出现，为我们带来了变革性的创新和无限机遇，但这场变革不仅仅是将创新技术融入我们的行业。它重新定义了客户服务的本质和可能性。人工智能会成为一个强大的工具，更重要的是，它会成为一个重要的合作伙伴，能与客户建立更深层次、更有意义的联系。人工智能具有实时分析庞大数据集的潜力，可以达到以前难以想象的服务定制水平，提供个性化解决方案、预测性支持，并实现跨越多个支持渠道的无缝交互。

通过技术专家、客户服务专家和商业领袖之间的合作，精心打造创新的人工智能解决方案，并深入了解客户互动中的人性化层面，这将为行业的卓越性树立新的标杆。

本书充分体现了协作精神，旨在让读者全面了解人工智能对客户成功领域的影响。通过总结广泛的经验教训和观点，本书提供了一个独特的视角，阐述了如何在整个服务业范围内利用人工智能。它全面概述了人工智能技术的前沿应用、道德考量和未来发展轨迹，是支持专业人员寻求驾驭这个新时代复杂性的不可或缺的资源。

我鼓励我们所有人建立一个合作生态系统，共同应对挑战，并将取得的成功作为整个行业的里程碑来庆祝。我们是各自领域的专家，在进入人工智能新时代时，通过利用卓越实践经验，将创造前所未有的客户体验。在应用人工智能的过程中，我们会面临并克服共同的挑战，例如，道德考量、数据隐私和劳动力适应等。应用人工智能是一个战略机遇，只有通过强有力的合作并保持开放的对话，我们才能不断学习，最终在这个快速发展的环境中取得集体成功。我想邀请行业领导者、创新者和一线专业人员携手合作，利用人工智能提升客户体验、简化运营流程，并在组织与客户以及组织与组织之间建立持久的关系。

人工智能不仅能优化客户服务，还能帮助我们积极重塑客户服务。通过共同努力，我们可以改变我们的行业，使其更高效、更敏捷、更富有同情心，并与每个客户的需求连接起来。

欢迎加入这场革命——《AI 客户服务：创造前所未有的客户体验》！我很高兴能助力开启这个合作的新时代，在人工智能技术的帮助下，我们将建立一个光明的未来。

J.B. 伍德

技术服务行业协会（TSIA）

总裁兼首席执行官

目录

《 注释 ────────────────────────●

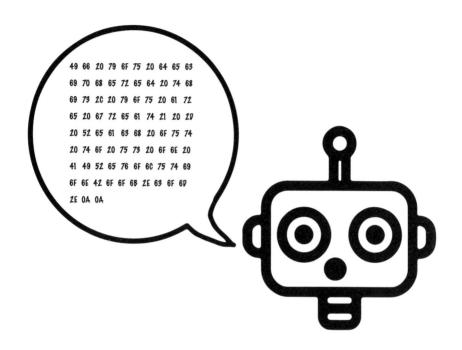

第一部分

人工智能及其在客户服务和支持中的应用

在本书中，我们会讨论人工智能在协助提供高质量客户服务和支持体验方面的实际应用，以及如何将人工智能集成到你的客户支持组织中。我们知道客户服务和支持是业务成功的关键一环，将人工智能融入你的客户服务和支持业务确实是一个变革性的转变，它可以在留住客户、提高客户忠诚度和品牌美誉度方面发挥作用。这场变革可以重新定义你的企业与客户的互动方式，并开启曾经无法企及的机会之门。

然而，在深入探讨如何在你的客户支持组织内构建和部署人工智能模型的细节之前，我们希望通过讨论将人工智能集成到你的客户支持组织中的机会，对人工智能和机器学习进行更多的技术研究，并检查在你所从事的支持业务中人工智能可能产生影响的领域。

通过讨论人工智能在客户服务和支持中的集成机会，我们的目标是强调人工智能在简化业务运营和提升客户参与度的人为因素方面所具有的潜力。人工智能可以快速分析大量数据，提供见解以帮助人类与客户互动，从而实现更加个性化和主动的体验。

在从技术角度去探寻机器学习和人工智能的历史和应用的过程中，我们将探索这些技术的复杂性，从而帮助解释它们如何工作以及在客户服务和支持行业中的潜在应用。第 2 章"生成式人工智能和数据科学机器学习概述"中更深入的技术讨论是一个可以精读、泛读或跳过的部分，它不会影响你对本书中其他内容的阅读感受。然而，我们相信，对人工智能背后的机制有一个基本的了解，可以帮助你了解它的能力和局限性，并为你提供信息，帮助你赢得行业内外其他人的信任。

我们将进一步讨论在你的支持业务中，使用人工智能最有裨益的领域，为战略整合和实施人工智能提供路线图。人工智能可以应用到客户服务的许多领域，包括在问题出现之前进行预测分析、将客户交给最合适的人来协助解决问题的智能路

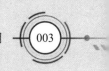

由、处理日常查询的聊天机器人，以及在几秒内为人工客服提供详细的故障排除指南。通过确定人工智能可以在你自己的业务中产生重大影响的关键领域，你可以有效地优先布局你的资源。

人工智能有潜力提升客户服务的方方面面。你可以通过促进客户服务专家和人工智能进行紧密的合作，来充分发挥二者各自的优势，为客户提供无缝和令人满意的体验。这样做，你将确保技术能够提供更好的支持，而不仅仅是更快的支持。感谢你加入我们的旅程！

第1章

人工智能革命的种子

一位英雄从日常世界勇敢地进入一个超自然的神奇区域：在那里遇到了传奇般的力量，取得了决定性的胜利；英雄带着这种力量从神秘的历险之旅中归来，赐福于他的人民。

——约瑟夫·坎贝尔《千面英雄》(*The Hero With a Thousand Faces*)

变革最初的火花可以发展成为一场强大的运动，这场运动会挑战现状，并要求深刻的社会变革。

这不是我们今天的处境，当代版的种子是由技术变革播下的。

人工智能革命源于希望和机遇。它将为全人类打开一扇神奇的大门，并开启新的机遇。人工智能可以助力医疗保健、预测气候变化、推动消除疾病。对于客户服务和支持而言，这同样是一场巨变。客户将以前所未有的方式体验到全新的、更好的支持。

客户服务和支持概述

由于各行业和组织在客户支持领域使用术语的复杂性和巨大差异，本书将使用许多可互换的术语，除非特别指出，否则它们在使用上不存在明显差异。这些可互换的术语以及它们当前的定义包括：

- 部门条款（Department terms）
  - **客户服务**（Customer service）：客户服务是指公司向购买或使用其产品或服务的人提供的帮助和建议。[1]
  - **客户支持**（Customer support）：客户支持包括旨在帮助客户正确使用产品和解决问题的消费者服务。它可能涉及为产品的规划、安装、培训、故障排除、维护、升级和销毁方面提供协助。[2]
  - **客户关系**（Guest relations）：客户关系是一种管理公司与客户的互动并向他们提供信息和帮助的方法。[3]
  - **帮助台**（Help desk）：帮助台是一个部门、团队或个人，它通常为电子设备或计算机问题提供帮助和信息。[4]
  - **客户关怀**（Customer care）：客户关怀是指个人、团体或企业对待客户的方式。[5]

- 业务角色（Business roles）
  - **组织**（Organization）：组织是一个实体，例如，公司、机构或协会，由一个或多个人组成，并具有特定的目的。[6]
  - **公司**（Company）：公司是一个自然法人实体，由一群为实现共同目标而共同努力的人组成。[7]
  - **企业**（Business）：企业是指从事商业、工业或专业活动的组织及企业实体。[8]

- ■ 行业（Industry）：行业是指根据主要业务活动划分的相关公司群体。[9]

- ● 支持人员角色（Support staff roles）
  - ■ 支持工程师（Support engineer）：支持工程师是专业人员，负责提供与产品、服务或软件相关的技术援助、排除故障，同时提供解决方案，从而确保最佳功能和用户满意度。[10]
  - ■ 客户服务代理（Customer service agent）：客户服务代理是与客户互动的人员，负责协助客户、处理咨询、解决问题或促成交易。[11]
  - ■ 客户服务代表（Customer service representatives, CSR）：客户服务代表与客户互动，处理和解决投诉，处理订单，并提供关于某一组织的产品和服务的信息。[12]
  - ■ 客户关系助理（Client relations associate）：客户关系助理是指每天与客户互动、建立关系、提供服务，并帮助客户与公司之间建立信任的人员。[13]
  - ■ 一线服务交付（Front-line service delivery）：一线服务交付人员是在工作场所直接与客户或顾客互动的人，通常是客户或公众与组织之间的主要联系点。[14]

此外，不同的交付方法和支持渠道之间也有明显的区别，我们将在下文中加以阐述。在大多数情况下，除非有必要区分的与生成式人工智能（Generative AI, Gen AI）应用相关的差异，否则我们将认为这些方法和渠道是等同的。

本书旨在为客户服务和支持专业人员提供实用指导和最佳实践案例，帮助他们在组织内部采用和部署生成式人工智能模型，最大限度地转化人工智能的成果，并发挥其优势。我们通过自己的经验以及与业内专业人士的多次访谈和交流，探讨了生成式人工智能在客户支持场景中当前和未来的应用，期望能为读者提供一本关于如何在这一变革时代开始工作的平衡且具有教育意义的指南。

有效的客户服务和支持

在探讨有效客户支持的要素时，我们将简要介绍客户支持的重要性、支持战略、客户如何获取支持和与客户支持互动，以及一些关键的衡量领域。这将为我们提供一个理解基础，然后我们会在本书中继续探讨生成式人工智能的部署会如何影响其中的许多要素。

这些关键要素既是整个支持行业衡量成功的共同标准，也是领导层在确定服务的有效性时会密切关注的。

任何组织中，都有许多不同类型的角色。例如，在零售业，有采购员、制造商和销售人员等。非营利组织中，可能有筹款人、说客、网站设计师和社区组织者等。软件和服务开发领域中，有工程师、产品设计师、销售和营销人员等。在银行和金融业，有与投资、会计、账户管理等相关的职位。

客户支持几乎是每个行业的共同角色。公司设立这些职位的目的是解决客户关心的问题，并积极提升和保持客户满意度，以促进业务增长和增进业务关系。让100%的客户在100%的时间内满意是企业值得追求的目标，但这是不现实的，它受到无数不可控因素的影响。这些因素可能包括产品问题的固有不可预测性，例如，产品缺陷或兼容性挑战及其对客户的潜在影响，也可能包括这些问题的复杂性及其对人员配置、组织健康等的影响。这些因素又因客户群的多样性而变得更加复杂：客户群的期望值、时限、满意度的文化标准、背景、业务环境和需求各不相同。

以一家致力于为老年人提供设备的非营利医疗保健组织为例。它的客户包括医院、养老院、个人病人、政府机构和其他非营利实体。这种广泛的客户群要求我们采取战略性的方法。

面对这种多样性，企业面临着一个选择：是在前期投入大量资金去预测并满足客户的各种可能需求，还是采取更加务实的方法。许多组织选择了后者，即在产品发布后建立一个客户服务和支持系统，以灵活地弥补初期产品的不足，或帮助客户解决与产品相关的问题。这种务实的方法往往源于意识到创造完美的产品是一项艰巨的挑战，需要经验和适应性学习。

如今，几乎所有行业都面临着激烈的全球竞争，一个出色的客户服务和支持系统可以决定一家公司的成败。它通常被视为产品问题与客户满意度之间的第一道防线。此外，优质的客户支持体验还能为客户与公司之间的关系增添价值，从而建立客户对公司的信任和忠诚度。信任和忠诚度有助于公司留住客户和巩固品牌的市场声誉，从根本上保护它们免受竞争的影响。此外，满意的客户更有可能提供有价值的反馈和见解，促进产品改进和创新，从而推动组织的长期发展和成功。

品牌形象对任何组织的成功都至关重要，它受到客户服务质量和一致性的高度影响。积极的品牌形象归因于不断增长的声誉和客户群、客户购买决策，以及最终客户对品牌本身的忠诚度。

留住客户对公司的盈利和未来增长也至关重要。根据许多已公开发表的研究报告，获取新客户的平均成本是留住老客户的成本的四到五倍。

由于营销和广告成本高昂，努力保持客户忠诚度比投入资源不断寻找新客户更经济。赛富时（Salesforce）的研究表明，在从某公司获得高质量的客户服务体验后，91%的客户更有可能再次从该公司购买产品。[15] 我们都知道，那些对产品、服务本身或客户支持有过良好体验的满意客户自然更有可能向亲朋好友推荐该公司，从而帮助企业客户群实现持续增长，而无须增加营销和广告费用。营销和广告活动还可以利用社交媒体渠道了解客户对公司及其产品和服务（包括客户支持）的体验，以提高促销活动的针对性，达到留住客户的目的。

虽然有些人可能会认为客户支持是一个小众话题，但我们却不敢苟同。事实上，Assistly[①] 公司的亚历克斯·巴德说："客户服务远不止是一个'小众'话题——在我看来，公司的存在就是为了服务客户，因此，我们可以利用客户服务软件解决大量重要而有趣的问题。"[16]

社交媒体对公司的声誉和品牌起着非常直接的作用。客户现在有很多渠道来表达他们对品牌的看法和体验。客户服务可以成为品牌声誉正反两方面的放大器，客户可以提供他们从公司获得支持服务的直接经验，从而影响其他人对品牌的选择和看法。高度重视客户的公司会优先提供卓越的客户服务体验，以帮助巩固品牌声誉。

当一家公司取得成功时，它拥有稳固且不断增长的客户群和良好的品牌声誉，这些对员工士气的影响也不容忽视。当员工为自己工作的组织感到自豪时，他们的士气也会蒸蒸日上。当他们将以客户为中心视为公司的核心价值时，就会进一步弘扬整个组织层面的乐于助人与协作的精神。员工满意度和客户满意度是息息相关的，在组织内部它们往往是互惠互利的关系。满意的员工更有可能致力于提供更好的客户服务和支持。作家兼演说家西蒙·辛克说过："只有员工先爱上公司，客户才会爱上公司。"

客户服务团队，尤其是支持人员，是客户与企业之间关系的核心。客户服务团队的职责是及时为客户提供卓越的支持。训练有素的员工掌握着技能、知识和工具，他们能够切实有效地为客户提供帮助，这对品牌形象的提升大有裨益。感受到被重视的客户会更满意并最终更忠诚于品牌。

提供卓越客户服务和支持的策略

在这个竞争激烈的世界里，各个组织都在不断寻求能够获得竞争优势的方法。顶级

---

① 本书中提及的外国工作室、公司、品牌等较多，其中，有官方中文译名的机构或品牌，本书使用其中文译名，而没有官方中译名的机构或品牌，本书则保留其外语原名。——编者注

的客户服务和支持可以帮助公司超越其他同行。组织可以利用多种策略来帮助自己超越客户的期望。

技术与解决速度

在过去的几百年里，技术在我们的日常生活中变得越来越重要，并在过去的 100 年里呈指数级发展。随着交通引擎、通信电话和几乎无所不能的计算机的出现，我们依靠技术更加方便快捷地完成了许多日常任务。技术革命也影响了客户服务和支持领域，使企业能够使用各种方式与客户进行连接，以满足客户的不同需求。

随着技术持续发展并被大多数人轻松掌握，客户会通过多种方式与企业打交道，他们也变得越来越没有耐心，一旦遇到问题通常期望立即得到解决方案。无论是遇到产品问题，还是账户信息问题，甚至是一个基本问题，大多数客户首先会去尝试在互联网和公司网站搜索、访问技术论坛或在产品帮助版块中寻找答案。他们已经为快速找到答案投入了精力。公司更愿意通过实时客户支持、提供更多技术解决方案，来快速处理客户的许多咨询，例如，技术诊断、即时消息、即时聊天、简易电话回拨方法或人工智能解决方案等。人工智能技术还具有更多优势，包括轻松实现全天候"24/7"的多语言、多时区的便捷支持。此外，人工智能通常可以更轻松、更快速地解决日常咨询问题，甚至可以在客户意识到问题之前主动解决问题，从而提高客户满意度。

以同理心交付

解决咨询问题并不是提供优质客户支持体验的唯一重要方面。如何提供客户支持往往被认为比解决问题本身更重要。

韦氏词典将同理心定义为"理解、意识到、敏感并间接体验他人（another）的感受、想法和经历的行为"。[17] 截至本文撰写时，虽然该定义中没有提到"另一种（another）生物"，但它暗示"另一种"（another）是指有感情、思想和经历的人或物。我们不会为数据中心过热的服务器或掉进泳池里的手机感到难过。然而，我们可能会对一只在寒风中瑟瑟发抖的狗感同身受。具有讽刺意味的是，我们会为断臂的维纳斯雕像[18]、崩塌的岩层或干涸的河床感到悲伤或失望，但同理心并不等同于同情。尽管维纳斯失去了双臂，但她的面容平静、安详，神态自若。我们可以感受到她脸上的平静，但我们不会同情她失去双臂。这座雕像可以打动我们，但我们不会像对丢失文件的顾客或从鱼缸里跳出来的金鱼那样产生共鸣。

虽然在这里讨论这个问题可能显得过于深奥，但它非常重要，因为同理心将在人工智能与客户的成功互动中发挥巨大作用。你是否遇到过在致电客服时被搁置的情景？可能会有一个机器人或录制的声音向你解释你的电话有多么重要，以及它们多么感谢你能耐心等待真人来帮你解决问题。你可能很不相信机器人或录音真的关心你或你的等待时间。你想要的是更有同理心的人工服务。从事客户支持的员工一定是受过培训才上岗的，他们能够对客户的情况表现出真正的同理心，这有助于让客户感受到自己被倾听和被重视。

为了强调同理心这一点，全美娱乐公司（All American Entertainment）的创始人兼首席执行官格雷格·弗里德兰德表示："当你自上而下建立起一种同理心文化，让你的团队真正关心你所服务的客户时，不仅上述陈述会成为第二天性，而且你的客户也能从每一次交互中感受到真诚。每一次与客户的交互都是展现真诚关怀和理解的机会。"[19]

个性化和定制访问

更进一步，与客户建立更个性化的连接往往能带来更有意义的互动，并进一步培养客户对品牌的信任和忠诚度。Zendesk 的撰稿人帕特里克·格里夫认为："个性化服务是根据客户的个人需求和偏好提供量身定制的客户体验。个性化通常会让客户感觉自己更受重视，从而激发更高的品牌忠诚度。"[20]

个性化可以从简单地知道客户的姓名，到更深入地了解技术细节，例如，知道设备标识或域名。如果客户觉得自己与服务提供商之间存在某种关系，他们会对服务体验感觉更好。许多酒店或信用卡的忠诚度计划都为其精英客户提供专门的客户服务电话号码。图 1-1 显示了美国运通（American Express）为其白金卡持卡人提供的热线联系资料。

美国运通

全球协助热线

全球协助热线全天候为你服务。我们可以帮助你在出发前为旅行做好准备——提供针对你的目的地的重要信息。当你的旅行地点距离你在美国的住所超过 100 英里①时，只需拨打一个电话，我们就会为你提供协调和帮助服务，例如，遗失护照补发协助、翻译服务、行李遗失协助以及紧急法律和医疗转诊服务等。

图 1-1　美国运通热线

图 1-1 就是一个量身定制的客户支持体验的范例，它确保了为白金卡持卡人提供独

---

① 1 英里 ≈1.61 千米。

一无二的服务。通过个性化和量身定制的服务，人工智能可以为组织带来巨大的收益。例如，它可以根据客户账户的历史记录来提供回复。如果客户第二次致电来寻求帮助，希望解决他们曾经遇到的问题，人工智能可以将本次需求与历史支持和账户记录结合起来，而这可能是当今人类无法做到的。客户支持领域的人工智能是一个令人兴奋的具有未来探索和创新价值的领域。

知识

人工智能的另一个主要应用领域是知识。在前面的章节中，我们讨论了培训客户支持人员对客户情况感同身受的好处。虽然在客户评价其整体支持体验时，知识和同理心往往是相辅相成的，但随着人工智能进一步渗透到客户支持场景中，对这两个领域分别进行评估将是非常有趣的。同理心是人类始终当主角的领域，而知识则是人工智能会不断完善的领域。

知识可被定义为"通过经验或联想获得的熟悉事物的事实或条件"。[21] 为了解释知识在客户支持场景中的重要性，这里有三个简单的例子。

- 你的家人正在游览一个著名的主题公园，你 5 岁的孩子有紧急需要。你找到公园的工作人员，询问最近的洗手间在哪里。他们的回答是"我不知道"。

- 你刚刚度过了一个愉快的假期，游览了你所见过的最令人惊叹的荒野。你拍下了精彩的自然风光照片、与另一半的合影、与老鹰和熊的邂逅——这真是史诗般壮丽的美景，你的手机里充满了美好的回忆。你想把这些照片保存到计算机上，但每张照片都出现了"未找到文件"的错误。你疯狂地在互联网上搜索解决方案，当这无济于事时，你就给客户支持人员发短信。在问题还是得不到解决后，你直接给他们打电话，希望他们能帮助你保存这些珍贵的照片，他们的回答是"我不知道"。

- 你在下班后参加了一个筹款活动，那些需要帮助的人的处境令你动容。第二天醒来，你决定捐款。你找到了该组织的网站，但捐款方式并不直观。网站上有一个聊天选项，于是你选择了它，并询问该如何捐款，得到的回复是"我不知道"。

这些场景和许多其他场景都强调了知识丰富的团队的重要性。没有知识渊博的客户支持人员，客户的需求就永远无法被完全满足。主题公园的洗手间并不会经常更换位置，但软件服务却可能每天都在变化，因此，无论是人类还是人工智能，提供给客户的任何知识都必须是最新的、准确的，否则，这就等同于"我不知道"，甚至比"我不知道"更糟糕。

客户如何获得支持

技术进步在公司特定的客户支持服务及其提供方式方面也发挥了重要作用：从最早期、最基本的与客户联系开始，到为客户提供面对面的支持，进一步推进到人工智能提供的解决方案。美国著名百货公司诺德斯特龙（Nordstrom）的首席执行官埃里克·诺德斯特龙谈到，专注于客户是他们的首要任务。他说："首先，也是最重要的，是专注于客户。每个人都这么说，但我们的目标就是让顾客感觉良好。我们从更贴近顾客的角度来考虑这个问题，在根本上让产品更贴近顾客，并提供一对一的服务，这对我们来说一直很重要。"[22]

客户获取支持的方式因行业、竞争、公司偏好或客户需求的不同而大相径庭。许多公司提供多种接入点以保持竞争力，从而控制成本以及满足客户的不同需求。

以下是几个不同的客户支持接入点。

- **主动支持**：主动支持是客户支持服务的黄金标准。如果出于任何原因需要支持，最好的解决方案是让组织主动知道问题已经发生或即将发生，并在客户发现之前解决它。你能想象永远不需要寻求任何形式的支持，一切都能按预期运行或自动修复的感觉吗？虽然这很理想，但不太现实。不过，随着人工智能等技术的进步，通过先进的遥测技术和其他方法，这种主动支持的设想和其他类似的设想现在已经成为可能。

- **自助服务选项（常见问题解答与知识库）**：对于大多数现代客户支持组织而言，"自助服务"是首要任务。直接通过产品提供帮助，可以减少客户到别处搜索的需求，帮助客户更容易找到解决方案。如果我们将其从理论上跟本章前面提到的主题公园洗手间的例子进行类比，这可能意味着整个公园内都有醒目、易读的洗手间标识。如果无法直接在产品或服务中找到支持，组织通常会提供其他途径，让客户轻松找到信息并获得帮助。这可能包括面向公众的客户支持文档，它经过适当标记以方便网络搜索；一个可以轻松搜索到的公司网站能提供很好的帮助资源或直接的软件诊断服务，以供客户自主解决问题。如今，借助 ChatGPT 和其他人工智能解决方案，组织正在寻找新的、高效的方法来提供客户支持解决方案，从而避免许多客户支持电话必须被拨出。再次回到主题公园洗手间的类比，最好的自助服务选项可能就像为客户提供地图一样简单。这样做的目的是在客户最有可能看到的地方提供知识并帮助他们自助解决问题。

- **社交媒体和社区论坛**：正如人们聚集在城镇广场和咖啡馆分享信息和解决难题一样，社交媒体和社区论坛也是类似的知识传播中心。公司可以通过社交帖子和评论来控制客户支持信息，并对问题做出一次性回应，这种做法通常能够覆盖全球受众。社区论坛可以利用成千上万人的专业知识，为可能的解决方案提供想法，这在本质上是众包援助。

- **实时聊天和即时消息**：如果客户自己或通过社交网络无法快速得到所需的帮助，或者喜欢更直接的个人互动，他们就会转而寻求组织的客户支持。实时聊天和即时消息解决方案是一种方便的、更加个性化的方式，它们可以快速引导客户解决问题。以上选项对许多商业场景和更简单的客户支持场景都很有效，而且现在混合了人工智能模型，使它们比以往任何时候都更具成本效益。

- **电话和电子邮件支持**：许多客户喜欢直接与人交谈或沟通，或者拨打支持热线已经成为他们现阶段的唯一可行选择。全美娱乐公司创始人兼首席执行官格雷格·弗里德兰德在谈到他在客户服务方面的心得时说得最好。他的观点是，并非所有沟通都是一样的，电话往往比电子邮件更有效。[23]当客户选择与人通电话时，安抚客户的心理非常重要，这会极大地提升客户满意度。人与人之间的互动能提供舒适感、信任感和解决问题的能力感，而自动系统回复或书面沟通可能无法提供这些感受。

  虽然支持热线并不总是解决问题的最快选择，但它可以通过富有同情心（希望如此）的专业客户支持人员的参与以及他们会尽快解决你的问题的保证，来改变你对当前情况的看法。虽然电子邮件支持可以独立进行，但它通常与电话支持配合使用，这成为客户支持专业人员跟进进展的简单方法，并为需要较长时间才能解决的支持问题提供状态更新。

- **面对面服务和支持**：提供面对面服务和支持的组织数量正在迅速减少。过去几年，许多公司不得不将客户服务转移到线上来重塑其业务模式。虽然许多店面和其他企业已经重新开放线下柜台去面对面地接待客户、销售产品或为客户提供产品体验，但客户服务通常不再是实体店的一部分，实体店也不再提供面对面的客户支持，客户现在只能通过其他渠道去获取服务和支持。

衡量客户支持成功与否

衡量成功的标准多种多样，这取决于你希望得到的结果。在客户服务和支持方面，一些企业可能更关注解决问题的速度，而另一些企业可能更愿意关注客户支持体验，而不管问题解决需要多长时间。企业在决定什么对它们最重要时，会考虑多种因素，包括服务成本和品牌声誉。尽管大多数人都认为客户满意度是衡量客户支持是否成功的最终标准，但影响客户满意度的许多因素并不相互矛盾。

- **客户满意度 / 不满意度**：要始终满足所有客户的需求越来越难。你在世界何处、有哪些可用的客户支持渠道、是否需要更加深入地搜索答案、在客户支持队列中等待多长时间、最终与谁进行了支持聊天或通话、他们如何与你互动以及你的问题是否得到解决，这些都会影响你对客户支持是否成功的评价。客户所面临问题的影响和严重程度（业务、工作、生活），会直接影响客户满意度。如果问题不大，很容易解决，那么客户更有可能对快速、省事的解决方案感到满意。反之，如果问题重大，破坏了客户的体验或造成严重不便，例如，支付平台瘫痪并给客户造成重大经济损失，或者给客户带来极大的干扰和不便，那么即使提供的客户支持体验是一流的，出现客户不满意的情况的概率也会高得多。问题的不可预测性会对客户满意度产生复杂和多方面的影响。虽然这些问题会带来挑战，但它们也为公司提供了机会：通过有效和高效地处理和解决问题，展示其对客户支持的承诺，与客户建立信任，并最终提升客户满意度。

- **客户等待时间**：美国客户满意度指数（American Customer Satisfaction Index，ACSI）的一项研究发现，客户等待时间确实会影响顾客满意度得分。如果客户需要等待的时间超过预期，他们对整体体验的满意度会降低18%。此外，即使等待结束，对体验的任何不满也不会消失。[24]麻省理工学院的研究人员进行的另一项研究发现，等待服务时间超过10分钟的客户不太可能向他人推荐该产品。那些等待时间较长的客户也更有可能在网上留下负面评论。[25]

- **及时解决问题**：如前所述，在通常情况下，当客户寻求帮助时，他们已经尝试过自己排除故障、解决问题或自我回答，他们可能重启设备、使用网络搜索等自助资源、查看企业网站，甚至可能咨询朋友。因此，当他们联系专业支持人员时，他们已经花了一些时间试图解决他们的问题或疑惑，并希望客户支持能帮助他们将一切恢复如初。虽然最有效的支持是无须支持，但次好的方法是快速而有效地解决问题。

- **首次联系解决率**（First Contact Resolution, FCR）：不仅解决问题所需的总时间很重要，解决问题所需的总人数也很重要。回到之前"我不知道"的类比，根据问题的复杂程度，客户可能无法立即得到能够直接解决问题的人员的帮助。在提供解决方案之前，专业支持人员可能需要与其他同事联系以获得更多帮助，或者将聊天、呼叫转移到不同的支持部门或更高级、技术含量更高的支持部门。客户支持中转接的质量对客户体验和客户满意度至关重要。这需要有效的沟通、无缝的转接、一致的服务以及对高效解决客户问题的共同关注。如果做得好，即使是涉及多人的复杂支持问题，也能带来积极的客户体验和更高的客户满意度。反之，则会破坏客户体验，因为此过程可能会丢失信息，反复要求客户重复信息和操作步骤，这可能会导致客户感到失望并失去对组织的信任。

- **客户情绪**：客户在整个问题处理过程中的感受会影响到他们的整体客户体验，并最终影响他们对品牌的认知。虽然客户可能会因为无法自行找到解决方案而感到沮丧，也可能会因为他们的问题通过电话支持得到快速解决而欣喜，但并非所有情绪的权重都是一样的。客户最关心的问题，以及他们在客户支持服务中可能遭遇的良好体验或不顺利，都将影响他们的总体情绪得分，并转化为对品牌的正面、中立或负面的情绪。

客户支持面临的挑战

不同行业和不同客户支持渠道的组织在客户支持方面所面临的挑战通常是相似的。你可能会遇到因需求未得到满足而恼怒的客户，或者遇到因客户选择的求助渠道不同而遭遇不同的支持质量的情况，还可能面临自动化与人工互动之间的平衡问题。所有这些都会影响客户与企业的互动体验以及他们对品牌的认知。

- **处理难缠或愤怒的客户**：每个客户都是不同的，他们与公司打交道的方式也不尽相同。客户有着不同的看法、经历和期望。我们都知道，要始终满足每位客户的需求是多么的困难。优秀的客户支持人员会将同理心、耐心和问题解决结合起来，以帮助安抚最愤怒的客户。人工智能可以通过帮助预测客户痛点、分析客户沟通模式、提出最佳解决方案和与客户共情，并通过情感分析衡量情绪来进一步协助客户支持人员，从而有可能通过缓和局势来改变糟糕的体验。通过将人工智能无缝集成到支持交互的工作流程中，可以扭转许多人质疑的态度，带来更积极的客户体验。

- **保持各种渠道的一致性**：由于公司所采用的客户支持渠道众多，要确保所有客户交互体验的一致性非常困难。真正的挑战在于，无论客户选择哪种渠道去获得支持帮助，都要确保他们有无缝的个性化体验。鉴于人工智能能够在相对较短的时间内分析大量数据，因此，人工智能非常适合用于监控和报告跨渠道响应差异。此外，机器学习算法可以根据过去的互动情况预测客户的期望，从而为提供更加统一和个性化的交互体验铺平道路。在人工智能的帮助下，企业可以在所有支持渠道中实现其所期望的对客户支持服务的一致性体验。

- **平衡自动化与人际互动**：人工智能和流程自动化在提升公司为客户提供支持的能力方面具有很多的优势。它们可以协助处理重复性任务、根据以往的交互去预测客户的疑问、管理基本的客户查询、为客户问题提供快速解决方案，同时分析大量的客户互动数据，所有这些都有助于提高支持交互的一致性和业务效率。然而，有时客户希望通过人际互动来获得更深层次的理解和共鸣。这时，从人工智能和自动化流程转到人际互动就显得尤为重要，而且这种情况往往出现在问题复杂且不易解决的时候。

渴望变革和改进

如上所述，人工智能在客户服务和支持领域的集成存在许多机会。几乎客户支持的每个方面都可以从更高程度的人工智能集成或更高水平的流程自动化中获益，从而直接改善客户体验。虽然公司可能希望整合技术解决方案以改变许多客户支持的运营和操作，但这样做的复杂性可能阻碍其实现最佳的客户服务和支持。

数据质量和可用性

人工智能模型依赖于大量高质量的数据来为客户查询提供准确、相关的回应。任何不完整的、过时的、不一致或有偏差的数据都可能导致糟糕的回应和不理想的结果。这就是我们常说的"垃圾进，垃圾出"（GIGO）。在后面的章节中，我们将深入讨论客户支持组织如何努力确保它们所部署的人工智能模型能被适当地索引、审查，以及组织如何对其准确性进行持续监控。

进步的织布机

我们的故事从 16 世纪开始。这是一个关于创新、恐惧与兴奋的故事，令人惊叹的是技术进步及其广泛的影响——不仅仅是对技术本身，还有对人类、商业、文化和全球变化的影响。

由于英格兰羊群众多，曼彻斯特市开始发展成为羊毛市场。这种发展持续了几十年，曼彻斯特市最终成为纺织品的故乡。随着 18 世纪 60 年代"珍妮机"（手摇纺纱机）的出现，纺织品制造进一步推动了纺织业的发展，并引入了其他类型的纱线，例如棉纱。棉花通过利物浦港从印度进口，沿默西河和艾威尔河（连接各城镇的河流）漂流而上，推动曼彻斯特市不断发展壮大，最终因其蓬勃发展的贸易而被昵称为"棉花之都"。

1790 年，一个温暖的春日，两位女士步行去曼彻斯特市一家虚构的工厂上班。玛丽从事的工作被称为"纺纱"。在 18 世纪，一旦棉花被"梳理"，纺纱工就会把它纺成线。然后，织布工会把线缠绕起来，织成布。玛丽是工厂里最好的纺纱工之一。虽然她是在珍妮机出现之后开始纺纱的，但她也学会了操作水力纺纱机和纺车——这是她学会使用的另外两项发明技术。伊丽莎白的角色不同，她是一名织布工。她们边走边聊，伊丽莎白聊起她听说埃德蒙·卡特莱特发明了一种叫作"动力织布机"的新装置。

结果，伊丽莎白听到的传言在当天就成真了。当她们到达工厂时，那里一片骚动，人山人海。在伊丽莎白职业生涯的早期，理查德·阿克莱特曾在曼彻斯特市的米勒街开设了第一家蒸汽动力纺织厂，她对那段时间以及那家纺织厂如何改变了她的工作记忆犹新。她感到胃里胀鼓鼓的，这是因为她担心引进新机器可能会再次改变她的工作。

当两人穿过人群时，她们第一次瞥见了那个闪闪发光的新东西——这是所有骚动的焦点。那的确是一台动力织布机，而且就安装在她们自己的工厂里。玛丽跟在伊丽莎白身后。她更年轻、经验更少，不知道该如何看待这个新成员。它是敌是友？是机会还是威胁？在熙熙攘攘的人群中，她们各就各位，开始了一天的工作。当一天结束时，在工厂的一个角落里，这个闪闪发光的新东西似乎在看着她们工作，又好像在计算着它的下一步行动。

下班后，她们走在回家的路上，玛丽问伊丽莎白是否担心动力织布机会抢走她的工作。伊丽莎白在休息时和她的上司谈了谈，了解了更多关于这台机器能做什么的信息。她的脸上露出了严峻的神情："玛丽，"她说，"那台机器是来抢走我们的工作的。"玛丽惊慌失措："等等，什么？"

伊丽莎白继续介绍说，这台机器可以完成十个纺纱工人的工作，而且只需要一个人每小时更换一次线轴。这样一来，玛丽的工作就没有了。伊丽莎白还谈到了自己的压力，因为机器的速度要快得多，她必须跟上节奏。如果她能做到这一点，有了这台机器，她的总体生产率将是没有机器时的两倍。这也意味着，如果她跟不上，她将成为不再被需要的那一半织布工之一。

如果这台机器真的能完成十个玛丽和一个伊丽莎白的工作，她们的生活将从此改变。

技术集成与兼容性

一个组织的底层技术架构对于应用人工智能解决方案至关重要，它超越了客户支持领域。然而，在客户支持领域，客户关系管理（Customer Relationship Management, CRM）系统、聊天平台、语音助手和报告工具等都会影响人工智能的部署内容和方式，以优化客户支持体验。例如，许多传统系统可能与人工智能解决方案不兼容，它们需要进行重大改动才能实施这项新技术。这可能会增加部署成本，并影响整体客户支持体验，以及影响员工如何与旨在协助他们日常工作的人工智能解决方案进行互动。鉴于我们看到的生成式人工智能的快速发展，企业必须考虑清楚它们对人工智能集成的渴望是什么，以及如何使人工智能与当前的和未来的技术架构配合，并迅速考虑未来的创新。

这同样适用于知识管理的概念，本章曾强调过知识管理是任何人工智能模型取得成功的关键因素。在你准备配备人工智能模型并让它学习必要的知识以满足你的需求时，数据的结构化或格式化等概念会对模型的性能和项目的成功产生重大影响。

人才与组织文化

正如我们将在本书中稍后讨论的那样，随着对人工智能解决方案需求的增加，新的角色也会出现。许多组织可能没有能够设计、开发、部署和维护人工智能解决方案的内部员工。由于技术太新，拥有足够的技术人员来满足日益增长的需求还需要一些时间。此外，在引入人工智能的过程中，还需要进行变革管理。许多员工和管理人员不愿意参与，因为他们可能需要改变工作方式和与客户支持工具的交互方式。许多人觉得人工智能会取代他们的工作。因此，努力消除误解并将人工智能融入组织文化有助于员工克服困难，并将人工智能解决方案视为其工作的推动力。

技术进步以无数种方式改变了我们的生活，包括我们如何参与客户服务和支持。尽管人工智能将在所有客户服务和支持渠道中发挥越来越重要的作用，但它无法取代富有同情心和知识渊博的人类来解决最复杂的问题。客户支持的目标始终是满足客户需求、超越客户期望并最终建立客户忠诚度。

我们正在经历着对客户服务和支持领域进行人工智能革命的困难时期，技术将在同理心和效率之间架起一座桥梁。这一变革时代有望颠覆并重新定义客户支持服务，使其比以往任何时候都更加个性化、更容易获得以及更有能力解决客户问题。当我们播下人工智能革命的种子时，我们不仅在改变服务方式，还在利用这一创新技术重塑客户支持服务的本质和特性。通过本书，我们希望与你携手合作，利用人工智能创造一个未来——每一次客户互动都建立在人类与机器的理解和关怀之上。这仅仅是个开始，请邀请你的人类同胞，让我们一起踏上这场变革之旅！

第 2 章
生成式人工智能和
数据科学机器学习概述

你可能老去，身体会颤抖；你可能夜不能寐，听着血管紊乱的声音；你可能失去挚爱之人；你可能看到你周围的世界被邪恶的疯子蹂躏，或者知道你的荣誉被践踏——学习吧。了解世界为什么运转，什么使它运转。只有这样，心灵才永远不会枯竭，永远不会疏远，永远不会被折磨，永远不会恐惧或怀疑，也永远不会后悔。对你来说，学习是唯一的事情。看看有多少东西需要学习。

——T.H. 怀特

欢迎阅读我们人工智能革命之旅中技术含量最高的一章。与本书其他章的内容不同，本章深入探讨了数据科学技术的历史和细节，这项技术为当今客户服务和支持领域的人工智能革命提供了动力。在本章中，我们将详细探讨生成式人工智能、机器学习、各种语言模型、强化机器学习和提示工程等概念。本章深入探讨了人工智能在改变客户支持的基础方面的技术细节。

不过——这一点很重要——你不一定非要阅读本章才能从之后各章中获得最大收获。你的技术部的同事可能知道或了解本章中的主题，或者你的合作伙伴或供应商可能可以帮助你构建和部署人工智能解决方案。你不一定非要了解如此详细的内容，才能带领你的组织部署人工智能。我们认识到，并非每个人都能自如地驾驭这一更为复杂的领域，但这并不影响你对本书其他内容的阅读和理解。

然而，我们觉得，如果不把这项技术作为本书的基础部分进行详细介绍，那将是我们的失职。本章不会取代无数的课程、论文、书籍、理论、算法以及关于这项快速发展的技术的其他细节。本章可以略读，以了解推动人工智能革命基本发展的潜在因素；如果你有兴趣，也可以了解需要详细探索的更多内容。

如果你是一名客户服务和支持领域的专业人员，渴望在你的企业中利用人工智能，但又不太精通技术术语，那么请明了本章并不是理解并采用本书其他章节所概述的宝贵见解和步骤的先决条件。它旨在为那些希望进一步探索的人提供更深入的理解。跳过这一章并不会削弱你在工作中有效使用人工智能的能力。

本书其余部分的设计也考虑到了你的需要，侧重于实际应用、部署策略和真实场景，不需要深厚的技术背景就能理解。不过，如果你想成为一名领导者，向你的团队或供应商询问他们对人类反馈强化学习（Reinforcement Learning from Human Feedback, RLHF）的理解和应用，你可能需要进行调查，以了解更多信息。

无论你是决定勇敢面对本章，还是翻过本章直接进入下一章，请放心，本章并不是成功部署人工智能的必读内容！祝你阅读愉快。

揭开人工智能技术的神秘面纱：未来一瞥

1947 年，阿兰·图灵发表了一次关于计算机智能的公开演讲——这是人工智能的最初概念。1950 年，他提出了图灵测试，这是一种基于自然语言对话的机器智能评判标准。1956 年，约翰·麦卡锡创造了人工智能一词，并在达特茅斯学院组织了首次人工智能会议。

20 世纪 70 年代和 80 年代，人工智能研究的重点是开发基于规则的系统，这些系统可以在医学、工程和金融等特定领域对人类知识和推理进行编码。这些系统被称为专家系统，可以执行需要人类专业知识的任务，如诊断、规划和决策。

20 世纪 80 年代末和 90 年代，人工智能的发展经历了从依赖预定义规则到从数据中学习的范式转变，使机器能够实现更高水平的智能和性能。机器学习（Machine Learning, ML）是人工智能的一个子领域，它能让机器从数据中学习并提高性能，而无须借助明确的编程。机器学习技术包括监督学习、无监督学习和强化学习，可应用于分类、聚类、回归和控制等各种问题。

在 2000—2019 年，随着深度学习的出现，人工智能经历了一次重大突破。深度学习是机器学习的一个子集，它使用多层人工神经网络，从大量数据中学习。2015 年是人工智能发展历史上的重要一年；欧洲围棋冠军杯冠军樊麾与 DeepMind 开发的计算机围棋程序 AlphaGo 之间举行了一场五局制围棋比赛。AlphaGo 五战全胜。深度学习在计算机视觉、自然语言处理（Natural Language Processing, NLP）、语音识别和机器人等多个领域取得了重大进展。一些著名的深度学习模型包括卷积神经网络（Convolutional Neural Networks, CNNs）、递归神经网络（Recurrent Neural Networks, RNNs）和 Transformer 模型，如基于 Transformer 的双向深层预训练模型（Bidirectional Encoder Representations from Transformers, BERT）[1] 和生成式预训练 Transformer 模型（Generative Pretrained Transformer, GPT）。[2]

2017 年，谷歌（Google）开发了 Transformer 模型，并发表了题为"注意力满足一切"（Attention Is All You Need）的论文。[3] Transformer 为 NLP 领域揭开了新的篇章。此后，世界各地的公司和研究人员纷纷建立了基于 Transformer 架构的大规模语言模型。

2020 年及以后，人工智能进入生成技术的新前沿，其目标是创建新颖逼真的内容，如图像、文本、声音和视频。生成技术使用生成对抗网络（Generative Adversarial Networks, GANs）、变分自编码器（Variational Autoencoders, VAEs）和大语言模型（Large Language Models, LLMs）等深度学习模型来生成与人类所创内容无法区分的内容。生成技术能够应用于多个领域，如艺术、娱乐、教育和通信领域。

生成式人工智能和语言模型

自然语言生成（Natural Language Generation, NLG）是生成技术中最令人兴奋和最具挑战性的领域之一，它可以根据给定的输入（如图像、关键词或提示）生成自然语言文本。NLG 技术有很多应用，包括生成摘要、翻译、对话、讲故事和内容创建。然而，NLG 也带来了许多技术和道德挑战，例如，如何确保生成文本的质量、多样性、连贯性和公平性。

NLG 的一个关键组成部分是语言模型（Language Model, LM），这是一种概率模型，可为单词或标记序列分配概率。语言模型可以根据词组的概率或通过评估现有文本的可能性对标记进行抽样，从而生成新文本。我们可以使用 RNNs 或 Transformer 等深度学习技术，在维基百科、书籍、新闻文章或社交媒体帖子等大规模文本数据集上训练语言模型。

统计语言模型（Statistical Language Models, SLMs）无法捕捉自然语言中的长期依赖关系或语义关系，这一缺陷突显了在构建这些模型时牢记责任和道德的重要性，正如本书通篇所讨论的那样。

语言模型的发展经历了几个阶段，反映了计算能力、数据可用性和算法创新方面的进步。语言模型主要分为四个发展阶段：统计语言模型、神经语言模型、预训练语言模型和 LLMs。[4]

- **统计语言模型**基于统计学习模型。其理念是基于 n 元语法（n-gram）假设构建模型，即一个词出现的概率只取决于其前面的 $n-1$ 个词，而不取决于句子或文档的其他部分。n-gram 是 n 个单词组成的序列，如"猫"或"大房子"。例如，预测"模型"一词出现在"大语言"一词之后的概率，可将其表示为 P（模型|大语言）。统计语言模型使用计数、平滑处理或插值法等技术，从文本数据语料库中估算出 n-gram 出现的概率。
  - **计数**：计数就是用语料库中 n-gram 的频率除以 n-gram 的总数。
  - **平滑处理**：平滑处理为计数添加了一些小值，以避免未见过的 n-gram 的概率为零。
  - **插值法**：插值法结合了不同 n-gram 的概率，如一元模型（unigrams）、二元模型（bigrams）和三元模型（trigrams），以平衡特异性和通用性之间的取舍。

平滑处理和插值法通常被用来缓解数据稀疏的问题。统计语言模型简单高效，但表达能力有限，无法捕捉自然语言中的长期依赖关系或语义关系。例如，统计语言模型无法区分"我去了银行"和"银行关门了"中"银行"的含义，也无法区分"她看到熊"和"她看到光秃秃的……"的语境。统计语言模型不能处理具有多重含义的单词的歧

义，如 bat（蝙蝠、球棒）、right（正确的、权利、右边）等，也不能处理序列中相距甚远的单词之间的影响，如"戴帽子的人"和"那顶帽子是红色的"。

- **神经语言模型**（Neural language models, NLMs）使用神经网络，如 RNNs 或 CNNs，来学习单词和序列的分布式表示，并根据前一个单词建立下一个单词的条件概率模型。神经语言建模领域的一项突破性成果是题为"一种神经概率语言模型"（A Neural Probabilistic Language Model）的论文[5]，该论文提出，在高维空间中将单词表示为连续向量，并根据上下文单词向量之和预测下一个单词出现的概率。许多研究为使用神经语言模型进行表征学习揭开了新的篇章，在 NLP 领域发挥了重要作用。例如，词向量模型 word2vec[6] 利用两种方法学习单词嵌入。

  - **通过连续词袋**（Continuous Bags of Words, CBOW）**利用上下文预测目标单词**：CBOW 就像一个猜词游戏，人工智能会根据周围的单词来预测目标单词。试想一下，一个句子中缺少一个单词，CBOW 通过查看周围的单词来猜测缺少的单词，从而帮助人工智能更好地理解语言。

  - **通过跳转模型**（Skip-Gram）**使用单词预测目标上下文**：Skip-Gram 就像一个字谜游戏，挑战在于找到相关的单词。当被给定一个特定的单词时，Skip-Gram 会尝试预测周围的单词，帮助人工智能掌握句子的上下文和单词之间的关系。[7]

    神经语言模型可以克服统计语言模型的一些局限性，能够捕捉更长的上下文和学习更丰富的特征，但它也有缺点，例如，需要更多的计算和数据，以及梯度消失或梯度爆炸问题。

- **预训练语言模型**（Pre-trained Language Models，PLMs）是一种使用迁移学习的模型。预训练语言模型首先在大量没有特定标签的文本数据上进行训练（这是预训练阶段）。之后，在特定任务或领域中使用更具体的数据对预训练语言模型进行微调（这是微调阶段）。这一过程可使预训练语言模型在各种应用中高效地理解和生成人类语言。如前所述，RNNs 有一些缺点和局限性，如难以学习长期依赖关系、出现梯度消失或梯度爆炸问题。此外，其计算具有顺序性，这妨碍了并行化，降低了效率。为了解决这些问题，研究人员提出了长短期记忆（Long Short-Term Memory, LSTM）模型，将其作为 RNNs 最流行、最有效的变体之一。LSTM 模型有一个特殊的结构，由三个门和一个单元状态组成，可以调节递归单元的输入、输出和遗忘操作。LSTM 模型可以根据当前的输入和之前的状态，即时同步更新单元状态和隐藏状态，然后在隐藏状态生成下一个单词或标记，从而生成自然语言文本。基于语言模型的词嵌入（Embeddings from Language Models, ELMo）基于 LSTM 模型，它可以生成与上下文相关的单词嵌入，即单词的向量表示，可以捕捉单词在不同语境中的含义和用法。传统的单词嵌入，如 word2vec 或词向量全局表征（Global Vectors for World Repersentation, GloVe），会为每个单词分配一个固定的向量，而不考虑其上下文；与此不同，ELMo 可以根据整个输入句子或文档动态计算单词嵌入，并使用双向 LSTM 模型对每个单词的上下文进行编码。预训练语言模型还采用了 Transformer 架构，这是一种基于注意力的神经网络，可以学习长距离依赖关系并实现并行计算。最有影响力的预训练语言模型包括谷歌开发的 BERT 和 OpenAI 开发的 GPT。基于预训练的上下文感知词汇表征，使这些模型显示出了显著的有效性和通用性，可以作为通用语义特征大大提高各种 NLP 任务的性能和效率。

- LLMs 是语言模型最新、最先进的阶段，旨在构建大规模、功能强大的语言模型，在极少或无监督的情况下生成跨领域、跨任务的自然语言文本。LLMs 依赖海量计算和数据，并使用复杂的优化和正则化技术，如自注意力机制（self-attention）、丢弃（dropout）或层归一化（layer normalization），来训练数十亿或数万亿个参数。LLMs 的一些最著名的例子是由 OpenAI 开发的 GPT-3、GPT-3.5（指令 GPT，Instruct GPT）、GPT-4 和 GPT-4o。

- GPT-3：GPT-3 是一个基于 Transformer 的模型，拥有 1750 亿个参数，只需输入几个单词或句子，就能生成各种主题和领域的连贯且多样的文本。

- GPT-3.5：2022 年，OpenAI 部署了 GPT-3.5，它在遵循指令方面表现得更为突出，编造事实的频率更低，产生的有害输出也更少。OpenAI 使用客户通过 GPT 自带的官方测试页面"Playground"提交的提示，聘请人类注释员对所需的模型行为提供示范，并对模型的输出进行排序。GPT-3.5 在 GPT-3 数据的基础上进行了微调。

- GPT-4：2023 年，OpenAI 发布了 GPT-4，一个拥有 1.8T 参数、16 个混合专家（Mixture of Experts, MoE）的模型，提高了模型的安全性并实现了多模态能力。然而，LLMs 也有局限性和风险，如产生不准确、有偏见或有害的内容，或者侵犯数据源的隐私或知识产权。

- GPT-4o：GPT-4o（"o"代表"omni"，即"全能"的意思）于 2024 年推出，它

是朝着更自然的人机交互迈出的一步——它接受文本、音频、图像和视频的任意组合作为输入，并生成文本、音频和图像的任意组合结果作为输出。它能在短短 232 毫秒内对音频输入做出反应，平均反应时间为 320 毫秒，与人类在对话中的反应时间相似。它在英语文本和代码方面的性能可与 GPT-4 Turbo 相媲美，在非英语语言文本方面的性能也有显著提高，同时在应用程序接口（API）方面速度更快，成本低 50%。与现有模型相比，GPT-4o 在视觉和音频理解方面尤其出色。[8]

LLMs 的出现和发展对人工智能社区和整个社会产生了重大影响，它们为自然语言理解（Natural Language Understanding, NLU）和生成带来了新的可能性和挑战。LLMs 可以被视为一种生成技术，它可以在极少或没有输入的情况下创造出新颖而有价值的输出，如图像、音乐、艺术或文本。人们可以通过汇集来自不同领域的研究人员和从业者，为 NLU 和生成创造新的范式和方法，促进跨学科合作和创新。

尽管 LLMs 和生成式人工智能取得了令人振奋的进展并产生了巨大影响，但仍存在许多神秘和不可预测的前景。LLMs 也存在一些风险。一旦从未经过滤和不具代表性的数据源中学习，或者被恶意行为者误用或滥用，它就可能会放大现有的偏见和危害，如延续刻板印象、造成歧视、传播错误信息或进行操纵。它还可能带来道德和法律困境，例如，通过暴露敏感内容或个人信息、侵犯版权或商标、生成欺骗性或有害内容等方式侵犯隐私、知识产权或人类尊严。此外，它还可能通过掩盖 NLG 的来源、过程和结果，或者通过制造利益、责任或权力冲突，挑战现有的规范和价值观，如问责制、透明度或信任。

LLMs 及其应用

如前所述，LLMs 使用一种称为自注意力机制的技术，以从网站、博客、社交媒体、新闻文章、书籍或学术论文等各种在线资源中收集的数十亿或数万亿个单词、句子、段落或文档作为材料进行训练，这使 LLMs 能够学习不同语言单元之间的上下文和语义关系。然后，LLMs 可以使用学习到的表征执行各种自然语言任务，如分类、总结、翻译、问题解答、情感分析或对话生成。它可以通过微调特定的数据集或领域，或者通过应用一种被称为"提示"（prompting）的方法来完成这些任务，这种方法向模型提供一些单词或句子作为输入或输出示例，然后让它推断出其余的内容。

LLMs 在 NLU 和生成方面表现出了非凡的能力，并取得显著成就，在某些任务中超越了以前最先进的模型，甚至超越了人类的表现。一些最著名、最有影响力的 LLMs 包括 GPTs、BERT、扩展自回归预训练模型（XLNet）、文本到文本转移变压器（T5）和图像生成大模型（DALL-E），它们是由 OpenAI、谷歌、脸书（Facebook）和微软（Microsoft）等领先的研究实验室和公司开发和发布的。LLMs 还促成并激发了各种应用和产品的创造与创新，如聊天机器人、智能助手、推荐系统、内容生成器、摘要器、翻译器、分析器或合成器等，这些应用和产品已被教育、健康、商业、媒体、娱乐或艺术等各行各业部署和采用。因此，LLMs 彻底改变了自然语言处理和生成领域，为研究、开发和产生影响开辟了新的可能性，带来了新的机遇。

LLMs 与客户支持

客户支持是 LLMs 的一个可能的应用领域，它涉及通过电话、电子邮件、聊天或社交媒体等各种渠道为客户、产品用户或服务用户提供帮助和指导。客户支持是任何企业或组织不可或缺的重要组成部分，因为它影响到客户满意度、保留率、忠诚度、拥护度、品牌声誉、收入和增长。然而，客户支持也是一项具有挑战性且成本高昂的工作，因为它需要雇用、培训和管理大量的人工客服，这些人工客服必须处理大量的查询、请求、投诉或反馈，这些查询、请求、投诉或反馈往往是重复的、琐碎的或复杂的，同时他们还要保持高质量的服务、高专业性和丰沛的同理心。

LLMs 可以通过改善或自动化客户支持的某些方面来为其中一些挑战提供解决方案，如回答常见问题、提供信息或说明、解决问题、收集反馈或评级、生成报告或摘要、升级案例或工单等。LLMs 可以利用其自然语言方面的能力，如理解、推理、生成或适应能力，根据客户的输入、个人资料、历史或偏好，以及产品或服务规范、相关政策或更新内容，提供个性化、情景化和高相关性的回复或操作。LLMs 还可以利用从互动中收集到的数据和反馈进行学习，并利用强化学习、主动学习或迁移学习等技术逐步提高其性能和准确性。此外，LLMs 还可以根据客户的语气、情绪或风格以及具体情况，在互动中加入对话、个性特色、情感或幽默等元素，从而增强客户体验感和参与度。

基于 LLMs 的开发、优化、本地化和个性化

随着科技领域的快速发展，技术和用户体验恰当地结合，就会产生巨大的颠覆性影

响。生成式人工智能的引入为智能产品开发带来了巨大机遇。除了培养人工智能在商业和实际产品中的能力，我们还必须确保服务的本地化和个性化，并始终秉持着明确的以客户为中心的意图和目标进行运营。

在将大规模生成式人工智能模型集成到产品中，并进一步优化、本地化和个性化时，组织可以采用多种策略。

大规模深度神经网络在研究和实际产品的大规模数据处理方面取得了显著的成功，表现出色。然而，考虑到成本、计算资源和内存容量等因素，将这些大规模人工智能模型部署到实际生产系统，尤其是移动设备和嵌入式系统中，仍然是一个巨大的挑战。教师 – 学生知识蒸馏框架（Teacher-Student Distillation）（见图 2-1）的主要目的是训练一个小型学生模型，使其可以模拟大规模教师模型，并具有同等或更优的性能。[9]教师 – 学生知识蒸馏法的一个优势是，当我们没有足够的标签数据时，教师模型可以在训练学生模型时帮助生成"伪标签"。然后，这些伪标签被用来训练较小的学生模型，帮助它学习和执行任务，就像在完全标记的数据集上训练一样。更简单地说，想象一下你在玩一款视频游戏，有一个非常难的关卡你打不过去。于是，你找来了一位专家朋友。

教师 – 学生知识蒸馏框架的三个主要组成部分包括知识、蒸馏算法和师生架构。

图 2-1 展示了两种人工智能模型。

- **教师模型**：教师模型就像一位专家朋友。它非常聪明，也很庞大，运行时需要很大能量。
- **学生模型**：和你一样，学生模型也渴望学习。它没有那么大的能力。

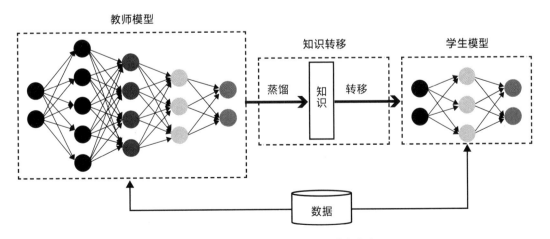

图 2-1　通用的教师 – 学生知识蒸馏框架

我们的目标是让学生模型向教师模型学习，而不需要学生模型具有那么强大的能力。在这一过程中，使用大量数据训练出来的教师模型会通过指导或 NLP 给出的提示，来帮助学生模型，这就是所谓的"知识转移"。有时，教师模型并不掌握所有答案（或标注数据），因此教师模型会提出一些合理的猜测（伪标签）供学生模型练习。这就像为你的视频游戏关卡获取提示一样。通过这种方式，学生模型可以学到很多东西，并真正掌握游戏技巧，其能力水平几乎可以与教师模型的技能水平相媲美。

虽然这一框架最初是针对图像分类模型提出的，但它对任何大规模预测或生成式人工智能模型都很有用。随着生成式人工智能的快速发展，目前许多大规模模型在泛化方面都有显著效果。然而，在实际生产中必须考虑很多因素，包括成本、可扩展性、推理过程中的资源消耗，以及如何将现有模型应用到某些特定场景中等。利用 GPT 开发人工智能辅助写作工具，以帮助用户更轻松地撰写文章或帖子，并识别上下文信息，就是将现有 GPT 模型应用于人工智能辅助写作工具这一特定场景的例子。考虑到成本和可扩展性，直接运行 GPT 模型非常具有挑战性。教师 – 学生知识蒸馏框架有助于在生产中为轻量级模型提供服务，并在运用现有的大规模模型时，利用特定任务数据对模型进行本地化改造。

基于人类 / 人工智能反馈的强化学习

如前所述，指令（Instruct）GPT/GPT-3.5 由 OpenAI 开发，旨在更好地与人类保持一致，并解决一些事实性、危害性等方面的问题。它通过"Playground"收集客户提交的提示，并对响应人类注释指令的模型输出进行排序。指令 GPT/GPT-3.5 在 GPT-3 数据的基础上进行了微调。与 GPT-3 相比，GPT-3.5 的成功主要得益于 RLHF 技术，该技术采用人类标签作为奖励信号，对 GPT-3 进行微调（见图 2-2）。[10]

人工标注员对 GPT-3 中与每个提示相对应的多个输出进行比较和排序；根据这些标注数据，训练出一个奖励模型来预测首选输出；最后，利用近端策略优化（Proximal Policy Optimization, PPO）算法对该奖励模型的奖励函数和策略进行优化，以实现奖励最大化。

想象一下，你正在教几个十几岁的孩子第一次玩滑雪板。你希望他们学会花哨的技巧，但你都不希望他们每次都冒着摔伤的风险尝试新东西。PPO 算法就像是青少年的智能滑雪教练。它设定了一条规则——"尝试新的转弯动作或新的技巧，但不要与你已经掌握的动作相差太多，否则你肯定会摔倒。"

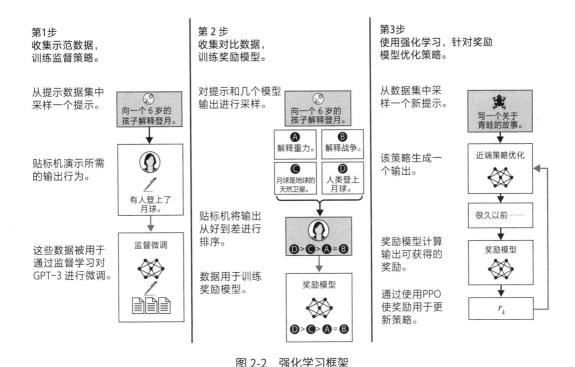

图 2-2　强化学习框架

它的工作原理是这样的：让青少年尝试一个新的转弯动作或技巧，看看他们做得有多好（比如在保持直立的同时完成几个小技巧，可以让他们更自信），然后让他们像其他人一样开始正式学习。接着，让他们再试一次，稍微调整一下动作，同时要有所变化。这里存在一个"安全网"（即 PPO 中的"剪辑"，以避免现有尝试偏离原来的目标），确保这些调整不会太剧烈。这样，青少年就能稳步提高，而不会承担可能导致重大失误的大风险。

PPO 通过多次重复，利用其经验来优化策略，确保机器能从每次练习中学到很多东西，从而保持高效。这就好比人们观看山地滑雪的表演视频，能够发现十几种改进方法，而不仅仅是一种。这让机器学得更快、更高效，避免了不必要的风险，就如同青少年们学习山地滑雪的过程！

尽管 GPT3.5 取得了令人瞩目的成果，但这项技术也面临着一些挑战和限制，需要加以解决，以推动其进一步改进并实现更广泛的应用。表 2-1 举例说明了 RLHF 在未来研究和开发方面所面临的挑战和潜在的缓解（mitigation）活动。

表 2-1　挑战和潜在的缓解活动示例

挑战	未来的研究与开发
数据的质量和数量 人类反馈数据的质量和数量对于训练可靠的奖励模型和制定稳健的政策至关重要。然而，收集人类反馈数据可能成本高、耗时长，而且容易产生噪声和偏差。此外，人类的偏好可能因领域、任务和情境而异，因此需要更多样化和更具代表性的数据来捕捉人类期望和指令的细微差别和微妙之处	改进数据收集和标注的方法与工具，确保人类反馈数据的质量、数量和多样性。例如，利用主动学习、众包、游戏化或互动学习技术，从用户或专家那里获得更相关、信息量更大、更一致的反馈。或者，使用合成、模拟或生成的数据来扩充真实数据，提高数据的覆盖面和稳健性
奖励塑造和调整 从人类反馈数据中学到的奖励模型不一定总能反映用户或开发人员的真实目标和价值观。人类表达的内容与他们实际想要或需要的内容之间可能存在差距或冲突。例如，由于认知偏差、情绪状态或沟通错误，人类可能会提供不一致、模糊或误导性的反馈。此外，奖励模式可能与指导人工智能系统行为的道德、社会或法律规范和标准不一致。例如，奖励模式可能会激励有害的、欺骗性的或操纵性的行为，从而违反公平、问责或透明的原则	完善奖励塑造和调整方法与调整机制，确保奖励模型的有效性、可靠性和可调整性。例如，利用逆强化学习、偏好激发或价值学习技术，从用户或开发人员的反馈或行为中推断出他们潜在或隐含的目标和价值观。或者，使用多目标、约束或正则化强化学习技术，将多个标准、约束或惩罚纳入奖励函数，并在它们之间合理权衡利弊
通用性和适应性 通过 RLHF 优化的策略可能无法很好地推广到新的或未见过的提示、场景或环境。该策略可能会过度适应特定的数据分布或奖励模型，而无法处理需要更多创造力、推理或常识的新情况或复杂情况。此外，该策略可能无法很好地适应用户或开发人员不断变化的需求和偏好。该策略可能会变得过时、无关紧要，或者与利益相关者不断变化的目标、期望或指示不相容	制定提升通用性和适应性的方法与策略，确保政策的灵活性、多变性和适用性。例如，使用元学习、迁移学习或终身学习技术，使政策能够从多种来源、任务或领域中学习，并将学到的知识或技能应用于新的或不同的情况。或者，使用在线学习、互动学习或自学技术，使政策能够根据实时或随时间推移的反馈或表现进行更新、完善或改进

人类中心公司（Anthropic）是一家由 OpenAI 前员工创立的初创公司，开发了类似于 ChatGPT 的人工智能聊天机器人克劳德（Claude）。[11]据称，Claude 在多个方面都优于 ChatGPT。它不仅倾向于产生更有帮助和无害的答案，而且在面对不恰当的请求时也会以更有趣的方式回答。它的写作虽然更冗长，但也更自然。Claude 的关键方法被称为宪法人工智能（Constitutional AI, CAI）。[12]与 ChatGPT 一样，Claude 也使用强化学习来训练偏好模型，不过 Claude 使用的是人工智能反馈强化学习（Reinforcement Learning from AI Feedback, RLAIF），其中不包括任何可能给人工智能带来危害的人类反馈标签。[13]

宪法人工智能过程包括两个阶段：监督学习和强化学习，如图 2-3 所示。

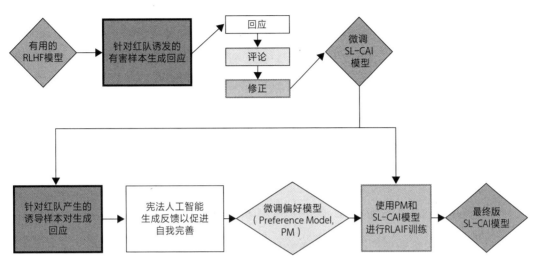

图 2-3　宪法人工智能过程的两个阶段

宪法人工智能的流程处理如下。

1. 在监督学习阶段，使用预先训练好的语言模型对有害提示做出初步回应，该模型已在只提供有益信息（helpful-only）的回应数据集上进行了微调，被称为只提供有益信息的人工智能助手。

2. 要求模型使用从 16 条预设的人工智能宪法原则中随机抽取的原则，对回应进行点评和修改。

3. 因此，通过运用监督学习策略获得的最终修订的回应，对预训练的 LLMs 进行微调，就获得了监督学习 – 宪法人工智能（Supervised Learning-Constitutional AI，SL-CAI）模型。

4. Claude 在强化学习阶段使用偏好模型作为奖励信号，优化其对不同提示的回应。

5. 经过微调的模型会针对每个有害提示生成一对回应内容，并根据一组人工智能宪法原则来评估回应内容。

6. 然后，结合人工智能生成的无害性偏好数据集和人类反馈的有用性数据集，在最终数据集上训练偏好模型。

7. 偏好模型会根据回应内容的有用性和无害性的综合得分对回应进行排序。

8. 最后，通过强化学习，以该偏好模型为奖励信号，对监督学习模型进行微调，从而得到优化的策略。

这种更先进的方法的一个优势是，它可以消除人工注释，从而节省大量时间、成本和精力。同样，我们还可以用宪法人工智能制定具体原则，确保这些 LLMs 生成符合事实、无害、合乎道德和公平的输出，同时满足我们特定场景的需求。Claude 采用的方法基于这样一种理念，即让人工智能聊天机器人的行为符合一系列反映用户和开发者价值观和目标的人工智能宪法原则。这些原则可确保聊天机器人做出有益、无害、合乎道德、负责和公平的回应。

Claude 的人工智能宪法原则是尊重人类尊严、避免伤害和欺骗、促进福祉和社会公益，以及重视多样性和包容性。这些原则提供了一个框架，可根据用户和开发人员的定制需求和偏好进行修改和更新。

通过使用宪法人工智能，Claude 可以在以下多个方面超越 ChatGPT。

- Claude 可以生成更有益且无害的回应，因为它是在一个数据集上训练出来的，该数据集过滤掉了有害或无益的回应，并结合了人类对有益性的反馈。

- Claude 可以产生更合乎道德、负责任和公平的回应，因为它是在一套反映用户和开发人员价值观和目标的人工智能宪法原则的指导下进行的。

- Claude 可以产生更多有趣、自然的回应，因为它使用了强化学习来探索和利用不同的回应，并从自己的批评和修订中学习。

定制聊天机器人可利用 RLHF/RLAIF。聊天机器人在客户服务、教育、娱乐、健康等各个领域正变得越来越普遍。然而，并非所有用户在与聊天机器人互动时都有相同的偏好或需求。

有些用户喜欢比较正式或专业的语气，而有些用户则喜欢随意或幽默的风格。一些用户可能希望得到信息量更大或更详细的回应，而另一些用户则希望得到更简洁或更简单的回应。有些用户可能喜欢更具共鸣或支持性的回应，而有些用户则希望得到更客观或更符合事实的回应。

因此，根据用户的个人资料和反馈定制聊天机器人的行为和个性非常重要。聊天机器人可以利用强化学习从自己的行为和结果中学习，并随着时间的推移适应用户的喜好和期望。

基于强化学习奖励和惩罚的理念，聊天机器人从用户或自身接收积极或消极的反馈，并相应地调整策略。例如，如果用户在收到聊天机器人的回应后表示满意或感激，聊天机器人就会强化该回应，并在未来生成类似的回应。

反之，如果用户在收到聊天机器人的回应后表示不满或沮丧，聊天机器人就可以避免该回应，并在未来生成不同的回应。此外，聊天机器人还可以根据预定义的标准或指标，如相关性、连贯性、流畅性、信息量、礼貌性等，对回应进行自我评估并给出反馈。

微调大规模模型

微调是机器学习和人工智能领域的一种流行方法，它是在对模型进行预训练后进行的。预训练后，再根据从业人员和专业人员的工作场景，使用特定的数据集对模型进行额外的训练（见图 2-4）。微调可解决大规模人工智能模型带来的常见问题，如难以将大规模人工智能模型生产化，以及对特定任务的通用性不够等。[14]

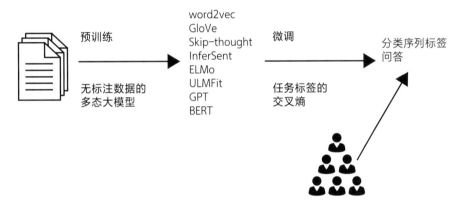

预训练　　word2vec　　微调　　分类序列标签问答
GloVe
Skip-thought
InferSent
无标注数据的　ELMo　　任务标签的
多态大模型　　ULMFit　　交叉熵
GPT
BERT

图 2-4　微调预训练的大规模模型

传统上，大多数人工智能专业人员都会对模型进行微调，即调整预先训练好的模型参数（分类、序列标注以及使用特定任务标签和交叉熵损失进行问题解答）。如表 2-2 所示，这种方法面临着一些挑战和潜在的缓解活动。

表 2-2　微调预训练模型的挑战和潜在的缓解活动

挑战	缓解活动
数据可用性 微调需要为目标任务或领域提供足够的标注数据，而这些数据可能并不总是可用或易于收集。如果数据太少或噪声太大，微调可能会导致过拟合或泛化效果不佳	**数据增强** 这是一种通过对现有数据进行一些转换或修改来扩大训练数据的规模并增加其多样性的方法，如裁剪、翻转、旋转、添加噪声等。数据增强有助于减少过拟合，提高微调模型的泛化能力

（续表）

挑战	缓解活动
任务迁移 当目标任务或领域与预训练模型相似时，微调效果最佳。如果任务或领域差异太大，微调可能无法迁移相关知识，甚至会降低模型的性能	**迁移学习** 这是一种利用从一个或多个源任务或领域中学到的知识来提高目标任务或领域性能的技术。迁移学习可以通过冻结预训练模型中的某些层，并根据目标任务调整其输出层来实现。迁移学习有助于克服数据可用性和任务迁移问题
成本和可扩展性 对 GPT 或 DALL-E 等大规模模型进行微调需要大量的计算资源和内存空间，许多用户或组织可能无法获得所需资源或负担不起相关成本。此外，微调大规模模型可能会给优化过程带来更多复杂性和不稳定性	**元学习** 这是一种从多个任务或领域中学习，然后将所学知识应用于新任务或新领域的技术。元学习可以通过训练元模型或元学习器来实现，该元模型或元学习器可以为给定的任务或领域生成或更新基础模型的参数。元学习有助于实现微调模型的快速调整和鲁棒泛化

随着当前大规模语言模型的不断发展和功能的不断增强，提示调优（prompt-tuning）已变得越来越流行，在这种情况下，预训练模型被冻结，而一小部分可学习的向量集可以被优化并作为任务的输入被添加。在本书写作过程中，提示设计（prompt design）得到了更为普遍的应用，这是一种用于指导冻结预训练模型行为的技术，方法是在不改变任何参数的情况下，为特定任务设计输入提示。这种方法比提示调优更有效，成本也更低。[15] 我们可以比较这三种针对特定任务调整预训练语言模型的方法。

- **模型调优**：在特定任务数据集上进一步训练或"微调"预训练模型。
- **提示调优**：预训练模型保持冻结，只对一组可调节的软提示进行优化。
- **提示设计**：以 GPT-3 为例，使用精心设计的提示引导冻结预训练模型做出反应，而无须更改任何参数。

提示调优和提示设计的方法比模型调优更有效、成本更低，因此经常被使用。图 2-5 说明了语言模型应用向高效和多任务转变的趋势，突出了基于提示的调优方法资源消耗更少的特点。

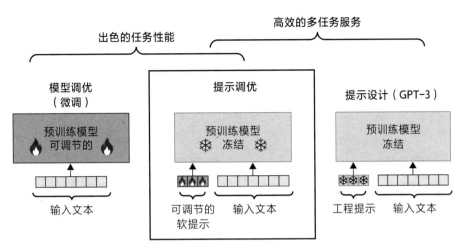

图 2-5　模型调优、提示调优和提示设计的架构

提示工程

随着当前大规模预训练人工智能模型取得显著成功并体现出强大的泛化能力，越来越多的人工智能从业者开始关注提示工程（Prompt Engineering），将现有的生成式人工智能模型，如 DALL-E 3、GPT-4 和 ChatGPT，直接集成到实际应用中去。众所周知，微调需要巨大的计算资源和内存空间，并会导致灾难性的遗忘。提示工程学是一门专注于优化提示，以在各种应用和研究中有效使用 LLMs 的学科。它增强了我们对 LLMs 功能和局限性的理解。

提示工程包含各种技能和技术，对有效使用 LLMs 至关重要。它提高了 LLMs 的安全性，并增强了与领域知识和外部工具集成的能力。

提示是一种参数，可以提供给像 GPT 这样的大规模预训练 LMs，使其能够识别要解决的问题的上下文，并相应地返回结果文本。换句话说，提示包括任务描述、示范或示例，这些都可以反馈给语言模型来完成。提示工程，有时也称为情境学习或基于提示的微调，是一种学习范式，在这种范式中，只有提示，包括任务描述和一些示范，被输入到模型中，就像一个黑盒子。提示工程技术有以下多种。

- **语境学习的检索增强**：其主要思路是检索一组给定来源的相关文档或示例，并将这些文档或示例作为原始输入提示的上下文，让 LLMs 生成最终输出。语境内学习有不同的方法，如单次提示法和少次提示法。其中一个例子是由元人工智能（Meta AI）提出的检索增强生成（Retrieval Augmented Generation, RAG）方法，其本质是利用初始提示加上相关源材料搜索，如维基百科文章，并将信息与序列到序列生成技术相结合，从而提供输出。[16]

- 思维链（Chain-of-Thought, CoT）：这种提示技术鼓励模型产生一系列中间推理步骤（见图 2-6）。[17]一种不太正式的诱导这种行为的方法是在提示中加入"让我们逐步思考"。

标准提示

> **模型输入**
>
> 问：罗杰有5个网球。他又买了2罐网球。每罐有3个网球。他现在有多少个网球？
>
> 答：答案是11个。
>
> 问：食堂有23个苹果。如果他们用20个苹果做午餐，又买了6个苹果，那么他们一共有多少个苹果？

> **模型输出**
>
> 答：答案是27个。 ✗

思维链提示

> **模型输入**
>
> 问：罗杰有5个网球。他又买了2罐网球。每罐有3个网球。他现在有多少个网球？
>
> 答：答案是11个。
>
> 问：食堂有23个苹果。如果他们用20个苹果做午餐，又买了6个苹果，那么他们一共有多少个苹果？

> **模型输出**
>
> 答：食堂原本有23个苹果。他们用20个做午餐。他们有23-20=3（个）。
> 他们又买了6个苹果，因此有3+6=9（个）。
> 答案是9个。 ✓

图 2-6   思维链提示

- 行动计划生成：该提示利用语言模型生成要采取的行动，如图 2-7 所示。[18]这些行动的结果可以反馈到语言模型中，以生成后续行动。

命令/command	效果
搜索 <查询>/Search <query>	向必应API发送 <查询> 并显示搜索结果页面
点击链接 <链接ID>/Clicked on link <link ID>	按照给定ID的链接转到新页面
在页面中查找：<文本>/Find in page: <text>	找到下一个出现 <文本> 的地方并滚动到文本所在位置
引用：<文本>/Quote: <text>	如果在当前页面中找到 <文本>，则将其添加为引用
向下滚动 <1,2,3>/Scrolled down <1, 2, 3>	向下滚动几次
向上滚动 <1,2,3>/Scrolled up <1, 2, 3>	向上滚动几次
返回顶部/Top	滚动到页面顶部
后退/Back	转到前一页
结束：回答/End: Answer	结束浏览，进入回答阶段
结束：<无意义的、有争议的>/End: <Nonsense, Controversial>	结束浏览，跳过回答阶段

图 2-7   行动计划生成提示

- 推理行动结合（ReAct）提示：这种提示技术结合了思维链提示和行动计划生成

（见图 2-8）。这促使模型先思考采取什么行动，然后再采取行动。ReAct 允许语言模型产生相互交替的言语推理痕迹和文本行动，而行动则会引起来自外部环境的观察反馈。图 2-8 所示的例子比较了标准提示、思维链（仅推理）、仅行动和 ReAct 提示技术的性能。[19]

火锅问答（Hotpot QA）

问题：《七堂极简物理课》的作者是一位意大利物理学家，他从哪一年开始在法国工作？

标准提示

回答：1986 年

思维链

思考：让我们一步一步地思考。《七堂极简物理课》由卡洛·罗韦利撰写。卡洛·罗韦利自 1990 年以来一直在法国工作。

答案：1990 年

仅行动

行动（Act）1：搜索"七堂极简物理课"
观察（Obs）1：《七堂极简物理课》（意大利语：*Sette brevi lezioni di fisica*）是意大利物理学家卡洛·罗韦利的一本篇幅较短的书。该书最初以意大利文出版于……

行动（Act）2：查找"卡洛·罗韦利"
观察（Obs）2：（结果 1/1）《七堂极简物理课》（意大利语：*Sette brevi lezioni di fisica*）是意大利物理学家卡洛·罗韦利的一本篇幅较短的书。

行动（Act）3：完成"1983 年"

ReAct 提示

思考1：我需要搜索《七堂极简物理课》，找到它的作者，然后找到作者从什么时间开始在法国工作。

行动1：搜索"七堂极简物理课"
观察1：《七堂极简物理课》（意大利语：*Sette brevi lezioni di fisica*）是意大利物理学家卡洛·罗韦利的一本篇幅较短的书。该书最初以意大利文出版于……

思考2：《七堂极简物理课》的作者是卡洛·罗韦利。接下来我需要搜索卡洛·罗韦利，找到他在法国工作的时间。
行动2：搜索"卡洛·罗韦利"
观察2：卡洛·罗韦利是意大利理论物理学家和作家，曾在意大利、美国工作，2000 年起在法国工作。[1] 他目前还担任圆周理论物理研究所（Perimeter Institute）的杰出客座研究教席……

思考 3：卡洛·罗韦利自 2000 年起在法国工作。因此，答案是 2000 年。
行动 3：完成"2000 年"

图 2-8　四种提示方法的对比结果

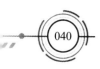

提示链

提示链（Prompt Chaining）结合了多个 LLM 的调用，一个步骤的输出是下一个步骤的输入。整个过程包括以下几个步骤。

1. 这一过程始于最初的提示或问题。这可以是一个广泛的询问、指示或信息请求。
2. 模型会根据输入提示生成一个初始回应。不过，这个回应可能有点笼统，或者需要改进。
3. 然后，生成的回应将作为新提示的一部分。这一次，提示更加具体，提供了额外的背景信息或要求做出澄清。

这种链式回应会反复进行。每个新的回应都会成为下一个提示的输入。每一次迭代，生成的内容都会变得更有针对性，与上下文更加相关。提示链的优势如下。[20]

- 它有助于保留回应的上下文，并使生成的输出更加连贯。
- 用户可以引导模型完成迭代过程，以提供更精确、更相关的生成结果。
- 它使生成的结果更加个性化，从而使用户能够根据自己的具体要求定制回应。不过，这仍然无法改变底层语言模型的基本能力和局限性。

思维树

思维树（Tree of Thoughts）是对思维链提示的概括，它鼓励探索作为语言模型解决普遍问题的中间步骤的思维。这种方法允许语言模型在解决问题的过程中，通过深思熟虑的推理过程，自我评估其中间思维的发展情况。然后，将语言模型生成和评估思维的能力，与广度优先搜索和深度优先搜索等搜索算法结合起来，促进具有前瞻性和回溯性的系统思维探索。[21]

自我一致性

自我一致性背后的理念基于思维链，但它通过少样本（few-shot）思维链对多种不同的推理路径进行采样，并利用各代推理选择最一致的答案。这有助于提高在涉及算术和常识推理的任务中思维链提示的性能。[22]

揭示聚类和主题建模的力量

尽管迅速发展的 LLMs 可以在各个领域生成连贯和多样化的文本，但许多任务仍然需要对文本数据进行更精细和结构化的分析。聚类和主题建模技术可以帮助 LLMs 发现大量文件集合中隐藏的模式、主题和类别，而无须依赖预定义的标签或注释。它们还可以帮助降低数据的维度和复杂性，使其更容易可视化、总结和解释。

在一些应用实例中，聚类和主题建模非常有用。

- **文档分类和检索**：聚类和主题建模可以根据内容对相似文档进行分组，从而帮助浏览和检索大规模文档集合。此外，它们还能帮助识别与特定查询或任务相关的文档。

- **文本摘要和生成**：虽然 LLMs 也可用于文本摘要和聚类，但主题建模可作为 LLMs 的补充，从目标文档集合中提取主要的主题和关键词，并提供简洁翔实的摘要，以捕捉数据的本质和不同粒度。它还可以作为文本生成系统，如 LLMs 的输入或附加层，该系统可以根据主题和关键词生成更长、更详细的文本。

- **情感分析和意见挖掘**：虽然 LLMs 在理解上下文和捕捉自然语言的细微差别方面表现出色，但主题建模和聚类方法，如隐含狄利克雷分布（LDA）或 K 均值（K-means）聚类的可解释性更强，并可以提供对文本集合中主要主题的见解。[23] 采用将以上两者结合的混合方法可能是一个很好的解决方案。例如，使用 LLMs 进行细粒度情感分析，同时使用主题建模了解更广泛的主题或趋势。

- **知识发现和提取**：通过发现文档之间的潜在概念和关系，聚类和主题建模可以丰富数据的语义表达以及领域的知识库。它们还可以帮助识别数据中的差距和不一致之处，同时还有助于识别新出现的主题和问题。

因此，对许多涉及理解、分析和生成文本数据的任务来说，聚类和主题建模仍然是必要和有价值的工具，尤其是在数据量大、异构且无标记的情况下。它们可以补充和增强 LLMs 的能力，并为提高其性能和质量提供见解和反馈。

通过混合人工智能增强客户支持：LLMs 与聚类和主题建模相结合

客户支持在不断发展，企业需要更复杂、更强大的解决方案来处理互动中产生的大量文本数据。一种混合方法将 LLMs 的功能与传统机器学习技术相结合，成为一种强大的策略。我们将探讨一些在客户支持组织中经常使用的机器学习技术，以了解大量数据的意义，帮助优化业务。

聚类和客户支持

聚类是一种无监督学习方法，它根据一组样本的相似性对其进行分组，而不使用任何预定义的标签或类别。聚类的目的是发现数据的自然结构或模式，并降低其复杂性和维度。聚类可用于各种目的，如数据探索、摘要、组织、检索和可视化。以下是几种不同的聚类方法。

- **分层聚类**（Hierarchiacal Clustering）：这种方法建立了一个聚类的层次结构，其中每个聚类都是另一个聚类的子聚类或超聚类。分层聚类可以是凝聚式的，也可以是分裂式的。凝聚式聚类法首先将每个样本作为一个单一聚类，然后合并最相似的聚类，直到剩下一个单一聚类。分裂式聚类法先将所有文档归入一个聚类，然后拆分最不相似的聚类，直到每个聚类只包含一个样本。

- **分区聚类**（Partitioning Clustering）：这种方法将数据点划分为预定数量的非重叠聚类，其中每个点正好属于一个聚类。K 均值（K-mean）聚类是最常用的分区聚类算法之一。分区聚类可以是基于距离的，也可以是基于中心点的。基于距离的分区聚类将每个数据点分配到具有最近距离或最相似代表特性的聚类中，如最近的邻居。基于中心点的分区聚类将每个数据点分配到与中心点或聚类平均值的平均距离最短的聚类中，如 K-mean。K-mean 聚类法根据某一属性或特征将样本分为 k 个聚类。它首先随机选取第一组中心点，作为每个聚类的起始点，然后将每个点分配到与该点和其均值之间欧几里得距离平方最小的聚类中，并根据各点到中心点的距离对中心点进行优化。当中心点趋于稳定或达到规定的迭代次数时，硬分配（hard assignment）就会停止创建和优化聚类。

- **基于密度的聚类**（Density-bascd Clustering）：这种方法根据特征空间中数据点的密度或集中度来识别聚类，可以发现独立的低密度聚类区域，并有助于识别不可预见的模式。基于密度的聚类可以处理异常值、噪声和任意形状的聚类。密度基于空间聚类的应用程序（Density-based Spatial Clustering of Applications with Noise, DBSCAN）是基于密度聚类的流行算法之一。DBSCAN 将聚类定义为一组紧密连接的核心点；如果一个点在给定半径或邻域内至少包含一定数量（即最小点数）的其他点，那么这个点就是核心点。

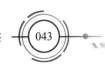

聚类是一种从大规模复杂数据集中识别模式和见解的强大技术。它可用于细分客户、优化服务、根据问题的相似性或差异性对问题进行分类，并提供个性化和高效的解决方案。在客户服务和支持领域，聚类一直是解决某些问题的常用方法，举例如下。

- **客户细分**：聚类可以根据客户的人口统计学特征、偏好、需求、行为或其他特征（如年龄、性别、地点、收入、消费习惯、忠诚度、满意度或反馈）帮助发现不同的客户群体。这有助于为每个细分市场量身定制营销策略、产品建议、定价政策或沟通渠道，并提高客户获取率和留存率。

- **服务优化**：聚类可以根据客户请求、问题或查询的复杂性、紧迫性或频率，如订单状态、产品信息、技术支持、账单或反馈，来优化服务交付和支持流程。这有助于为每种服务类型分配适当的资源、人员或渠道，并提高服务效率和质量。

- **支持案例分类**：聚类可以根据原因、症状或解决方案，如产品缺陷、软件错误、网络故障或用户错误等，对类似或相关问题进行分组，来帮助更快、更有效地解决客户问题。当使用人工智能技术将类似案例聚类时，这些分组可以提供新的见解，而这些见解在单独或按产品查看案例时并不明显。例如，多个不相关的服务出现了登录或配置文件创建方面的问题。单看这些问题，可能很难将它们联系起来或确定问题的根本原因，但将它们聚类后，可能会更明显地发现，是为多个工作负载提供身份服务的共享代码出现了问题。这种聚类可以帮助诊断根本原因，找到最佳解决方案或防止问题再次发生，提高客户满意度并留住客户。

主题建模和客户支持

主题建模是从客户评论、反馈、投诉或咨询等文本文档集合中提取隐藏主题或概念的技术。主题建模有助于发现客户需求、偏好、意见或问题的主要主题或模式，并为客户支持改进、产品开发、营销策略或情感分析提供有价值的见解。

主题建模有几种不同的算法。这些算法在假设、数学模型和实现手段方面各不相同，但它们的基本思想都是一样的：根据主题和概率找到文档和词语的低维表示。主题建模算法的输出通常是一个显示文档和主题之间关系的矩阵，以及另一个显示主题和词语之间关系的矩阵。这些矩阵可用于推断新文档的主题、查找类似文档、可视化主题以及从文本数据中提取见解。

- **隐含狄利克雷分布**（Latent Dinchlet Allocation, LDA）：这是最流行的主题建模算法之一。LDA 是一种无监督学习算法，它将一组观察结果描述为不同类别的混合物。这些类别本身就是特征的概率分布。LDA 最常用于发现用户特定数量的主题，这些主题由文本语料库中的文档集合共享。每个观测结果都是一个文档，特征是每个词是否存在或其出现次数，类别是主题。LDA 使用生成过程，根据文档中观察到的词频，为每个文档分配主题概率，再为每个主题分配词概率。LDA 可应用于大规模、多样化的文本语料库，生成可解释且连贯的主题。

- **非负矩阵分解**（Non-negative Matrix Factorization, NMF）：NMF 是一种线性代数算法，可将单词 – 文档频率矩阵分解为两个低维非负矩阵，一个代表单词 – 主题关联，另一个代表主题 – 文档关联。NMF 对矩阵施加了非负约束，从而确保主题和文档具有可相加的有意义成分。NMF 比 LDA 更快、更稳健，可以处理稀疏和有噪声的数据。

- **层次狄利克雷过程**（Hierarchical Dirichlet Process, HDP）：HDP 是一种贝叶斯非参数模型，它对 LDA 进行了扩展，允许从数据中自动推断出主题的数量，而无须事先固定。HDP 使用狄利克雷（Dirichlet）过程的分层结构来生成潜在的无限数量的主题，并根据它们的相关性和特异性将它们分配给文档。HDP 可以适应文本数据的复杂性和多样性，并能避免主题的过拟合或欠拟合。

在客户服务和支持领域，主题建模是从大量文本数据，如客户评论、反馈和支持案例中提取见解的重要技术。以下是主题建模在这一领域的应用。

- **自动支持案例分类**：客户支持团队经常要处理各种各样的问题和请求。他们可以利用主题建模功能，根据支持工单的内容自动将其归为不同的主题或类别。这有助于将工单发送到适当的产品支持团队，减少响应时间和提高效率。此外，主题建模还能帮助实现客户支持工作流程中某些流程的自动化。例如，通过准确的主题类别预测，它可以将客户引导至自助知识库、诊断工具或网站。这可以增强客户体验，减少客户工作量，提高运营效率。

- **识别新出现的问题**：主题建模有助于发现客户反馈和支持案例中新出现的趋势或问题。它为公司提供了可操作的见解，使其能够在问题升级之前主动解决首要问题。

- **改进搜索和检索**：主题建模能够根据支持或自助文章所构成的大规模知识库中

蕴含的主题，来组织文章并编制索引。这改进了客户支持人员或工程师，以及寻找解决方案的客户的搜索和检索过程。

- **客户反馈分析**：主题建模可以帮助分析和总结来自多个渠道和平台的客户反馈。这有助于确定客户反馈中最常见和最重要的主题、问题、赞美、投诉和建议。这也有助于产品和公司跟踪与衡量与客户支持、客户满意度和忠诚度相关的关键绩效指标（Key Performance Indicators, KPIs）。例如，它可以帮助衡量不同类别的支持案例数量，确定解决时间，并评估每个主题的客户满意度。此外，产品团队还可以更有效地优先处理和解决客户投诉和不满。

- **内容创建和知识管理**：主题建模有助于常见问题解答、手册和支持文章的内容创建。它帮助确定讨论最多的主题，使公司能够创建与之相关的有用内容，以解决常见的客户疑问。

从本质上讲，主题建模通过提供自动化工具来组织、分析和从大量文本客户数据中提取见解，从而提高了客户服务和支持运营的效率和有效性。

混合人工智能的机遇

传统的机器学习方法，如主题建模和聚类，有其自身的局限性和挑战。其中一个主要缺点是，它们依赖于统计方法，而这些方法并不考虑自然语言在语义和上下文方面的细微差别。例如，主题建模可能无法区分同一词语的不同含义或意义，如"苹果"（Apple）是一家公司而不是一种水果，或者将在句法上相似但在语义上不同的词语归为一类，如"鲈鱼"（bass）是一种鱼类而不是音乐中的低频声音。此外，根据参数和算法的选择，主题建模可能会产生过于宽泛、过于狭窄或不连贯的主题。相比之下，LLMs，如 GPT 和双子座（Gemini），在理解上下文、生成类似人类的反应以及从文本数据中提取复杂模式方面表现出了非凡的能力。在客户支持方面，LLMs 可用于情感分析、意图识别等任务，甚至可生成对常见询问的回复。

LLMs 擅长理解上下文和生成文本，而聚类和主题建模等传统机器学习方法则在结构化和组织信息方面具有优势。聚类可以将类似的客户问询或问题归类，便于客户支持人员高效处理。同时，主题建模可以从庞大的数据集中提取潜在主题，帮助理解客户普遍关心的问题。此外，在计算资源和预算有限的情况下，利用主题建模和聚类等传统机器学习方法会更容易，成本也更低。

在客户支持的动态环境中，将 LLMs 的能力与传统方法的结构化能力相结合的混合方法被证明是一种全面的解决方案。通过将 LLMs 与主题建模相结合，可以为客户反馈分析提供更加准确、稳健和可解释的模型。例如，LLMs 可以帮助从主题中生成更自然流畅的文本，还可以帮助捕捉主题建模可能遗漏的语义和上下文信息。此外，LLMs 还能帮助生成现有数据中可能不存在的新颖话题，或者根据每位客户感兴趣的话题推荐相关的个性化内容，而主题建模和聚类则能带来更多的可解释性和灵活性。这种混合解决方案可以应对客户互动的复杂性，为企业提供了提高客户满意度和支持效率的强大工具。

第 3 章
人工智能在客户支持中的应用领域

光有知识是不够的，我们还必须应用知识；光有意志是不够的，我们还必须见诸行动。

——约翰·沃尔夫冈·冯·歌德

在当今这个瞬息万变的数字时代，新兴技术与成熟产业的融合带来了前所未有的进步。人工智能与客户服务就是一种强大的协同关系。随着企业不断努力提升客户体验，人工智能成为游戏规则的改变者，带来了人们从前无法想象的效率和能力。

人工智能的核心是机器驱动的智能、学习和决策的体现。它的影响遍及各个领域，从医疗保健到金融、制造、娱乐行业，无所不包。然而，在客户服务领域，人工智能的影响尤其具有变革性，因为客户服务的即时性、准确性和个性化至关重要。

过去十年，我们见证了客户服务模式的重大转变。企业不再仅仅依靠产品或价格进行竞争，客户服务的质量已成为区分企业的关键因素。人工智能在这一新格局中起着桥梁作用，它帮助企业超越传统限制。无论是通过聊天机器人提供全天候支持、分析大量客户数据以获得可操作的见解，还是提供实时个性化客户互动，人工智能的潜力都是巨大的，而且在很大程度上有待开发。

但是，为什么客户服务对人工智能的需求越来越大呢？首先，现代客户比以往任何时候都更了解产品信息、与外界的联系更紧密，对产品和服务的要求也更高。他们寻求即时满足、个性化体验和满足其独特需求的解决方案。传统的客户服务模式往往是被动的，而且受到人为因素的限制，很难跟上这些不断变化的期望。人工智能凭借其主动的、可扩展的和数据驱动的方法，有望满足并超越这些期望。

当我们深入介绍本章时，我们的目标是阐明人工智能在客户服务中的多方面应用，为分析其当前的影响和未来的潜力提供一个全面的视角。通过专家见解、真实案例和前瞻性分析，我们将探讨人工智能如何在打造未来客户服务体验方面成为必需品，而不仅仅是一种附属功能。

在客户服务和支持中使用人工智能的基本原理

我们生活在一个充满矛盾的时代，技术让我们联系得更密切，但有时它似乎又在将我们分开。在客户服务和支持中使用人工智能的目的并不是取代我们都渴望的人与人之间的联系，而是要加强这种联系。

以工业革命为例，这场结构性转变改变了社会结构，推动人类进入了一个呈现出前所未有的增长态势和复杂性的时代。在这场革命之前，工匠们手工制作产品，费尽心力地完善每一件产品。随后出现了流水线、机械化，最终实现了自动化——每一项都是颠覆性的创新，重新定义了可能性。在现代客户支持领域，人工智能是一种新的机器，是一种与蒸汽机或动力织布机一样具有变革性的力量。正如工业革命不仅仅是用机械取代

工匠，而是形成两者之间的共生关系一样，人工智能的出现也并非为了取代人类在客户支持领域的专业技能，而是为了增强这种专业技能。让我们一起探索这一新领域，在这里，机械、手艺、人工智能和人类智慧将共同掀起一场客户服务和支持的变革。

商业蓝图：效率、规模和利润

正如工业革命期间机械的出现为生产带来了规模和效率一样，人工智能为客户支持领域带来了更多数据驱动的洞察力、更高的效率和成本效益。如果我们仔细观察一条装配流水线，就会发现每个工位都有特定的功能，以优化生产。这条流水线上的每个工位都致力于研制成品的一部分，与一个人单独组装产品的所有部件相比，流水线的生产质量更高，生产速度更快。现在，将这一概念应用到客户支持领域。人工智能就像那些特定的工位，每个工位都经过微调，以处理客户体验的特定方面。这种现代化的"流水线"使公司能够及时处理客户咨询，准确预测客户需求，并实现与客户的个性化互动，从而实现无与伦比的服务水平。除了处理问题或难题，人工智能还能提供先发制人的解决方案、动态学习的能力以及无缝整合海量数据的能力，从而改变企业联系和了解客户的方式。随着本章内容的深入展开，我们将解读人工智能的多方面优势，揭示其在效率、成本效益、个性化等方面的变革力量。

效率和规模

当我们谈论将人工智能引入客户支持机制时，这不仅仅关乎创新，还关乎无与伦比的效率。人工智能具有超越人类的惊人处理能力，可以在眨眼之间分析大量数据。以人工智能聊天机器人为例，它可以快速梳理 TB 级的数据，参考数百万次客户查询的历史解决方案。结果如何？最常见的问题得到了实时解决。这种快速干预让人工客服可以将他们的专业知识用于解决更复杂的问题。在传统的客户服务流程中，客服人员可能需要花费数分钟，甚至数小时或数天的时间来寻找答案或将问题升级，相比之下，人工智能在及时性和有效性方面几乎具有无可比拟的速度优势。

成本效益

乍一看，对最先进的人工智能客户支持系统进行投资所需的成本似乎很高，但将其视为一项长期战略，而不仅仅关注眼前的成本至关重要。根据 IBM Watson 的博客，有数据显示，通过实施聊天机器人等对话式解决方案，企业可以将客户服务成本降低多达 30%。[1] 这些人工智能工具可以处理 80% 的日常任务和客户问题。

在评估人工智能所带来的真实价值时，应考虑其与人类员工运作方式的差异。人类员工固然宝贵，但也有其固有的局限性。他们需要福利、偶尔休假、持续培训，并受到传统工作周的约束。相比之下，人工智能的运作则不同。它可以全天候工作，不受工作时间、疾病、时区、公共节假日或天气灾害的限制。实际上，除去休息时间或停机时间，这种连续运作带来了相当于每周 4.2 个全职人工客服的产出。如果将这一效率分摊到一年中，累计节省的成本和提高的生产率就开始令人信服了。从这个角度来看，前期的人工智能投资不仅是合理的，也是实现未来的客户支持战略的明智之举。

等效人力计算

假设一个人每天工作 8 小时，连续工作 5 天，则每周工作 40 小时。如果人工智能每天工作 24 小时，连续工作 7 天，则每周工作时间为 168 小时。两者相比：

等效工人数量 = 人工智能每周运作小时数 / 人工操作每周小时数 =168 小时 /40 小时 = 4.2 人等效

个性化和数据驱动的洞察力

人工智能算法旨在以人类分析无法达到的规模处理和解释数据。每天，会有无数字节的数据流经客户支持系统。为了更好地看待这一点，想象一下，一个图书馆每小时都会增加成千上万本书——这就是企业经常处理的数据量。人工智能可以高效地浏览这个"图书馆"，找出即使是最熟练的分析师也可能无法发现的模式和错综复杂之处。无论是根据客户的购买历史在电子商务平台上向其推荐产品，还是根据对过去互动的情感分析调整回复内容，抑或是根据学生的学习习惯为他们量身定制学习模块，人工智能驱动的个性化带来的都不仅仅是一种渐进式的改进，而是一种模式的转变。这种在数百万用户中始终如一的细节水平改变了决策过程。企业可以精确地细分客户群体，确保每一次互动都是量身定制的。其结果是客户满意度大幅提升，互动不再只是通用的支持，而是更多的关于个性化的、有见地的体验。

可扩展性和一致性

在现代数字时代，每天的支持互动可能从数百次到数百万次不等。人工智能为企业提供了基石，使其可以在不增加相应人力资源的情况下扩展客户支持业务。要了解人工智能可服务的规模之大，请思考一下：人工客服一次可以有效地处理一个客户的询问，

而人工智能可以在眨眼间同时处理和回复成千上万个客户询问。而且，人工智能系统可以昼夜不停地这样做。试想一下，把一个规模为 1000 人的呼叫中心的运营能力浓缩到一个人工智能系统中，而这个系统从不睡觉、休息，也不会感到疲劳或压力。这种无与伦比的可扩展性能够确保企业在不牺牲服务质量或速度的情况下，满足不断增长的客户群需求。此外，无论任务量或任务复杂程度如何，人工智能算法都能保持人工客服难以维持的一致性和精确性，尤其是在高压、情绪化或重复性的场景中。

缩短解决问题的时间

在客户支持的动态环境中，分秒必争。研究表明，网站加载时间只要延迟 10 秒，用户就可能会离开，因此可以想象客户服务延迟的影响有多大。问题解决得越快，客户体验就越好。人工智能系统不只能减少几秒的响应时间，还能彻底改变响应时间。思考一下：人工客服可能需要几分钟的时间来查看客户的历史记录、识别模式并提出解决方案，而人工智能系统只需几毫秒就能做到这一点。事实上，波士顿咨询公司（BCG）估算，大规模实施生成式人工智能可以将客户服务运营的生产率提高 30%~50% 或更多。[2]在引导客户完成故障排除步骤的过程中，人工智能可以根据庞大的数据集自主导航并决定最有效的路线，从而有效地减少费时的来回交互过程。耗时长短对客户体验至关重要，而人工智能加快解决问题的能力可以对让人们成为不满意的客户，还是成为产品的忠实拥护者起到决定性作用。

多渠道支持

现代消费者通过多种渠道，包括电子邮件、电话、社交媒体和网络聊天寻求支持。在当今快节奏的数字世界中，客户从一个渠道跳转到另一个渠道，就像浏览电视频道一样。对企业来说，要想跟上这种节奏可谓难上加难。许多企业都尝试过多渠道方法，并认为自己已经掌握这个方法了。但问题就在这里：如今的客户寻求的不仅是多种渠道，而且他们希望这些渠道能够相互沟通，为自己提供流畅、无缝的体验。让我们来看看以下两种策略。

» **多渠道体验**

这种策略涉及企业通过多个平台（如社交媒体、电子邮件、电话和聊天）与客户互动。每个渠道都是独立运行的，这意味着客户可能会获得不同的体验，或者在从一个渠道切换到另一个渠道时不得不重复说明他们的问题。

在这一策略中，人工智能在增强每个渠道的优势方面发挥着举足轻重的作用。针对电子邮件、聊天或社交媒体等特定渠道部署人工智能驱动的聊天机器人或虚拟助理，可以为客户提供快速、准确的回复。此外，人工智能还能独立分析每个渠道上的用户行为，帮助企业了解特定渠道的用户偏好和趋势。这种细粒度的数据分析具有巨大的价值，尤其是在问询繁多的渠道中，人工智能可以自动回复常见问题，这确保了及时、一致的客户互动。

　》全渠道体验

这种策略侧重于在所有平台上提供无缝且一致的体验，其重点是整合不同渠道，统一用户体验。例如，当客户从移动应用程序转到电话时，信息会在两个渠道之间无缝流动，客户无须"重新开始"。

与多渠道相比，全渠道策略要求在所有平台上实现无缝的客户体验，而人工智能是实现这一目标的关键。通过整合数据平台，人工智能可以确保信息在所有接触点之间顺畅流动。想象这样一种场景：客户从与网站上的机器人聊天转为与人工客服电话交谈。在人工智能的帮助下，这种转换是无缝的——客服人员已经掌握了聊天记录、上下文和客户详细信息。除此之外，人工智能的预测分析能力还能预测客户的需求和偏好，使他们的客户旅程个性化。而在了解客户的整体旅程方面，人工智能驱动的统一报告为企业提供了全面的、囊括了所有平台的互动视图。

如今的客户都很聪明。他们不仅在寻找多种可利用的渠道，还在寻找一种能高效交付结果的体验。没有人愿意每次从聊天工具切换到电话时都要反复解释自己的问题。多渠道和全渠道策略各有千秋。虽然一头扎进多渠道似乎是一个好的开始（有时这也是必要的第一步），但它可能会导致一些冗余和低效的问题。

把改进客户支持的过程想象为各种设备配备多个遥控器的过程——每个遥控器都各司其职，但你往往要在它们之间摸索。在上面的类比中，全渠道就是通用遥控器。有了人工智能的助力，不仅所有渠道都遵循一个统一的战略，而且数据流也非常顺畅。这意味着企业可以360度全方位了解客户，从而获得更丰富的见解并提供更有针对性的服务。

随着数字环境的变化，在全渠道建制（由人工智能支持）中添加新渠道就像在通用遥控器上添加新设备一样。它能顺利整合，不会造成中断。当然，与同时使用多个遥控器（或渠道）相比，建立这种整合策略最初可能要贵一些。尽管如此，这项投资可以带来更满意的客户、更简化的运营并同时塑造企业未来的洞察力。

从被动支持到主动、预防性和先发制人的支持

让我们回顾一下传统的客户服务模式。想象一下，客户偶然发现一个问题，他拨通公司的电话，等待，然后——许愿问题得到解决。这种模式屡试不爽，但也是被动的。时至今日，人工智能以全新的方式颠覆了这一模式。我们正在进入一个人工智能允许企业比客户问题领先几步的世界，在这个世界中，企业能做的不再仅是被动反应。

试想一下，人工智能可以在客户还不知道有问题的时候，就觉察出潜在的问题，并开始研究解决方案。这就是主动支持。此外，还有预防性支持：人工智能凭借其机器学习能力，不只是等待问题出现；它还能预测问题并设置防御措施，确保问题压根不会出现。人工智能还带来了什么起到锦上添花作用的方式吗？先发制人的支持。这种支持类型表明，人工智能不仅能预测问题，它还能看到问题已露端倪，迅速行动，自主修复问题。没有忙乱，没有波折。对客户来说，这种感觉就像在平坦的高速公路上兜风。所有这些由人工智能交织在一起的方面，正在重新定义客户支持的本质，引领我们走向这样一个未来：互动不仅是为了解决问题，更是为了从一开始就预防问题的发生。

人工智能是客户服务领域的游戏规则改变者，而且已经取得显著进步，因此了解它的作用至关重要：人工智能是一种增强器，而不是人类智慧和同理心的替代品。可以把人工智能想象成汽车中的全球定位系统（Global Positioning System, GPS）导航仪，用于协助始终掌握方向的驾驶员。在结构优化的客户服务框架中，人工智能协助客服人员，帮助人工客服处理复杂而微妙的情况，共同为高效、有效和富有同理心的客户体验铺平了道路。

移情的技巧：机器时代的人性

尽管人工智能可以成为伟大的导航者，但人类是如此复杂，依靠人工智能算法完全理解并准确预测每种情况下的结果是不现实的。人与人之间具有同理心的互动是客户所看重的，也是影响整体客户体验的关键差异化因素。人工智能的作用是快速深入地分析大量数据，提供可操作的见解，使人类客服能够专注于积极倾听、展现同理心并为每位客户量身定制解决方案。

在我们深入探讨了商业视角和人工智能带来的优势之后，有必要强调一下人工客服在客户支持中的持久作用。即使在一个自动化程度越来越高的世界里，人工客服在客户服务领域的重要性也丝毫未减。让我们一起揭开"人工智能将完全接管人类在客户服务和支持世界中的角色"这一信念的神秘面纱，并充分理解为什么人工智能最适合充当助

手、指导者和支持者，而人类则仍然牢牢地坐在主导者的位置上，掌控着整个旅程。

这关乎人，而不仅仅是数字

虽然人们可能很容易把人工智能仅仅看作降低成本和提高效率的一种方式——尽管这些都是很好的福利——但它远不止于此。客户支持的核心是人，以及真正的人际关系。它关系到试图安装婴儿监视器却被技术术语弄得晕头转向的母亲；它关系到离家千里、身处不同时区、需要及时维修出现故障的笔记本电脑的大学生。人工智能帮助我们在这些人需要帮助的时间和地点联系到他们，在数据的指导下为他们提供帮助，同时不失人类同理心的温暖，并确保每一次互动都能让客户感受到聪明和真诚。

时间，最珍贵的礼物

我们都有过这样的经历——经过了几个小时的等待，听着令人精疲力竭的等待音乐，最后与一个在帮助我们之前必须浏览页面或屏幕信息的人工客服交谈。人工智能可以消除这些延迟，为简单的问题提供即时、准确的帮助，让人工客服腾出手来帮助客户处理更复杂的问题。时间是客户服务所能提供的最珍贵的礼物之一，而人工智能正是帮助你实现这一点的工具。

在你所处之境与你会面

客户服务的精髓在于能够适应不同的偏好和需求。不同的人自然会倾向于选择不同的沟通渠道——有些人可能倾向于即时聊天，而另一些人则可能选择正式的电子邮件、无处不在的社交媒体或熟悉的语音电话。人工智能就像一位大师，精心编排这首多层面的交响乐，根据个人喜好的节奏去调整和完善每个音符（或互动）。然而，虽然人工智能提供了精确度，但人类的触觉才是这首交响乐的灵魂。一旦参与到客户互动中，人工客服就能提供体谅、同理心和真正人际联系层面的内容，将每一次人工智能增强的互动从单纯的业务往来转变为一次个性化的、有意义的交流。

洞察力的细微差别

有效沟通的核心在于感知和理解他人意图的能力。例如，你可能想知道 NLP 是如何在与客户的互动中准确定位其意图的。事实上，它是科学、庞大的数据集和语言技巧的复杂融合。首先，NLP 会对我们表达的词语进行评估。例如，"激动"或"爱"等词语通常表示积极的情感，而"沮丧"或"失望"等词语则表示消极的情感。通过积累这些词语及与其含义相关的大量数据库，人工智能系统可以判断文本中蕴含的情感。但这

一过程比单纯的词语选择更深入，因为这些词语的排列起着关键作用。句子的结构或长度往往能提供有关客户感受的微妙暗示，比如，短小精悍的句子可能表示恼怒。此外，针对语音驱动的界面，最新的 NLP 工具可以评估口语的语气和音调。音调高可能预示着困扰，而音调低则可能意味着满意或平静。

这就是人工智能在客户服务和支持生态系统中变得超级有用的地方。一旦人工智能掌握了这些意图的内涵，就能将其提炼为可操作的反馈意见，提供给人工客服。人工智能并不是要取代人工服务，而是要优化人工服务。想象一下，人工客服会得到以下实时提示"客户似乎很激动"或"客户似乎对解决方案很满意"。

通过提供这些细致入微的洞察，人工智能就像一个助手，为人工客服提供指导和辅助。这确保了每一次互动都不仅仅是为了解决问题，而是为了真正与客户建立联系、了解客户并与客户产生共鸣。结果怎样呢？这带来了一种更加以人为本的客户支持方法，并通过人工智能的精确性和一致性得到增强。换句话说，人工智能确保客户的需求得到认可和真正的理解。

人工智能、RLHF 和 RLAIF 的相互作用

与某些观点相反，人工智能并非孤立运行。人工智能的准确性、效率和相关性与人类的协作息息相关，尤其是从 RLHF 及与其互补的对应方法——RLAIF 的视角来看。RLHF 和 RLAIF 在 LLMs 的训练和微调方面发挥着重要作用，是 OpenAI 的 ChatGPT[3]、谷歌 DeepMind 的 Gemini[4] 和麻雀（Sparrow）[5]、人工智能公司 Anthropic 的 Claude[6]、Meta 的拉马（Llama）[7] 等突破性成果背后的引擎。我们训练 LLMs 不是为了预测下一个单词，而是为了让它们理解指令并生成有用的回复。

一言以蔽之，RLHF 是人类智能和人工智能之间的一座桥梁，它使开发人员能够完善人工智能系统，并使其更符合人类期望和社会规范。从本质上讲，当聊天机器人提供一个答案时，它并不仅仅是给出预先编辑好的回复。相反，该回复是无数数据点的结晶，而且通过人类的反馈进行了改进和校准。该模型从原始数据，以及只有利用人类专业知识才能发现的细微差别和微妙之处中学习。如果把这一过程想象成一个"学生 – 老师"的动态关系，人工智能就是永远充满热情的学生，而人类则是经验丰富的老师。这种共生关系确保了与人工智能的每一次互动都反映出算法的敏锐性和在人类指导下的判断力，从而加强了人工智能在优化客户服务方面的作用。RLHF 的作用不容低估——正是它在冰冷的计算逻辑和温暖的人类直觉之间架起了桥梁，确保了人工智能始终保持与客户需求的高度相关性、响应性和可靠性。

这种方法对于促进 LLMs 更紧密地贴近人类的需求和期望至关重要。然而，RLHF 面临的挑战在于它需要人类生成的反馈，而收集反馈耗时且成本高昂。这正是 RLAIF 发挥作用的地方，它能够利用人工智能生成的反馈来指导学习。在一些环境中，问题的复杂性或样本庞大的规模使得人工反馈变得不切实际，或者对模型的精确性和一致性要求很高，此时 RLAIF 就大显身手了（因为 RLAIF 可以模拟数百万个场景，提供与预期结果在数学上一致的反馈，而人类则很难在如此大规模的场景中提供精确的反馈）。RLAIF 在反馈回路受益于快速迭代、一致性而人类监督又无法普遍提供细节水平的领域表现出色。对于这些概念更深入的技术探讨，请参阅第 2 章。

这种人类智能与人工智能的融合不仅增强了人工智能的能力，还重新定义了这些能力，确保了人工智能在发展过程中从根本上符合人类的价值观和需求。RLHF 与 RLAIF 的集成确保了人工智能在保持技术先进性的同时，还能深入贴近人类体验，使其在需要对客户需求具备细微理解和响应能力的领域（如客户服务），成为宝贵资产。

道德要求

人工智能的能力毋庸置疑，但它也肩负着深远的道德责任。在利用人工智能辨别和预测客户需求的同时，企业还必须致力于保护数据隐私和个人自主权。因此，企业将人工智能集成到客户服务时需要遵守严格的道德标准，以维护客户的隐私和安全。在这种情况下，技术不仅是提高效率的工具，也是企业对在尊重客户个性和权利方面的道德承诺的延伸。

RLHF 为改进人工智能系统提供了一种强大的方法，但它也可能是一把双刃剑。一方面，它能让人工智能了解人类在行为、情感上的细微差别，使其更加贴近人类的需求和行为；另一方面，它可能会在无意中吸收所收到的反馈中的偏见，这就凸显了确保提供反馈的人类接受培训，并使其意识到潜在偏见的重要性。同时，采取措施纠正这些偏见也不可或缺。让不同的反馈者参与到反馈过程中，对于最大限度地减少由于 RLHF 训练带来的人工智能系统的偏差至关重要。这种多样性应涵盖性别、种族、年龄和文化背景等多个方面，确保考虑到广泛的观点和经验。通过将包容性纳入反馈回路，人工智能将变得更具代表性，并更契合负责任的人工智能的原则，这样一来，才有望减少对现有偏见的传播，并促进更公平的结果产生。

此外，人工智能深入研究客户行为和情绪的过程中，存在着侵犯个人界限或滥用数据的风险。因此，客户服务领域的人工智能必须严格遵守道德标准，优先考虑客户隐私和安全。在这个世界上，技术不仅是提高效率的灯塔，还是坚定的哨兵，确保每一次互

动都尊重客户的个性、权利和价值观。在这个不断变化的世界里，负责任的人工智能不仅是一种理想，而且是每一次人工智能与人类互动过程中维护信任、彼此诚信的基础。

当我们迈入数字时代时，我们绝不能忽视真正重要的东西——那些丰富我们生活的人际联系。人工智能在客户服务中的应用并不是要将这些联系弃之不顾，而是要培养这些联系，并使它们更容易建立且更有效。通过经过深思熟虑的方法，我们可以确保人工智能成为人与人之间的桥梁，而不是障碍。

超越霸权的共生：战略平衡的方向盘

通过回顾工业革命的例子，我们认识到，单靠机器并不能产生最有效的结果。人类与机器的结合推动了企业的成功。这些经验同样适用于当今的客户服务行业，在这个行业中，只有人工智能或只有人类都不能创造出良好的客户体验，也无法提升信任度并建立最终的忠诚度。将感同身受的人情味与人工智能的精确性相结合，这样的平衡战略将为客户和企业创造最大的利益。人类与机器的结合将比任何一方单独发挥作用带来的效果都要好。如今，这种战略平衡就像工业革命时期发明质量检查和安全措施一样至关重要。

打造无缝客户旅程

将人工智能融入客户服务后，无缝客户旅程的前景将成倍放大。借助人工智能，企业可以确保客户在正确的时间获得正确的信息，从而最大限度地减少摩擦，提高整体满意度。先进的算法可以根据以往的互动或常见问题，预测常见的客户询问，甚至在客户意识到需要之前就为他们提供解决方案。

例如，音乐流媒体服务平台 Spotify 利用人工智能策划个性化播放列表，确保用户无须搜索就能不断找到自己喜欢的音乐。[8] 同样，亚马逊（Amazon）的推荐系统利用人工智能，根据用户的浏览和购买历史向他们推荐产品，从而优化了他们的购物体验。[9] Zara 等公司利用人工智能更好地管理库存，确保热门商品保持库存充足并能立即被提供给客户，从而减少了客户的等待时间和潜在的不满情绪。[10] 还有丝芙兰（Sephora），它利用人工智能驱动的聊天机器人，提供个性化的产品推荐，提升用户的购物体验。[11]

从本质上讲，人工智能不仅能确保客户旅程的顺畅，还能预测客户的需求，让每次互动都更直观也更个性化。这种积极主动的方法最大限度地减少了摩擦，提高了客户整体满意度，因为客户从第一次互动就能感受到被理解和被重视。

利用数据实时决策

人工智能系统可以分析海量数据，做出实时决策，从而提升客户体验。无论是利用机器学习，根据紧急程度确定客户支持工单的优先次序，还是分析客户反馈以做出即时调整，人工智能都可以将静态的客户服务模式转变为动态的响应机制。

例如，奈飞（Netflix）利用人工智能分析观众的习惯和偏好，实时调整内容推荐，以确保用户不断发现符合自己口味的节目和电影，从而增加客户参与度和提升客户满意度。此外，达美航空（Delta）等航空公司现在也采用人工智能驱动的系统来管理和预测潜在的航班延误。这些航空公司可以通过分析实时天气、空中交通情况和飞机状态，主动通知乘客可能发生的变化，确保乘客获得更顺畅的旅行体验。优步（Uber）和来福车（Lyft）等打车服务平台也利用人工智能做出实时定价决策，通过分析使用需求、交通情况和当地事件等，制定公平、有竞争力的用车价格。

人工智能的实时决策能力正在彻底改变客户支持的格局。通过利用人工智能，支持团队可以根据以往的互动情况，即时确定工单的优先级，迅速提出响应建议，并结合实时性能监控和资源分配，为更顺畅、响应更迅速的客户体验铺平道路。美国电子商务公司 Zappos 和亚马逊等先驱公司已经利用了这些人工智能驱动的优势，见证了响应时间的缩短和整体客户满意度的大幅提升。

从本质上讲，人工智能可以优化企业的运营，并确保企业与客户的互动及时、具有相关性，且是为客户量身定制的；从"一刀切"模式转变为让每个客户都能感受到系统正努力与他们的即时需求和偏好相匹配。

增加追加销售和交叉销售机会

人工智能驱动的推荐引擎极大地重塑了追加销售和交叉销售的格局，这一点可以通过数字证明。根据麦肯锡（McKinsey）的一项研究，利用人工智能进行推荐的公司，其销售额增长了 15%~20%，同时客户流失率也有所降低。[12] 亚马逊是该领域的领军企业，其销售额的 35% 归功于人工智能驱动的推荐系统。[13] 此外，奈飞的推荐引擎旨在让用户参与相关内容，通过降低客户流失率，每年为公司节省约 10 亿美元。[14] 这些引擎深入研究客户的购买历史、搜索查询内容，甚至是浏览时长，以策划量身定制的建议。通过在适当的时机提供这些建议，企业不仅能实现收入激增，还能与客户建立更加个性化的关系。实际上，人工智能通过将客户需求与公司提供的更广泛的产品或服务智能地联系起来，最大限度地使双方受益。

日常任务自动化

通过接管常规和重复性任务，人工智能可以大大减少人工客服的工作量。事实证明，将人工智能融入日常运营任务，在简化客户服务流程方面非常有价值。

根据麦肯锡的一份报告，通过将手动任务和重复性任务自动化，成功的运营中心可将成本降低 30%~60%，同时提高交付质量。[15] 例如，Shopify 在其博客中强调，在供应链管理中，人工智能驱动的预测可减少高达 50% 的错误，减少高达 65% 的销售损失和产品缺货率。[16] 在线餐厅订座平台 OpenTable 使用人工智能管理数百万个餐厅的预订，让餐厅员工专注于提供卓越的线下体验。[17] 在处理索赔时，航班索赔服务平台 AirHelp 为超过 1600 万名遭遇航班取消、超额预订或延误的乘客提供帮助——它的聊天机器人充当了与客户的第一接触点，将平均响应时间缩短了 65%。[18] 同时，它还监控着公司的所有社交渠道（使用 16 种不同语言），如果发现社交资料中使用了容易引发危机的词汇，就会向客户服务部门发出警报。

微软开发了一项名为"Copilot for Service"的服务，旨在通过人工智能生成功能为客服人员提供帮助。用微软的话说，"Copilot for Service"加快了人工客服入职和案件解决的速度，提高了效率并实现了任务自动化，从而帮助人工客服专注于客户服务。客服人员只需将其嵌入自己选择的桌面或部署在微软团队（Teams）中，就可以用自然语言向生成式人工智能驱动的 Copilot 提出问题，利用现有联络中心内的知识获得相关答案，从而提高客服人员的工作效率和客户满意度。[19]

有了人工智能对这些琐碎任务进行的高效处理，人工客服就可以将他们的专业知识投入需要深入解决问题和富有人情味的领域，从而大大提高客户互动的整体质量。这种机器效率与人类同理心的无缝融合，营造了一个让客服人员和客户都能受益的环境。

促进持续学习和改进

机器学习算法以数据为生；处理的数据越多，它们就越聪明。因此，这些算法可以识别人类分析师可能无法立即看到的趋势、模式和改进领域，从而不断改善客户服务体验。

这种强大的数据处理能力为客户服务带来了突破性的洞察。例如，奈飞利用机器学习分析观看习惯，预测并推荐用户可能喜欢的下一个节目，其推荐节目的选中率高达 75%。[20] 同样，亚马逊的推荐系统也是基于机器学习，根据用户的浏览和购买模式推荐产品，此类销售额占总销售额的 35%。[21] 在客户支持领域，Zendesk 的应答机器人 Answer Bot[22] 等工具，利用这些算法更好地理解客户查询内容，并为他们推荐最相关的解决方案。

在算法的推动下，这种持续演进可确保客户服务和支持具有快速响应性和预测性，甚至在客户明确表达之前就能预测到其需求。

全球适用性和文化可扩展性

人工智能系统经过训练后，反应速度更快，预测能力更强，能听懂多种语言和地区方言，使企业能够提供跨越地理和语言障碍的高质量客户支持。这对希望在不增加支持人员的情况下，进行全球扩张的企业来说尤其有用。

例如，微软翻译器是其 Azure 人工智能套件的一个产品，目前支持 80 多种语言和方言的实时翻译，使企业能够与全球客户进行无缝互动。[23] 这使人工客服的能力得到增强，当客户和人工客服使用不同语言时，他们可以利用人工智能来帮助翻译实时对话，帮助人工客服更好地理解所有支持体验。除了翻译，谷歌等科技巨头还对其语音助手进行了微调，以识别和理解地区口音，确保得克萨斯州的用户与东京或多伦多的用户一样，能够被清楚地理解。这些能力使公司能够在全球范围内保持一致和高质量的支持体验，而无须成倍增加其人力支持团队。人工智能的多语言特性对希望进行全球扩张的企业来说非常宝贵，因为无论客户或客户服务人员位于何处，它都能促进具有文化敏感性和本地共鸣的客户互动。

Spotify 是在客户支持方面实施人工智能的一个实例，该公司利用人工智能进行语言翻译，以满足其国际用户群的需求。[24] 该公司主要由其欧洲服务中心处理客户问题，因此，在提供多语言支持方面面临挑战。为解决这一问题，Spotify 与全球服务公司 Sutherland 合作，为其电子邮件支持渠道开发了一款实时语言翻译工具，名为 Sutherland Translate AI。该工具使用谷歌、微软 Azure 和深度学习的人工智能、机器学习和翻译引擎来翻译客户的实时查询内容，同时保留因文化导致的细微差别和细节。该解决方案使 Spotify 能够为使用各种语言的客户提供支持，其支持语言包括阿拉伯语、法语、俄语、波兰语、土耳其语、德语、荷兰语、葡萄牙语和西班牙语，而无须大幅增加员工或运营费用。实施这一人工智能驱动的工具增强了 Spotify 对于不同语言客户查询的处理能力，从而提高了业务运营和客户服务交付的效率。

危机管理

人工智能能够同时管理大量互动，这在危机或高需求时期尤为有益。例如，在产品召回或出现重大故障期间，人工智能可以比人工客服更高效地处理突然涌入的客户询问，提供快速、准确的信息，缓解客户的焦虑和沮丧情绪。

2016 年，三星（Samsung）因电池问题导致部分设备起火，面临对 Galaxy Note 7 智能手机的大规模召回。[25] 虽然没有文件证明三星在这次危机中使用了人工智能驱动的聊天机器人，但客户支持系统在处理相关客户激增的咨询时，确实发挥了至关重要的作用。让我们想象一下当时的情景，以及聊天机器人是如何发挥（也许确实发挥了）重要作用的。三星的人工客服人员可以专注于处理关键案例和复杂问题，而他们的人工智能系统则可以处理很大一部分基本的询问。

- "我该如何归还手机？"
- "最近的服务中心在哪里？"
- "我如何获得退款？"

这样做可以确保即使在咨询高峰期，客户也能得到及时回复。此外，利用人工智能的数据分析能力，三星可以快速识别常见问题，并实时更新聊天机器人的回复，确保向客户提供准确的最新信息。在公司面临挑战时，这种快速高效的沟通有助于减少客户的恐慌和挫败感。

通过在高压时期对问题的及时处理并以此消除客户的顾虑，人工智能在减轻潜在的声誉损害和维护品牌信任方面发挥着至关重要的作用。在这种情况下，人工智能能够处理大量的互动，而不会不堪重负或感到疲劳，这为企业提供了一个独特的优势：即使在压力下也能确保始终如一的客户满意度。

提高员工满意度

与对人工智能取代人类工作的担忧相反，实施得当的人工智能实际上可以提高客服人员的工作满意度。通过自动执行重复性任务，人工智能可以让客服人员专注于解决问题和提高客户参与度，从而使其获得更高的工作满意度和更多的技能发展机会。

弗雷斯特研究公司（Forrester Research）的一项研究表明，通过人工智能自动执行的任务最多可释放客服人员 20% 的时间。[26] 通过将重复性任务自动化，人工智能可以让客服人员将注意力转移到更有价值、更重要的活动上。据 IBM 报道，他们的人工智能系统 Watson 帮助将客户服务咨询的解决时间缩短了 10%，使人工客服能够将更多时间用于深入的客户互动。[27] 从这些例子中可以清楚地看到，当企业有目的地整合人工智能时，人工智能不仅能提高运营效率，还能为员工创造更令人满意的工作环境，从而带来更好的服务和更快乐的员工。再次引用西蒙·辛克的名言："只有员工先爱上公司，客户才会爱上公司。"[28] 因此，让员工在工作中找到目标和满足感，接受人工智能为他们带来的所有好处，是实现业务成果和获得更高客户满意度的助推器。

虽然人工智能的能力确实具有变革性，但企业必须以平衡的视角来对待人工智能的整合。人工智能应该增强而不是减少人情味，人情味对于解决复杂问题和满足客户需求仍然至关重要。如果实施得当，人工智能可以成为一种强大的工具，将客户服务的效率、个性化和有效性提升到新的水平。

在我们更深入地探索这个新时代时，让这一历史的光束照亮我们的探索之路。工业革命并不只是机器的革命，更是要充分利用最佳的人类技能和机械效率。同样，当前客户服务和支持领域的革命也不是要在人工智能和人类专业技能之间做出选择，而是要以一种放大两者优势的方式将它们整合在一起。

探索如何做：人工智能在客户服务和支持中的关键应用

根据赛富时的报告《企业技术趋势》（Enterprise Technology Trends），83% 的信息技术行业的领导者表示，人工智能和其他智能技术正在改变客户参与方式，69% 的消费者更喜欢使用聊天机器人与品牌进行快速沟通。[29] 这些统计数据凸显了人工智能在客户服务中日益增长的重要性。

各行各业的应用让我们看到了人工智能的潜力。在金融领域，人工智能驱动的平台全天候协助客户进行交易查询、帮助预防欺诈并提供个性化金融建议。在医疗保健领域，人工智能简化了预约安排，并提供初步诊断支持，大大提高了病人护理水平。交通运输业受益于人工智能，实现了实时旅行更新功能并应用了自动预订系统，从而丰富了客户体验。在电信领域，人工智能被用于网络优化、预测性维护，并提供量身定制的计划建议，从而提高客户满意度和忠诚度。

每一项应用都展示了人工智能在支持客户服务人员、预测客户需求，以及提供相关、及时的个性化帮助方面的强大功能。让我们一起探索如何将人工智能的"机制"与人类的"技能"完美结合，为客户支持在质量、效率和人性化方面带来一场革命。

利用聊天机器人和虚拟助理开拓新视野

在数字时代，一场无声却深刻的革命正在引领客户服务的复兴——这场革命的表现之一就是聊天机器人和虚拟助理的崛起。这些人工智能驱动的实体正在重新定义客户互动的本质，将效率、个性化和创新融为一体，而这曾经是科幻小说中的情节。

聊天机器人已成为客户满意度的不懈守护者，无论何时，它都能以始终如一、乐于

助人的姿态迎接客户。聊天机器人进行有意义对话的能力，已经超越了简单的脚本回复。通过 NLP，它可以解析复杂的人类语言，理解询问背后的意图，并以越来越人性化的方式做出相关回应。

这些虚拟助理的变革性影响体现在它们能够解析数据、提供解决方案，甚至在人类表达需求之前预测需求，从而直接充当客户服务人员的助手。

聊天机器人在信息平台上的出现将这些日常应用程序（Apps）变成了强大的服务渠道。已将聊天机器人纳入客户服务战略的企业报告称，聊天机器人降低了成本，也大幅提高了客户参与度。例如，银行可以部署一个聊天机器人，帮助用户跟踪消费情况、报告银行卡丢失情况，甚至为用户提供理财建议，从而将客户服务从被动变为主动，从成本中心变为收入驱动因素。

量化效益同样引人注目。使用聊天机器人的公司会发现，人工客服代表处理的常规询问量大幅减少，有些行业的偏转率高达 60%~90%，在解决问题的同时，为客户节省了更多的周期和时间。[30] 这种转变让人工客服代表可以专注于更复杂、更细微的客户需求，促进更深层次的关系，进而提高客户忠诚度。

此外，这些虚拟助理收集的数据对企业来说非常珍贵。它能提供对客户行为、偏好和痛点的无与伦比的洞察。这种持续的反馈循环可以促进产品开发、优化营销策略，并以前所未有的个性化程度定制客户体验。

然而，聊天机器人的真正魅力在于其可扩展性：既能满足小型精品店的需求，也能满足跨国公司的需求。聊天机器人的多功能性和适应性使它几乎适用于任何行业，从为医疗保健行业安排预约和提供患者教育，到为零售行业轻松推荐产品和管理退货。

聊天机器人和虚拟助理不仅是工具，更是变革的催化剂。它们拓展了我们想象中的可能性的界限，鼓励我们飞跃到一个客户服务体验被改善与重构的未来。它们推动我们跳出固有的思维模式，让我们不仅要满足客户的期望，还要创造真正令人愉悦的体验，让每一次互动不仅是为达到目的而采取的手段，还是客户和企业共同踏上的一段旅程。

客户意图：人工智能是解读旅程地图的关键

准确把握客户意图是有效客户服务和支持的基石。这一难以捉摸却又至关重要的因素决定着服务提供商与客户之间互动的方向和质量。传统上，辨别这种意图在很大程度上是人工客服的职责，他们依靠直觉、经验和实时调整来引导对话。然而，人工智能的出现重新定义了这一动态关系，为其增加了以前无法实现的细微差别和复杂性。

就像指南针对于探索未知领域的探险者不可或缺一样，人工智能正成为客户支持专业人员了解客户意图这一模糊世界的关键。人工智能不会取代人类的同理心和理解力，它将作为一种补充力量，提高客户互动的精确性和个性化。

客户意图识别的演进

在数字时代之前，了解客户意图通常只能依靠面对面交流、书面调查和电话采访。这些方法不仅耗时，而且充满主观偏见。进入信息时代后，这些方法的局限性变得非常明显，于是出现了网络表单和交互式语音应答（Interactive Voice Response, IVR）系统等电子数据采集方法。然而，这些方法也有其局限性，因为它们基于预定义的类别采集数据，无法捕捉人类意图的细微差别。

大数据是一种解决方案，它提供了大量信息，可通过分析这些信息来了解客户的行为、模式以及意图。然而，传统的分析方法在实时解读和主动服务调整方面往往乏善可陈。这时，机器算法开始大显身手，它应用统计方法，根据以往的互动来预测客户可能的行为。以上方法虽然比以前的方法更有效，但它们在很大程度上仍然是被动的，而不是主动的。

相比之下，人工智能既积极主动，又细致入微。与之前的算法不同，人工智能系统可以实时调整，从每一次与客户的互动中学习，以改进未来的互动。NLP 可以帮助人工智能系统理解客户询问背后的语境和情感，而 RLHF 则可以不断完善这些模型，确保它们与人类的价值观和期望密切吻合。

此外，人工智能能够整合各种数据点，无论它们是来自文本对话、语音语调，还是网页上的行为模式，从多维度了解客户意图，其细致程度和准确性都远远超过从前。

人工智能不仅为客户意图识别带来了渐进式变化，还重新定义了其可能性。如此一来，它为客户服务领域开拓了更丰富、反应更迅速、更符合人类复杂需求和愿望的前景。

人工智能技术助力意图识别

人工智能在识别客户意图方面的优势在于其多样化的技术。每种技术都有其自身的复杂性和适应性，它们共同形成了一个大于各部分总和的复合整体。在本节中，我们将分解这些不同的技术，包括 NLP 和机器学习算法等，以全面了解它们背后的机制。

　》NLP

- **文本分析**：了解客户文本中的细微差别对于推断其意图至关重要。NLP 算法可分析句子结构、关键词出现频率和上下文，从而更好地理解客户的需求或问题。

- **情感分析**：除了理解客户在说什么，掌握他们是如何说的也很重要。情感分析能解读话语背后的语气，提供更多层次的语境，这在某些客户支持场景中可能至关重要。
- **语言翻译**：在日益全球化的世界中，语言障碍可能会阻碍有效的客户支持。NLP可以实时无缝翻译语言，确保蕴藏在客户查询背后的意图不会在翻译中被遗漏。
- 机器学习算法
- **决策树**：这些算法根据某些条件或标准，将客户的询问划分到预定义的类别中，使人工客服或其他人工智能系统更容易做出更有效的回应。
- **神经网络系统**：客户意图通常能够达到只有神经网络系统才能处理的复杂程度。这些神经网络系统可以同时处理多个变量，对客户的需求做出更准确的预测。
- **RLHF**：RLHF是机器学习应用于客户支持领域的最新前沿，它允许算法从人类的反馈中学习。这有助于形成一个反馈循环，随着时间的推移，帮助人工智能在解读客户意图方面变得越来越准确。

» 聊天机器人和虚拟助理

- **脚本聊天机器人与人工智能驱动的聊天机器人**：脚本机器人遵循预先确定的路径，而人工智能驱动的聊天机器人则从每一次客户互动中调整和学习。后者能更有效地理解复杂的客户意图并采取行动。
- **意图捕捉中的角色**：聊天机器人通常是客户服务中与客户建立初步联系的窗口。它能够迅速识别客户的意图，为接下来的客户体验定下基调，因此在现代客户支持模式中不可或缺。

» 数据分析工具

- **趋势分析**：了解客户查询或投诉的趋势可以提供有关客户意图的常规见解。数据分析工具能捕捉这些趋势，以使企业主动改变其客户支持系统。
- **实时分析**：对客户意图做出即时反应往往意味着客户支持的成功。实时分析带来了根据客户行为做出现场决策所需的即时性。

» 对话界面

- **语音助手**：基于语音的界面，如语音助手，可以识别声音暗示和语气，为意图识别增加了另一层信息。

- **消息应用程序**：与流行消息应用程序集成的对话平台，可通过文本分析识别客户意图，实现人工智能驱动的客户支持与人工主导的客户支持之间的无缝过渡。

多模态数据

由于几个令人信服的原因，通过多模态数据进行上下文理解，在客户服务和支持领域正变得越来越重要。多模态数据是指各种形式的信息，如文本、音频、视频和图像等。人工智能可以通过分析这些不同类型的数据全面了解客户的情况，从而提供更准确的支持和个性化服务。例如，分析客户互动的视频数据，可以帮助企业了解客户实际使用产品的情况，从而制定更好的支持策略并改进产品。

多模态数据使人工智能能够捕捉到仅分析文本时可能会忽略的细微差别。例如，客户来电中的语音语调可以表明客户的紧迫感或挫败感，而图像则可以揭示难以用语言描述的问题。了解这些线索的人工智能使根据客户的状态和具体问题调整支持策略成为可能，从而提高服务的个性化程度。

这些技术不仅是渐进式的改进，而且代表着一种集体进化，推动着现有模式向理解和积极响应客户的方向转变。它们是人工智能驱动的客户支持这一复杂机器中的齿轮，各自为实现更直观、反应更迅速、结果更满意的客户体验这一总体目标，贡献着自己独特的能力。

预测意图的历史交互分析

在一个不断敦促我们前进的世界里，回顾过去似乎有违直觉。用于预测意图的历史互动分析是一种开创性的方法，有望以史为鉴来加深对客户的了解。它被视为客户支持的"考古学"，强调以往的每一次互动都为解读未来的客户意图和偏好奠定了基础。客户满意度分数或响应时间等传统指标提供了关于客户意图的一个快照，但无法说明完整的故事。历史互动是隐藏的篇章，提供了背景信息并揭示了不断变化的需求。那么，有哪些技术可以进行这种针对历史互动的分析？

- 文本挖掘可以发现重复出现的关键词或短语，而 NLP 则可以更进一步理解这些词语的情感和使用背景。
- 研究历史互动的频率和时间可以预测未来的客户接触点和可能的原因，就像根据历史数据预测天气情况一样。
- 根据共同特征将历史互动划分为不同的群组，就相当于划分不同的历史时期。我们可以对这些群组进行分析，以了解不同客户群不同的需求和意图。

» 预测意图的应用

对历史互动的透彻了解使客户支持系统能够提供最相关的解决方案或产品，通过提供个性化服务提高预测意图模型的准确性。

简化支持渠道是预测意图的另一种应用，它是指在了解客户过去对沟通渠道的偏好——无论是聊天、电子邮件还是语音之后，使支持系统能够使用令客户感到最舒适的渠道满足他们的需求，从而为每位客户提供独一无二的个性化体验。

了解历史互动中反复出现的问题或疑问，可以触发主动支持，甚至可能在客户联系我们之前就解决问题。

» 道德视野

历史互动分析需要谨慎处理敏感的客户数据，不仅要确保数据的存储安全，还要确保数据的使用符合道德规范。必须让客户知道，为了提升未来的服务体验，他们过去的互动信息正在被分析，而且要确保分析过程透明且合乎道德规范。

为预测意图而进行历史互动分析的做法就像从古代遗迹中发掘隐藏的宝藏，为你维护与每位客户之间的关系提供了丰富的背景资料。这不仅是一种技术，更是一种不断发展的综合性方法，它将数据分析、机器学习和客户心理学融合，为客户提供独特的支持体验并提升客户满意度。当我们展望客户支持的未来时，这种方法会促使我们首先回顾过去，深入了解历史互动，然后获得启迪，增强能力，并以更强的能力去理解客户，满足他们的需求。这种方法的益处不仅体现在量化指标上，还延伸至关系资本领域。满意的客户会成为品牌大使，通过口碑推荐带来回头客和新客户。对旨在将单纯的交易转化为长久关系的公司来说，历史互动数据堪称将普通故事转化为难忘体验的秘密剧本。

智能（基于人工智能的）路由系统：指引查询到达最佳目的地的指南针

在快节奏的客户支持领域，智能（基于人工智能的）路由系统就像是繁忙国际机场的空中交通管制员。就像管制员根据天气条件、飞机大小和当前空中交通状况等变量将来往航班引导至合适的跑道一样，该路由系统也能有效地将每个客户的询问引导至最合适的客户服务人员或团队，使其能得到处理。让我们揭示智能路由系统的复杂性和潜力，说明它在实现卓越客户体验方面的重要性。

当客户的电话或询问被转到错误的团队或无法提供帮助的人工客服时，客户就不得不陷入转接和等待音乐的无限循环，从而产生挫败感，这样的体验会损害品牌声誉。基于人工智能的智能路由系统不仅是一种操作工具，还是一种不局限于解决眼前问题的战

略资产。它考虑了多种因素和变量，以消除摩擦，确保高效、快速地解决问题。

分析历史数据是智能路由系统的基础支柱之一。通过检查历史互动，系统可以识别客户的偏好、沟通模式和行为，为路由算法提供信息。这样就能确保客户的查询总是能被转给最合适的团队或专家，从而提供令人惊叹的个性化体验。

基于人工智能的智能路由应用

利用数据和高级分析的力量，基于人工智能的智能路由系统能够将客户支持转变为高度个性化和高效的旅程。接下来，我们将在此探讨人工智能如何在客户支持的各个层面产生重大影响。

- **客户档案和细分**：了解寻求帮助者是首次来电的客户、高价值客户或战略客户，还是频繁发起支持事件的常客，可以极大地影响提供支持的方式，使系统能够相应地分类引导并定制支持体验。例如，电信公司可能会将高价值客户引导至高级支持团队，而首次来电的客户则可能会被引导至简化的自动故障排除系统。这种细分使客户体验更加精细化，不仅能有效分配资源，还能以培养客户关系为战略重点。

- **历史互动**：当客户再次光顾时，系统对以往互动的记忆将发挥关键作用。根据以往的经验，特别是那些获得高满意度评价的经验，对案例或工单进行分发，可以改变客户体验。软件供应商可能会注意到，某位特定的客户与某位支持人员的关系非常融洽，从而使问题迅速得到了满意的解决。通过将后续询问转给同一支持人员，公司不仅增加了再次成功互动的机会，还提供了个性化的体验，从而提高了客户的忠诚度。

- **情感分析**：情感分析使用 NLP 算法增加了另一层复杂性。通过解读客户语音中体现的紧迫性，人工智能可以实时确定工单的优先级。例如，客户的紧急信息可能会被立即转给资深支持人员，而不是像常规查询一样以标准速度被转接或被转给资历较浅的支持人员。

- **渠道偏好**：沟通渠道的选择是人工智能巧妙处理查询的另一个因素。系统认识到，有些客户喜欢即时聊天，而有些客户可能会选择能够保存详细记录的电子邮件，因此系统可以将查询转给不仅有空而且最擅长该特定沟通渠道的支持人员。

- **支持人员技能组合**：支持人员技能组合包含广泛的能力，是人工智能能够精确利用的资产。除了技术敏锐度，这些技能组合还可能包括语言能力、文化熟悉

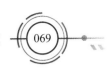

程度以及同理心和沟通技巧等软技能，所有技能都可以在技能矩阵中获取，以便让基于人工智能的智能路由系统做出决策，从而显著提升支持体验。

在这种情况下，技能矩阵是一个综合框架，对支持人员所掌握的各种技能、技能使用的熟练程度和所拥有的专业知识进行分类和评级。该矩阵通常包括技术知识、产品专长、语言流利程度、沟通能力和解决问题的能力。基于人工智能的智能路由系统利用这个矩阵来分析接收到的客户询问，并将其与最合适的支持人员进行匹配。通过这种方式，该系统可确保客户与最能有效和共情地处理其具体问题的支持人员建立联系。技能矩阵成为人工智能参考的动态数据库，并根据实时性能数据、客户反馈以及每位支持人员的学习和发展进度不断更新。这是一个战略性工具，帮助基于人工智能的智能路由系统优化客户与支持人员的配对，从而提高问题解决率和客户满意度。

- **实时队列负载**：人工智能能够监控和平衡实时队列负载，从而进一步提高运营效率。人工智能通过分配案例防止出现瓶颈，从而确保最大限度地缩短客户等待时间，并减少人工客服的空闲时间。这种动态的资源分配意味着客服部门可以像一台运转良好的机器一样运作，每个部分都能协调工作，尽可能为客户提供最佳服务。

- **业务优先级和运营效率**：业务优先级和运营成本也是人工智能决策过程中需要考虑的因素。高价值客户可能会被快速分配给专业团队，这是公司履行服务水平协议（Service Level Agreements, SLAs）并最大限度实现客户终身价值承诺的一部分，反之，较简单的问题可能会交给初级支持人员处理，让更有经验的支持人员能够专注于复杂的案例，从而优化人力资源的分配并控制运营成本。

- **时区和语言**：在当今的全球经济中，语言障碍正在被消除，客户希望在任何时候都能用母语进行交流并获得帮助。这种全天候的服务和应对语言多样性的能力不仅是客户服务质量的提升，也是在市场中脱颖而出的重要差异化因素，还能巩固品牌声誉，使其真正成为全球化和以客户为中心的实体。路由系统是这一领域的完美盟友，可将客户查询与正确的支持级别和所需的语言技能相匹配，从而改变整体客户体验。

基于人工智能的智能路由系统不仅是一种技术进步，更是一种战略演进，它能为客户提供个性化、信息翔实、高效且及时的服务体验。人工智能在提供支持的过程中会考虑到这些因素，因此它所做的不只是接听电话，还能在电话铃响起之前就预测来电者的需求。

基于文本的情感分析：客户行为的晴雨表

在每个客户的声音都能在社交媒体和评论平台上回荡的时代，了解和回应客户的情绪比以往任何时候都更加关键。据全球新闻通讯社（Global Newswire）报道，研究显示，95% 的消费者在做出购买决定前，通常会查看在线评论，其中 58% 的人甚至愿意在获得好评的品牌产品上投入更多资金。[31] 美国运通的研究发现，86% 的客户愿意为良好的客户体验支付更多费用。[32] 总而言之，这些数据表明，购买过程，包括初次接触和售后服务，比产品本身对购买决策的影响更大。

情感分析技术利用 NLP 来搜索客户反馈、评论和评论中的微妙之处，预测文本数据背后的潜在行为。它首先从各种来源收集和提炼文本，然后进行处理，以理解文本所含情绪的细微差别，如上下文和语言背后的讽刺意味。接下来，人工智能会将整体情绪分为正面、负面或中性，接下来汇总这些数据，为企业提供整体的预测性度量指标。有了这些洞察，企业就能主动应对客户情绪变化，从而改进产品、服务和客户关系，而不必像以前那样费力地人工审核堆积如山的反馈信息。

在当今的全球市场上，消费者的意见可以决定一个品牌的声誉，而情感分析则是一个预警系统。它可以实时检测客户满意度的变化，使品牌能够灵活应对。例如，如果对新产品线的负面评价突然大量涌现，人工智能工具就可以标记出这一趋势，促使公司立即进行质量审查或公开回应。这种快速反应可以在负面反馈升级为更广泛的公共关系问题之前减轻其影响。

情感分析的应用遍及各行各业。在酒店业，酒店和餐馆利用情感分析监控猫途鹰（TripAdvisor）和 Yelp 等平台上的评论，确保及时处理任何新出现的问题。在航空业，情感分析可以跟踪多个渠道的客户反馈，以便在航班延误或取消期间及时采取补救措施。

在用户体验至上的软件和游戏业务中，情感分析可以突出产品中用户喜爱的方面或需要改进的地方，从而为开发人员提供指导。例如，游戏公司可能会使用情感分析来分析论坛讨论和在线评论内容，收集玩家反馈，帮助确定更新和补丁修复的优先次序，从而提升游戏体验。

此外，情感分析还能为客户服务战略提供参考。通过了解客户的满意度，服务团队可以更好地为解决问题做好准备。例如，如果情感分析发现客户对某个具体的技术问题不满意，客户服务团队就可以在客户主动联系支持部门之前，积极主动地提供解决方案。

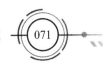

从本质上讲，情感分析是对客户眼中品牌形象的精准衡量与检查。它将大量非结构化的反馈转化为可操作的见解，使企业能够迅速采取行动、调整战略，并最终与其客户群建立更紧密的联系。通过利用这种强大的人工智能能力，企业不仅能倾听客户的声音，还能在不断变化的客户满意度领域领先一步。

优点和缺点

在人工智能的推动下，情感分析已成为一个关键角色，能够为企业提供一种系统地评估客户对其产品和服务的想法的方法。

然而，利用人工智能进行情感分析面临着一些重大挑战，尤其是在客户服务和支持这一充满微妙细节的世界中。这些挑战可能会对情感解释的准确性和可靠性产生深远影响，如果不加以解决，可能会导致错误的商业决策和受损的客户关系。

人工智能驱动的情感分析所面临的挑战之一是它的主观性，这往往难以衡量。单词和短语的含义会随着上下文发生变化，这可能会影响情感分析的准确性。此外，缺乏庞大的训练数据集，也可能会使人工智能模型难以捕捉到微妙的线索。情感分析自身也存在问题，包括偏见和不准确的数据。我们还需要记住，在客户服务和支持领域，客户经常使用母语以外的语言表达自身想法，这有可能导致信息的含义在无意间被改变。表3-1 说明了这些挑战以及一些克服这些挑战的缓解活动。

表 3-1　人工智能驱动的基于文本的情感分析所面临的挑战及缓解活动

挑战	缓解活动
人工智能可能难以理解上下文，包括讽刺或挖苦，从而导致错误的情感分类。客户的讽刺性评论，如"太棒了，我的包裹又晚了"，可能会被误解为积极情感	采用更先进的 NLP 模型，并利用丰富语境信息的数据集来训练人工智能，可以提高其理解能力。利用新实例不断更新人工智能模型对此也有帮助
语言的细微差别，如成语、口语或文化表达，都可能导致情感分析的不准确。例如，"killing it"这样的短语可能会被误解为否定，而实际上它是一种赞美（指某人在某件事上表现得极其出色）	扩大训练数据集，将各种表达方式和地区方言纳入其中，对于缓解这一挑战会有所帮助。聘请语言学家对数据进行注释并改进算法，也能加深人工智能的理解
客户支持通常涉及多种语言，这会使情感分析变得复杂。根据英语数据训练的人工智能可能会误解其他语言所表达的情感	开发特定语言的模型并采用多语言训练集可以帮助人工智能理解不同语言的情感
人工智能可能并不总是能正确地衡量评论客户所表达情感的强度，可能会忽略客户问题的紧迫性。文化上的细微差别以及委婉语的使用也可能导致客户感觉自己的意见被忽视	增强人工智能模型识别情感强度并做出相应的反应的能力可以对此有所帮助。这包括根据检测到的情感强度对客户查询进行优先级排序

（续表）

挑战	缓解活动
人工智能可能会继承训练数据中存在的偏见，从而导致错误的情感分析。这可能会导致对某些人群或主题的情感评估始终是负面的，从而不公平地干扰客户支持的优先级排序	对人工智能决策进行定期审核、使用多样化的训练数据集以及采用具有公平意识的算法可以减少偏差
语言在不断演变，不适应这种变化的人工智能系统会随着时间的推移变得越来越不准确。新的俚语或词汇用法的变化可能会使以前的训练过时	结合持续的学习循环，使人工智能可以适应新的语言趋势和客户反馈模式，这将使系统保持更新状态
分析客户情感往往涉及敏感数据。不适当的隐私保护措施可能会导致信息泄露并导致企业失去客户的信任	实施严格的数据安全协议，并遵守欧盟《通用数据保护条例》（General Data Protection Regulation, GDPR）等旨在保护客户数据的隐私法规

如果不认真应对这些挑战，后果可能会很严重。新声媒体（NewVoiceMedia）的一份报告指出，客户服务不佳，给公司带来的损失每年超过 620 亿美元。[33] 被曲解的情感会导致不恰当的回应和投诉升级，最终导致客户流失。你可能听说过这样一个事实：吸引新客户比留住已有客户更昂贵。更具体地说，根据《哈佛商业评论》（*Harvard Business Review*）报道，吸引新客户的成本是留住老客户的 5~25 倍。[34]

被准确衡量的情感可以为更好的客户互动、产品改进和有针对性的营销策略提供信息，从而提高客户满意度和忠诚度。

虽然情感分析有可能显著提高客户服务和支持水平，但人工智能系统必须足够先进、训练有素并不断更新，才能应对人类交流的复杂性和动态性。

语音分析：帮助了解客户情绪的锚点

在基于文本的情感分析所获得的洞察力的基础上，人工智能的能力扩展到了语音领域——一种富含细微线索的媒介。当我们从分析书面文字过渡到分析口语互动时，从文本到语音的这一飞跃开辟了一个动态的领域，在这个领域中，人类语言的微妙之处占据了中心位置，而人工智能对这些微妙之处的解读能力可以显著提升客户体验。

客户的语气、音调和节奏蕴含着丰富的信息，通过人工智能分析，可以揭示客户真实的积极或消极情绪。这项技术能让客服人员更深入地了解客户的想法，使他们能够带着同理心且精准无误地参与对话。以下是人工智能通过语音分析改变格局途径。

- **理解语气**：人工智能驱动的语音分析可以检测出客户声音中的压力水平，提示客服人员在处理呼叫时要格外小心，或者在必要时将案件升级。人工智能还能

从客户急促的语速中分辨出客户问题的紧急程度,从而促使客服人员更快地做出响应。此外,本章前面讨论过的智能路由等系统可以利用这些信息做出更明智的决策,并通过捕捉客户话语背后的意图,将客户与能够有效解决其问题的客服人员联系起来。

- **语音识别和意图分析**:高级语音识别不仅是转录,还包括解读客户意图。通过分析客户所使用的单词和短语,人工智能可以在客户与客服人员展开对话之前确定来电的原因。这种先发制人的洞察力可以立即将电话转接到最合适的支持层或部门,从而减少等待时间并提高解决效率。
- **通话质量监控**:人工智能可以实时监控通话,即时反馈客服人员沟通的清晰度和有效性。这可确保所有客户互动的质量保持一致,并可用于培训目的,突出展示其在软技能和硬技能中的优势和需要改进的方面。
- **预测性帮助**:语音分析可以根据历史互动和常见模式预测客户的需求。例如,如果客户在新周期开始后经常来电咨询账单问题,人工智能就可以提前为客服人员准备好相关信息,以便其做出更快速、更明智的回应。
- **大规模个性化**:有了人工智能,企业就不必为了扩大规模而牺牲服务的个性化。语音分析可以通过识别老客户、检索他们的偏好和以往的问题来定制互动内容,从而在高容量呼叫中心环境中打造个性化体验。
- **实时翻译服务**:对于国际企业而言,人工智能驱动的语音分析可提供实时翻译服务,打破客户支持中的语言障碍。这样,无论客户和支持人员使用哪种语言,都能实现无缝对话,从而扩大支持服务的覆盖面和可达性。
- **长期情绪跟踪**:语音分析可以跟踪客户情绪随时间的变化,为服务战略的长期有效性提供有价值的反馈。通过了解客户满意度的变化趋势,企业可以调整服务产品,更好地满足客户需求。当将语意分析应用到支持工单的生命周期时,这一点也极为重要,因为客户情绪会随着事件驱动的情况,或者随着调查的进行而发生变化——及时与支持团队分享这些波动可以触发额外的行动来恢复这种情绪,在其进一步恶化并转化为不满情绪之前挽回局面。
- **欺诈检测**:客户声音的独特特征可用作生物识别符。人工智能可以帮助检测可能预示欺诈活动的异常语音模式,从而为客户互动提供额外的安全保障。

优点和缺点

使用人工智能进行语音分析并非没有挑战。这些困难源于人类语音的复杂性和当前技术的局限性。表 3-2 列出了一些主要挑战和缓解活动。

表 3-2　人工智能驱动的语音情感分析的主要挑战和缓解活动

挑战	缓解活动
不同地区和文化的口音和方言差异很大，这可能会导致人工智能在没有经过不同语言模式的充分训练的情况下产生误解，最终使客户感到被误解或沮丧，导致整体客户体验不佳。当客户使用特定行业的术语（行话）或俚语时，也会出现同样的挑战，如果人工智能没有接受过针对此类语言的训练，就很难理解这些表达	在不同人群的各种语音样本上训练人工智能可以提高识别准确率，在训练数据中加入特定行业的术语和俚语也可以提高人工智能的理解能力
语音歧义，如同音词（发音相同但含义不同的词）和与上下文相关的含义，可能会让人工智能感到困惑，导致错误的解释和不恰当的回应	利用先进的 NLP 算法，联系更广泛的上下文，可以减少歧义
背景噪声和糟糕的音频质量会显著降低语音分析系统的性能，导致遗漏或误听重要的客户信息，并可能导致客户多次重复	采用降噪算法并引导客户转移到更安静的环境中，有助于提高音频清晰度
捕捉人类声音的微妙之处，例如，讽刺意味或因痛苦而引发的声音颤抖，对人工智能来说是一项挑战	使用机器学习模型来增强人工智能，重点关注不同的语音语调，并使用各种语音数据集对其进行训练，可以显著改善人工智能的输出结果
实时分析语音数据需要强大的计算能力和高效的算法，如果不能满足这些要求，可能会导致延迟和响应速度缓慢，损害客户体验	优化人工智能系统来加快处理速度，使用更强大的计算基础设施，可以解决延迟问题
对语音通信进行录音和分析会引发严重的隐私问题，可能会受到监管合规性问题的制约，或可能导致违规行为和客户信任的丧失	实施稳健的安全措施并严格遵守隐私法律法规（如《通用数据保护条例》），对负责任地使用人工智能至关重要
语言是动态的，人工智能模型需要不断学习和适应新的短语、表达方式和说话风格。否则，我们将面临使用静态人工智能模型的风险，随着时间的推移，这些模型将变得过时且效率降低	采用自适应学习算法，让人工智能模型随着语言使用的变化而不断发展，可以使其保持相关性和准确性

　　这些挑战和缓解活动凸显了对人工智能语音分析进行持续研究和开发的必要性。随着技术的进步，人工智能克服这些障碍的能力将得到提高，从而形成更复杂、更可靠的语音分析系统，提高客户服务和支持的质量。

　　人工智能在语音分析中的应用不仅是对基于文本的情感分析结果的补充，更是对情感分析内容的丰富，为了解客户的情感和意图提供了更全面的视角。文本分析与语音分析的整合开创了客户服务的新纪元，使得每一句话都可以转化为可操作的见解，从而营造出一个反应迅速、真正符合客户需求的支持环境。

人工智能增强型 IVR 系统

IVR 系统多年来一直是客户服务的基本组成部分。IVR 系统是一种自动电话系统，可与呼叫者互动、收集信息并将呼叫转接给适当的接收者。它使用预先录制的语音提示和菜单向用户提供信息和选项，用户可以通过电话键盘输入或语音留言进行回复。

IVR 系统的诞生可以追溯到 20 世纪 70 年代，当时企业开始使用 IVR 系统来有效管理大量呼叫。这些早期的系统非常简单，依靠双音多频（Dual-Tone Multi-Frequency, DTMF）信号进行输入，并提供有限的回复选项。随着技术的进步，IVR 系统功能也在不断发展，从基本的数字输入发展到 20 世纪 90 年代末的简单语音识别。

将人工智能集成到 IVR 系统标志着 IVR 系统发展的重大飞跃。现代人工智能驱动的 IVR 系统采用了 NLP、机器学习和复杂的语音识别算法等先进技术。这一转变使 IVRs 能够理解和处理自然语言输入，使用户能够像与人工操作员交谈一样自然地与之交流。

人工智能将 IVR 系统从简单的自动应答系统转变为动态的智能界面。在许多行业，IVR 技术仍然是企业与客户之间最重要的连接方式，通过 IVR 系统进行互动的次数是与现场客服人员通话交互次数的 2 倍，是文字聊天交互次数的 5 倍，而且客户对 IVR 的需求仍在不断增长。Research and Markets 发布的 IVR 系统《全球战略商业报告》（Global Strategic Business Report）显示，到 2030 年，IVR 系统的全球市场规模预计将从 2022 年的 49 亿美元增至 92 亿美元。[35] 银行报告称，在实施人工智能 - 交互式语音应答系统（AI-IVR）后，客户满意度大幅提高。这些系统有效地处理了诸如余额查询和交易历史记录查询等常规查询，将人工客服解放出来，让其处理更复杂的查询。

- 美国银行（Bank of America, BofA）于 2018 年推出了一款集成到 IVR 系统中的语音人工智能助手埃丽卡（Erica）。[36] 埃丽卡已成为使用人数最多的虚拟银行助手之一，与 3200 多万名客户进行了超过 10 亿次互动。现在，美国银行正在强化这款聊天机器人，为客户提供更多个性化服务和量身定制的产品推荐。
- 法国巴黎银行西班牙个人金融部的对话式人工智能虚拟助理，在理解咨询方面的准确率达到 96%，使其联络中心客户服务人员处理的呼叫量减少了 46%。[37]

这些例子凸显了 AI-IVR 在改善客户体验和提高银行业运营效率方面的有效性。它们展示了 AI-IVR 如何处理从常规咨询到更复杂问题等多种客户互动，从而提高客户服务的整体质量。

IVR 中的人工智能技术

将人工智能集成到 IVR 系统是一个关键的发展，这一过程需引入多项关键技术。

- **NLP**：NLP 使 IVR 系统能够更自然地理解和解释人类的语音。这项技术不仅能识别简单的语音命令，还能系统地解析复杂的语言结构并做出准确的回应。
- **机器学习算法**：机器学习算法使 IVR 系统能够从交互中学习，并随着时间的推移不断改进。这一学习过程可提高系统预测用户需求和提供更具相关性的回复的能力。
- **高级语音识别**：高级语音识别提高了对各种口音和方言理解的准确性，从而服务了更广泛的用户群。

通过波浪概念在 IVR 中应用人工智能

现代 IVR 系统正朝着更加个性化的方向发展，重点关注个体用户需求。这涉及采用预测引擎和对话式人工智能等先进技术，以实现更直观、更人性化的交互。

预测分析和机器学习的集成使 IVR 系统能够预测客户需求并量身定制对他们的回复，从而显著提高客户服务的效率和有效性。此外，对话式人工智能和 NLU 的结合也为 IVR 系统中更复杂的交互铺平了道路，从而提升了整体客户体验。

领先的公司正在采用一种战略性的"波浪式"方法，利用人工智能升级它们的 IVR 系统。这种方法是一种战略性的多阶段方法，包括使用先进的分析方法来识别和解决当前系统中存在的问题，重新设计客户旅程，以及应用人工智能技术来增强预测和对话能力（见图 3-1）。

数字化转型浪潮

第一波浪潮： 第二波浪潮： 第三波浪潮：
分析和识别 重新设计客户旅程 应用人工智能和机器学习

图 3-1　升级 IVR 系统以融入人工智能的波浪式方法

» **第一波浪潮：分析和识别**

- **断点分析**：第一波浪潮是利用先进的分析技术来识别当前 IVR 系统呼叫流程中的关键断点。在这些断点上，客户通常会放弃呼叫或请求人工帮助，这表明了

当前系统在哪些方面无法满足客户的需求。

- **即时调整**：根据分析结果，公司可以立即对设计进行修改，以解决最紧迫的问题。这可能包括一些简单的修正，如重新编写容易混淆的菜单选项，或者重新组织呼叫流程，使其更加直观。

» 第二波浪潮：重新设计客户旅程

- **以客户为中心的设计**：在这一阶段，企业重点针对第一波浪潮确定的优先呼叫类型重新设计客户旅程。这需要从零开始，运用以用户为中心的设计原则，创造更符合客户偏好和行为的 IVR 体验。
- **新技术的集成**：这一阶段也提供了集成新技术的机会，如人工智能驱动的语音识别或上下文感知呼叫流。例如，IVR 系统可以利用客户以前的互动数据，个性化地呈现呼叫期间的菜单选项。

» 第三波浪潮：应用人工智能和机器学习

- **预测性和对话式人工智能**：最后一波浪潮是应用机器学习和人工智能技术，为 IVR 系统增加预测能力和对话式交互。这包括采用 NLP 来增强系统理解客户询问的能力，并更自然、更直观地对客户询问做出回应。
- **主动提供服务**：通过分析以往的互动，IVR 系统中的人工智能可以学习预测客户需求，甚至在客户明确提出需求之前就提供信息或解决方案。这种主动的方法可以大大提高客户满意度，简化互动流程。

希望快速提升其 IVR 系统性能的企业可以同时开展以上的一些活动。例如，如果企业已经为第三波浪潮选择了合适的人工智能和机器学习平台，就可以提前开始应用。这样，第二波浪潮中的重新设计环节就能立即受益于更先进的技术。

重要的是不要跳过第一波浪潮，了解现有不足对于有效改进 IVR 系统至关重要。最佳做法是不断重复对客户行为的分析，并据此更新 IVR 系统，形成一个持续改进的循环。这可以确保 IVR 系统在很长一段时间都有适用性，并始终与技术进步和不断变化的客户需求保持一致。

通过采用这种结构化的"波浪式"方法，企业可以有效地在其 IVR 系统中采用人工智能，确保根据客户不断变化的期望进行合理的战略转型。通过这种有条不紊的改进，IVR 系统将变得更高效、功能更强，也更能提供卓越的客户体验。

人工智能增强型 IVR 的未来趋势与创新

人工智能将为 IVR 系统带来重大变革，引入一系列创新趋势和技术，重新定义客户服务体验。让我们来探讨一下这一领域的未来趋势和进步。

- **通过高级分析实现高度个性化**：未来的 IVR 系统将利用深度学习技术对客户数据进行更深入的分析，提取有关个人偏好、行为和历史记录的详细信息。这将使 IVR 系统能够提供高度个性化的体验，例如，按姓名问候客户、回忆客户上次的互动情况以及根据客户过去的行为预测客户当前的需求。
- **语音生物识别技术的安全性和便利性**：随着人们对安全的日益重视，未来的 IVR 系统将集成语音生物识别技术。这种技术利用独特的声音特征来识别和验证客户身份，将安全性、便利性和个性化融为一体。

» **语音生物识别技术的工作原理**

通过将独特的声音特征转化为强大的身份验证密钥，语音生物识别技术实现了保障信息安全与用户友好访问的完美融合。下面我们就来详细了解一下这项创新技术是如何提高客户服务的安全性和便利性的。

- **声纹创建**：首先，要求客户说出一些短语或句子。IVR 系统将分析他们声音的各个方面，如音调、语调和说话模式，从而创建独特的声纹。然后，这些声纹会被安全地存储起来，以供将来参考。

» **认证过程**

在随后的交互过程中，IVR 系统会将客户的声音与存储的声纹进行比较，以验证客户的身份。这一过程通常只需几秒，可在自然对话过程中进行，而无须使用传统的安全问题或 PIN 码。

以下是一些实际例子。

- 语音生物识别技术大大降低了欺诈和身份盗用的风险，提供了更强的安全协议，与窃取密码或 PIN 码相比，复制某人的声音要困难得多。这在银行和医疗保健等行业尤为重要，在这些行业，安全访问个人信息至关重要。[38]
- 通过简化身份验证过程，客户不再需要记忆和输入密码或回答安全问题。这种无缝的身份验证过程为客户节省了时间，减少了他们的挫折感，从而带来更顺畅的客户体验。

- 身份验证通过后，个性化服务可使系统立即访问客户的个人资料和历史记录，提供更加个性化的服务。例如，客户在致电银行时，系统可能会叫出他的名字，并根据他最近的交易或查询提供与之相关的选项。
- 欺诈检测和预防是可实现的，系统可以检测到语音中的异常模式或异常现象，这预示着可能存在的欺诈活动。这就增加了一层安全保障，有助于系统快速识别和预防潜在的欺诈行为。
- 语音生物识别技术尤其有利于实现无障碍访问。例如，对于视障客户或有身体残疾的客户，传统的身份验证方法具有挑战性。而语音生物识别技术则提供了一种无障碍和用户友好的替代方法。

» 同理心反应的行为识别

通过整合行为识别和情感分析，IVR 系统将能够检测到客户声音中隐含的微妙线索，如压力或挫折感。这将使系统能够相应地调整其响应，提供更有同理心、更适合具体情况的支持。情感分析集成的一个潜在应用领域是医疗保健提供者的联络中心：IVR 系统可以察觉到呼叫者声音中的痛苦情绪，并加速将他们的呼叫转给人工客服，以便立即提供帮助。

- **与物联网和智能家居设备集成**：未来的 IVR 系统可能会与物联网设备和智能家居设备相结合，扩大生态系统，使客户能够通过电话以外的各种设备与 IVR 系统进行互动。例如，客户可以使用智能音箱联系客户服务部门或接收 IVR 系统的通知。另一个实用的场景是，客户可以使用智能音箱查询公用事业服务状态或报告问题，而 IVR 系统可以提供实时更新或帮助。
- **与增强现实（Augmented Reality, AR）技术和虚拟现实（Virtual Reality, VR）技术集成**：将 AR 和 VR 技术与 IVR 系统集成，可以为客户提供身临其境的支持体验。例如，试图组装产品的客户可以致电客户服务 IVR 系统，并在基于 AR 技术的教学指导下进行组装。一些汽车公司正在探索将 AR 技术与客户支持系统整合，为车辆维护和故障排除提供实时视觉辅助。[39]

» 人工智能驱动的预测性支持和主动式服务

未来的 IVR 系统不仅会对客户的询问做出反应，还会主动预测和解决潜在的问题或需求。这包括使用预测分析来识别客户互动的趋势和模式，并主动联系客户提供解决方案或信息。例如，电信公司的 IVR 系统可以在客户注意到或报告问题之前，主动告知他们所在地区的网络问题。

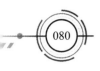

- **提高透明度和信任度的区块链技术**：整合区块链技术可以提高 IVR 系统内交互的透明度和可追溯性，从而培养更高的信任度和责任感。这对金融和医疗保健等数据完整性至关重要的行业尤其有益。未来，区块链技术可用于安全、透明地记录客户互动过程，确保数据完整性，并为解决争议提供可验证的审计线索。
- **跨渠道整合，实现无缝体验**：IVR 系统很可能会发展为集成中心，无缝连接包括社交媒体、电子邮件和聊天在内的各种客户互动渠道。这种统一的客户互动中心模式将提供统一的体验，确保所有客户服务接触点的一致性和高效率。例如，客户在社交媒体上提出服务请求后，可以通过 IVR 系统无缝过渡到电话呼叫，而无须重复信息，因为系统可以访问完整的交互历史。

这些未来的趋势表明，IVR 系统将朝着更加智能化、更具同理心和更加互联互通的方向发展，并与最新的技术进步成果深度融合。这一演变将大大提升客户体验，提供个性化、高效且安全的互动服务，满足现代客户的高期望。

人工智能增强诊断和技术支持：简化解决方案，赋能支持人员

今天的人工智能的能力远远超过了单纯的数据处理。人工智能驱动的工具越来越擅长通过模式识别和预测分析来诊断问题：分析海量数据集，识别异常情况，并根据历史问题的解决数据提出解决方案。

聘请支持领域的专家撰写文章和搭建自动诊断程序，有助于客户自己解决问题，并在人工客服排除故障时提供额外的帮助。当客户或人工客服运行自动诊断程序，扫描他们的系统或产品时，该程序能快速提供解决方案或自动修复问题，这样就无须人工客服的进一步参与。

自动诊断利用人工智能的基本原理，如机器学习，来分析常见问题并提出解决方案。它可以提供自动解决方案，以检查或更改设置、验证账户信息以及确定客户意图。使用自动诊断功能可提高解决客户问题的效率，并收集有关常见问题及其解决成功率的宝贵数据。这些数据为训练更复杂的人工智能模型奠定了基础，从而开发出更智能、更直观的支持工具。

起初，自动诊断程序可为常见问题提供即时解决方案，减少人工客服的工作量，并通过快速解决问题提高客户满意度。随着时间的推移和诊断技术的发展和改进，自动诊断越来越善于处理更广泛的问题，包括更复杂和更细微的问题。

公司经常在自动诊断程序中使用人工智能来帮助预测和解决问题，以下两个例子概

述了人工智能在不同行业自动诊断中的广泛应用。

- **宝马（BMW）集团——汽车诊断中的人工智能**：宝马在其生产和质量保证流程中集成了一套基于人工智能的系统。[40] 这套人工智能系统被称为智能数据分析程序，它利用机器学习来分析汽车测试过程中收集的大量数据。[41] 该系统在早期故障检测和诊断方面发挥了重要作用。通过分析数据模式，人工智能可以识别和预测潜在的问题，避免其在成品车中显现。因此，宝马公司报告称，其产品质量问题显著减少，必要时的召回流程也更加高效。据报道，该系统提高了诊断的精确度，使生产阶段的问题识别率提高了 5%~10%。

- **微软——用于网络诊断的人工智能**：微软在其 Azure 云平台中实施了人工智能，以加强网络诊断，特别是针对其云服务。Azure 的网络监控 "Network Watcher" 提供了人工智能工具，用于诊断各种资源的网络性能问题。[42]

Network Watcher 中的人工智能工具允许其进行自动分析，以检测和诊断可能对 Azure 平台上运行的服务和应用程序造成潜在影响的网络问题。例如，"连接监控器" 功能可持续监控和诊断网络连接的性能，帮助确保最少的停机时间和最佳性能。虽然人工智能工具带来的具体的改进百分比是针对专有系统的，但微软的案例研究仍然表明，这些工具大大减少了检测和解决网络问题所耗费的时间，提高了网络系统的整体可靠性和用户满意度。

重复性和常规任务的自动化是人工智能的另一个优势领域。人工智能驱动的聊天机器人和虚拟助理可以处理许多标准查询，如引导用户完成基本的故障排除步骤。这种自动化水平还可以扩展到解决常见的技术问题，如软件配置或密码恢复 / 重置活动，使这些问题通常无须实时人工客服干预。

人工智能还可以开发诊断程序，来帮助客户解决问题。客户可以运行一个自动诊断程序，扫描他们的系统或产品。该程序能够迅速提供解决方案或自动修复问题，无须支持人员参与。

因此，人工智能在技术支持领域蓬勃发展，拥有巨大潜力，这样的现状为未来奠定了基础。在未来，人工智能不仅能支持，还能推动解决流程，提供预测性、个性化的服务，其效率和效果也是前所未有的。将人工智能集成到诊断程序和技术支持中，可减轻单调任务的负担，使客服人员更加专注于复杂、有吸引力的工作，从而显著提高客服人员的工作满意度。人工智能实现了常规支持查询的自动化，使客服人员能够深入到更复杂的问题解决中，促进了他们的专业发展，提升了他们的成就感。这种高效的分工提高

了客服人员从事深入技术工作的能力，并确保了工作负荷的平衡，从而减少他们的倦怠感，促进了更健康的工作与生活平衡。

此外，人工智能在简化客户互动的初始阶段方面发挥着作用，为客服人员提供了更好的背景和理解，促成更有意义的客户互动。随之而来的积极反馈和客户认可有助于营造一个充实的工作环境。此外，人工智能在工作场所中营造的动态和创新环境还能促进持续学习和改进文化的形成，这种文化将滋养出一支更满意、更熟练、更稳定的员工队伍，这对一个蓬勃发展的组织生态系统至关重要。

在客户支持团队中实施人工智能需要采取战略性方法。首先要确定最耗时的任务，并找出最常发生错误的地方。培训至关重要，人工智能和客服人员必须学会协同工作。

我们的未来是什么？是人工智能驱动的支持工具的演变，包括用于远程协助的 AR 和 VR 技术等。通过使用 AR 技术，客服人员可以克服文字或口头说明的局限性，以可视化的方式引导客户完成复杂的任务，如硬件设置或维修。

随着人工智能技术的发展，我们可以预见，这些系统将变得更加智能，进一步增强自身解决问题的能力，重塑客户服务和支持领域的格局。愿意接受这些变化的公司能获得相应的回报，包括运营改进和更稳固、更忠诚的客户关系。

人工智能驱动的知识库和自助服务门户：战略要务

在即时满足的时代，使客户得以快速找到或获得问题解决方案的能力至关重要，而人工智能正是现代知识管理的核心。人工智能与知识库和自助服务门户的集成改变了客户支持领域的格局，提供了无缝、高效的体验，满足了现代人对即时性的期望。

人工智能驱动的系统采用 NLP 来理解以自然形式提出的查询，这类查询的形式通常就像询问另一个人一样。这种能力使人工智能能够解读客户问题背后的意图，并从知识库中获取最相关的信息。此外，机器学习算法使这些系统能够从互动中学习，不断提高系统所提供信息的准确性和相关性。

一个有效的知识管理系统是构建客户服务和支持业务的基石——它可用于客户自助服务，也是支持人员的重要资源。简而言之，人工智能可以对知识文章进行标记、分类和索引，使客户和支持人员更容易在正确的时间快速找到正确的信息。

让我们深入探讨强大的知识管理战略的好处，以及它如何为客户、支持人员和整个企业赋能。

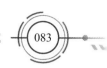

为客户赋能

通过人工智能实现功能增强的自助服务门户为客户带来了诸多好处，使他们能够控制自己的支持体验，并能够在方便的时候找到解决方案。从客户的角度来看，最直接的好处就是增强了他们的能力。无须外部帮助就能解决问题的方法，符合数字时代"自己动手"（Do-It-Yourself, DIY）的精神。事实上，《哈佛商业评论》的一篇文章指出，81% 的客户在联系客服代表之前都会尝试自己解决问题。[43]

人工智能驱动的支持系统全天候可用，无论客户身处哪个时区、现在是节假日或非营业时间，都能确保随时提供帮助，满足全球客户群的需求。这种全天候的访问方式消除了必须寻到营业时间才能解决问题或排队等候支持人员所导致的挫败感，从而带来更积极的整体客户体验。Zendesk 的一项研究发现，67% 的客户更喜欢自助服务，而不是与公司代表交谈。[44]

自助服务门户通常能更快地解决常见问题。通过使用由人工智能驱动的可搜索知识库，客户可以立即找到答案，而不是通过多层客户服务进行导航。人工智能算法还可以根据客户的查询模式推荐文章，从而提高信息检索的相关性和速度。

自助服务门户迎合了各种学习偏好。喜欢视觉辅助工具的客户可以从视频教程和信息图表中获益，而喜欢阅读的客户可能会倾向于常见问题解答和分步指南。人工智能系统甚至可以根据用户的历史互动和偏好来定制内容格式，从而实现个性化的支持体验。

社区论坛是自助服务的另一个途径，为客户提供了巨大的价值。这些论坛为点对点协助创建了一个平台，客户可以在这里分享经验、解决方案和变通方法。社区论坛为客户培养了一种归属感和集体解决问题的能力，论坛中往往会产生官方文档中可能没有的创新解决方案。人工智能通过识别最有帮助的回复，并推广曾经为其他客户解决类似问题的内容，增强了论坛平台的功能。

为支持人员赋能

一个结构合理的人工智能驱动的知识库是一座宝贵的信息库，支持人员可以利用它，确保他们能够随时获取最新、最全面的信息。

知识库中内容的可发现性对支持人员来说至关重要，他们经常面临着提供快速、准确响应的压力。通过对内容进行智能标记和索引，人工智能提高了内容的可发现性，使搜索结果更具相关性，从而减少了支持人员查找信息的时间。例如，当支持人员输入与客户问题相关的查询或关键字时，人工智能系统可以快速显示故障排除指南（Trouble-shooting Guide, TSG）、技术文档和常见问题解答。这种快速获取信息的方式简化了支持流程，大大缩短了每个查询的平均处理时间（Average Handling Time, AHT），提高了效率，并降低了运营成本。

此外，人工智能驱动的知识库可以在客户互动过程中，主动向支持人员推荐相关文章和实时信息，为支持人员提供帮助。通过分析客户问题的来龙去脉，人工智能可以预测支持人员下一步可能需要哪些信息，并在支持人员无须手动搜索的情况下提供这些信息。这种预测性协助可确保支持人员在解决问题的过程中，始终为下一步做好准备，从而为支持人员和客户带来更顺畅的支持体验。

人工智能处理和转移常规查询的能力为客户支持团队减轻了工作量。这种转变可以让人工客服将注意力集中在更复杂、更微妙的客户问题上，从而优化使用宝贵的人力资源。这里的效率提高是双重的：客户可以更快地解决简单的询问，而公司则可以更集中、更熟练地使用支持人员。

知识管理在支持人员培训和入职方面也发挥着至关重要的作用。新的支持人员可以利用知识库作为学习工具，快速熟练掌握知识，加快为团队做出贡献的步伐，缩短胜任工作的时间。

对支持人员来说，动态且智能的知识库既是工具，也是合作伙伴，可以提高他们提供优质支持服务的能力。这些丰富的信息增强了他们的能力，使他们能够更加专注于高价值的客户互动。这种赋能可提高工作满意度，因为支持人员可以更有效地履行自己的职责，并确保客户获得信息充分、及时且高质量的支持。

因此，知识管理是客户自助服务取得成功的基础，同样也是赋能支持人员的关键，为他们准备了提供卓越服务所需的资源。

助力企业发展

实施自助服务门户和有效的知识管理战略可在整个业务领域产生广泛的效益，提高客户满意度、运营效率、降低管理成本以及推动组织的持续学习和改进。

结构合理的自助服务门户可减少需要人工干预的入站查询量，从而直接提高运营效率。由于客户可以独立解决许多问题，支持团队可以更有效地分配资源，集中精力完成需要人类专业知识的更高级别的任务。这将提高支持人员的工作效率，使企业的运营模式更加精简。IBM 的研究表明，利用人工智能聊天机器人进行的客户互动，可为公司节省 30% 以上的客户支持成本。[45]

人工智能带来的经济效益非常显著。通过转移呼叫和实时支持互动，自助服务门户可以大大降低支持成本。根据高德纳（Gartner）的数据，有效的自助服务可将高达

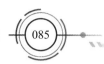

40% 的客户来电进行转移，使其无须转接至人工客服。[46] HappyFox 的报告称，面向消费者的企业（B2C）在实施机器人服务后的 90 天内，其常见问题的工单转移率达到 50%~66%。[47]

此外，成本节约不仅限于支持互动领域，还包括减少支持人员的培训时间，以及在企业增长阶段减少其扩充支持团队的压力。

从客户的角度来看，自助选项所提供的能力和自主性往往会带来更高的客户满意度。客户自己找到解决方案的方便和快捷程度与客户体验的改善直接相关。这种自给自足的模式可以提高客户对品牌的忠诚度，因为客户会因品牌帮助他们自助解决问题对品牌的能力产生信心。

知识管理系统是数据宝库，可以提供有关客户行为和常见问题的宝贵见解。这些数据可以为产品开发提供信息，提醒企业注意新出现的趋势或问题，并帮助企业将资源优先投入影响最大的领域。在人工智能分析的驱动下，不断完善的知识库可确保内容始终相关且具有有效性，从而培育一种持续改进的文化。

对希望扩大规模的企业来说，自助服务门户提供了一种可扩展的客户服务解决方案，而无须线性增加支持人员。它还提供了一个能够服务全球客户群的平台，可提供多语言支持，并满足不同地区的需求，而无须在每个市场都建立本地支持团队。

强大的自助服务门户和有效的知识管理战略还能提升公司的品牌形象，展示公司在为客户赋能和服务创新方面的承诺。在竞争激烈的市场中，这可以成为一个差异化因素，使品牌与竞争对手区别开来，吸引那些喜欢数字化互动模式又精通技术的消费者。

将人工智能融入自助服务支持渠道的战略考虑因素

当企业开始将人工智能融入其客户支持生态系统时，需要考虑几个战略因素，以确保这一举措取得成功。这种集成的核心是自助服务门户的设计，该设计必须具有用户友好性和直观性，拥有流畅的导航和轻松的搜索功能。用户界面是客户与自助服务门户的第一个互动点，因此对用户体验至关重要。

知识库内容的质量同样重要。知识库的内容应丰富、易于访问、可操作，使客户无须进一步帮助即可解决问题。高质量的内容既能满足客户的即时需求，又能体现品牌提供优质服务的承诺。

有效的知识管理对于利用人工智能为客户提供支持至关重要。企业必须保持信息的时效性、准确性，使其能够反映最新的产品、服务和支持政策。这就需要制定一项战

略，包括定期审查、更新和反馈循环环节，以便支持人员和客户可以对知识管理方法提出改进建议。

在构建知识库的过程中，经常被忽视的一个方面是反馈机制。让客户就内容的实用性提出见解，不仅有助于知识库的不断完善，还能赋予客户权力，让他们在支持过程中拥有发言权。

吸纳用户提出的内容，如社区论坛和问答板块上的信息，可以丰富知识库，并为用户之间的互助提供一个平台。人工智能可以管理这些论坛，突出热门话题，甚至通过分析客户的问题来找到官方知识库中的内容空白。

这一概念在思科公司（Cisco）转化为成功的行动。内容搜索在思科公司的许多业务中都发挥着关键作用，[48] 包括客户支持等关键业务活动，在客户支持领域，11 000 多名支持工程师使用搜索工具从数百万份文档中检索内容，帮助解决每年收到的 200 多万个服务请求。搜索也是思科公司网站的一项基本功能，访问者可以从总计数十万个网页和文档文件中查找信息，包括数据表和用户指南，以及其他技术、产品和公司资源。除了搜索结果的准确性，结果返回的速度也至关重要。仅仅半秒的延迟就会影响网站点击率或客户与支持工程师接触时的体验。思科与 Elastic 合作，借助基于 Kubernetes 的 Elastic Cloud，实现 Elasticsearch 的运行，并将 Elasticsearch 作为思科新企业搜索架构的核心引擎，为其许多内部和外部应用增加高级搜索功能。新的搜索功能帮助思科的支持工程师每月节省 5000 小时的工作时间。

人工智能驱动的分析可以跟踪自助资源的有效性。例如，如果某些文章的浏览量和后续联系率很高，可能表明这些内容引起了客户的兴趣，却没有完全解决客户的问题。有了这些数据，企业就可以不断改进其支持内容。

整合现有的客户支持工具，如 CRM 系统和聊天机器人，是强大的人工智能驱动的支持系统的另一个支柱。无缝集成可确保客户在不同支持阶段的旅程流畅且一致，从而提升整体客户体验。

此外，客服人员在人工智能增强型环境中的作用也将发生变化。他们将扮演更重要的知识库负责人和贡献者。因此，全面的培训对他们有效使用和优化系统至关重要。确保客服人员通晓如何利用他们所掌握的人工智能工具，对于维护知识库的完整性和实用性非常关键。

对准备在以数字化为导向的环境中蓬勃发展的公司来说，在知识管理中实施人工智能是势在必行的战略举措，该举措有望重新定义客户支持领域的格局。

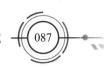

借助人工智能完善支持案例的流程：优化支持人员绩效和客户满意度

将人工智能集成到支持案例生命周期中，为面向客户的角色和完善支持人员的幕后工作流程提供了变革潜力。人工智能可以大大简化行政任务，这些任务虽然至关重要，却会耗费支持人员过多的时间和精力。通过将这些任务转移到人工智能系统上，支持人员可以专注于提供高质量、个性化的客户服务。

人工智能可以自动起草例行客户电子邮件，确保沟通一致且无差错。例如，当一个案例得到解决时，人工智能系统可以自动生成一封摘要电子邮件，其中包括解决方案详情、额外资源或后续步骤，所有这些都是针对具体问题、为客户量身定制的。这加快了解决问题的进程，并确保客户以清晰、专业且易于遵循的格式收到所有必要的信息。

积压管理是人工智能可以大幅提高效率的另一个领域。人工智能工具可以根据案件的紧急程度、复杂性、客户价值或与公司的合作历史来确定案件的优先级。通过动态整理积压案件（即公司在一段时间内未解决的新的和已经开放的支持工单），人工智能使支持人员能够优先处理最紧迫的案件，从而缩短支持响应时间，降低问题被忽视的可能性。

人工智能的 NLP 能力可为冗长的支持互动创建简洁的摘要。这些摘要可以让支持人员快速了解案例历史，使他们更容易理解客户的问题，而无须翻阅大量通信记录。当案例在支持人员或部门之间转移时，这一点尤其有益，它可以确保案例的顺利交接和服务的连续性。

人工智能在管理支持案例方面的优势体现在提高支持人员绩效和客户满意度上。从重复、耗时的任务中解脱出来的支持人员称，他们的工作满意度更高，压力更小，创造性解决问题的能力更强。埃森哲公司（Accenture）的一项研究强调，人工智能可使员工专注于需要人工干预的更复杂的工作，从而将生产率提高 40%。[49]

在客户满意度方面，人工智能带来的效率提升可加快案件解决速度。根据赛富时的报告，68% 的客户服务人员认为，自动化和人工智能使他们有时间提供更个性化的服务。[50]

根据《NPS 基准报告》（NPS Benchmark Report），电信行业的平均净推荐值（Net Promoter Score, NPS）为 24，是所有行业中最低的。[51] 呼叫中心的运营效率低下是数字服务提供商（Digital Service Providers, DSPs）NPS 得分偏低的主要原因。长期以来，大多数 DSPs 一直在努力应对高呼叫量和高成本，而疫情进一步导致呼叫量空前激增。基于数字优先模式提供的自助服务和所有分流策略可帮助 DSPs 提高数字渠道的使用率。基于人工智能对话引擎的数字优先模式将与后端系统、流程自动化机器人和人工智能模型集成在一起。数字优先模式可以分流 20%~25% 的呼叫，将放弃率从 20% 以上降至 5% 以下，并将接入率提高 50%。有了该模式以及 CloudTweaks 文章中介绍的更多促进因素，DSPs 可以实现呼叫中心的数字化。实施这些功能可帮助 DSPs 将 NPS 分数提高 20%~30%，将呼叫量减少 40%，并节省 30% 的运营支出。[52] 利用数字化功能增强呼叫中心支持人员的能力，可将生产率提高 30%。

在支持工作流程中实施人工智能的公司已经看到了显著的改善。例如，一家亚洲银行报告称，通过使用人工智能，转型后的自助服务渠道的使用率是之前的 2~3 倍，人工服务互动减少了 40%~50%，服务成本降低了 20% 以上。[53] 此外，辅助渠道的使用率下降了 20%~30%，改善了客户和员工体验。

人工智能通过自动化行政任务、为工作任务进行优先级排序和协助总结案例，提高了支持人员的绩效，并直接影响了客户满意度。已在支持业务中采用人工智能的公司提供的数据和客户感言强调了人工智能彻底改变客户服务的潜力。随着企业寻求优化支持工作流程的机会，人工智能已成为推动卓越运营和以客户为中心的客户服务的重要工具。

人工智能驱动的问题解决后反馈：提升客户满意度和恢复能力

问题解决之后的阶段对于评估客户满意度和所提供支持服务的整体有效性至关重要。人工智能在这一阶段的作用也正变得越来越重要，因为它可以使收集反馈的流程自动化，使这一流程更加完善，同时分析反馈结果以获得可操作的见解，并根据积极或消极的情况，推进后续行动。

人工智能驱动的反馈工具可以在服务互动后系统地联系客户，评估他们的满意度。通过使用机器学习算法，这些工具可以定制与客户体验更相关的问题，从而有可能提高调查回复率和反馈质量。

在客户报告满意度较高的情况下，人工智能可以识别促成这一积极结果的因素，如解决问题的速度、支持人员的知识或沟通风格。通过识别这些因素，企业可以全面复制成功的策略。相反，当出现不满意的情况时，人工智能可以快速标记出问题，并立即采取后续行动。这种对负面反馈的快速反应，对于单个客户的恢复工作以及识别和纠正可能在更大范围内影响客户满意度的系统性问题至关重要。

人工智能对问题解决后反馈的量化影响非常大。公司的调查回复率受多种因素的影响，例如客户对品牌的参与度，以及是否以客户易于接受的方式提供调查。平均而言，良好的调查回复率在 5%~30% 之间。[54] 利用人工智能改进问题解决后体验反馈的收集工

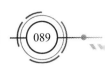

作，并采用针对所有语言使用者都友好的解决方案，可以改变游戏规则，提高调查回复率，从而获得更多具有统计学意义的见解，并帮助产品经理和工程师识别必须快速解决的问题。据报道，Usersnap 等解决方案可将调查回复率提高 60%。[55]

人工智能还通过提升整体客户体验，在提高总体客户服务质量方面发挥着重要作用。一个适时且精心设计的后续行动可以将中性或负面体验转化为积极体验，从而提高客户忠诚度。事实上，《哈佛商业评论》的一项研究表明，那些问题很快得到解决（不到 5 分钟）的客户，比那些从未遇到问题的客户更有可能再次购买产品或服务。[56]

许多行业的公司都证明了由人工智能驱动的问题解决后反馈所带来的好处。IBM Watson Assistant 就是案例之一，[57]Watson 通过分析客户反馈中隐含的情绪和客户满意度来协助问题解决后的跟进工作。当检测到不满意的客户反馈时，Watson 会帮助对反馈进行分类，确定问题的严重程度，并建议或自动采取适当的后续行动。例如，它可以将反馈转发给相关部门，或者生成一张工单让客服人员亲自联系客户。

随着客户服务和支持领域的发展，人工智能驱动的反馈机制将在培养持久的客户关系和形成持续改进服务的文化氛围方面发挥关键作用。

从聊天机器人的诞生到复杂的预测分析技术的实施，人工智能不仅重塑了客户服务行业，还重新定义了有关客户参与和客户满意度的原则。智能路由系统的出现为将客户查询与相关支持人员完美匹配铺平了道路，确保客户的问题由适配度更高的支持人员来解决。情感分析和语音识别技术的出现让人们对客户行为有了新的认识，使企业能够以前所未有的同理心和精确度做出回应。人工智能驱动的知识库和自助服务门户让客户能够随时随地获得所需的信息，培养了客户的自主能力，提高了问题解决的效率。人工智能在问题解决后反馈中的作用揭示了客户关怀的新维度，将每一张支持工单都变成了更深入洞察的起点和服务改进的契机。

除了数字和案例研究，人工智能在客户服务中的应用，从根本上说是为了加强人与人之间的联系。人工智能的真正成功在于，它能够为支持人员准备好提供卓越服务所需的工具，在客户完全表达需求之前预测客户的需求，并以真诚的关怀和有效的解决方案来回应客户的反馈。随着时间的推移，人工智能已不仅仅是辅助服务，它正在引领未来，让企业与客户的每一次互动都成为取悦客户、解决问题和建立持久关系的机会。展望未来，人工智能在实现成功的客户服务方面的潜力是无穷的，只受限于我们的想象力和我们对所服务客户的承诺深度。

SIX D's FRAMEWORK

第二部分

使用专有内容构建人工智能模型: 6Ds 框架

我们已经探讨了生成式人工智能的基础知识，以及这项创新技术如何能够提升和优化客户服务和支持行业，从而将客户体验推向新的高度。在本书的第二部分，我们将讨论如何将人工智能整合到客户支持组织中，以及这样做需要的稳健且灵活的愿景（vision）和战略规划。我们将讨论如何根据行业标准进行基准测试，以确保对人工智能的愿景与公司的总体目标保持一致。我们还将通过 6Ds 框架——发现（discover）、设计（design）、开发（develop）、诊断（diagnose）、部署（deploy）和检测（detect），让你详细了解将人工智能整合到你的支持团队需要做些什么以及如何进行。

- 这一旅程始于**发现**阶段，在这个阶段，支持团队识别出人工智能提升客户交互服务和运营效率的机会。这一阶段涉及开发用户画像、确定目标受众、思考数据收集方法和内容策划。
- 接下来是**设计**阶段，主要侧重于内容设计，需要找出支持内容中的不足之处，以人工智能模型能够消化摄取并产生准确结果的方式创建内容，进行内容管理并开始讨论负责任的人工智能和其他设计应考虑的因素，以提升客户体验的价值。
- 在**开发**阶段，设计蓝图被转化为功能性的人工智能模型，这些模型随后经过严格的训练和测试，以达到预先设定的性能指标。
- **诊断**阶段将对人工智能模型的准确性、可靠性、安全性和公平性进行评估，同时需要密切关注可能影响客户和支持人员之间信任度的道德因素。
- **部署**阶段标志着从受控的开发环境向实际应用阶段的过渡。这需要详细的规划，以确保新人工智能模型与现有的支持技术和支持流程无缝集成。我们还将讨论如何发现和利用"超级用户"来帮助激励其他用户，以及在你的支持团队内部部署人工智能时的其他注意事项。
- 最后的**检测**阶段是持续监控人工智能模型性能的过程，该阶段将收集有关人工

智能模型准确性的反馈，并对其做出持续改进，以应对模型漂移、不断变化的客户需求和技术进步。

这种有关人工智能设计、创建、训练、部署和集成的详细方法将帮助你构建模型、赋能支持团队、提升客户支持体验，同时使你的组织在即将到来的人工智能时代中蓬勃发展。

第 4 章

成功的愿景

我全身心冥想未来，

远至人类思想的极限，

看到世界的愿景，

以及所有将出现的奇观。

——阿尔弗雷德·丁尼生

在开始探索和学习下一章——6Ds 框架之前，我们需要花点时间了解一下，在客户服务和支持中实施人工智能所需的一些重要战略要素。

成功的愿景

当你和你的组织踏上人工智能之旅时，制定一个强有力的愿景至关重要。对于任何项目而言，清晰的愿景都是其成功的关键。最重要的是，它像一盏指路明灯，照亮了通往项目目标的道路。清晰的愿景可以推动所有团队成员意见一致，并使他们作为一个团结的整体共同努力。它有助于设定优先级、做出决策以及高效分配资源，从而节省财力物力。

此外，清晰的愿景通过生动地描绘预期结果来激励和鼓舞利益相关者，使项目更具吸引力。它增强了团队成员的责任感，因为每个人都了解自己的角色和责任。此外，它还提升了适应性，允许组织在必要时进行适应性调整，同时不偏离其最终目标。

清晰的愿景是项目成功的基石，为最终目标提供了方向、动力和坚实的框架。定义和构建愿景对于任何良好运行的项目或工作都非常重要，并且这一过程中应该包括许多核心要素以确保成功。将初始精力投入愿景，它将成为你整个旅程的指路明灯。在构建愿景时，需要考虑以下重要事项。

- **展望未来**：这是你大展宏图的机会。你的业务在未来 3 至 5 年乃至 10 年内将如何发展？客户的期望和需求是什么？成功将呈现何种面貌？你的愿景既是灯塔，也是一道围栏。因此，拥有远大的梦想固然重要，但也必须考虑这个梦想是否可以实现，以及为了实现它你可能需要放弃什么。利益相关者需要有动力，并相信他们的努力会得到回报。因此，确保愿景具有实现的可能非常重要。
- **谨慎选择语言**：构建愿景之后，你希望人们理解这个愿景并和它建立连接。这就需要选择合适的词汇，为你的愿景声明注入灵感和激情。它要足够简单，以便所有人都能理解，因此要避免使用复杂的词汇和其他专业术语。一个好方法是将愿景声明描绘得仿佛它已经实现了一样，这将有助于营造实现愿景的紧迫感。你可以利用生成式人工智能模型来帮助定义和构建你的愿景，但不要让它包办一切。要确保愿景以你自己的声音表达出来。
- **铭记商业价值与目标**：任何愿景声明都应该与你的公司和组织的整体目标及价值观紧密结合。员工需要感受到他们所做的工作是为了实现更高的目标，而将组织的愿景与公司层面更宏大的愿景相结合，有助于他们看到大局。

与构建初始愿景同样重要的是，要经常回顾愿景并根据需要对其进行调整。这使你能够根据技术发展或业务目标的变化来调整计划。特别是考虑到我们目前所看到的人工智能领域变革和创新的速度，你必须紧跟前沿趋势，在开发和部署人工智能解决方案时保持敏捷，以满足客户和组织的需求。此外，持续回顾和调整愿景，将确保其在整个项目生命周期中保持活力。

一个成功的项目需要有一个清晰的愿景，而同样不可或缺的是，确保所有利益相关者都认同这一愿景、受到鼓舞并对其充满热情。特别是对于可能引起潜在焦虑的新项目，尽早并及时沟通是让其他人理解你的愿景并开始思考该愿景对他们具体意味着什么的关键。

与你的组织分享愿景，可以使你的团队和利益相关者保持步调一致，并帮助他们接受战略决策。制定清晰且一致的关键信息将有助于提高愿景的可信度。无论你的听众是谁，你都应该以相似的方式谈论愿景及其对组织成功的意义。比如，在与支持工程师交谈时，你可以从某个角度阐述愿景带来的影响及其对他们的意义；而在与客户会面时，则需换一种方式讲述愿景带来的影响。倘若大幅度改变表达方式，会让听众感到困惑。面对不同的听众，你的谈话方式可以有所调整，但是关键信息不能改变。在谈话中，你可以使愿景与听众的价值观和愿望契合，并使用能够引起他们情感共鸣的话语。

尽可能频繁地在各种场合、通过各种渠道传达你的愿景。你可以制作一段鼓舞人心的视频，或者在你办公室的墙上张贴海报。在视频会议中添加背景，也是宣传和传播愿景的好方式。持续强化你的愿景将有助于使其成为现实。同时，你还要确保你与受众的互动始终是双向的，并鼓励他们经常提供反馈。在收到反馈的时候，你应当认可并实行积极的意见，另外务必关注所提出的任何担忧的意见和建议。这将使你的受众感到被倾听，并让他们觉得自己的意见得到了重视。推荐使用匿名渠道收集反馈，以便尽可能地包含各方面的意见。

讲故事可以作为向受众传达愿景的一个手段。使用隐喻可以帮助你的听众理解新概念。除了分享愿景的影响和好处，人物故事往往能带来额外的情感联系，使你的愿景更加令人难忘。信息图表、照片等视觉辅助工具以及故事元素也将帮助利益相关者更容易地记住你分享的信息。

你需要以身作则，用行动证明你对愿景的承诺。你对他人的期望也应该是你经常展示的东西。如果你不能为他人树立一个良好的行为榜样，他们自然也不会效仿。

给组织中愿景的积极拥护者或组织中的其他人员授权，让他们帮助你。你无法同时出现在多个地方，因此让他人参与进来对于实现愿景是有益的。拥护者可以是任何愿意站出来并帮助你吸引和影响他人的人。你的经理也可以帮助传递信息，因为员工会向经理寻求他们需要知道的信息以及了解这些信息的时间节点。你要设定基调、明确方向并提炼信息，确保其他人参与到实现愿景的过程中来并有能力分享。

庆祝成功也是实现愿景的重要一环。你可以为在实现愿景途中抵达的每一个里程碑组织庆祝活动，而不要把所有的庆祝活动都放到最后。当你的愿景取得重大进展时，与利益相关者一起庆祝可以激励大家继续前进！

制订计划

在本书中，我们经常讨论在客户服务和支持团队中成功应用人工智能所需的多种要素。然而，这一切都始于计划。深思熟虑的计划是确保成功的关键。现在，既然愿景已经明确，而且你正在通过激励利益相关者以推进工作，那么是时候制订计划了。

在客服团队中实施人工智能计划，不仅仅是制定一个包含了关键里程碑和衡量标准的项目计划，然后就宣告完成；还需要做出大量的思考和决策，才能将你的愿景最终变为现实。

为此，你需要做足功课，了解人工智能以及在支持团队中开发和部署这项技术所需的条件。你还需要玩转人工智能，探索在支持组织中利用人工智能以改善运营状况、提高员工和客户满意度的各种机会。

一旦你对人工智能有了更深入的了解，你就可以准备开始深入研究你的业务，找出痛点、待改进领域以及你认为人工智能可以为其提高效率的部分。在这个过程中，要始终关注客户和员工的体验（即他们的满意度）。

接下来，是时候构建你的人工智能战略了。具体来说，该战略要确保人工智能集成接口和组件与你的业务价值观、发展目标和未来愿景相一致。你还需要评估公司内部对于采用人工智能的准备情况，包括各项相关的技术需求、技术差距和可用的技术专长。你还应该考虑人工智能集成是由公司内部管理，还是与外部合作伙伴和供应商合作。我们在后续章节中会对包括其利弊在内的内容进行讨论。

确定投入程度

最常见的项目要素分为三类：进度、成本和范围。在开始任何类型的项目之前，你都应该根据自己的最终目标评估这些要素，以确定你愿意投入的程度。你通常需要在这三类要素之间做出权衡，因此，在推进过程中，你要对预期有清晰的认知，明白哪类要素、哪种措施能更快地帮助你实现目标。

定义预期状态

我们将在第 5 章（发现阶段）更详细地讨论一个清晰的人工智能模型应用范围，该范围可以与你的期望目标和预期的业务最终状态结合使用。请注意，人工智能的技术变化和演进非常快，以至于我们在项目开始时可能很难确定业务的最终状态，因此，目标设定和预期状态可能只涵盖第一个里程碑或某一试点项目。

有关目标和预期状态的内容要保持透明，特别是对你的终端用户或那些受到部署影响的人。如果不提前分享，你可能会面临失败的风险，因为用户会对无缘无故强加给他们的新技术做出出人意料的负面反应。

SMART 目标

设定目标的指南和框架有许多，其中较为行之有效的一种是设定 SMART（具体的、可衡量的、可实现的、相关的、有时限的）目标。一般来说，能够推动成功的目标应该清晰且可达成。[1] 设定 SMART 目标有助于你检验目标，以确保你的团队成员能够理解这些目标。以下是构建这些目标时，对于 SMART 这一缩写中每个字母所包含内容的更详尽阐释。

- **具体的（Specific）**：目标必须清晰明确且具体，才能具有可操作性。与其设定一个模糊的目标，如"提高客户服务质量"，不如设定一个具体的目标，如"将客户案例的结案时间缩短 20%"。这个具体目标在之后可以被清晰地衡量（假设已设定了基准指标），并帮助组织朝着期望的目标发展。

- **可衡量的（Measurable）**：目标必须可衡量，以便组织跟踪进度并确定目标是否有效。可衡量的目标是指一个特定的、数字化或量化的目标，能够清晰地表明其成功与否。例如，"将月平均解决问题时间减少 15%"或"在 24 小时内回复客户咨询"。

- **可实现的（Achievable）**：目标必须可达成。设定不切实际的目标可能会让员工感到挫败和精疲力竭。SMART 目标确保目标在具有挑战性的同时又是可实现的。例如，在一个月内将客户满意度提高 2 个百分点可能比提高 20 个百分点更具可行性。你可以考虑使用目标与关键结果法（Objectives and Key Results, OKRs），这与传统的 KPIs 不同，OKRs 的每个衡量指标或"关键结果"都会获得一个等级评分，而不是简单地通过 / 不通过评定。以下是一个 OKR 的例子。

    - **目标**：提高支持案例转移率（deflection rate）

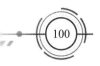

- **关键结果 #1**：创建 200 个新的自助诊断工具
- **关键结果 #2**：为支持工程师举办 15 场培训，教授他们如何使用新的诊断工具

● **相关的（Relevant）**：目标应与组织的更宏大的目标和客户需求保持一致。在客户服务和支持方面，相关目标可能侧重于如何利用人工智能减少常见痛点或提高客户交互的质量，从而更好地满足客户期望。在任何部署了人工智能的项目中，在项目内设置多层次的目标可能更有价值。对于管理层而言，或许投资回报率（Return on Investment, ROI）这类目标很重要，但在团队层面，类似解决方案的采用率或培训完成度这样的衡量指标可能更恰当、更相关，并且对于一线支持工程师而言更容易实现。

● **有时限的（Time-bound）**：设定时间限制可让团队成员产生紧迫感和责任感。例如，组织承诺在 24 小时内解决 90% 的客户问题，这一目标提供了一个明确的时间限制，激励客户服务团队在认为目标可实现的情况下，优先处理紧急任务并有效管理他们的工作量。同样，对于大规模项目，设置里程碑目标十分必要，并且要确保每个里程碑目标都具有明确的时间限制。或许第二个里程碑目标的顺利推进依赖于第一个里程碑目标的完成，因此，仔细考虑时间规划非常重要。

实施 SMART 目标或类似的结构化的目标设定过程有如下好处。

● **取得成功**：具体、可衡量的目标使组织能够追踪其是否成功达到理想状态。对于客户服务行业而言，客户满意度通常是衡量成功的最终标准，而 SMART 目标可以帮助领导者进行有针对性的改进，从而提高客户满意度。

● **提高员工绩效**：只要遵循 SMART 目标，它就能给员工带来明确的目标感和方向感，激励他们发挥出最佳水平。关于特定目标的选择及其相关决策，必须与整个组织，特别是那些受到人工智能部署影响的部门共享。

● **资源分配**：通过设定可达成且相关的目标，组织能够更清楚地了解完成项目所需的时间、精力和成本。因此，领导者可以确定哪些因素对最终的成功最为重要，并合理分配资源。

● **数据驱动的决策**：SMART 目标为组织做出明智决策提供了宝贵的数据。它使业务能够在整个项目过程中进行持续调整，并朝着设定的最终目标迈进。

设定目标并使用像 SMART 目标这样的框架，对于人工智能项目的成功至关重要。结构化的目标设定过程提高了实现既定目标的概率，激励了员工，并促进了整体业务的成功。

来自 Zendesk

Zendesk 博客中的一个绝佳例子，展示了如何通过聚焦于"谁（Who）、什么（What）、为什么（Why）和何时（When）"这些问题，来帮助你制定专门针对客户支持的 SMART 目标。[2]在这个例子中，最终目标是提升首次呼叫响应的效率和质量，并减少客户在与客服人员取得联系前的等待时间。

通过回答"谁、什么、为什么和何时"这些问题，你可以缩小实现这一目标所需要关注的具体事项的范围，从而制定一个 SMART 目标。

谁（Who）：该目标是否有明确的目标指标，以及推动目标实现并负责改进成果的人员？

示例：支持经理马克设定了快速周转的时间标准，确定响应呼叫的目标时间为不超过 10 分钟。同时马克是该项目的负责人。

什么（What）：你能用一两句话快速解释项目的整体目标吗？

示例：为了避免客户长时间的等待，马克将与客服人员会面，以找出可能导致等待时间超出必要时长的原因，如案例数量与所配置客服人员的比例失衡、流程效率低下、技术故障等。

为什么（Why）：你能清楚地解释你想要改进的内容对当前团队的负面影响吗？

示例：客户抱怨长时间的等待，这降低了他们的整体满意度。由于长时间的等待和本来就困扰他们的产品问题，当客户联系到客服人员时，他们已经感到沮丧，更有可能对客户服务产生负面印象。

何时（When）：这个目标是否有完成的时间限制？

示例：在未来 6 周里，马克将每周举行一次会议，以审查针对首次呼叫响应时间指标的改进情况。

你可以基于你对"谁、什么、为什么和何时"这些问题的回答来设定你的 SMART 目标："我们将通过一项由马克领导、设计和实施的、有针对性且详细的项目，在 6 周内将我们的首次呼叫响应平均等待时间减少 50%。"这样你就制定了一个更具体、可行且详细的 SMART 目标，用来改善客户的体验，而不是宽泛的类似于"降低等待时间"这样的初始目标。

基准测试

基准测试将组织的客户服务和支持的实践及绩效与同行业或同领域的其他组织进行比较。基准测试有助于识别组织在客户服务和支持业务中的最佳实践方法、组织与同行之间的差距以及有待改进的领域。通过基准测试，组织可以汲取他人的成功经验，并为其客户服务和支持团队设定切实可行的目标。

基准测试不仅能帮助组织确定需要改进的领域，还能帮助它们评估自身绩效与同行之间的差距，从而向行业领导者学习。以下是开展基准测试活动时需要考虑的一些最佳实践方法。

- **明确目标，了解需要学习什么**：首先，为基准测试活动设定具体目标，以帮助你专注于推动业务成功最重要的事项。

- **选择相关指标**：确定与你的目标和想要了解的内容最相关的 KPIs 或衡量指标。确保这些指标是可衡量的，符合任何公认的行业标准，并与你的目标和期望保持一致。

- **选择合适的对标公司作为基准**：选择在行业、规模和商业模式方面与你的组织相似的公司或组织。使用具有相似特征的组织进行基准测试，可以获得更有参考意义的信息。

- **收集数据**：根据你选择的用于基准测试的指标，收集有关你的组织的绩效数据和你进行基准测试的对标公司的绩效数据。确保数据的准确性、一致性以及测量过程的可比性，以便在后期进行有意义的比较。例如，不同公司用于衡量客户满意度的工具可能大相径庭。因此，了解你进行基准测试的对标公司衡量客户满意度的过程和其使用的工具，将有助于你更好地分析和解释结果。

- **保持机密性**：确保他人共享的信息的机密性，对于建立和维护信任关系非常重要。应谨慎对待并尊重保密协议和道德标准，保证仅将其用于基准测试。

- **基准测试方法**：你可以考虑使用各种不同的基准测试方法。其中可能包括战略规划，即针对相似的长期目标进行评估，与直接的行业竞争对手进行比较，与跨行业但类似的组织进行比较（例如，科技或零售等不同行业中的客户服务部门），或者进行内部基准比较，即与组织内部的不同部门或分支机构进行比较。

- **寻找最佳实践方法**：不要只关心和比较量化的结果。你还要寻找并分析那些能够提高成功率的最佳实践方法、流程和策略。了解"如何"实现某事可能与实现了"什么"同样重要。

- **实事求是**：我们可以利用基准测试来设定更切实可行的目标，用以改进自己的业务流程。这样也可以避免依据自己的基准数据设定过于激进或无法实现的目标。

- **持续的基准比较**：市场趋势会随时间而变化，通过定期回顾基准并根据新的趋势调整策略，你将有机会实现持续改进。
- **分享见解**：与组织内的利益相关者分享你的发现和见解。另一种常见的策略是进行外部分享，将自己或你的组织定位为所在领域的思想领袖。注意在进行外部分享时，要谨慎且认真地对待与他人签订的任何保密协议。通过无保留地分享你的成果，你可以确保每个人在思想和行动上都与这项改进工作保持一致，并愿意为之做出贡献。
- **拥抱创新**：在努力提高组织的绩效的过程中，要对创新思想和变革持开放态度。基准测试应被视为一种了解其他公司动态的方法，借此评估其中是否有你想创建和采纳的东西。
- **追踪进度**：如果你已经尽职尽责地制定了强有力的目标，那么对目标的持续监控和进度追踪将非常重要。你可以使用更新的基准测试数据来了解变化带来的影响，并相应地调整你的策略。
- **文档工作**：为了追踪你从何处开始以及你现在所处的位置，我们建议你创建并维护一份关于基准测试活动的记录，这将成为今后任何基准测试工作开展的宝贵资源，包含了从曾经的实践中获得的经验教训。
- **寻找专家**：许多咨询公司专门从事基准测试工作。它们可以协助你进行基准测试的设计和研究工作，并为你提供指导意见。

这些最佳实践方法可以作为指南，帮助你了解其他人是怎么通过基准测试来调整其工作的。基准测试有助于为你的人工智能战略提供信息，从而增强组织的竞争力，实现组织可持续的成功。

资源分配

如果不仔细考虑实现愿景所需的整体预算、时间和人员，项目就无法实现。你需要花费一定的时间制订计划，明确所需资源以及获取这些资源的方法，以确保成功。

一旦制订了周密的计划，就该将其付诸实施了。请记住，在执行过程中要经常回顾和调整计划。人工智能的创新和技术的日新月异，意味着你可能需要迅速做出决策并相应调整计划，以继续朝着你的业务目标、价值观和愿景迈进。

部署人工智能是一个过程，周密的规划是确保成功转型的关键。

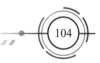

开始行动

　　一旦你有了清晰的愿景、人工智能战略和计划，就到了将人工智能融入你的组织的时候了。这绝非易事，将耗费大量人力物力。下一章节将介绍 6D 框架，帮助你了解这一过程所需的内容以及如何使用你拥有的支持内容创建人工智能模型。我们期待你深入探索、学习，并从中获得乐趣。

第 5 章

发现：奠定基础

良好的秩序是一切美好事物的基础。

——埃德蒙·伯克

发现阶段是整个过程的开端，在此期间，团队需要识别和定义需要通过人工智能来解决的目标、需要达到的目的或需要解决的问题。这是把握任务本质、目标和障碍的契机。这一阶段涵盖了深入的探究、探索、整理、创造、细致的分析和审查。

可以说，发现阶段是 6Ds 框架所有 6 个阶段中最为重要的一个。如果这一阶段犯了错，整个项目很快就会偏离正轨。在开始这一步之前，你必须构建一个强有力的愿景和详细的项目计划，如前面第 4 章所述。

开始之前，你需要了解你的整体知识库架构。许多客户服务和支持部门在记录和整理整体知识库方面的投入不多。尽管随着时间推移，共享知识库中充斥着各种文章，但对这些文章的处理，往往只是一个创建、归档，然后将其抛诸脑后的过程。通常情况下，个人的贡献会得到嘉奖，但评审过程往往是围绕单篇文章及其内容进行的，而并非从整体知识库的全局角度开展。组织的规模越大，整体知识库就越复杂。

当组织着手将这些内容转化为可供人工智能模型准确利用的文档时，首要步骤就是发现并梳理现有内容。

无论管理什么项目，设定目标和宗旨都是确定项目方向和定义项目结构的框架。目标和宗旨提升了项目实施的清晰度和目的性。如果没有一套强有力的且获得各方认可的目标，项目可能会失控：消耗资源，浪费时间，却无法取得实际成果。发现阶段使组织能够构建共同的愿景，并协调各种资源。此外，在这一阶段，组织会识别现有的内部内容以及公开的数据，并进行彻底的差距分析，以确定是否有内容缺失。在这一阶段，你将开始了解安全和隐私政策，并为严谨地构建准确的人工智能模型奠定基础。

绘制领域地图

第一步是绘制领域地图。你需要明确你想要在哪里应用人工智能模型，希望其影响业务或工作的哪个方面，以及谁是你的目标用户。就像任何绘制地图的练习一样，你需要确定你的目的地和沿途的关键点，明确到达目的地或关键点的所有潜在路线，并确定你的向导、所冒的风险和解决方法。

地图可以成为一个非常有用的工具，引导人们穿越未知领域，这类似于人工智能模型通过精准的预测和基于大量数据的建模来引导用户。就像制图师探索地形、测量距离并记录地标一样，人工智能模型的构建者致力于收集相关数据，确保数据稳健且能代表预期目标，并能够准确预测结果。精心的内容整理、清理和预处理过程，与将原始地理数据精炼成可用格式的过程相似。

定义明确的范围

构建人工智能模型需要明确界定范围。当模型构建者进入发现阶段时，保证对模型内容整理的关注和范围界定很重要。在收集内容时，所涉的范围不容易把握，很容易过宽或过窄。定义并不断评审人工智能模型的目的、目标受众、构成部分和目标，是发现阶段的关键组成部分。

开发理想用户画像

韦氏词典将"用户画像"（persona）定义为"作者在书面作品中假定的角色"。[1] 在软件开发和部署中，用户画像可以帮助开发人员更好地了解终端用户。在微软公司的一篇题为"用户画像：实践与理论"（Personas: Practile and Theory）的研究论文中提到："在产品设计中使用虚构人物（即用户画像）的做法广受赞誉。"[2] 此外，这篇论文还引用了艾伦·库珀的著作《交互设计之路》（*The Inmates Are Running the Asylum*），并指出"设计人员对他们的目标用户缺乏清晰且一致的认知，他们可能会以与自己类似的用户为参考来设计场景。"[3] 库珀的"目标导向设计"通过创建虚构的用户画像来提供焦点，这些用户画像的目标构成了创建场景的基础。想要明确并了解你的终端用户群体，你需要了解他们是谁、从事什么工作、如何工作、他们对人工智能模型的输出有何期望以及他们会如何使用这些输出结果。

确定目标受众

确定目标受众需要参考的变量很多。将客户的行为、客户服务与支持人员的特征一一列出似乎过于烦琐，但事实并非如此。你正在开发和部署一个人工智能模型以便与你的终端用户交互。举例来说，如果你知道 90% 的受众年龄在 30 岁以下，那么你构建的人工智能模型的"个性"就可以更加贴近这一受众群体。又比如，你的受众中有很大一部分人爱好艺术，那么采用一种不同的方法将更契合他们的兴趣点，并能更好地吸引这类用户。

人口统计学特征

在开发用户画像时，了解目标受众或终端用户的人口统计学特征（demographics）是重要的第一步。虽然可以参考的人口统计学特征很多，但具体采用何种特征可能因业务类型不同而异。例如，在为人力资源专业人员开发人工智能模型而创建用户画像时所选择的人口统计学特征，可能会与为销售专业人员开发模型时选择的特征有所不同。你可能需要考虑的一些人口统计学特征数据包括性别、年龄、受教育程度、种族 / 民族、职业 / 职位、地理位置、常用语言、身体状况、出生国家等。

在确定你的终端用户时，对其的描述越具体，人工智能模型就越能契合他们期望的使用场景。另外，你的人工智能模型还可能需要考虑多个用户画像。

心理学画像

韦氏词典将心理学画像（psychographics）描述为"根据心理特征变量（如态度、价值观或恐惧心理）对人类群体进行分类的市场研究或统计数据"。[4] 人口统计学特征涉及一个人的身体特征或其可观察到的特征，而心理学画像则被认为是一个人的心理特征，如他们的价值观、态度、个性特征、恐惧心理、社会态度和行为意图等。这些特征会告诉你更多关于你的终端用户为什么会与你的人工智能模型互动的信息，以及他们可能的偏好和内在动机。

行为特征

开发具有代表性的用户画像，以帮助构建有用且具有影响力的人工智能模型，同时还需要关注用户的行为特征（behavioral traits）：终端用户是如何与客户交互的？他们通常是处于解决问题的状态，还是处于无法解决问题而需要同理心和同情心的状态？他们是否经常受到责骂而不得不表现得很有耐心？在开发用户画像以供人工智能建模的人员参考时，提出这些问题非常重要。此外，目标受众表现出此类行为特征的时间不确定，可能是一个月，也可能是一年。

数据收集方法

在构建用户画像时，采用多种数据收集技术至关重要，原因有很多。首先，使用不同的数据收集方法（data collection methods）能提供多种见解和视角，因为不同的人对不同方法会有不同的反应。擅长花时间填写调查表或问卷的人可能无法投入同样多的时间进行访谈。因此，不同的数据收集方法可以提供更全面的视角和对用户行为、需求和偏好的全面理解。此外，使用多种方法收集用户数据将使你能够综合多个数据源，验证和交叉验证结果的可靠性。这也有助于减少和消除偏见。访谈能提供很好的定性见解，而调查则可以通过定量数据对这些洞察进行量化和交叉引用。两者相结合，将有助于做出更好的由数据驱动的决策，以创建更能代表用户的用户画像。

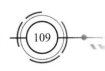

结合多种数据收集方法，可以确保所开发的用户画像具有鲁棒性、可靠性，并能真正代表用户群，从而有助于创建以用户为中心的设计和策略。

定性数据与定量数据

定性数据（qualitative data）通常指非数值信息，通过开放式调查、访谈或观察收集而来。它有助于你更好地了解人们的潜在情绪、动机和观点。

定量数据（quantitative data）是数值化的，可以对其进行更深入的统计分析和模式识别。它通常通过调查和其他分析方法收集，侧重于传递不同变量（如用户人口统计学特征）的量化信息。

"定量"意味着"与数量或数额有关的"。[5] 总体来说，就是要获取大量数据！定量方法在理解用户需求方面很重要，因为它提供了客观、可测量的数据，可用于做出明智的决策。[6] 一些定量数据的例子包括终端用户调查数据和产品/服务遥测数据。定量数据可以帮助实现以下目标。[7]

- 发现模式和平均值
- 进行预测
- 测试因果关系
- 将结果推广到更广泛的人群

定量研究方法为分析提供了强大的工具，特别擅长提供精确的测量结果和数值数据来支持结论。定量研究有三种方法最为常用：描述性研究、相关性研究和实验研究。每种方法在从数据中揭示见解方面都具有独特的用途。[8, 9]

- 在描述性研究中，你只需寻求对用户行为的总体概述。
- 在相关性研究中，你将调查变量之间的关系。
- 在实验研究中，你将系统地研究变量之间是否存在因果关系。

通过这些方法，研究人员可以获得更深入的见解，促进明智的决策和检验假设。

调查和问卷

调查和问卷（Surveys and Questionnaires）是收集数据以构建用户画像的绝佳方式。为了充分利用收集到的信息，你要确保你的调查问题清晰且相关，并且每个问题都是为了收集有洞察力的内容而设计的，同时这些问题的呈现也要容易被受访者理解，以避免他们在如何回答问题上产生任何混淆。同样重要的是，在设计调查或问卷时，要考虑包容性和可访问性原则，以适应受众的多样性，包括语言、文化、能力等。这有助于确保你的数据充分代表了你的目标受众。

在设计过程中，隐私、安全和道德等因素也应予以考虑，以培养受众的信任并鼓励受众参与。数据使用的透明度、遵守数据保护法规（可能因地区而异）和数据的匿名性也是要考虑的关键要素。

调查设计本身是一门艺术，重要的是要了解客户的正面和负面体验的问题。此外，多年来，许多客户服务和支持专业人员一直担心被机器人和人工智能取代，因此对这个问题进行"测温"（了解这一问题的现状）很重要。在开发用户画像之前根据你的组织文化和组织规模，通过访谈来了解真实信息可能比调查更有效。这一点很重要。

以下是定量调查和数据收集之所以重要的一些原因。

- **可量化的结果**：定量调查产生可量化的数据，这些数据易于分析并形成观点。这使得比较不同调查的结果并识别数据趋势和模式变得更加容易。
- **样本量大**：定量调查可以针对大样本量进行，从而获得具有统计意义的结果。这很重要，它确保了调查结果真正代表了所研究的人群。
- **效率**：定量调查可以快速、高效地进行，这使其成为性价比较高的数据收集的方法。得益于强大的计算能力，即使样本量很大，人工智能模型也能快速处理和分析数据。
- **基准测试**：定量方法有助于进行基准测试和快速计算投资回报率。其重要性在于为组织提供了比较的基础，并有助于确定需要关注和改进的领域。
- **减少人为偏见**：由于定量用户研究具有客观性，并且有明确、严格和受控的研究条件，很难引导参与者得出特定结果，因此产生的数据不太可能存在人为偏见。

定量调查是理解用户需求的重要工具，它提供了客观、可测量的数据，有助于组织做出明智的决策。它高效、性价比高，并能产生可量化的结果，方便组织后续进行基准测试和识别需要改进的领域。

通过访谈收集定性数据

进行访谈并收集有价值的见解，是指创造一个鼓励参与者分享其经历和动机的环境。访谈者应以同理心为主导，心中要有既定策略，以帮助引导对话，从而引出受访者坦诚的评论。

设计开放式和探究性的问题以挖掘受访者深层动机、所面临的挑战和经历的过程，可以称得上真正的艺术。如果受访者信任访谈过程和访谈者，他们就会更加坦诚，他们的回答也会因此更加真实，从而有助于组织塑造更准确的用户画像。在定性和定量的数据收集中，道德考量、隐私和信息的安全性同样重要。

实地调研

尽管实地调研（field research）听起来既昂贵又耗时，但它也可以以"网上冲浪"的方式进行。你必须了解你所在行业的最新动态：客户服务和支持领域最近发生了什么？其他公司是如何部署人工智能的？客户服务和支持专业人员对人工智能的部署有何反应？阅读相关文章，并整理出一份参考文献和术语清单，这些内容可以为开发用户画像提供帮助。

分析和使用数据

以上数据收集技术将有助于收集用户的人口统计学特征、心理学画像和行为特征。综合数据收集方法可以提供数字统计信息（即定量数据），帮助你塑造用户画像。例如，你的调查结果来自西班牙和葡萄牙？调查对象是女性吗？是职场新人吗？通过访谈收集的定性数据包含了用户案例和细节，这些信息有助于指导你的用户画像开发，进而指导人工智能模型的开发和部署。

塑造用户画像

现在你已经收集了大量的数据——调查结果、用户案例、视频访谈以及有关你所在行业的文章，是时候选择最重要且具有代表性的数据，并在打造用户画像时使用了。你可能需要做出一些权衡。数据可能显示出某种很强的趋势，而你从访谈对象那里获得的一个充满激情的案例可能与定量数据显示的趋势相冲突。在此情况下，你必须为你的组织选择最合适的做法。也许你可以两者兼顾，并让开发人员独立做出决策，但如果你能使你的用户画像更具指导性和代表性，那么在搭建最契合客户服务和支持专业人员的人工智能模型时，你就更有可能成功。

人口统计信息

人口统计信息（demographic information）将是一个挑战。你很难获得一个 100% 单一的人口统计数据，就好像并非所有客户服务和支持专业人员都是 30 岁以下、居住在欧洲大城市的女性，也并非所有人都是不使用短信功能的中年男性游戏玩家。在开发用户画像时选择正确的人口统计数据，需要将人口统计学变量与你正在构建的人工智能的目标和背景相结合。这有助于确保从不同的用户画像的统计数据中，获得与你的受众行为、需求和偏好相关且有意义的见解。

首先，你需要确定在目标受众中区分用户行为和偏好的关键特征。数据的相似性将帮助你捕捉给定的用户画像所体现的特征。

主题建模（topic modeling）和 K-mean 聚类等数据科学技术可以帮助你将数据划分到有意义的子集中。

目标和动机

研究收集到的定性数据将帮助你了解用户做出的选择和互动行为背后的"是什么"和"为什么"。这些信息触及了用户决策过程、价值认知和情感状态的核心，对于塑造反映用户现实的用户画像至关重要。通过这一步骤来挖掘"为什么"，你将能够更好地开发真正以用户为中心的用户画像，从而提高用户满意度和参与度。

定量调查数据可以验证访谈过程中收集的用户案例。此外，确保目标和动机得到实地调研的验证支持（或至少不与之矛盾）也很重要。

痛点与挑战

直面、接纳和处理调查和访谈中可能得到的负面反馈并不容易，甚至可能让人感到有些尴尬。然而，负面反馈应当是用户画像最重要的特征之一；你的终端用户表达的负面的充满恐惧、担忧和威胁的情绪需要被放在首位，并成为你用户画像所代表人物的重要组成部分。构建模型的数据科学家、机器学习专家和开发人员需要听到并了解你的目标受众所担心的问题。他们需要了解用户在日常工作中面临的痛点和挑战，以及用户希望人工智能能够为缓解这些挑战带来什么。

人物叙述

开发者需要依靠自己的创造力，结合定量和定性数据来塑造用户画像。用户画像固然重要，但正如定量结果所表达的那样，其叙述也必须代表用户群体。

创建背景故事

第一步是描述这个人物是谁。给你创造的人物起个名字，或是描述他们的职业。你越能深入地描述他们的个人特征，人物的代表性就越好。同样，定量结果也需要成为

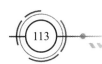

用户案例的一部分。以下是几个具有代表性的例子，以帮助你了解背景故事可能的呈现方式。

- 让我们来认识一下泰勒，她是一位专注于客户服务的专业人士，拥有 6 年繁忙的电子商务行业工作经验。泰勒在充满活力的快节奏环境中游刃有余，始终将客户满意度放在首位，能够巧妙地平衡同理心和工作效率。工作之余，泰勒喜欢探索当地的咖啡馆，参与社区活动，并且对音乐和动物保护充满热情。她经常在动物收容所做志愿者。技术进步为她的工作提供了帮助，这让她非常兴奋。
- 特拉维斯，一位刚从大学毕业、初进入保险行业从事客户服务的年轻人。他充满热情，但还是有些忐忑不安。特拉维斯要克服复杂学习过程带来的困难：既要理解客户需求，又要在工作中应答各种客户咨询。特拉维斯喜欢运动和徒步旅行，并在业余时间尝试进行数字艺术创作，他还经常在网上分享自己的作品。
- 让我们来认识一下阿莱克西亚吧，她是一位经验丰富的客户服务代表，正在探索由人工智能驱动的客户支持领域。对此，她既有好奇心，也有担忧。在这个领域工作了 10 多年，阿莱克西亚见证了客户服务逐渐由人工向自动化转变的趋势，并对未来这一领域工作的稳定性和自身价值感到担忧。工作之余，阿莱克西亚从园艺、阅读科幻小说、倡导工人权益以及在社区的持续学习中找到了慰藉。

定义用户旅程

在塑造人物时，描绘人物的成长历程也很重要，可以说是越详细越好。因此，如果我们要定义阿莱克西亚的旅程，我们可以使用以下表述。

尽管对人工智能在客户服务领域的应用有所担忧，但阿莱克西亚还是拥抱了这一技术潮流，踏上了持续学习和不断适应的旅程。起初，阿莱克西亚花了一些时间，通过各种在线课程和培训材料了解人工智能的基础知识，以及其在客户服务中的应用。这些基础知识揭开了人工智能的神秘面纱，减少了她的焦虑，并使她了解人工智能如何帮助她更好地工作，比如处理重复性查询和管理大规模数据集。

随着阿莱克西亚的进步，她深入学习了如何管理和优化人工智能驱动的客户服务工具，并了解了如何整合人机交互以提升客户体验。阿莱克西亚已经熟练掌握了利用人工智能分析客户数据、预测趋势和使客户交互个性化的技能，这提升了她的服务质量。

在阿莱克西亚旅程的中期，她探讨了将人工智能应用于客户服务时所需的道德考量及其对客户满意度的影响。阿莱克西亚成为维护技术效率与人际同情心之间平衡的倡导者，确保在客户服务中保持以人为本。

随着阿莱克西亚在利用人工智能工具方面变得娴熟，她逐渐成长为一名混合型专业人士，既精通传统客户服务技能，又擅长管理和优化人工智能驱动的客户支持系统。阿莱克西亚开始指导和帮助同行加入人工智能学习之旅，与他们分享在不丢失个性化的客户互动体验的情况下，有效整合人工智能与工作的见解和策略。

在高级阶段，阿莱克西亚在塑造组织的客户服务战略方面发挥了关键作用，确保它既具有技术先进性，又以客户为中心。她现在是一个真正的人工智能的高级用户。阿莱克西亚与技术团队合作，优化人工智能工具，确保它们既符合道德要求、用户友好，又能真正让客户服务团队和客户受益。

阿莱克西亚在人工智能的应用过程中扮演的角色从犹豫不决的摸索者到精通者，再到其倡导者，这一历程验证了在人工智能时代实现成长、适应变化和保持以人为本理念的可能路径。这一路径确保技术能够增强，而不是取代客户互动中不可估量的人性元素。

尽管这一过程看起来可能过于冗长且细节繁多，但事实并非如此。你在开发准确详细的用户画像上的投入越多，你的人工智能模型就会越好，因为你会真正了解你的受众。

在开发用户画像的过程中，许多人会包含一些现成的照片，并创建虚假的脸书或领英（LinkedIn）账户。与之相对，你为此提供的信息越多，就越有可能创建一个具有代表性的终端用户形象。

视觉呈现

视觉呈现（visual representation）最简单的做法是添加一张图片。更好的做法是，制作一段简短的、具有代表性的视频，展示你的"用户画像"与未来人工智能互动。

你可以使用收集到的数据，找出能够代表你用户画像的照片。接下来，将人物叙述粘贴到 DALL-E、Midjourney[①] 或其他人工智能绘图工具中，让它为你生成一张照片。图 5-1 和图 5-2 展示了人工智能绘图工具生成的两个"阿莱克西亚"。

---

① DALL-E 和 Midjourney 都是提供绘画服务的人工智能网站。——译者注

图 5-1　DALL-E 生成的阿莱克西亚　　　　　图 5-2　Midjourney 生成的阿莱克西亚

设计用户画像布局

如果你拥有多个用户画像，那么这一步骤就尤为重要。你的目标受众在人口统计学特征、心理学特征或行为方面可能存在显著差异，这将要求你的人工智能模型考虑多个用户画像以构建适合你的人工智能模型。如果是这种情况，请确保你拥有一个标准的布局和等量的辅助材料。如果你拥有多个用户画像，那么每个人物画像很可能不尽相同，你的布局应该具有代表性。如果假设你的目标受众中有 80% 属于同一类型，请将此信息传达给你的人工智能模型构建者。然而，如果剩余 20% 的受众至关重要，也请确保分享这一信息。

在设计和开发中使用用户画像

根据你的组织布局，如果你在公司内部雇用了资深数据科学家和软件工程师，他们与你的客户服务和支持人员可能并不在一起办公，也不太了解后者的工作详情。因此，这些用户画像将成为向你的人工智能开发团队传达用户特征的关键媒介。

用户画像将帮助你的技术人员将客户服务和支持人员的需求、工作优先级排序和实践方法融入他们的开发实践中，以构建有影响力的模型。

功能优先级排序

用户画像将帮助人工智能模型构建者和软件工程师确定他们的工作优先级。他们是应该优先考虑模型的部署还是优先确保其准确性？他们应该专注于消除模型中的偏见吗？他们应该专注于添加有助于提升模型透明度的功能吗？他们是否正在为分阶段部署人工智能构建反馈工具？面对这些切实可行的选择，他们需要仔细考虑，并制订项目计划，以指导优先级排序。

用户体验设计

用户画像不断提醒我们目标受众是谁，他们关心什么，以及他们的需求和偏好。这些信息在设计过程中都会被纳入考量，并影响设计元素，如导航设置、页面布局、模型内容、色彩主题等。人工智能模型的设计必须与目标受众的期望和偏好保持一致。此外，用户画像有助于设计团队对模型的特征和功能进行优先级排序，包括与用户最相关的内容，从而带来引人入胜的体验。

在设计团队意见不一的情况下，用户画像将再次发挥作用，提醒团队成员时刻牢记终端用户，并帮助他们进行决策。通过这种方式，用户画像使得设计出的用户体验方案不仅功能强大，而且以用户为中心。

确保与业务目标一致

人物画像起源于方法派表演，该流派的演员会创建一个完整的人物形象，并将其视为自身的一部分。例如，演员丹尼尔·戴－刘易斯是一位著名的方法派演员，他经常使自己在整部电影的拍摄过程中完全沉浸于角色，直到电影拍摄完成。虽然许多演员仍然采用这种方法，但人物画像（在其他领域被称作用户画像）已经成为制定商业战略和以用户为中心的设计的关键。

艾伦·库珀首先将用户画像用于软件设计，使其超越了戏剧起源。这一做法有助于确保业务目标与用户的需求和偏好精确对齐。

通过采用以用户为中心的方法，并创建受众用户画像，企业能够更好地使产品和服务与用户需求、痛点和行为相匹配，从而更好地满足市场需求。本质上，以用户为中心的方法和用户画像在客户需求和业务目标之间搭建了一座桥梁，助力企业实现可持续的增长并维系客户忠诚度。

你现在可能已经意识到，你的用户的需求可能与组织的需求不同。显然，用户的需求必须被识别并被纳入优先级排序队列，这是每个组织都需要分门别类处理的问题。以下是一些可以帮助你决定如何调整以确保在满足用户和业务需求之间找到平衡的建议。

你应当确保用户画像既能反映客户服务和支持专业人员的真实需求和挑战，又能与

组织的总体目标保持一致。你可以在用户画像的框架下制定策略，解决客户服务专业人员如何在满足自身需求的同时，为组织目标做出贡献的问题。

如果上述两个努力方向之间存在脱节，这很可能预示着更大的问题。促成一线人员和组织领导者之间的坦诚对话，了解冲突的根本原因和严重程度，并将双方的见解融入用户画像，以确保它成为能够尊重并认可不同观点的协作工具。以下是其他需要考虑的事项。

- 确保用户画像具有适应性，能够随着客户服务专业人员和组织的目标变化进行修改调整。你可以考虑在用户画像中融入促进持续学习和发展的元素，以使其更好地与组织目标保持一致。
- 识别用户画像开发过程中存在的技能和知识差距，并实施培训计划以弥合这些差距。确保用户画像不提倡或不存在损害客户服务专业人员福祉或违背道德标准的做法。
- 在用户画像中融入相关战略规划，在达成组织目标和为客户服务专业人员创造积极、健康且合乎道德标准的工作环境之间实现平衡。

将这些因素纳入考量，可以确保所开发的用户画像既是一个使我们能够理解客户服务专业人员并与之共情的工具，也是一个协调客户服务和组织目标之间潜在冲突的战略手段。用户画像是促进优先级协调统一的基石。

随着人工智能项目的推进，必须定期对用户画像进行检查，以确保人工智能模型的构建与创新和业务需求的相关性，并与终端用户和目标受众保持开放沟通，以确保各项工作保持一致。

持续的用户画像评估与调整

随着组织的成长与学习，人工智能模型也必须与时俱进。培训材料同样需要同步更新。

用户画像的创建是一个持续迭代的过程。在这个过程中，你需要收集反馈。理论上，你可以在反馈过程中投入与最初开发用户画像时同等的人力物力。在部署人工智能模型的过程中，技术支持人员的工作方式将发生变化，因此有必要建立一个健全的反馈机制，这很可能会改变未来的发展方向。在整个人工智能模型的部署过程和部署后的工作中都要花费时间，确保有反馈渠道，以确保成功交付。人工智能技术将改变人们的生活，这是不争的事实。这种改变可能是积极的，也可能是消极的。通过建立倾听用户反馈的渠道，你可以评估这种改变是如何落地和被接受的，并根据需要调整方案。

当你的人工智能开发人员构建模型时，将需要不断优化现有用户画像或构建新的用户画像。例如，针对特定受众创建的初始模型可能会大获成功，使用户从手动搜索方式转变为人机交互模式。如果模型效果不佳，用户可能会觉得模型不准确，并恢复以往的操作习惯。因此，在人工智能模型部署过程中建立反馈循环至关重要，这可以确保人工智能建模者专注于影响用户行为习惯。

内容编撰

在这一阶段，确定你的专家是谁很重要。内容专家可能存在于内容领域，也可能存在于用户领域。

- 基于用户画像，评估目标用户的需求和数据来源，了解人工智能模型将如何与更广泛的服务相连接，并探索待使用数据的存储位置和质量状况信息。
- 评估现有数据的准确性、可用性，以及这些数据质量是否足够高，以便人工智能系统能够据此进行预测。
- 准备数据时，要确保其安全且无偏见。数据还应具有多样性，并能够反映你所创模型针对的目标人群的特征，这有助于减少有意识和无意识的偏见。

构建内容生态系统以及评估用户需求

你的组织可能还没有建立内容生态系统，以应对这个以人工智能为中心的世界。许多支持组织可能拥有内容管理系统，或者面向客户的支持服务文档库，但这两者并不等同于内容生态系统。为了训练这些人工智能模型并建立索引，领域专家必须整理内部知识库文章和支持内容，识别和标记外部内容，以帮助构建更全面的索引。

以往，客户服务和支持专业人员利用人类的专业技能查找合适的文档，解决客户问题。他们能够结合内外部资源，提供优质的服务。当我们考虑向基于人工智能的支持体验转型时，同样也要将所有的内部和外部资源结合起来，以训练更为准确的模型。

在策划内容时，你首先需要了解你的用户是谁以及他们的具体需求是什么。没有这些信息，你的人工智能模型就可能会偏离目标。

与利益相关者互动

这是需要尽早执行的关键步骤。如果跳过这一步，将很难让用户提供早期反馈或使用人工智能模型。积极与利益相关者互动并倾听他们的担忧、需求、功能请求以及关于内容收集渠道的建议，是非常重要的。要了解用户希望人工智能模型解决的具体问题。这些问题可能从简单的问答任务到行政任务，再到更复杂的叙事生成。

通过与利益相关者互动，人工智能模型的开发人员可以了解终端用户和其他相关方的具体需求、期望和要求。这确保了人工智能系统的开发聚焦于解决现实世界的问题，以及满足其用户的真实需求。

道德规范考量与偏见缓解

在使用人工智能模型之前，客户服务代理、支持工程师通过知识库文章、网络搜索或诊断工具来查找原因，帮助终端用户解决问题。而人机交互似乎打开了一扇新世界的大门。你需要验证一些新的需求。相比于传统的知识交付方法或渠道（如知识库文章、网络搜索或诊断工具），对话式人工智能会更明显地暴露偏见。例如，故障排除指南中存在的固有偏见，在过去可能从未被注意到；但当故障排除指南被整合到人工智能模型中，并且使其内容以对话的形式呈现时，这些偏见就可能变得更加明显，甚至具有冒犯性，比如将终端用户一概称为"他"，或者在网络或云计算领域提及雇主 / 奴隶结构（master/slave，现在一般被称为主从架构），[10] 又或者使用"合理性检查"等专业术语。[11] 这些词语表面上看起来并没有冒犯性，也不存在道德问题，但随着这些人工智能模型不断学习，它们可能会在不同的情境下输出这些概念，而在某些场景中，这些概念可能会冒犯用户，让他们感到不被尊重。

因此，人工智能输出的信息必须简洁明了、可被验证，以避免误解或歧义。在创建文档时，你应充分考虑道德因素，以确保其准确性、包容性和清晰性。文档编写中符合道德的行为包括尊重知识产权、保持人工智能模型的透明度和提供可信的参考资料。所有这些行为都将有助于为组织赢得用户的信任。

你可能已经猜到，要想完全消除所有文档中的偏见是极其困难的。但我们仍需要仔细考虑内容解读可能给用户带来的感受，尤其是在该内容脱离了其原始语境的情况下。对一个人来说看似有偏见的内容，对另一个人来说可能并非如此。这又回到了有关用户画像价值的讨论，以及在你的理想模型中，对用户画像和用户体验进行关键性分析。

以下是你在考虑为人工智能模型建立内容索引时，需要遵循的三个关键技巧。

- 使用能够被更多人理解的中立语言。
- 避免行话和缩略语。
- 确保内容对不同文化背景、教育水平的人和残障人士而言，都易于访问和理解。

在清理了内容并消除了其中的偏见之后，请务必定期审核，以识别和修正任何无意中出现的刻板印象或偏见。在寻求用户反馈时，一定要仔细倾听，然后根据用户提出的意见调整人工智能模型。如果你觉得用户反馈不合理或因客观原因没办法采纳，也要礼貌地回复用户。你以前可能听说过这句话——"反馈是一种礼物"，从不同利益相关者那里获取反馈，可以确保获得不同的观点和额外的信息，从而做出更明智的选择。[12]

在缓解内容中的偏见并考虑道德因素的同时，我们还建议你对支持人员进行培训，以使他们了解无偏见的沟通和支持交付实践的重要性。文化敏感性、同理心和积极倾听是支持人员所需的技能，这些技能将为他们提供适当的知识，以便在人工智能回应客户之前，检查模型的输出是否存在任何无意识的偏见，从而提供更好的客户体验，增强客户信任。如果带有偏见的内容还是意外被传递给了客户，那么迅速承担责任并立即采取纠偏措施就显得尤为重要。

与确保内容无偏见并关注道德因素类似，为你的人工智能模型选用合适的训练集也很重要。招募能够提供丰富知识、观点和见解的各方利益相关者，将有助于人工智能模型构建者和开发人员，识别其人工智能模型中的潜在偏见和道德问题。引入各方利益相关者还将有助于创建一个更具包容性和多样性的模型，使其不太可能忽视某些特定人群或延续负面的刻板印象。此外，这一举措还有助于提升利益相关者的参与度及其对模型的接受度。

采用包容性设计方法开发人工智能模型，能够优先考虑公平性、公正性并有效减少偏见，最终确保该模型符合道德标准，帮助保护用户和客户的权益。随着对不当偏见和道德考量的监管力度不断加大，在不同场景和用户群体中，获得更准确和适用性更强的模型的机会也随之增加。

采取有目的的、以客户为中心的内容编排方法，并持续开展反馈和评估，将确保组织能够营造一个尊重、公平并能包容所有客户的有利环境。

风险识别与管理

在人工智能模型中，内容的呈现方式与在文档中截然不同。众所周知，生成式人工智能会根据其训练所使用的数据预测下一个词。因此，它很难提前识别出潜在风险。所以最重要的是，你需要为它搭配一个反馈系统，该系统能够及时向内容创作者和模型构建者发出错误警报，从而让你能够迅速修复这些错误。利益相关者在此也发挥着重要作用，他们有助于识别潜在的风险和挑战，使人工智能模型开发者主动解决这些问题。

在项目部署过程中，利益相关者的参与可以提升人工智能系统的鲁棒性和可靠性，并最大限度地减少意料之外的后果和失败的可能。在部署的早期阶段，利益相关者必须参与制定进度表，并且收集受影响者的反馈。利用接待时间、定量调查、倾听之旅等工具和技术，来捕捉客户对业务、产品或服务的看法——客户之声（Voice of the Customer, VOC）——是至关重要的。客户之声关注客户的需求、期望、对产品的认知和产品改进建议。[13]

通过倾听终端用户（通常是一线支持工程师或服务代理）的声音，人工智能部署团队、项目赞助者和高层管理人员可以清楚地了解项目的进展。将客户之声与定量数据（如调查数据、项目遥测数据等）相结合，将提供一个全面的部署体验视图。

资源分配和优先级排序

利益相关者的参与不仅有助于识别风险场景和潜在偏见，还有助于使人工智能模型的开发过程和组织目标保持一致，确保人工智能模型发挥更大价值。想想你的组织中的各类利益相关者，他们会影响整个开发过程，比如时机、成本和资源。这些利益相关者可能包括，你的财务合作伙伴、人力资源部门、销售和营销部门。与内部和外部利益相关者的定期互动有助于开发者对人工智能模型进行持续调整，使用户和企业双方均可受益。这种持续的改进使得人工智能模型能够适应不断变化的需求和环境，确保其长期成功。

建立定期沟通或固定接待时间

"接待时间"（Office Hour）指一个固定的时间段，在此时间段内，开发者、人工智能模型构建者、运营部署专业人员以及其他在客户服务领域参与创建和部署人工智能的人员可以回答问题、获取反馈、提供支持并与团队成员和终端用户展开交流合作。[14]

在软件和人工智能的开发与部署的过程中，接待时间的概念是其中重要的组成部分。它为团队成员提供了有序沟通与合作的时间，这有助于人工智能项目按时且高质量地完成。发现阶段是建立人工智能模型的第一步，要有明确的目的、清晰的范围、定义明确的用户画像以及对内容可用性的了解。在此阶段，你能够收集到的定性和定量数据越多，就越有助于你集中精力，优先考虑对终端用户和企业最重要的内容。将用户需求、面临的挑战与组织的愿望相结合，你就能创建一个成功且更准确的人工智能模型，以满足各方要求。持续监控并要求利益相关者的反馈意见，可确保你的人工智能开发团队拥有创建模型所需的信息和知识，以降低风险、消除偏见，并最大限度地满足终端用户的需求。

第 6 章

设计：构建蓝图

设计不仅仅是它的外观和感觉，还包括运作方式。

——史蒂夫·乔布斯

本章的核心主题是进行资源盘点。在第 5 章中讨论的发现阶段主要侧重于研究、了解用户、开发具有代表性的用户画像以及深入了解现有资源内容的内容，设计阶段则是基于在发现阶段收集到的需求清单进行设计，并填补其中的空白。构思、测试、误差分析和原型制作构成了设计阶段的主体工作内容。

在准备实施人工智能时，你应该明确如何更好地将人工智能集成到现有的技术和服务中。考虑如何管理内容创作将有助于识别已有内容与用户需求之间的差距。

明确你的起点

既然你已经确定了要将全部现有内容和资源融入人工智能模型，那么在开始变革之前，就应当记录当前现有流程、技术架构和组织结构的状况。记录这些信息将有助于确保转型过程的结构化和有效性，提供你从哪里开始的全面快照，并为对比人工智能部署前后的变化建立基准。

一个有名的变革案例是 20 世纪 90 年代初 IBM 在首席执行官（CEO）郭士纳[1]的领导下进行的转型。当郭士纳接任首席执行官时，IBM 正处于困境之中，不仅濒临破产，并且还在老旧的产品线和与时代脱节的企业文化中苦苦挣扎。作为首席执行官，郭士纳的第一步是仔细记录 IBM 的现状，并基于当前和未来的市场发展，从各个方面分析 IBM 的优势（strengths）、劣势（weaknesses）、机会（opportunities）和威胁（threats），也就是对 IBM 进行 SWOT 分析。在郭士纳的领导下，IBM 识别出了一些关键问题，比如对硬件销售的过度依赖，从而制定了一项战略，旨在扭转 IBM 的局势、解决其当前面临的挑战并为公司在高度竞争的科技行业中取得成功奠定基础。记录当前状态，并以此作为基准，这为未来决策，与利益相关者沟通，以及长期持续地实施战略性变革提供了指导。通过这种方法，IBM 成功地进行了令人难以置信的组织变革。

在传统项目管理中，基准是一个明确界定的项目起点。一旦你的团队确定了基准，就应该使用它来衡量项目的进度和绩效。你的团队是否在走向成功的轨道上？查看基准就知道了。

确定并理解你的基准可以确保你能够清楚地评估人工智能模型的部署是否成功。领导层希望看到在人工智能上的投入所产生的影响，而收集部署前后的数据将有助于你实现这一目标。与许多组织一样，你已经衡量了业务的多个组成部分，并经常对其进行调整。你的组织可能已经建立了目标设定与衡量的方法，如 KPIs 或 OKRs。在客户服务和支持方面，这些指标可能包括客户满意度（Customer Satisfaction, CSAT）、解决

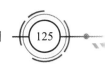

时间（Time to Resolution, TTR）、关闭时间（Time to Close, TTC）、代理满意度（Agent Satisfaction, ASAT）、关闭 / 解决天数（Day to Close/Resolve, DTC/DTR）等，具体取决于你的业务性质。

当你开始在组织中部署人工智能时，需要认真关注用于衡量当前状态的指标，以便在部署后能够进行比对。诚然，人工智能会带来新的指标，但这些指标至少在初期不会取代现有的标准；因此，早期转型仍需使用相同的指标进行监控和评估。

一个具有警示性的故事

从衡量指标的角度来看，在客户支持中应用人工智能可能是一把双刃剑。虽然人工智能有可能通过提供快速高效的解决方案来彻底改变客户支持领域，但支持工程师采用人工智能的过程，可能并不总是遵循线性轨迹。

一个常见的情况是，支持工程师可能只在遇到复杂或具有挑战性的问题时，才会借助人工智能。这种对人工智能的选择性使用，可能导致一个看似违反直觉的结果：使用人工智能的客服人员的 DTC，反而会高于那些不使用人工智能的客服人员。这可能会让人觉得人工智能是在阻碍，而不是助力客户支持工作。

然而，这种观点是具有误导性的。DTC 的增加应该归因于人工智能所处理的是本就更复杂的问题，而传统方法在处理这些问题时，可能需要更长时间。实际上，人工智能通常能够协助支持工程师更有效地处理复杂问题，从而提高整体客户满意度。

为了在客户支持中成功部署人工智能，组织需要采用全面的衡量指标，认识到人工智能的影响可能并不总能在传统的 KPIs 中立即显现，因为支持工程师在使用人工智能时的行为可能与预期不同，进而以意想不到的方式影响 KPIs。相比之下，组织应该专注于人工智能对问题解决能力和效率的提升，最终提供更优质、更及时的客户服务体验。

识别内容覆盖中的差距，对于确保你的人工智能系统能够提供准确和强相关的答案非常重要。内容差距是指在特定主题或领域内没有可用或全面的信息。这在本质上是用户正在搜索或感兴趣的内容与现有内容之间的差异。

通过比较现有内容与目标和期望状态，并找出它们的差距，你可以找出需要创建、更新或删除哪些内容，以满足客户的需求和期望。识别和量化内容差距，有助于你根据优先级来规划内容获取和开发工作，提供更准确和更具相关性的答案，以优化人工智能系统的性能。

量化内容差距：衡量当前状态与理想状态之间的差异

量化人工智能模型中的内容差距涉及确定模型在哪些方面未能满足其预期用户的需求或解决用户问题。这一过程有助于识别模型中需要更多数据、更复杂功能或更好地与用户期望对齐的领域。

可用于量化内容差距的方法和考量因素有多种。例如，使用比较分析法，对模型性能与基准或竞品模型进行比较；又如在无法获取真实数据的情况下，使用模拟或合成数据测试模型。虽然有多种方法可供选择，但我们不妨也为这个领域带来一些新变化，比如，使用代码覆盖率。

将代码覆盖率用于量化人工智能模型中的内容差距，是对传统软件测试概念的创新应用。代码覆盖率通常用于衡量测试期间源代码被执行的程度，该数据体现了测试套件的完整性。在面对人工智能模型（尤其是涉及机器学习的模型）时，这个概念可被扩展，用来评估人工智能模型训练和验证的全面性。对于人工智能模型而言，"代码覆盖率"可以被重新解读为"数据覆盖率"或"场景覆盖率"，反映了训练数据集覆盖场景或案例的能力。

虽然代码覆盖率在软件工程研究领域已经得到了很好的应用（如其在谷歌的广泛应用[2]），但其在工业界的使用却往往遭受人们对其有用性的质疑，并同时受到大规模分析代码覆盖率所需的计算成本的限制。用代码覆盖率分析内容差距，目的是量化相关内容全面覆盖指定主题领域的程度。图 6-1 展示了一个代码覆盖率的例子，该示例说明了软件测试的代码覆盖率。评估人工智能中的内容是否覆盖了主题领域的所有方面，以及其中是否存在冗余或重复内容非常重要，因为重复内容会导致"混淆"，进而产生幻觉（hallucinations）。在使用来自不同渠道，但所含缩略语或术语相似的内容时，必须格外小心。当两个或多个数据源针对同一问题给出了不同解决方案时，这种情况被称为混淆。例如，"访问被拒绝"这类提示错误的消息非常通用且适用于多个场景/产品。因此，面对此类消息，最好仔细审查所有相关指南，并找出任何潜在的冲突或重叠之处。如有必要，你可能需要向内容作者核实信息或咨询专家，以确保遵循正确的程序。通过这些步骤，你可以避免在使用含有相似术语或缩略语的多个内容源时，出现混淆或错误，也就是所谓的"幻觉"。

这项技术的未来发展可能会带来自动化工具，就像自动化代码覆盖工具一样。这是一个值得进一步深入研究的有趣领域。

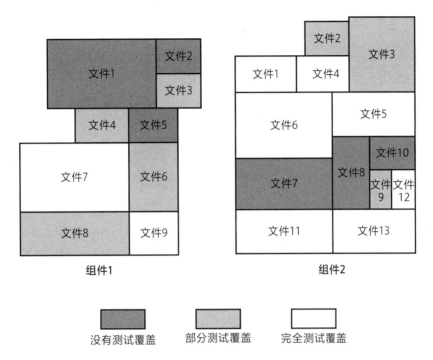

图 6-1　代码覆盖率示例

基于目标确定最重要的内容差距

要确定人工智能模型所需的内容，就必须识别内容差距，并根据具体目标确定处理这些差距的优先级排序——这是确保资源得到准确和有效分配的关键步骤。这种优先级排序至关重要，因为它有助于将工作重点集中在最大程度提升预期性能和相关性的领域。这种方法缩短了开发时间，优化了开发成本，并最大限度地提高了模型在现实场景中的有效性和效率。因此，确定并填补最重要的内容差距不仅是技术上的需要，也是保证人工智能计划成功的战略要务。在确定哪些内容差距最重要时，你可以提出以下几个问题。

- 各项内容差距对于实现预期结果有多重要？
- 在时间、预算和专业知识有限的情况下，填补各项内容差距可行吗？
- 基于内容开发的时间规划，填补各项内容差距的紧迫性如何？
- 这些内容差距与现有内容之间有没有依赖关系？

一旦这些问题有了答案，你就可以更容易地将内容差距按等级排序，如高级、中级和低级。

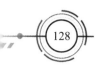

- **高优先级内容差距**会严重影响人工智能模型内容的质量和有效性，可以在项目范围内解决。

- **中优先级内容差距**对内容的影响一般，可以通过一些内容调整或修改来解决。

- **低优先级内容差距**对内容的影响最小，如果不加处理也不会影响整体质量。

A/B 测试

A/B 测试[3]彻底改变了产品开发和优化的方式，将实证科学引入了用户体验和交互设计领域。当被应用于人工智能，特别是在识别人工智能模型中的内容差距时，A/B 测试超越了其传统角色，成为增强内容、提升内容精确度的强有力的手段。

A/B 测试是一种常见的做法，它会提供两个或多个选项。比较这些选项并分析结果可以让你更好地了解哪个选项表现更好。在部署人工智能解决方案时，简单的 A/B 测试是对"前后"内容进行对比，但具体部署可以更细致。

想象一下，部署给一部分受众的人工智能模型有两个版本：模型 A 是当前迭代版本，模型 B 包含了对可疑的内容差距的调整。这种设置不仅仅是为了确定哪个版本的模型的整体表现更好，也是一次巧妙的实验，旨在确定具体的缺陷和潜在的改进机会。通过系统地分析 A/B 两个版本的模型如何处理相同的情况，A/B 测试提供了清晰、有对比性的见解，以了解哪种方案、哪些修改真正提高了模型的性能和用户满意度。

此外，A/B 测试可以揭示初期可能不明显的内容差距。例如，如果模型 B 在意想不到的情况下表现更好，这可能表明训练数据或特征工程中存在隐藏的优势或弱点，从而推动团队对那些被忽视领域进一步调查。这种发现和调整的过程确保了人工智能模型的开发是由源自数据的洞察力驱动的，从而使模型不仅更有效，而且更加适应用户的细微需求。

坏血病治疗的发展历程

坏血病是由缺乏维生素 C 引起的一种疾病。18 世纪时，坏血病是长途航行的水手所面临的主要问题，不少海员深受其害。人们提出了各种治疗方法来对抗坏血病，但对于哪种方法最有效缺乏共识。

一个值得注意的实验发生在 18 世纪 40 年代，当时，一位名叫詹姆斯·林德的外科医生进行了一项堪称史上最早有记载的临床试验[4]。林德将一群患有坏血病的水手分成六个不同的组，每组接受不同的治疗。这些治疗方法包括喝苹果酒、醋、海水，吃橙子和柠檬，吃由大蒜、芥末籽和辣根共同调制的混合物，以及安慰剂。

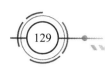

接下来的几天，林德仔细观察并记录了试验结果。很明显，那些接受柑橘类水果（橘子和柠檬）治疗的水手的症状有了显著的改善。这项实验为理解维生素 C 在预防坏血病中的重要性奠定了基础，最终使得柑橘类水果成为水手饮食的标准组成部分。

林德的实验可以被看作 A/B 测试的历史先驱，因为他系统地测试了不同的治疗方法以确定其有效性，从而找到了最有效的治疗方法。在医学领域，这一早期的对照实验和临床研究的例子，为理解和治疗坏血病做出了重大贡献。[5]

A/B 测试可以应用于对照实验，通过比较与用户体验相关的两个或多个版本（如网页、电子邮件或其他内容），确定其中哪一个在特定指标（如用户转化率或用户参与度）上表现更好。为什么这一点很重要？这是因为，在由人工智能驱动的产品领域，根据用户交互数据实现迅速调整和优化的能力非常宝贵。善于利用 A/B 测试迭代优势的公司，可以不断优化其人工智能产品，确保它们始终处于技术能力和市场相关性前沿。这种持续的优化迭代可以提高用户参与度和满意度，巩固其产品的市场地位。因此，A/B 测试不仅仅是一种渐进式改进的工具；在人工智能领域，它也是填补内容差距时最重要的战略资产，提升了人工智能产品在现实世界中的响应能力。

人工智能模型优化的 A/B 测试实战指南

花时间精心设计你的 A/B 测试，以获得最有影响力的结果是很重要的。[6]当你开始设计测试时，你需要清晰地定义测试目标，比如提高用户参与。接下来，你需要定义与你的 A/B 测试目标直接相关的度量指标。

例如，为了将 A/B 测试有效地运用到提高用户参与度的过程中，请找出在用户界面或用户体验中的关键元素，这些元素可能会影响用户的互动。为要测试的单个元素创建至少两个版本，即 A 和 B，确保它们仅在受测试的特定变量（如超链接位置）上有所不同。这种有针对性的方法使你能够隔离该变量对用户行为的影响，并将用户行为的变化直接归因于所实施的更改，从而确保从测试中获得清晰、具有可操作性的见解。

若想获得更全面的分析[7]，可以考虑进行多元变量测试。在这种测试中，你将同时更改多个元素。这种方法在本质上更复杂，但能更深入地了解不同变量之间的相互作用，以及它们对用户参与度的影响。

接下来，提出你的假设，并预测测试结果。例如，"页面顶部的超链接会比页面底部的超链接，带来更高的用户参与度（点击量）"。该假设明确了测试要证明的目标，并与识别和提高用户参与度的战略目标一致。

选择你的受众

这一步延续了第 5 章中讨论的更广泛的用户画像工作，使你可以利用用户画像来确定用于 A/B 测试的特定受众群体。一旦确定了这些特定受众群体，你就可以根据想要测试的元素版本的数量，对他们进行分组。例如，如果正在审查元素有两个版本，则应划分两个相应的参与者群体。

在完成上述细分之后，为每个群体随机分配一个元素变体。这种随机分配非常重要，因为它可以防止任何先入为主的偏见影响数据，从而保证测试结果的完整性。通过这种系统的方法，每个元素版本都以受控、公平的方式进行了测试，从而使测试结果具有可比性。

进行测试并分析结果

你需要同时将不同版本部署到相应的受众群体，以确保外部因素不会影响测试结果。观察参与者与每个版本的互动情况，并根据你预先定义的衡量指标收集数据。充分延长测试时间以收集具有统计学意义的数据至关重要，这样可以确保你的发现具有可靠性。

在收集到必要的数据后，你需要对其进行彻底的分析以评估假设的有效性，并确定哪个版本在实现既定目标方面优于其他版本。这一步对于将原始数据转化为具有可操作性的见解，以指导未来的改进和战略决策至关重要。

将学习成果付诸实践

如果你的 A/B 测试产生了明确的胜出者，请自信地将该元素的成功版本推广到更广泛的受众中。这种战略性的推广应该利用从测试中获得的洞察，来提高更广泛的用户群体的参与度。

然而，如果测试没有揭示出明确的胜出者，那么需要深入挖掘数据，以提取有价值的见解。在这种情况下，你可以考虑进行进一步的实验来完善你的理解。其中一种有效的方法是使用递归组合测试。[8]这种方法会系统地开展两阶段组合测试，并对数据进行递归式组合，以帮助确定最佳解决方案。

你还可以采用其他复杂方法来确定测试元素的最优版本。比如"成对比较法"（Pairwise Comparison），[9]它通过对元素两两进行比较来评估元素；而"孔多塞方法"（Condorcet Method），[10]则利用投票原则从多个选项中确定胜出者。这两种方法都很有用。还有一种有趣的方法是"进化博弈论"（Evolutionary Game Theory），[11]它利用生物进化和战略决策的原则来理解竞争场景并预测结果。

当简单的 A/B 测试无法得出结论时，以上这些复杂方法将为决策提供强大的技术框架。应用这些方法可以确保你的战略决策以全面的数据分析为依据，最终引导你制定出最有效的用户参与策略。

你希望通过 A/B 测试实现持续地学习、实验和改进。这意味着，你需要仔细记录实验和发现，与利益相关者分享见解和经验教训，并使这些学习成果为制定未来的测试和战略决策服务。

终端用户可能会对新技术感到担忧，因此，向他们公开分享——甚至过度分享——测试结果很重要。即使该结果可能不符合你的预期，也无须忧虑；你从测试中学到的知识以及如何应用这些知识才是重要的。

基于轮毂式模型的创新

构建轮毂式模型（见图 6-2）将使你能够在边缘地带进行创新，特别是在大规模组织中。你可以一边在探索人工智能的旅程中前行，一边寻找最佳创意。创新意味着组织可以通过让不同的想法和方法浮出水面来发现新事物。拥抱开放的创造性文化，组织才能茁壮成长。要使轮毂式模型发挥作用，就需要一个强大、有远见的且自信的轮毂。轮毂不能被辐条的工作和创新限制，而应有序融入其中并实现协同运作。人工智能的发展日新月异，一个过于强硬的组织有可能会扼杀自身创造性。

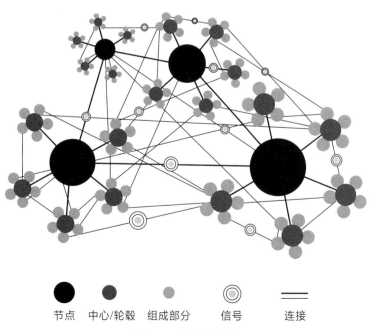

图 6-2　轮毂式模型

在较小的组织中，轮毂可能是一个人，而辐条可能是每周花一小时学习并使用人工智能进行创新的人。分布式模型将通过在这个快速变化的空间安插很多"眼睛"和"耳朵"，来为组织提供优质的服务。

轮毂式模型也存在风险。通常，如果没有适当的管理和指导，过度的开放性和自由放任会导致混乱。因此，虽然鼓励创新和想法的多样性很有价值，但要在有序且获得支持的情况下进行，以确保为创新付出的努力带来正向、积极的成果。

设计阶段的步骤

人工智能模型的设计包含很多步骤，从创作内容，到聘请领域专家（Subject Matter Experts, SMEs），再到格式化内容以提高模型的准确性。

内容创作

内容创作是设计阶段的一部分，它基于这样一个假设：你已经拥有一些内容，并希望对其进行整理。在你完成了前面提到的差距分析，清楚地了解在你用于训练模型的预期内容中存在的缺口之后，下一步就是规划内容创作来填补这些缺口。

你的组织之前在内容上的投入，有可能只需要付出较小的努力，也有可能需要消耗价值不菲的资源。如果你不曾重视对内容的维护，而任其变得陈旧、过时，或者允许大量内容贡献者以不同的格式和存储库发布内容，那么后续要找出并填补这些差距就可能需要大量的工作。你在内容提炼、更新和创作方面的投入将因具体情况而异。

分块

在创作内容时，你需要考虑文本的格式，并确保对其进行了优化，使之能够为人工智能模型所用。要实现上述目的，其中一种可用的技术叫作分块（chunking）。在 LLMs 中，它是指将大块的文本信息分解成更小、更易于管理的"分块"的过程。[12] 当这些分块被"投喂"或"吸收"到人工智能模型时，更容易被模型理解和处理。在技术支持领域，许多知识库或故障排除指南可能非常冗长且内容复杂。通过将文本分成更有意义的小块（即"分块"），人工智能模型可以更充分地分析或处理信息，并根据上下文去理解信息。

你可以使用分块技术来进行特定信息的提取，比如特定地点、技术或人名等。在文本分类任务中，分块技术也可以将文本分解成段落或小节，使人工智能模型得以分别调

用这些段落或小节，从而增强其对整体文本的理解。语音识别中的分块技术可以将口语内容分解成更小的片段，有助于翻译等任务中的转录和处理。

在设计和开发人工智能模型的过程中，你可能会听到开发人员提到"词元化"（tokenization）。词元化是一种常见的分块方式，它将文本分解成语言中最小的有意义单元，而这些单元被称为词元（tokens）。[13] 词元通常以单词或字母的形式呈现。通过这些词元，人工智能模型能够更精准地识别文本模式并分析文本的意义。句法分析有助于模型从文本中提取意义，并检查其语法准确性。[14]

元数据标记

元数据标记（Metadata Tagging）是有关信息组织的艺术，它允许你为特定项目添加详细信息标签，以便你快速找到所需内容。例如，想象一下，过去十年间，你拍摄了成千上万张家庭照片。它们可能储存在某个云端平台，但要快速浏览所有照片，并从中找到你孩子抓泡泡的特定照片几乎是不可能的。元数据标记允许你为这些照片添加相关标签，如"孩子的名字""动作照片"或"泡泡"，以便通过关键词搜索快速找到相关信息。人工智能让图像识别技术更上一层楼：只需在搜索框中输入"狗"，人工智能就会遍历你的照片库，并找到所有包含狗的图像。如果你为特定的一个或多个人添加了如"奶奶"这样的元数据标签，使用同样的搜索方式就会找到与"奶奶"相关的图像。

元数据标记就像一座分类清晰、能方便快速检索到你所需信息的图书馆。元数据标签可以应用于任何需要整理归档的数字资产，如照片、文档、视频、音乐、书籍等。元数据在本质上是额外的数据，有助于用户和人工智能模型理解、解释和规整大量信息。简而言之，它是将原始信息或数据转化为有意义的应用的桥梁。它还可以包括由多个词组成的描述性标签或标记，用来增强项目与上下文的关联，提高其可搜索性和可发现性。元数据标记是一种被广泛应用于整理和精炼数据的方法。

随着人们对数字依赖程度的加深和云服务器的发展，各类数字资产的存储量巨大。这些数据是人工智能的"游乐场"，它们都可以被用于训练你感兴趣的模型设计，并推动其发展——从推荐系统到搜索和检索界面，再到 NLP 功能。当你需要整理这些海量数据时，元数据标记确实发挥了作用。没有元数据添加的上下文信息和结构，人工智能模型就不可能产生这么丰富的输出并创造出巨大的效益。元数据有助于构建准确且强大的人工智能模型。

你应该将元数据标记应用于你产品和服务的技术支持领域。想象一下，你的企业自成立至今，与产品和服务相关的所有内容可能多达成千上万篇文章，包含数十万页的内容。用元数据标签来标记你将来要输入人工智能模型的内容，能够帮助模型快速找到相关内容。元数据标签可能是"在 Zoom 通话中提高视频质量的培训""智能手机电池问题的故障排除""自动吸尘器的退货政策"或创建日期、文档版本号等描述。这与你使用"#"标签或"@"提及类似，是元数据标记在技术支持场景中的一个示例，可以帮助你的人工智能模型更准确地输出信息。

问责制

在与人工智能相关的内容创作、部署和使用的过程中，落实问责制（accountability）是很重要的。问责制包含很多方面。韦氏词典对"可追究责任的"（auountable）这个词有两个定义，在这里同样适用。[15]

- 需要给出说明的：可回答的
- 能够被解释的：可解释的

将问责制融入人工智能模型的一个简单步骤是确保每一项内容，即使被分割成更小、更具针对性的部分，也应附上作者姓名、日期，以及版本号（如果适用）、目标受众、关键词、地理相关性和其他相关的元数据标签和信息，这将有助于提高检索时的准确性。此外，这些信息可用于引用，使领域专家能够在验证模型准确性时验证内容来源。显然，构建和部署具有问责制的人工智能模型，所涉工作远远超出了元数据标记的范畴。

内容管理

组织在内容管理方面的投入可以根据其具体情况丰俭由人。如果你和你的组织才刚刚开始这一旅程，就没有必要过度投资。不要为了一个正式的内容策略、内容管理系统、云数据库解决方案或内容版本控制而推迟创建人工智能模型，马上开始行动比什么都重要。其他的决定可以稍后再做。

启动自动化数据和内容收集也许是值得考虑的行动。截至撰写本文时，模型还不能"遗忘"数据或内容，从模型中删除内容需要重新构建一个不包含该废弃内容的新模型。因此，模型的构建过程很可能要重复多次。最初的工作重点应该是将内容纳入模型。但从长远来看，研究自动化的内容管理系统是值得的。

以设计负责任的人工智能为纲要

正如你在本书中所体会到的，我们经常谈论负责任的人工智能实践的重要性。在设计阶段的早期也是如此，而且它可能是这一阶段最重要的工作。在设计过程中，尽早进行负责任的人工智能或合乎道德规范的审查至关重要。在开始进行模型创建这一重大工作之前，你必须审查模型内容是否存在偏见性语言、术语、俚语、缩略语，以及在人工智能聊天对话中可能产生麻烦甚至带有冒犯性的语言。

根据工作量的大小，让一名专职的、负责任的人工智能专家或内容项目经理来完成这项工作。确保在模型构建过程中尽早进行审查非常重要，这有助于在进行大量开发工作之前就发现潜在的错误，从而节约资金投入。

例如，一种非对称通信或控制模型是由其中一个设备或进程控制一个或多个其他设备，并作为它们的通信中枢的，而历史上将这一特征称为"雇主／奴隶结构"。[16] 故障排除指南可能会建议在"雇主控制器"（主控制器）上设置一个新的参数，之后又提到关于"奴隶设备"（从设备）的其他信息。虽然在这种特定设置下，这种语言可能不会引起注意或被标记为具有潜在的冒犯性，但当这种语言在人工智能聊天中出现时，就可能会脱离上下文，显得极其冒犯，从而损害企业的声誉。尽早进行负责任的人工智能审查有助于节省成本、维护企业声誉，并潜在地保留客户。

关于集成现有工具和技术的设计考虑

客户服务和技术支持组织利用一套完整的工具来为客户提供服务。它们使用这些工具来提升互动质量，高效地满足客户需求。部署人工智能及其相关工具通常会影响现有的一些系统。

许多组织会使用 CRM 软件，该软件是记录客户偏好和与客户的互动信息的安全存储库，可实现个性化服务。其中，服务台软件用于管理技术支持工单，实时聊天软件用于实时通信和与客户的互动，电子邮件管理系统能够有效地组织与客户的通信，而呼叫中心软件则通过呼叫路由和录音等功能帮助简化电话交互流程。为了迎合数字化时代客户的需求，社交媒体管理工具提供了一系列令人难以置信的功能，旨在通过社交媒体平台监控和响应客户的在线查询。

此外，组织还利用调查和反馈工具来衡量客户满意度并改进服务。知识管理系统用于存储和检索关键内容，确保客户服务代表在与客户互动时能够掌握最新信息。随着聊天机器人和人工智能助手被用于处理日常查询，人们对技术的日益依赖已显而易见。远程支持软件能够在客户设备上直接进行故障排除，展现了人类专业知识与技术进步在提升客户服务质量方面的融合。

在人工智能部署的早期阶段，组织必须考虑这些现有的工具和对基础设施的投资。此外，组织可能还需要一些与新的人工智能结合的自定义工具和报告。因此，当考虑为客户支持人员部署生成式人工智能，或者在案例分析中运用深度数据科学时，一定要考虑与现有工具的结合并在此基础上进行人工智能的建设。

生成式人工智能可以相对无缝地融入客户聊天体验。无论是直接部署给客户，还是使它作为现有客服人员的辅助工具，这项技术都能对客户支持体验产生影响。但是，如果没有规划如何设计这项技术并将其整合到现有的工具和报告中，现有的客户支持体验、重要指标和反馈渠道都可能受损，或者至少会被延误。

新的人工智能系统将影响许多现有的支持工具和基础设施，你需要评估这些系统在哪些方面能够通过新的人工智能技术得到改善和增强，以及具体应如何实施。无论是机器学习、情感分析、语音分析、预测分析，还是生成式人工智能，只有通过与现有工具结合，新技术才有可能对客户体验产生巨大影响。

设计阶段就是为未来构建蓝图。它包括盘点当前状态、定义预期状态，然后制订一个行动计划来填补已经识别的内容差距。

明确你将在整个过程中用来评估进展的目标和指标，并测试不同的理论，这有助于完善人工智能模型的最终状态。构建内容基础设施，并对内容进行适当的拆分和标记，这将有助于提高人工智能模型在响应用户提问时的准确性。最后，将与创建负责任的人工智能相关的因素纳入考量，并将其集成到现有的工具和流程中，这将使你在将人工智能集成到客户服务和技术支持领域的过程中更进一步。

文明的摇篮

在古代美索不达米亚，这片常被称作"文明的摇篮"的土地上，[17] 将一项新发明融入现有的工具和方法体系的过程，通常会被类比为底格里斯河与幼发拉底河的交汇。在这两条不同源头的河流汇聚之处，形成了肥沃的新月地带，成为生命和繁荣的中心。

同样地，当像车轮这样的创新工具融入美索不达米亚社会时，就如同新旧思想的交汇，强化了农业、制陶和运输等各个领域中已经相当发达的工具体系。"所有文明都会取得新的技术进步。苏美尔人拥有多项技术创造，其中最重要且广为人知的就是轮子。轮子的历史可以追溯至公元前 3500 年。起初，轮子被当作制作陶器的转盘，用于将黏土塑造成坯体。这些轮子被固定在轴上，水平旋转。不久之后，苏美尔人发现了轮子的另一种用途。他们将制陶用的轮子侧放后，发现轮子可以用来推动物体前进。基于这一新发现，苏美尔人为农民制造了带轮子的手推车，为军队制造了战车。"[18]

这些例子说明了美索不达米亚文明在推动技术进步方面采取的整体方法。轮子的引入不仅仅增添了一项额外的"技术"，而且真正地融入了现有工具和实践之中。它成了美索不达米亚文明实现技术进步这一宏大图景的一部分。通过与现有工具和实践的结合与互动，其影响被成倍放大。

美索不达米亚文明在创新过程中表现出了对生活各个方面相互关联性的敏锐认识。其创新并不是孤立的，而是被无缝地融入了现有的实践结构，从而提高了效率和生产力。

在古代美索不达米亚，新发明的融入见证了当时人们的才智和远见。美索不达米亚也因此成为当时最先进的文明之一。随着人工智能的引入，有意识地将不同的技术整合，创造出更加强大的工具集，以更好地满足受众的需求，将推动你的组织走向技术进步的未来。

第 7 章

开发：打造解决方案

人生是一连串的经历，每一段经历都使我们更强大，即使有时候这一点很难理解。这个世界是为了磨砺我们的性格而存在的，我们必须明白，我们所忍受的挫折和悲痛会帮助我们稳步向前。

——亨利·福特

开发阶段很重要，因为它标志着你开启了准备内容以及构建人工智能模型的进程。在人工智能革命到来的这几年里，内容往往被忽视；因此，需要投入大量的基础工作，为人工智能模型准备内容。过渡到为客户服务和支持领域构建人工智能模型的这一阶段，感觉就像踏上了新的征程。此时，我们从一丝不苟的规划阶段转换到充满活力的执行阶段，这要求我们聚焦于人工智能模型的精确性和适应性。

此阶段最初的工作重点在于精心准备内容，以保证其在准确性、无偏见性、完整性、独特性、时效性、有效性和一致性等各个维度上的高质量，并对其进行优化，从而为人工智能模型的良好性能建立坚实的基础。而后，基于提示的微调对于模型的性能提升变得非常重要。对提示进行仔细的调整和测试，能够引导人工智能模型按照期望的结果进行响应，同时避免不想要的结果。最终，我们将精心策划的内容以适当的格式输入模型，并将所有内容无缝地联系在一起。

内容管理生命周期中的开发阶段

在我们经历内容管理生命周期的旅程中，我们到达了一个关键阶段：开发阶段。在这个阶段，我们精炼内容并训练人工智能模型。基于前几章所述内容，特别是在发现和设计阶段所打下的基础，我们已经识别并整理了现有的所有内容，并制定了策略来弥补存在的差距。尽管在开发人工智能模型的初始迭代阶段，可能会忽略一些内容差距，但这些差距会通过早期部署和验证工作的反馈而逐渐显现出来。这就是为什么创建新内容、更新过时内容和协调重复内容等活动，是提高模型准确性的关键因素。随着我们旅程的推进，下一步我们将重点关注内容准备和模型训练工作。我们需要认真对待这两项工作，并为此投入大量时间。

之前在第 6 章中，我们讨论过一个重要的概念，那就是分块。分块涉及将内容重新组织和格式化为更易于管理、更纯粹的单元。在开发阶段，我们重新审视了我们的分块策略，并认识到它是由反馈驱动的迭代过程。将主题组织到单独的文件中，有助于提高模型内的透明度，使引文能够直接链接到特定的主题。这种透明度增强了模型的完整性，并要求领域专家提供更精确的反馈，最终助力完成我们的主要目标：提高模型的准确性。

此外，在第 6 章中，我们还探讨了元数据（通常被称为"关于数据的数据"[1]）的作用。元数据作为关键信息层，能够指导并影响人工智能模型，同时提升其在各个领域的能力。

元数据扮演着多重角色，从上下文理解、改进训练到实现个性化和确保人工智能模型符合道德考量。它为内容的结构搭建、来源追溯和特征分析提供了宝贵的见解。其特性使人工智能模型能够生成更相关、更连贯的输出。此外，元数据还有助于数据筛选、个性化推荐以及内容控制等环节，确保了内容符合特定的标准和风格。

当我们迈入开发阶段，不难发现，分块和元数据都是这一阶段的支柱，共同提高了人工智能模型开发流程的效率和有效性。

创建和测试基础数据集

在开发人工智能模型时，创建和测试基础数据集至关重要，尤其是那些为 NLP 任务（如聊天机器人或语言翻译系统）设计的模型。基础数据集是人工智能模型训练和评估的基础，为模型提供了学习的原材料，使其能够理解询问并生成类似人类的响应。

基础数据集由文本语料库或对话交流内容组成，这些文本或对话都经过注释或标记，为人工智能模型提供上下文信息和语义。这些注释可能包括对话的意图或主题、所表达的情感或情绪，以及任何相关的元数据，例如，用户人口统计数据或时间戳等信息。

让我们探讨一下基础数据集在影响开发进程，以及确保人工智能驱动的解决方案有效性方面的关键作用。

- **训练人工智能模型**：基础数据集通过让人工智能模型接触不同的语言模式、语义和上下文来训练它们。通过接触广泛的语言模式，模型学会了识别和理解人类沟通中的细微差别。

- **评估模型性能**：通过评估模型准确理解和生成类人响应能力，基础数据集还可用于评估人工智能模型的性能。通过将模型的输出与数据集提供的基准进行比较，可以衡量模型的有效性并识别其需要改进的地方。

- **解决偏见和公平性问题**：基础数据集对于解决人工智能模型的偏见和公平性问题至关重要。通过仔细筛选和标注数据，使模型反映不同的观点和人口统计特征，可以减少偏见，并确保模型的响应是公平的和包容的。

创建和测试基础数据集非常有挑战，但初次完成模型创建后，相关工作就会容易一些了。你的人工智能模型的版本 2、版本 3 及后续版本将从此受益匪浅。

遗传学研究

弗朗西斯·高尔顿爵士是维多利亚时代的通才，他致力于研究智力的遗传问题。[2] 他的研究聚焦于家庭，为此他收集了大量数据，以观察家庭中的所有个体在各自所属领域是否取得成功，从而判定智力是不是一种家族特征。

数据收集与分类

高尔顿收集了有关个人及其家庭各种特征的数据。收集到这些数据后，他就会根据个人成就、家庭关系和其他标准对其进行分类。我们可以将此过程比作"数据细分"，他试图借此将遗传因素与其他因素分离。

分析

基于完成分类的数据，高尔顿提出了回归的概念。他注意到，尽管身材非常高大的父母，其孩子的身高往往比平均身高要高，但同时也往往趋向于"回归"或向平均身高靠拢。这一观察结果推动了统计学概念"回归线"的产生。

遗产

高尔顿的工作为当今使用的许多统计方法奠定了基础，他的方法可以被视为当代数据科学中更复杂的细分方法的前身。

数据拆分

在机器学习和人工智能模型开发的过程中，拆分训练数据是一种常见的做法。这种技术将训练数据拆分为不同的数据集，以此构建不同的人工智能模型。它极大地影响了每个模型的适用性和性能。在开发阶段，它应被视为一个战略决策。

为了更有效地训练人工智能模型，我们建议你将数据集划分为三个不同类型的集合。

- **训练集**：训练集被用于在建模阶段训练算法。通过接触大部分数据，模型学习了能够进行预测或生成响应的模式和关系。在训练集中，出于各种目的而创建的数据子集是很常见的。这些子集可以发挥不同的功能，并有助于提高训练过程的效率和有效性。

- **验证集**：验证集被用于评估模型的性能，以及调整模型的超参数和配置，同时，它也有助于优化性能并减轻过拟合问题（即模型在定制过程中，过于针对特定数据集）。

- **测试集**：最后，测试集被用于对卓越模型的性能进行最终检查。该数据集包含模型在训练或验证期间从未接触过的数据，并为模型在这类数据上的性能提供无偏评估。

将你的数据拆分为这三个集合，确保了在模型训练、评估和性能优化方面的严谨性和系统性。最终，你将获得更鲁棒和可靠的人工智能模型。

在决定如何拆分训练数据时，有以下这些需要考虑的标准。

统计代表性

- **可变性**：每个模型都应该在多样化的示例集上进行训练，以有效地学习潜在模式。这将有助于确保每个数据集都具有足够的可变性，以恰当地表示问题空间。
- **分布**：每个子数据集中的关键特征及其标签的分布应能代表整个数据集，以防止偏差，并确保人工智能模型在不同场景中都能表现良好。
- **任务的特殊性**
- **目标一致性**：如果模型被用于不同的任务，那么数据应根据每个任务的具体目标进行拆分。例如，用于支持故障排除的人工智能模型需要的训练数据，可能与用于预测支持调查反馈的客户情绪的模型不同。
- **相关性**：不相关的数据可能会引入噪声并降低模型性能，因此，数据应该与当前任务相关。

模型复杂性和容量

- **学习能力**：人工智能模型越大、越复杂，就需要越多的训练数据来进行有效学习，同时避免过拟合。通过使数据量与模型的复杂度相匹配，你可以更好地训练模型，以产生准确的输出。
- **过拟合与欠拟合**：平衡用于训练模型的数据量，以防止出现过拟合（模型对训练数据学习得过于透彻，在训练数据上表现异常出色，但无法被泛化到新的、未见过的数据中）和欠拟合（模型对潜在模式的学习不够充分，在训练数据和新数据上都表现不佳）。这可能需要多次尝试才能达到理想状态。

数据隐私和敏感性

- **法规合规性**：如果你的数据包含敏感信息，就可能需要根据法规和隐私法对其进行拆分，如《通用数据保护条例》或《健康保险流通与责任法案》（Health Insurance Portability and Accountability Act, HIPAA），这可能会限制数据的使用和共享方式。

- **匿名化**：确保在使用敏感数据之前，对其进行适当的去标识化处理，针对不同数据集可能需要采取不同的预处理步骤。

运营效率

- **计算资源**：规模较大的数据集需要更多的内存和处理能力，因此，考虑可用的计算资源非常重要。如果资源有限，你可能需要使用数据集的子集对较小的人工智能模型进行训练。
- **更新频率**：如果模型需要频繁更新，那么最好在规模较小的、更易于管理的数据子集上对其进行训练，因为这些数据子集能够轻松地进行定期刷新。

领域特定性

- **专家意见**：利用领域专家来确保数据子集反映了特定领域的细微差别和用例。这在金融或医学等与上下文相关的领域中至关重要。
- **特征相关性**：确保每个子集中的特征都与你的人工智能模型在特定领域预期执行的任务高度相关。

时间动态性

- **时间敏感性**：对适用于具有时间敏感性数据的人工智能模型，要确保你的训练数据包含能反映预期结果随时间变化（如季节性）的时间动态特征。
- **数据漂移**：要知道，随着时间的推移，底层数据的分布可能会发生潜在的变化，这被称为数据漂移。使用不同时期的数据训练不同的模型有助于缓解这种情况。

数据质量与完整性

- **缺失值**：你需要考虑训练数据的完整性。若某些子集中存在高比例的内容缺失，可能就需要采取不同的预处理或摄取策略。
- **噪声水平**：数据中的噪声水平可能会影响模型性能，你可能需要使用不同的降噪技术来帮助缓解这一问题。

性能基准

- **评估指标**：了解如何衡量每个模型的性能。根据不同的指标（如精准度与召回率），可能会使用不同的训练数据子集进行优化。
- **基准测试**：使用现有的基准测试，或者创建新的、针对特定训练数据子集的基准测试，以确保你的人工智能模型达到你期望的性能标准。

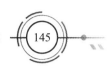

可扩展性和适应性

- **增量学习**：通常，随着时间的推移人工智能模型会通过所谓的增量学习来适应。[3] 你所使用的数据子集可以被保留下来，用于未来的训练，并且所有数据都应以一种方便支持此操作的方式进行拆分。
- **可扩展性**：你的数据分割策略需要考虑，当有新数据加入时将如何扩展。该策略应该保持灵活性，这样在数据增长时就不需要完全重新构建。

在你拆分数据时，不要忘记记录过程，以便能够重现此过程。记录整个过程，有助于保证模型验证、审计和故障排除等操作的透明性，特别是在受到高度监管的行业中。你可能会发现，将多个较小的模型结合起来会提高整体性能，并更好地实现你的目标。请仔细考虑你的数据拆分策略，因为，你正在训练的是多个独立的、较小的模型。

在拆分数据，尤其是在进行分类任务时，使用分层抽样等统计方法，以维持不同子集之间的正确比例是很重要的。[4] 你还可以使用交叉验证方法，确保模型对未见过的数据具有良好的泛化能力。最终，要创建符合预期模型和最初设定目标的训练数据集，你必须考虑如何平衡准确性、实际限制和泛化能力这几方面的因素。

内容与模型训练数据准备

为了更好地理解人工智能模型开发的整个过程，我们要将开发阶段的内容准备工作与之前的发现和设计阶段联系起来。在发现阶段，我们探索现有的数据源，识别内容覆盖的潜在差距，并评估现有信息的质量和相关性。随后，在设计阶段，我们制定策略来弥补这些内容差距，比如创建新内容、聚合额外的数据源，或是完善现有信息。

当我们开始内容准备工作时，工作重点应当转向确保所整理的内容以最优的格式和结构呈现，以便该内容能够被输入人工智能模型。这项工作连接了内容获取和模型训练，将发现阶段和设计阶段收集到的原材料，精炼成适合进行计算分析的形式。通过仔细考虑格式和文件的兼容性，你可以确保人工智能模型能够无缝地处理数据，使其生成准确和相关的响应。

内容准备在人工智能模型的整体开发中起着关键作用，原因有如下几个。

- **准确性和相关性**：确保内容的准确性和相关性对于保证人工智能模型的性能至关重要。不准确或过时的信息可能导致误报，从而降低用户对人工智能系统的信任。通过认真准备内容，包括事实核查和验证信息来源，可以避免内容不准确的情况发生，并确保模型提供可靠的信息。

- **泛化和适应性**：人工智能模型需要具备良好的泛化能力，使其能够在训练数据之外的新的上下文和新场景中有效应用。过拟合是指模型过度针对特定数据集，这会阻碍其适应新情况。通过准备多样化和全面的内容，开发人员可以帮助模型学习更鲁棒的范式和概念，使其能够有效地泛化，从而在现实场景中，产生更准确和适应性更强的响应。

- **缓解偏见**：内容准备在减少人工智能模型的偏见方面也起着至关重要的作用。偏见或歧视性内容会使模型呈现出刻板且不公平的形象。通过仔细筛选和审查内容，有偏见的语言、观点或数据源可以被识别和剔除，从而创建更公平、更公正的人工智能模型。

- **提升用户体验**：精心准备的内容能够提供更无缝、更高效的用户体验。清晰简洁的语言、有条理的结构以及相关信息增强了人工智能模型的可用性，使用户更容易与之交互并从中获取有价值的信息。

内容准备是构建人工智能模型的基础，影响着模型的准确性、适应性、公平性和可用性。通过在这个关键的开发阶段投入时间和精力，你可以确保人工智能模型的性能和可靠性达到顶尖水平，最终推动其在多样化的动态环境中取得成功。

内容策划与排版

在将数据输入人工智能模型的过程中，内容策划和排版是相互关联但又有所不同的两个过程。

内容策划涉及筛选、组织和精炼信息，以确保其针对特定目的或使用案例，并具有准确性和完整性，这些工作我们在第 5 章和第 6 章中进行了讨论。这个过程可能包括从各种渠道收集数据、识别和填补内容差距、验证数据来源、事实核查以及删除不相关或冗余的信息。内容策划的重点是对数据的实质内容进行精炼并提升其质量，以提高其在训练人工智能模型时的实用性和有效性。

排版是指数据的呈现方式和结构，包括布局、样式和组织架构等元素。排版涉及数据在视觉和结构上的呈现方式，而不涉及实质内容。这可能包括将文本排列成段落、标题和列表；使用样式用以强调表达或使其清晰；还要确保排版规范的一致性。排版的目的是提升数据的可读性、可访问性和可用性，使数据的使用对人类和机器都更加友好。

内容策划的重点在于提升数据本身的质量和相关性，而排版则侧重于优化其呈现方

式和结构。这两个过程紧密交织，因为数据的排版方式会影响其传达预期信息的效果，以及人类和人工智能算法对其的解读程度。有效的数据准备需要同时关注内容策划和排版，以确保数据的准确性、全面性和可用性，从而满足其规划好的用途。

排版的注意事项

内容准备是开发阶段的一项主要工作，这项工作所花费的时间可能比你预期的更长，尤其是在你过去没有在内容排版上有所投入的情况下。客户支持内容，包括知识库文章、故障排除指南，以及其中所运用的语言等，现在都已经成为对话式人工智能的训练数据，因此我们需要考虑新的可能性。例如，训练指南中使用的语言，也可能会在人机对话中使用。然而，脱离了原始指南的上下文，有些语言可能是错误的、不准确的，甚至具有冒犯性。因此，请你审阅并分析在现有的客户支持内容，查找那些在技术文档中出现，但不适合在人机交互中使用的各类偏见性表达、口语、首字母缩略词等内容。

排版的一些关键注意事项如下。

- **清晰度和简洁性**：使用清晰简洁的语言来有效传达信息。避免使用可能使模型或用户感到困惑的过于复杂或专业的术语。

- **结构和组织**：以结构化的方式组织数据，例如，使用标题、副标题、要点或列表，以提高数据的可读性和可理解性。一个组织良好的结构有助于模型理解不同信息之间的层次关系。

- **一致性**：保持整个数据中排版风格的一致性，例如，字体大小、字体类型、间距和对齐方式。一致的格式增强了内容的视觉吸引力，提升了其专业性，使模型更容易对其进行理解和解析。

- **可访问性**：确保所有用户都能访问数据，包括有视觉或认知障碍的用户。使用可访问的格式，例如，为图像提供替代文本（alt 文本）、使用描述性的链接文本，以及避免在不添加文字说明的情况下，使用颜色编码传递信息。

- **标准化**：将日期、数字和其他数据元素的格式标准化，以确保整个数据集格式的一致性和统一性。一致的格式有助于对数据的处理和分析，降低出现错误或产生误解的风险。

- **语言和文化敏感性**：在准备数据时，要留意语言和文化的敏感性问题。避免在某些语境或文化中使用冒犯性或不恰当的语言或术语。

- **文件兼容性**：确保数据以兼容的文件格式进行排版，以便能够将其输入到人工智能模型中。常见的文件格式包括纯文本（.txt）、Markdown（.md）、HTML（.html）和 JSON（.json）等。

考虑这些排版方面的因素，能够提升输入到人工智能模型中的数据质量和可用性，最终提高其生成准确且相关的响应能力，并增强其效果。

关注数据质量指标

由于人工智能模型的输出质量直接反映在输入上，因此，衡量训练数据的质量至关重要。以下是一些评估训练数据质量时需要考虑的因素。

- **多样性和代表性**：多样化的数据集有助于确保你的人工智能模型生成多种输出。因此，一定要在每个类别中包括一系列不同的样本。你还需要关注数据覆盖的范围或程度，也就是数据是否涵盖了你的预期输入。良好的数据覆盖可以防止模型过拟合，并提高模型的泛化能力。

- **平衡性**：为防止人工智能模型的输出中带有偏见，你应平衡不同类别或分类中样本的数量。

- **标签质量**（对于监督学习）：注意训练数据所提供的标签或注释的正确性，因为这有助于确保模型性能的准确性。此外，确保标签在你的数据集间是一致的，以避免在训练过程中使模型感到困惑。

- **完整性**：高比例的数据缺失可能会降低模型在训练时有效学习的能力。

- **噪声水平**：内容数据中的错误或噪声，例如，伪造的数据、数值或偏离现实世界数据分布的异常值，都会导致输出结果不准确。

- **数据分布**：采用不同的统计方法来帮助查找数据中是否存在偏差或异常，以及数据中不同特征之间的相关性。

- **数据保真度**（对于生成式人工智能模型）：你的训练数据越能反映现实世界的场景，生成的输出就越真实可信。此外，数据的复杂程度和细节水平会影响人工智能模型生成细致且详细输出的能力。

统计局

在古罗马，通过人口普查进行数据收集非常困难，而且收集到的数据中还会出现许多错误。[5]出于军事和税收目的对公民进行追踪并评估其财产，往往导致人们瞒报财富信息，尤其是那些急于减轻自身财政负担的人。这种瞒报使得政府无法清晰地了解社会的财富分配情况。

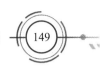

人口流动性为人口普查带来了更多的困难。人们出于贸易、服兵役或其他个人原因在古罗马广阔的领土上四处迁徙，因此要准确记录并及时统计人口数量是不可能的。此外，那个时代存留下来的记录——从石板、蜡盘上的铭文，到莎草纸卷轴——充满了抄写错误。将数字或姓名从一个媒介复制到另一个媒介时出现的错误导致了记录的不一致性。在古罗马的农村地区，审查员经常依靠估计和猜测来统计人口和财产价值。所有这些粗略的计算方式进一步降低了人口普查数据的准确性。你可以将这些困难与当代数据科学家所面临的困境联系起来，他们在面对缺失的或有误导性的数据时，仍然努力追求精确性，并需要据此生成准确的结果。

对生成式人工智能模型来说，与生成任务相关的其他指标同样值得考虑。尽管截至本文撰写之时，图像生成和识别技术仍在不断发展，但为未来做规划依然很重要，其中包括如下措施。

- **图像生成评价指标得分（Inception Score, IS）**：IS 用于评估人工智能生成的图像的质量，分数越高表明图像具有越高的多样性和可分类性。[6]

- **弗雷歇初始距离（Fréchet Inception Disance, FID）**：用于衡量真实图像和生成图像的特征向量之间的距离。FID 越低，真实图像和生成图像越相似，表明模型的性能越好。[7]

- **双语评估替补（Bilingual Evaluation Understudy, BLEU）**：一种用于评估机器生成文本质量的指标，将机器生成的文本与一个或多个参考文本进行比较。它将机器响应与人类响应进行比较。[8]虽然 BLEU 易于使用和计算，但它仍存在如下局限性。
  - 它没有考虑生成文本的语义或语法准确性。
  - 它假定参考文本越多，就越能得到全面、准确的生成文本，但情况并非总是如此，增加参考文本也并非总是可行的。
  - 它可能无法很好地契合人类的判断标准，也难以准确反映特定语言细微差别。

在评估生成式人工智能模型应使用何种训练数据时，要考虑模型的最终用途。指标的选择应与数据的具体特征以及生成任务的要求一致。

提示工程：基于提示的微调以实现最优模型响应

这被称为"提示工程"的开端，即以特定且具有针对性的方式设计文本，将其作为输入提供给人工智能模型，以促进生成更精细的输出。[9]这个过程始于设计能有效传达任务或目标的提示。提示可以有多种形式，包括问题、陈述或部分句子，这具体取决于任务的性质。设计有效的提示需要仔细考虑任务要求、期望的输出以及底层语言模型的能力。

提示工程通常是一个迭代的过程，涉及通过实验和试错来改进和优化提示。在此过程中，需要反复调整提示的措辞、结构和内容，以引导模型给出期望的响应。这种迭代改进的过程也可能涉及测试不同版本的提示，并基于实证评估其有效性。

提示工程的主要目标之一是控制语言模型生成的输出。它通过战略性地设计提示，引导模型生成符合特定标准（如相关性、准确性或风格）的响应。除了引导模型生成期望的输出，提示工程还能够防止模型生成不期望或不适当的响应。通过精心设计提示，并为模型提供约束条件或指导方针，可以降低模型生成不相关、有偏见或有害内容的风险。

上述工作可能不会在你首次建模时就开展，而且随着时间的推移，肯定需要对其进行修改。在这里谈及这个步骤的原因是，让你可以创建所谓的"基础提示"。基础提示是和人工智能模型对话的核心或起点。它有助于为后续的对话设定方向和上下文。测试并尝试使用"基础提示"是一个好主意。然而，在完成首次模型实验后，你可能会在基础提示上投入更多的工作。下面是在所有用户对话中被普遍使用的一个基础提示的示例："扮演产品 X、Y 和 Z 的客户支持工程师。如果你不知道某个问题的答案，不要编造内容，直接说'我不知道'。"这将有助于借助预期行为"训练"模型。对话式人工智能模型不是搜索引擎。你要把它想象成朋友、可信赖的顾问或半智能的助手。你越能准确地告诉它你想要什么，它对你的客服人员就越有用，其价值也越高。

第二个提示阶段在模型部署后，由终端用户推动，他们会向你发布的人工智能模型提问。此外还有很多资源能帮助你学习提示工程。

越早将提示工程和基础知识作为模型的输入，就越能够得到具体的和有针对性的输出结果。

从小处着手：内容摄取方法及注意事项

这是最重要的一步。此前，你已经确定了用于构建模型的资源。你也确定了用户。现在，构建模型的技术过程开始了。在此给出的建议是从小处着手，学习如何去做。不要急于购买或构建一个大规模内容管理系统。等到有需要时，再这么做也不迟。现在，你只需迈出第一步，构建你的第一个模型。将你的内容集中于一个主题，并根据你使用的技术，将其输入到模型中。例如，如果你正在使用 OpenAI 构建一个 GPT 模型，你可以选择少数几份文档，然后使用 OpenAI 的 GPT 构建器去构建你的第一个模型，如图 7-1 所示。

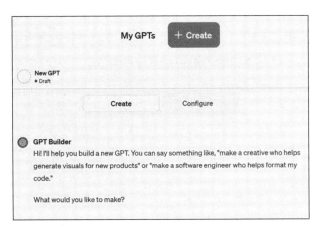

图 7-1　OpenAI.com 上创建 GPT 的界面

如果你正在使用微软的 Azure OpenAI Studio 平台，[10] 请按照图 7-2 所示，从创建新资源开始。你也可以使用谷歌的 Gemini 构建模型，[11] 如图 7-3 所示。

图 7-2　微软 Azure OpenAI Studio　　　　图 7-3　谷歌 Gemini 1.5

一旦你建成了第一个模型，就庆祝一下吧！这是你的项目计划中的一个重要里程碑。请和所有为取得这一成果而付出努力的人一起庆祝！

在我们的人工智能开发之旅中，开发阶段是一个里程碑。在此阶段，我们不仅为完善模型功能奠定了基础，还为创建符合道德规范且从根本上健全的人工智能模型奠定了基础。在这个阶段，你应该投入大量时间，来完成上文涵盖的所有步骤，因为它们对你的成功至关重要。

将内容全部输入到人工智能模型中，标志着我们将进入诊断阶段，在这一阶段，模型的实际性能将得到检验和改进。从开发到诊断阶段的进展，突出了一个持续改进和不断适应的循环过程——这是鲁棒的人工智能系统的标志。

第 8 章

诊断：保证有效性

质量从来都不是偶然的，它是明确的意图、不懈的努力、智慧的引领以及熟练执行的结果。

——威廉·A. 福斯特

进入下一阶段后，我们将努力验证人工智能模型的有效性。我们专注于确保输出的高质量，而这通常需要多方位的努力来实现。对训练模块的探索、严格的测试和确保负责任的人工智能实践对于质量评估都非常重要。模型验证和采取结构化方法也很重要，这包括了根据预定义的标准验证模型的性能。利用针对模型不同属性的各种测试方法，比如回归测试、合规测试和安全性测试，可以确保模型的准确性。在本章中，你将了解创建符合高性能标准的 LLMs 所需的一切。

定义与概述

在这个阶段，模型已经构建完毕并为进行验证做好了准备。接下来我们将进入诊断阶段，该阶段有几个重要步骤。概括来讲，诊断的目标是验证进入摄取（ingestion）阶段的内容，是否可以作为输出准确地呈现给终端用户。

这个阶段的工作完成后，你就可以开始部署模型，终端用户就可以访问模型生成的输出结果了。在诊断阶段投入时间，可以提高所部署模型的质量、稳健性、实用性和准确性。诊断阶段还为模型提供了在"登上舞台"之前，进行改进和迭代的机会。这是质量保障过程中至关重要的机会，也是你发现并解决问题的成本效益最高的时间点。此外，部署一个尚未完善的模型会导致你失去用户的信心和信任，而信任可能是很难（虽然并非完全不可能）恢复的。

在部署和使用模型之前，你需要了解它能否提供你想要的结果。你必须检查这些结果的准确性，并确保你随后摄取模型的数据能持续保持这些模型的一致性和相关性。低质量的旧数据会造成模型漂移，导致结果不准确。模型漂移或模型衰退，是指模型性能随时间推移而退化。具体表现之一是，该模型做出的预测，与部署之前相比越来越不准确。

在进入部署阶段之前，严格且不打折扣的测试和训练至关重要，但这可能是一个耗时的过程。你有可能面临组织和管理层的压力，要求尽快进入部署阶段。然而，过快地完成诊断阶段的工作可能会带来负面影响。如果你部署了一个不准确或有故障的模型，"人工智能品牌"将失去信誉，还有可能破坏你关于人工智能的整体计划。

严格的测试和训练的重要性

在快速发展的人工智能领域，数据科学家和机器学习从业者正在开发一些模型，这

些模型可能会改变我们所认识的世界。这些模型通常托管和部署在由工程和信息技术团队构建和维护的基础设施中。在组织内部署 LLMs 不仅是一个技术挑战，还是一项需要全面测试以确保成功的战略举措。

鉴于你的支持组织可能是公司内部首批将 LLMs 应用于真实数据的"真正团队"之一，因此所面临的风险特别高。这些模型有望带来一些实质性的好处，从增强与客户的互动，到简化运营流程并产生可以推动战略决策的洞察。为了确保获得这些收益，在将这些模型完全集成到支持组织之前，你必须投入足够的资源，对其进行严格的测试和模型验证。这涉及以下几个关键步骤。

部署前测试：在将人工智能模型引入真实的运行环境之前，应该让它在受控环境中进行彻底的测试，以确保发现在数据兼容性、模型行为和输出准确性方面的任何初始问题。

针对真实场景的验证：模拟真实场景，对于了解模型在各种条件下的表现至关重要。这包括使用意外输入和极端情况案例对模型进行压力测试，以确保其鲁棒性和可靠性。

合规和道德考量：确保模型符合所有相关法规和道德准则，特别是有关数据隐私和偏见的法规和准则。严格的道德审查和合规检查应该是验证过程的一部分。

部署之后，持续监控对于监测模型性能退化的情况至关重要（这将在下一章中介绍）。通过这些全面的测试和验证流程，你的组织可以显著降低部署新的人工智能模型的相关风险。更重要的是，这些步骤将有助于最大限度地发挥 LLMs 的潜在优势，确保它们提供有价值的、可操作的，同时与更广泛的业务战略和目标保持一致的洞察。这种战略性方法能帮助组织规避潜在挫折，并为其在人工智能时代的进一步创新和成功铺设了舞台。

验证人工智能模型的指标

在测试和验证中设定鲁棒性指标，对于有效衡量人工智能模型的成功是必不可少的。这个过程最好从输入和输出指标的角度来理解，它们共同为系统化的性能评估提供了全面的视图，如图 8-1 所示。

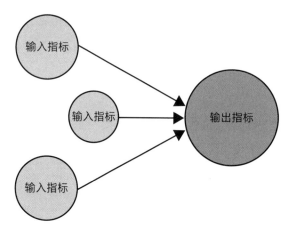

图 8-1　输入和输出指标

输入指标跟踪输入系统处理的"工作量"，而输出指标则着重衡量模型输出的"效果"或最终结果，两者在评估和改进人工智能部署的过程中，形成了一个关键的反馈闭环。

输入指标反映了为实现目标所投入的资源和努力。其所衡量的是数据处理过程中的投入，可能包括领域专家所投入的志愿工时、财务支出，以及他们使用的计算资源。在评估效率、成本管理和资源分配的有效性方面，这些指标是很重要的。监控这些指标可以确保数据处理工作在资源使用和时间维度上，均按计划顺利推进，并保持其可持续性。

输出指标衡量的是业务活动的结果和有效性。这些指标对结果进行量化，例如，营收数额、产量以及客户满意度水平。它们对于评估商业策略的成功与否、了解输入对最终结果的影响，以及测算投资回报率是至关重要的。

在人工智能模型部署的初期，最好同时追踪输入和输出指标，但重点应该放在输出指标上。虽然随着时间的推移，两者都会越发重要，然而在项目启动之初，输出指标对于确保项目的成功更为关键。

在验证人工智能模型时采用度量指标

为了充分发挥输入和输出指标的潜力，请考虑以下策略。

- **在部署前定义明确清晰的指标**：为输入和输出环节设定明确的成功标准。例如，将一个可接受的准确度水平，或者用户满意度提升的具体阈值定义为输出目标，而资源利用的上限则可以作为输入控制。

- **使用实时监控工具**: 使用能够实时追踪这些指标的工具和系统, 以便立即发现可能影响模型性能的问题, 例如, 异常数据漂移或资源消耗激增。
- **定期评审和调整指标**: 随着人工智能模型的成熟, 应对指标在业务流程和用户交互方面所产生的影响进行定期评审。这可能意味着, 随着模型的稳定和规模扩大, 我们需要将关注点从某些输入指标, 调整到更为关键的输出指标上。
- **整合反馈机制**: 应将终端用户和利益相关者的反馈整合到指标评估流程中。这些反馈可以提供定性见解, 对输入和输出指标中的定量数据起到了很好的补充作用。
- **平衡短期与长期指标**: 虽然部署的初期可能更侧重于利用输出指标来验证模型的有效性, 但长远的成功需要输入指标和输出指标之间的平衡。维持这种平衡可以确保模型在条件变化时, 依然能够保持高速有效。

在这个阶段, 关键的输出指标就是模型的准确性。虽然其他性能指标也可能在某些方面发挥作用, 但模型所提供信息的准确性和可靠性是更为重要的, 因为它们能够使用户群体建立对组织的信任并提升品牌公信力。同样, 输入指标 (例如, 创建或收集的文档数量、作者数量等) 也可能发挥作用, 但无论如何, 准确性始终是最重要的。准确的答案 (由可链接到源文章的引文支持), 确保了内容可追溯、可靠且具有权威性, 从而增强用户对模型的信心。

识别错误 (在人工智能领域被称为 "幻觉") 同样重要。在虚假信息泛滥的时代, 强调内容的准确性, 能够有效区分可靠内容与可疑或虚假的信息。通过彻底的研究和事实核查确保内容的可靠性, 不仅提升了内容的完整性, 还阻止了对不准确信息的传播。这对于面向客户、教育和技术应用 (如客户支持) 的人工智能模型尤为重要, 在这些应用场景中, 事实准确性是做出明智决策和进行知识传播的必要条件。

衡量成功的工具

衡量内容准确性的首要指标是来自领域专家的反馈。为此, 请在组织内部组建一个团队, 来审查和评估模型的输出。你可以使用李克特量表来量化他们的评估结果。

李克特量表由心理学家伦西斯·李克特于 1932 年开发, 它要求受访者根据其同意或反对的程度对项目进行评分, 以衡量受访者对项目的态度[1]。该量表通常是对称的, 采用范围为 5~7 分的评分系统, 数据范围代表从强烈同意到强烈不同意的态度区间。利用该量表, 领域专家可以对模型输出进行满意度评分, 从而形成一个基于专家经验的既

可靠又准确的评分基准。这种平衡量表使得你对领域专家态度的分析具有对称性，其范围从积极到消极，中间有一个中立点。关键在于，每个回答都被赋予了一个数值，便于进行定量数据分析。李克特量表的简洁性和多功能性，使其成为评估答案质量不可或缺的工具。它不仅可以用于一次性评估，而且在内容优化及内容准确性提高后，该评分系统还可以帮助衡量模型在过去一段时间内的进展。

在评估模型准确性时，一个需要考虑的重要输入指标是领域专家的多样性。根据韦氏词典的定义，准确性是指没有错误或误差，符合事实、标准或模型的状态。[2]然而，我们知道，"事实"可能因性别、年龄、种族、地域、语言、价值观等许多因素而产生差异。

以美国和英国之间的差异为例，"chips"与"fries"是两国人民对"薯条"的两种不同称呼，而"football"在美国和英国则是两种不同的运动。你对这些词语的理解，可能因你所在的地理位置而异。因此，如果你的评审团队缺乏多元化的成员，那么在创建人工智能模型时，准确性评分就可能会受到影响。在部署人工智能模型之前，请注意招募多元化的领域专家团队，以帮助你的模型达到理想的准确性水平。

斯科特·E.佩奇是密歇根大学的研究员兼教授。他谈到了团队中的认知多样性，这对于构建准确且具有代表性的人工智能模型影响很大："只有当团队成员具有认知多样性时，团队才能拥有更深厚、更广泛的能力。只有当他们的想法不同时，一加一大于二。人们在思维方式上的差异（比如，在问题表述、分类方式、知识储备、探索策略、技术专长、隐藏技能以及经验上的差异），使团队能够找到更多新颖的解决方案，开发更具创造性的解决方案，更少犯推理错误，并做出相较于个人预测更准确的预测。"[3]

在验证人工智能模型的过程中集成负责任的人工智能

在本书中，我们强调了在人工智能模型开发的整个生命周期中引入负责任的人工智能原则的重要性。在诊断阶段，为确保输入模型的内容与将要部署的内容一样符合伦理道德规范且负责任，进行对负责任的人工智能的评审非常重要。

《女性之城》

克里斯蒂娜·德·皮桑出生于 1364 年，她是一位在文学和社会评论等领域均具有重大历史意义的人物。[4]她的著作，特别是《女性之城》（*The Boot of the City of Ladies*），在当时极具建设性。这部具有建设性的作品，设想了一个全新的社会，在那里，妇女受到尊重、被赋予权力、被认可并能随时释放其潜力。该书对女性刻板印象的挑战，不仅批判了中世纪欧洲社会对女性所持的负面态度，也开启了一场展现女性能力的建设性对话。

在思考将皮桑作品应用于构建人工智能模型时，她的著作中的多个方面都与之紧密相关。

- 对女性刻板印象的挑战，与人工智能模型数据的构建和处理方式直接相关。因为人工智能反映了它训练数据的特征，如果输入数据中包含对女性既有的刻板印象和偏见，人工智能就可能会传播这些信息。因此，为确保人工智能模型不会继续传播对女性有害的刻板印象，并促进性别公平与公正，对训练数据中存在的偏见进行批判性的审视和质疑是非常重要的。

- 皮桑作品中另一个值得探索的领域是，开发代表不同经历和身份的包容性人工智能模型。我们要确保人工智能模型是在准确反映社会现状的各种数据集上进行训练的。这意味着我们要识别和重视所有人丰富多样的经历和情感，确保人工智能模型能够以公平且恰当的方式与目标受众进行互动。

- 汇聚拥有各种不同的人口统计学特征且来自不同专业的领域专家意见，确保了所开发的人工智能模型在技术上是合理的，其不仅契合社会实际，并且符合伦理道德规范。这印证了皮桑通过建设性对话进行叙事的思想。

从本质上讲，皮桑的作品为开发公平、公正且对社会有建设性意义的人工智能模型，提供了具有深厚历史渊源的灵感。

在对负责任的人工智能进行审查时，应该对训练人工智能时所使用的数据集，进行深入且细致的检查，以确保它们具有代表性和包容性，从而防止现有偏见的持续存在。这个审查还应该评估模型的决策过程，以验证它们是透明的、可解释的，并且符合伦理道德规范。

此外，本阶段应包括对数据隐私保护的评估，以确保人工智能遵守相关法律法规。其目的是证明人工智能模型不会辜负用户信任，并能在尊重用户权利和数据完整性的框架内运行。

对负责任的人工智能进行审查有助于识别和降低风险，并能通过证明人工智能对道德标准的承诺来增强用户和利益相关者之间的信任。这个过程不只是一张合规检查表，更是强化你所在组织的人工智能方案的完整性和可靠性的基础要素。

在可控环境中验证聊天机器人

毫无疑问，在人工智能开发的早期，借助领域专家的能力，对于显著提高人工智能模型（包括聊天机器人）的初始准确度和与目标的相关性是非常有效的。然而，这个验证过程不仅依赖来自专家的反馈；它还涉及一系列不同复杂度的结构化测试，目的是在聊天机器人全面推出之前，在可控条件下对其展开严格的评估。

单元或内容验证

这个步骤与整个过程中的早期内容准备互相配合。针对给定的内容，预先确定它应该用来回答终端用户的哪些问题。之后，向完成训练的模型提出这些问题，进而验证模型是否给出了正确的回答。

模型集成测试

这个步骤是有一些小奥妙的。为了获得更高的准确度，需要对内容本身进行"分块"。独立的内容片段经常需要被拼接到一起，用于回答一个问题。想象一个类似情境：一个回答中包含了多个来自不同源头的引用。比如，一个用户可能会问到某项特定服务的返现策略；而回答可能需要结合该产品或服务的售后保障信息，以及财务团队提供的返现相关信息。

此类回答需要同时参考多个数据源，但是对这两个或多个数据源整合得出的信息，同样需要加以验证，并且确保这些内容实现了有机融合。

性能测试

性能测试保证了系统在响应时间方面可以满足要求，同时也有助于检查回答的有效性和准确性。考虑到基于单样本提示的性能测试结果，与基于多样本提示的性能测试结果之间的差异可能非常大，我们应该设计有针对性的性能测试方案。单样本提示，即向机器学习模型提供单一示例或信息片段，期望模型能据此完成某项任务或做出预测。这类问答有助于评估在输入最小化时，模型生成概念的能力。多样本提示在模型工作前，为其提供多个示例或者数据集。这种做法旨在为模型事先准备更多上下文信息或各种不同的实例，以增强其精准理解和响应能力。在此验证阶段，一系列的性能指标应该被定义和满足。

评估模型在不同场景（包括高负载和低负载情况）下的响应时间和处理速度至关重

要，这有助于确保模型在可接受的参数范围内运行。响应时间长会导致用户参与度降低，因为用户可能无法容忍延迟，甚至对人工智能完全失去兴趣，放弃对它的使用。

性能测试需要评估的关键要素还应包括模型的可扩展性、处理大量多样化提示的能力以及内存使用情况，以确保资源限制不会影响性能。此外，测试模型在多个对话中维持上下文连贯性的能力也很重要，因为这会极大地影响用户体验和服务器负载。

如果发现模型响应得不够快，则可能需要进行硬件升级，因此在全面部署人工智能模型之前识别此类问题非常重要。要在应用人工智能模型的整个生命周期内定期进行性能测试，保持较高的用户参与度和运营效率。

安全测试

安全测试涉及一系列系统步骤，这些步骤旨在评估和增强模型生成安全、可靠输出的能力。这一过程有助于识别和修复漏洞，并确保该模型符合道德标准和监管要求。以下是这种安全测试的主要组成部分。

- **漏洞评估**：漏洞评估将模型暴露在各种可能触发有偏见、有害或不适当反应的输入情境中，来揭示模型潜在的弱点。这一步骤对于发现模型底层逻辑存在的缺陷，或者训练数据集中的缺陷至关重要，这些弱点可能会损害模型的安全性或有效性。
- **渗透测试**：渗透测试由秉持职业道德的计算机高手进行，他们会设法利用模型的漏洞进行攻击。这种做法类似于漏洞评估，它评估的是模型对恶意输入的抵御能力。
- **红队测试**：一种结构化的测试工作，旨在发现人工智能系统中的缺陷和漏洞。你可以通过众包的方式开展红队测试，或者专门组建一个专业团队，重点关注对模型的恶意使用。[5]
- **建立监控系统**：建立实时输出的监控系统对于持续的安全管理至关重要。该系统能够立即识别和解决出现的安全问题，并长期维持模型的完整性。
- **使用平衡且多样化的数据集进行更新**：持续使用新的、多样化且平衡的数据集更新模型，有助于减少偏见并提高模型输出的准确性。这一主动措施对于维持模型的相关性和可靠性非常重要。

一旦你的模型部署完成，就需要随着社会规范和道德考量的演变，持续更新你为输出设定的指导方针和标准。在 6Ds 框架的各个阶段（见第 5~10 章）设置反馈渠道，让用户和测试人员能够报告有问题的输出，这有助于不断提升模型的安全性和有效性。对特定 LLM 进行安全测试是一个持续的过程，只有这样，才能跟上不断变化的安全性和可靠性考量。

回归测试

回归测试是一个关键的质量保证过程，旨在确保对人工智能模型进行更新、增强或其他更改时，不会在无意中降低或破坏已经被确认的功能。LLMs 通过融入新功能、修复错误或更新数据等方式进行迭代改进，这一过程中存在引入新问题或重新激活旧问题的风险。回归测试有助于防止此类风险发生。通过系统地验证，回归测试能确保对模型进行的每一项变更，都维持或改善了现有系统，并且没有产生不良影响。

在 LLMs 中，回归测试通常包括以下步骤。

- **建立基准**：在进行任何更改之前，都需要确定并记录你的人工智能模型当前的性能和功能。这包括模型输出的准确性、响应时间、对上下文的理解、与负责任的人工智能要求相关的考量以及特定查询类型的处理能力等方面的指标。
- **测试数据**：维护一套全面的测试用例和提示数据，用于覆盖与人工智能模型预期用途和非预期用途相关的各种功能。这些数据应包括过去可能出现质量问题的场景、边缘案例以及典型的用户交互场景。
- **自动化测试**：在对模型进行任意更改后，应当执行自动化测试程序，以高效且快速地评估你的 LLM 针对既定测试数据所表现出的性能。鉴于你的模型可能涉及大量数据和交互，自动化测试有助于快速确定任何潜在的回归问题。
- **性能比较**：将通过自动化测试获得的性能结果与你最初建立的基准指标进行比较。这种比较有助于识别模型在不同方面出现的任何回归问题，或是所取得的改进成果。
- **根本原因分析**：如果检测到任何回归问题，如响应时间变长、准确率降低或响应异常，那么可能需要审查近期对模型或训练数据所做的更改，分析根本原因并找到问题的核心。
- **解决问题**：一旦确定了回归问题的原因，你就需要努力解决它们。可能的解决方法包括，撤销某些更改、调整模型参数，或者添加新的训练数据以弥补缺陷。
- **持续监测和更新**：如前所述，在应用人工智能模型的整个生命周期中，要定期对其进行更新和测试，以确保 LLM 和用户交互的新功能正常运行并表现出其

预期能力。持续监测你的模型，可确保其始终符合你设定的目标、质量标准和性能标准。

- **人工审查**：除自动化测试外，一定要让人工审查人员参与进来，尤其是在涉及语言的细微差别、语境适宜性和道德考量等定性因素时。

在人工智能模型不断演进的过程中保证其完整性和质量，有助于确保你对模型所做的任何改进，都能转化为现实世界中的改进，同时不会损害模型的现有功能。

实施回归测试的战略方法包括识别和解决当前的问题，并了解这些改进如何随着时间的推移影响整个系统。这种更深入的洞察力，使团队能够就模型更新相关事宜做出更明智的决策，并确保改进真正增强了模型的功能，而不会产生意想不到的后果。

合规测试

合规测试有助于验证模型输出的内容是否符合政府和行业标准及法规的要求，例如，《通用数据保护条例》《健康保险流通与责任法案》（1996 年发布）、《ISO 27001》（一套信息安全管理标准）等。虽然满足监管要求很重要，但开发负责任的人工智能这一目标也应当被纳入测试流程中，因此无论是否有监管要求，都应进行此类测试。例如，无论是否有政府监督，扫描个人可识别信息（Personally Identifiable Information, PII），如姓名、护照号码、社会保障号码或信用卡详细信息，都是非常重要的。

让我们进一步通过这些法规示例来更具体地说明合规测试所包含的内容。

- **《通用数据保护条例》**：根据《通用数据保护条例》的规定，对模型进行合规测试，有利于确保模型在处理欧盟居民个人数据时，遵守数据保护和隐私规范。这种测试包括评估模型处理数据许可，以及收集、处理和存储数据的能力，确保模型能够根据《通用数据保护条例》的要求保护用户权利。此外，合规测试还应提供关于模型透明度、用户同意选项和数据可移植性等问题的见解。你需要确保你的模型能够遵守严格的数据保护和违规通知系统的合规要求。客户服务和支持行业通常通过互动收集客户数据和信息，因此正确处理数据和遵守数据法规尤为重要。

- **《健康保险流通与责任法案》**：在美国医疗保健领域，合规是必要的，因为该领域的模型可能会处理患者信息。根据《健康保险流通与责任法案》进行安全性测试，要求你确保人工智能模型能够安全地处理医疗保健数据，并维持该法规要求的数据保密性和完整性。具体举措包括通过数据加密来防范未经授权的访问，并确保患者数据的去标识化。

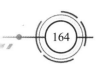

- 《ISO 27001》:《ISO 27001》是信息安全管理系统（Information Security Management Systems, ISMS）的全球标准，它要求 LLMs 遵循特定的安全协议，以防范安全漏洞并保护数据完整性。与之相关的合规测试要求全面评估人工智能模型的信息安全管理流程，包括信息技术安全政策、风险管理和事件响应机制。

与其他测试方法一样，合规测试是一个持续的过程。除了不断更新，随着人工智能的发展，新的法规和标准很可能会出台。合规测试旨在平衡人工智能的创新能力与遵守法律、道德和安全标准的必要性。

整合先进验证技术

除以上方法之外，纳入额外的验证技术可以进一步完善部署过程。

- **基于现有系统的集成测试**：验证聊天机器人与现有数据库和应用程序编程接口（Application Programming Interfaces, APIs）的集成程度也很重要。这能够确保聊天机器人正确地提取和处理数据，并在更广泛的信息技术生态系统中无缝运行。
- **无障碍测试**：测试聊天机器人是否可供各类残障人士使用，确保其包容性并使其符合无障碍标准，如《美国残疾人法案》（Americans with Disabilities Act, ADA）。
- **纵向性能监控**：在初始验证之后，对聊天机器人的性能进行长期监测，这能让团队在问题影响用户体验之前，发现并纠正新出现的问题。

通过在受控环境中系统地应用这些严格的验证流程，组织可以显著提高其部署的聊天机器人的可靠性、安全性和效率。这种全面的准备有助于降低风险，为聊天机器人成功被用户接纳并在用户间推广奠定了基础。

模型实体化

在上一章开发阶段的讨论中，我们重点探讨了训练数据集中的"基础"这一概念，并强调将现实世界知识融入训练，以提升模型的理解能力和上下文意识。通过将具体的案例和现实世界的实体嵌入训练过程，我们为模型奠定了坚实的知识基础，使其能够更有效地掌握和解读复杂的信息。

模型实体化是一个概念，它既出现在人工智能模型的训练阶段，也贯穿模型的应用阶段。它是指模型将抽象概念或词语与具体的、真实的实体或案例链接起来的能力。它

有助于确保模型的输出是合理的，并能准确反映现实世界的场景。

当我们从训练阶段过渡到部署阶段时，我们的重点将转向通过测试和验证，将模型实体化。在部署模型之前，必须确保它不仅在受控条件下表现良好，而且在面对真实世界的数据和场景时，同样表现出高可靠性和与预期目标的高相关性。这在聊天机器人、虚拟助手和自动驾驶汽车等应用中尤为重要，因为这些应用的输出需要与真实世界的数据和约束保持一致。

- **后置处理的约束条件**：有时，我们会使用特定规则或约束条件来调整输出，以确保其合理性。例如，基于规则的系统可能会对输出进行过滤，以确保其满足安全或相关性标准。
- **基于现实世界的测试和验证**：模型通常使用与训练集分离的、来自现实世界的数据进行测试。这种测试有助于验证模型对概念的理解与在真实世界中的用例是否一致。
- **持续学习和更新**：为了保持模型的实体化，模型可能会定期使用反映当前趋势、技术或世界知识的新数据进行更新。这对于长期维持模型与现实世界的相关性很重要。

实体化对于人工智能模型的实际部署工作至关重要，因为它有助于弥合抽象算法输出与具体现实世界之间的鸿沟。例如，在自动驾驶技术领域，模型需要准确理解并应对现实世界中的物体和场景，才能保证车辆安全运行。在 NLP 领域，实体化可以通过将用户输入与现实世界的背景链接起来，帮助对话式人工智能更准确地理解和回应用户输入。

实体化是一个持续的过程，在涉及人机交互或安全类的应用中尤为重要。通过对模型进行严格测试并不断改进，可以使它适应新的、未接触过的数据集和现实生活场景。我们的工作旨在弥合学术性能和实际操作效能之间的差距，为模型的成功部署做好准备。

在我们为部署阶段做准备时，需要考虑的一个关键问题是，模型如何处理模糊性和不确定性。这需要将模型与现实世界链接起来，具体举措包括增强其上下文感知能力，并赋予其识别和适当地处理不确定或模糊信息的能力。这种方法对于维护模型的可信度和可靠性很重要，特别是在医疗诊断或自动驾驶等决策类系统中。通过设计，使模型能够识别和表达不确定性，而不是默认给出误导性或过度自信的回答，可以确保模型的输出具备足够的信息量且真实可靠。这种透明度允许用户根据模型所提供信息的可信度做出自己的决策，这在对安全性和准确性要求极高的应用中至关重要。最终，在这种背景下进行实体化，能确保模型与现实世界的交互是明智且谨慎的，这反映出模型对自身局限性的深刻认识。

使用不同的反馈渠道也将有助于模型的实体化工作，因为这能让你发现实体化过程中的不准确之处，并有机会改进模型性能。引导你的模型使用你的数据，而不局限于其训练所得知识，能确保你的人工智能模型在技术层面上是准确的，并且与数据在事实、上下文、道德和文化等方面的特性相契合。[6]

提示调优

为了进一步拓展和丰富提示调优的概念，让我们深入探究其在机器学习生命周期管理中的战略重要性和实际应用。

提示调优是一种微妙的模型优化方法，它能够增强预训练模型的能力，而无须付出因重新训练而带来的昂贵的计算成本和时间成本。这种方法利用了原始模型的核心优势，同时能使它的输出适配更具体的任务或情境。通过为模型提供精心设计的提示——简短却富含上下文信息的输入——本质上，你相当于给它提供了一个"透镜"。模型通过这个"透镜"，聚焦对输入内容的理解并生成输出内容。

提示调优的过程涉及几个关键步骤，首先是对提示的精心设计。每个提示都应根据特定的用例或场景量身定制，以激发出模型给出最准确且最相关的响应。以客户服务聊天机器人为例，提示可以是对常见问题的回答，以确保聊天机器人的回答符合语境且具有技术准确性。

在提示调优的过程中，要维护一个动态的"提示库"。这个提示库应该从现实世界的交互和用户反馈中持续学习，并不断改进。你可以通过系统地分析模型面对不同提示时的表现来优化提示库，提高其性能，并扩展其覆盖范围以应对新的场景或问题。

其次，将反馈机制纳入模型的运营场景是另一个关键方面。用户的反馈有助于确定哪些提示是有效的，哪些提示需要调整，从而实现提示的迭代改进。这种反馈可以直接融入模型的开发周期，推动持续改进，使模型在遇到新数据和新用例时保持相关性和高度的功能性。

最后，了解构成优秀提示的要素，对于有效利用提示调优至关重要。接下来让我们深入探讨这些要素。若想获取构建高质量提示的直观且实用的指南，请参考图8-2。

优秀提示的构成要素	
指令	"告诉我关于 ×× 的事，或者做 ××"
角色	人工智能需要模仿或扮演的对象（例如，"模仿 ××"）
上下文	向人工智能展示更多关于它在哪里或它是什么的信息。这可以是数据、例子、以前的文章等。例如，"什么是光合作用""你能制订一个关于光合作用的课程计划吗？"
语气 / 风格	写作语气：严肃、学术、引起共鸣或鼓舞人心。可以包括"像这样写"的例子
排版	表格、标记语言、代码等
示例	给它提供能表明你需求的数据，一般来讲，数据越多越好，但一旦超过 20 个，对模型的帮助就不是很大了

图 8-2　优秀提示的构成要素

- **指令**：指令应明确阐述人工智能模型的预期结果，引导其生成所需的特定类型的响应。指令应简单明了，避免混淆，以确保生成的响应准确无误。

  示例："给我的客户写一封电子邮件，内容是在尝试打开网页时，如何解决 HTTP 错误代码 404 的问题。"

- **角色**：角色定义了人工智能模型在响应时应采用的视角或应代入的角色，例如，客户、非技术人员或技术专家。此要素对于设定对话的上下文和语气非常重要，确保了响应是符合用户期望的。

  示例："扮演一位数据库性能方面的专业支持工程师。"

- **上下文**：上下文为人工智能提供了必要的背景信息，使模型能够做出更细致且更有根据的回答。它充当了桥梁，将通用回复与专门针对用户特定情况或查询的回复连接起来。丰富的回复加深了人工智能对提示的理解，使其能够提供更具相关且更具定制化特点的答案。

  示例："一位 VIP 客户在（将应用）升级到最新版本后，发现某个特定功能出现了问题。该功能选项已从工具栏中消失，导致客户无法访问文件。客户正承受着来自其领导层的巨大压力，被要求尽快解决该问题。"

- **语气／风格**：回复的语气或风格应反映出预期的沟通方式，无论是正式的、随意的、幽默的还是专业的。此要素会影响语言的选择和回复的结构，以确保输出的语气能引发目标受众共鸣，或者符合用户的偏好习惯。

  示例："写一封能引发共鸣的、令人振奋且鼓舞人心的电子邮件。"

- **排版**：好的排版能够使提示信息看起来清晰且有条理，并增强人工智能模型准确、高效地解析和响应的能力。具体举措包括使用项目符号、清单列表以及对不同提示组件进行明确分隔，以提高输出内容的可读性和可理解性。

  示例："创建一份以 CSV 格式呈现的投资领域主要问题清单，以便我能将其粘贴到 Excel 中。"

- **示例**：在提示中加入具体的示例，可以清晰地展示预期的输出，为回复的质量和细节设定基准。这些例子为人工智能模型提供了实用的指导，确保其生成的回复符合或超越用户的期望。

  问："我该如何解决视频播放问题？"

  答："尝试关闭可能正在占用视频资源的其他应用程序。"

通过明确这些要素——指令、角色、上下文、语气／风格、排版和示例——我们可以有效引导人工智能模型提供精确且适合情境的提示。这种结构化的方法提升了用户体验，并充分发挥了人工智能的潜力。

用户案例

提示调优为在各种场景中优化人工智能模型的性能提供了一个通用的框架，使你的模型能够在特定应用中表现出色。以下是如何利用提示调优在不同用例中增强模型功能并提升用户体验的案例。

- **文本生成**：这是人工智能模型最常见的应用领域之一。通过调整你的提示，你可以引导模型生成符合特定指令或主题的新文本，以确保输出与上下文相关且内容丰富。

- **摘要生成**：无论是面对大规模文档还是电子邮件，提示调优都能帮助你定制模型，以生成简洁准确的摘要。在需要从大量信息源中快速获取见解的情况下，这种能力至关重要。

- **翻译**：使用提示调优，可以使你的模型胜任那些超越单纯语言转换的复杂翻译任务。这包括将内容翻译成不同的体裁、语言，适配不同语气，甚至融入不同的文化语境，从而使模型在多种交流维度上均具有通用性。

- **指导 / 建议**：通过提示调优，可以优化模型以提供针对特定情况的个性化建议或辅导。这对于教育技术、个人发展应用程序和客户服务机器人特别有用。在以上领域，定制化的指导具有不可估量的价值。

- **分类**：通过精确的提示调优，增强你的模型对数据进行分类和归类的能力。这种用例在内容审核、市场调研，以及任何需要将信息划分到预定义类别以增加其价值的场景中都是必不可少的。

- **图像生成**：提示调优也可应用于视觉内容生成，使模型根据文本描述生成图像。这种用例在创意产业、市场营销和娱乐领域越来越受欢迎，这些领域都需要快速定制大规模的视觉内容。

每个用例都得益于为满足其特定需求而定制的提示，而这让提示成为提升用户体验和增强模型功能和实用性的强大工具。

控制

在为你的人工智能模型设计提示时，你可以从多个维度进行控制，以优化其响应。虽然不必指定每一个细节，但你的指示越精确，输出就会越符合你的预期。

- **长度**："就……写 100 个字的……"，或者在你得到一个答案后，接着给出后续提示："把它写得再长一点"或"把内容缩短 25%"。

- **语气**："以专业人士的口吻写""写得有趣些"或"使用严肃或鼓舞人心的语气"。

- **体裁**："创建一张展示……的表格""创建一份简短的要点清单"或"创建一个 CSV 文件"。

- **受众**："给一个三年级的学生解释一下""给我的老板写一封电子邮件"或"给一位客户写一封信"。

- **上下文**："你是一位即将有新发现的科学家……"或"你承受着巨大压力，要为你发现的新数据集寻找新的应用领域。"

- **思维链**："让我们一步一步思考……"或"一步一步思考这个问题，并展示你的思路。"

- **幻觉**："不要编造答案""如果你不知道，就说'我不知道'"，以及"为你的回答提供引证。"

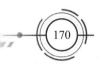

随着你越来越擅长使用提示来优化结果，并从用户交互中获取见解，你可以无缝地将这些提示集成到你系统的基础设施中。例如，如果你的目标用户经常与客户支持工程师召开在线会议，你就可以在处理用户输入之前为人工智能模型嵌入一个提示，以预先设定人工智能的角色，如"扮演一位精通在线会议软件的支持工程师"。

探索多种提示策略，并利用用户反馈和 RLHF，来优化这些提示非常重要。这种迭代实验有助于确保这些提示在被最终集成到系统中之前，能够得到有效微调。

将经过充分测试的提示直接集成到基础设施中具有多个优势。首先，这种方法减少了对终端用户进行大量培训的需求，使系统更加用户友好且易于使用。其次，这种方法可以降低成本，因为它在提高了人工智能模型响应的准确性和相关性的同时，减少了对模型频繁进行重新训练的需要。这种战略性的整合简化了系统与用户的交互过程，并提高了系统所提供服务的整体效率和效果。

在部署模型之前，验证其是否符合预定义的目标，以及能否产生预期结果至关重要。尽管评估模型的性能可能很耗时，但这一步骤对于确保结果的准确性，以及数据输入长期的一致性是必不可少的。

在诊断阶段合理利用各种评估技术很关键。这些方法让你能够确认模型是否按照预期运行，并能够持续提供相关且可靠的结果。这种主动的方法有助于在模型上线之前，识别和处理各种差异或缺陷，确保模型能够得到全面优化以满足你的需求。

第 9 章

部署：启动解决方案

改变的秘诀不是多努力地和过去作斗争，而是把所有的能量聚焦在创造新事物上。

——丹·米尔曼

现在我们进入了 6D 框架旅程的第五个阶段，这意味着是时候部署人工智能模型了！部署阶段标志着转型的关键时刻，它代表着全面准备和开发工作的圆满结束。在经历了内容收集、内容整理、填补空缺、模型训练等阶段后，我们为转型阶段奠定了坚实的基础。

正如韦氏词典将部署定义为"通过将某物展开并扩散的应用情形"一样，[1] 我们的旅程现在延伸到了现实应用的场景中。在完成了模型准备和验证的前期工作后，我们的重点转移到了如何为终端用户部署模型上。这不仅仅是为了展示我们的成果，更是为了确保模型能够无缝集成到使用者的工作流程中，以提升他们的体验和工作能力。

部署过程是一个精心编制的过程，涉及模型配置、发布和用户参与。在这一阶段，模型被仔细配置，以确保其符合用户的需求和偏好。发布环节关注模型的战略性分发，使其能够在不同平台和渠道上被用户访问。分享用户体验很重要，我们希望培养有意义的用户互动，并促进用户使用模型。

然而，部署阶段并未就此结束。我们还认识到鲁棒的基础设施和主动监测的重要性。通过建立服务器和产品遥测体系，并合理配置用户权限，完善安全和隐私设置，来保护敏感数据，并确保模型符合监管标准。

在此阶段，我们可以通过培训，使用户掌握使用人工智能模型所需的知识和技能。具体措施包括，精心规划对终端用户的教育，充分准备培训材料、教程和资源，培养持续学习和创新的文化。

当我们进入部署阶段时，让我们抓住这个机会，见证我们的人工智能模型在终端用户那里大显身手，并推动产生具有变革性的成果。

将人工智能模型融入现实世界环境

将人工智能模型融入客户服务和支持组织的结构中，代表着技术领域的颠覆性变革和深刻转变，这一过程充满了需要审慎考虑的挑战和机遇。当组织踏上这段旅程时，会遇到来自不同利益相关者的各种担忧和期望，每个人对人工智能变革的潜能都有自己的看法。

首先是管理层，他们期待显著的生产力提升，渴望见证人工智能整合带来的效率提升。然而，模型也是有局限性的，你需要在部署过程中，及时评估模型的实际能力和局限性，确保沟通的透明度并妥善管理领导层的期望。与此同时，一线人员在充满希望与

不确定性的环境中摸索前行，他们既看到了工作流程效率提升的前景，又担心自己被人工智能取代。

在这个发展变化的环境中，人力资源部门在提振员工士气，以及推动开展必要的再培训、技能提升计划方面发挥着重要作用，以促进员工与人工智能技术有效协作。人力资源部门要化解员工对职位被取代的合理担忧，需要在强调人工智能作为生产力工具的作用的同时，积极地让员工参与到塑造他们在组织中不断变化的角色中来，使两者之间取得微妙的平衡。

对内容创作者来说，他们终于迎来了自己的时代。GPT 人工智能模型的部署标志着里程碑式的进步，为内容生成和管理方面的创新提供了前所未有的机会。它可以利用内容创作者的专业知识对模型的输出进行微调，以确保模型的输出与组织的风格和标准保持一致，并维持客户互动的完整性和真实性。

客户是由人工智能驱动的解决方案的最终受益者，他们可能会表现出从期待到担忧的一系列反应。虽然一些人可能会接受由人工智能驱动的客户支持所带来的速度和效率的提升，但另一些人可能会对客户互动中人文关怀的缺失感到担忧。应对这些不同的情绪需要一种战略性方法，将由人工智能带来的效率提升与为个人定制的人性化服务结合，保证在使用人工智能时的透明性，并在客户需要时提供人类援助。

这一转变不仅仅是技术升级，更是对组织文化的一次重大变革，需要周密的规划、持续的对话和沟通，以及适应性战略。

部署阶段的领导力考量

在部署阶段，领导者必须考虑几个主要概念，包括吸引和培训员工、解决模型在道德层面的问题、保持持续沟通、关注员工士气，以及灵活适应变化。

员工对整合人工智能的反应大相径庭，涵盖从兴奋到忧虑、恐惧等各种情绪。许多组织成员可能会感到不安，甚至拒绝新技术，担心经过训练的人工智能取代他们的角色。这是一个合理的担忧，需要领导者认真对待，同时，领导者还要向员工传达一个信息，即引入人工智能是为了协助他们，而不是取代他们。然而，我们也要承认，随着时间的推移，技术进步可能会导致工作角色发生变化。因此，员工沟通计划应包括有关学习新技能和参与职业培训的讨论。

归根结底，威胁员工职位的并非人工智能，而是那些擅长使用人工智能工具的人。正如我们经常说的：取代你的不是人工智能，而是精通人工智能的其他人。因此，去学习如何成为那样的"其他人"吧！

领导者必须鼓励每个人完全接纳并努力学习这项新技术。在这个新世界中，从内容准备到提示工程，每一个环节都非常重要。积极引导员工参与和开展教育培训，是帮助员工度过这一转型期的关键。员工也必须愿意投身其中并深入学习！

此外，领导者在开发模型时必须优先考虑透明度，确保遵循负责任且符合道德规范的实践准则。这种透明度有助于在组织内部建立信任，并为不同团队成员提供反馈创造了机会。通过寻求来自不同视角的意见，领导者可以确保模型是平衡的，并让构建者对其决策负责。

向上管理：设定领导者期望

围绕人工智能的炒作可能让领导者们对其潜力感到兴奋。这是合理的，因为这项技术有很多值得期待的地方。

然而，人工智能不是神奇的魔法；仅仅挥一挥魔杖，或者仅凭期望并不能带来神奇的结果。尽可能降低期望是很重要的，要认识到有些期望可能无法实现。正如我们在前几章中所看到的，想要在内容、提示工程、践行负责任的人工智能理念、验证和培训方面做好扎实的工作，都需要投入时间。

需要强调的是，人工智能技术并不完美，至少在撰写本书时还是如此！仅仅人工智能的幻觉这一项，就可能会给公司带来巨大的财务损失和声誉风险。例如，想象一下人工智能在与重要客户的聊天中错误地使用了以下技术术语。

- **黑名单**[2]/**白名单**，[3] 指访问控制机制。
- **自毁灭开关**，[4] 通常是在紧急情况下用于关闭系统的安全机制。
- **虚拟变量**，[5] 一个在回归分析中使用的统计学术语。

脱离技术背景使用这些术语，可能会迅速演变成一场公关噩梦。为了降低此类风险，必须投入精力以负责任地构建人工智能模型。同时很重要的一点是，要设定领导者的期望：如果不在打造负责任的人工智能方面进行投资，而只是随意使用人工智能，可能会使情况迅速恶化。

向上管理并向领导者传达逐步、慎重地应用人工智能技术的理念，是非常有必要的。在没有适当的规划和测试的情况下就仓促实施人工智能，可能会导致业务中断和客户不满。此外，强调人工智能发展的动态性也非常关键，不断地更新和改进人工智能模型，对于跟上不断发展的技术步伐并满足日益变化的客户需求至关重要。通过有效地沟通成功部署人工智能所需的投入，培育对人工智能应用过程实事求是的理解，可以更有效地管理领导者预期。

发现并投资你的早期采纳者

在应用人工智能时，识别并助力组织内这项新技术的早期采纳者可以改变游戏规则。这些人可能包括迅速掌握新技术的资深用户，或者热衷于分享最新进展的技术爱好者。他们可能是维护内部系统的传统信息技术部门成员，也可能是为你的公司探索人工智能应用的博士级数据科学家。无论他们的具体角色如何，也无论你的公司在行业中处于什么位置，投资这些人都将非常有价值。

如果你有幸拥有这样的员工，那么请认可和赞赏他们的贡献，和他们交流，肯定他们的工作成果，提升他们在组织中的地位。同时还要鼓励他们与同事和客户分享见解，并让他们参与人工智能战略的制定过程。

鉴于人工智能领域的快速变化，你可能没有充裕的时间手把手地把新事物传授给老员工。你要做的是培养一种充满热情和时刻准备迎接变化的文化，使老员工们成为积极主动的参与者。通过赋能新技术的早期采纳者，你可以利用他们的专业知识，来推动与你的战略目标相一致的研发计划。无论他们是渴望新技术的资深领导者，还是渴望有所作为的新员工，识别和培养这些人都是你在人工智能革命中保持领先的关键。

实事求是地直面并化解员工的恐惧

在客户服务和支持领域部署人工智能，可能代表了一个巨大的变革，而任何变化都会引发人们的担忧甚至恐惧。以"终结者"等科幻叙事为代表的流行文化，在我们的集体意识中根植了失控的人工智能形象。客户服务领域的员工，乃至整个社会，都在一定程度上担忧工作岗位的流失、隐私问题、人工智能算法中的偏见和歧视、人类对人工智能控制权的丧失以及与人工智能应用相关的伦理和道德困境。

在上述每个领域，都不难找到相应的证据，因此这些担忧并非毫无根据。领导者有责任主动承认并消除这些恐惧。虽然无法完全消除它们，但领导者必须花时间倾听员工心声，并直面这些担忧。

在客户服务组织中部署人工智能，可能会改变甚至扰乱已有的工作方式。这是否意味着增加人们对客户隐私的担忧？也许吧。这是否意味着我们可能丧失人类自主权？可能吧。这是否意味着大规模裁员？很难说，但也不是绝对的"否"。

尽管难以确定这些变化到底会有多大、多彻底，但领导者仍需培养一种开放和探索的文化。能够在客户支持场景中发现利用人工智能的新方法的，不会是领导者，而将是那些肯花时间研究、实验和"摸索"的一线工程师。领导者必须识别并支持这些人，认识到他们推动变革的潜力。

领导者还应为员工提供持续地接受人工智能教育和培训机会，以帮助他们理解人工智能并与其协同工作。通过揭开技术的神秘面纱，人们可以了解到人工智能是辅助工具，而非人类专业知识替代品，领导者也可以以此培养一支拥抱变革和创新的员工队伍。在这一过程中，要重点突出人工智能的积极方面，及其对客户满意度、案例解决和整体产品改进的潜在影响。人工智能擅长处理重复性任务，这可以让客户支持工程师腾出时间，专注于更具创造性和复杂性的工作。

通过让员工参与人工智能部署的开发和实施过程，领导者能够帮助他们树立主人翁意识、增强他们对技术的掌控力，并提升他们的控制权，从而缓解其恐惧并建立一个更具韧性和适应力的工作团队。

以合乎道德且负责任的方式使用人工智能

员工在使用人工智能时，在道德伦理层面存在合理的担忧。尽管人们普遍认为人工智能的强大功能可以显著提升客户体验，但它也引发了客户和员工的担忧。例如，如果一名客服员工在上班前探望年迈的父母，而当天他的客户反馈调查评分出现了波动，那么他的上司是否会询问这种变化的原因？此外，人们还担心人工智能生成的回答可能存在偏见，尤其是当这些模型主要由来自某一特定群体的人开发时。

员工还担心犯错所带来的后果，比如不小心将客户数据粘贴到人工智能聊天界面。员工担心因这类错误而受到纪律处分或被解雇，那么他们就会对采用人工智能持谨慎态度。因此，化解这些担忧非常重要。领导者必须设定合理的期望，并提升员工在采用人工智能模型时的安全感。就人工智能使用过程中的道德考量，展开开诚布公的沟通，可以帮助鼓励员工将人工智能视为工作环境中有价值的工具。

与员工互动

员工们对人工智能有着真切的担忧，并且拥有与人工智能互动的直接经验，因此，领导者必须促进自身和员工之间开放的对话和协作。我们建议领导者举办开放论坛和讨论会，让员工表达他们的担忧和建议，从而培养一种信任、透明和协作的文化。员工依赖领导者创造的安全空间来分享他们的担忧、经验和建议。

社交新闻站点红迪网（Reddit）的"随便问我"（Ask Me Anything, AMA）[6]鼓励相互沟通和想法分享，是领导者在引入人工智能技术时可以借鉴的一个优秀范例。你与他人沟通得越频繁，越能够敞开心扉倾听他人的想法，你的人工智能战略就越有可能成功

落地。虽然并不是每一个程序性变革都需要（或能够）通过官方渠道传达，但在沟通中秉持诚实与开放的态度，能够建立信任，并彰显人工智能在组织中的重要性。电子邮件更新、全员大会和各种讨论平台等常规沟通渠道，提供了持续的对话和反馈的契机。

联邦党人文集

《联邦党人文集》（*The Federalist Papers*）是在 18 世纪 80 年代撰写的一系列文章，这些文章支持拟定中的美国宪法及其所倡导的强大联邦政府。这些文章都体现了相同的精神，即鼓励公开交流和参与，并接受公众所关心的问题和由此产生的想法。这对于组织在重大变革活动中获得支持是非常必要的。

1787 年 10 月，以"普布利乌斯"（Publius）为笔名的作者在《独立日报》（*Independent Journal*）上发表了这 85 篇系列文章中的第一篇，为宪法辩护。[7] 这些文章是写给纽约州人民的，旨在解释和捍卫新提出的宪法。它们被发表在纽约的几家报纸上，并在其他许多州被广泛传阅。《联邦党人文集》是一种公开交流的形式，通过消除公众对新政府的恐惧、担忧和误解，来说服公众。

就公众或终端用户关注的问题展开互动：与人工智能开发者直接联系客户与服务支持专业人员，举办关于人工智能部署的开放论坛的概念类似，《联邦党人文集》试图就人们对新宪法的担忧直接与公众进行互动。它讨论了联邦政府与各州之间的权力平衡、制衡机制以及个人自由的保护等问题。人工智能论坛也可以围绕类似的主题进行讨论，如权力平衡、制衡机制以及人工智能对个人的影响等。

培养信任和建立透明度：通过这些文章，18 世纪的政治家们公开透明地解释了政府机制的运行原理和意图，建立了人们对政府系统的信任。这有助于澄清误解并减轻人们的恐惧。同样，举办论坛和人工智能全体会议可以促进公开讨论，加强定期沟通，从而帮助化解人们对人工智能部署的担忧和误解。

影响公众舆论：《联邦党人文集》影响公众舆论，在使宪法获得批准方面发挥了重要作用。它为辩论提供了一个平台。"《联邦党人文集》作为这些文章的合集，旨在对抗反联邦主义，并说服公众相信宪法的必要性。《联邦党人文集》强调了建立一个强大的中央政府的必要性，并指出共和制政府形式可以很容易地适应美国广阔的领土和广泛的利益分歧。这些文章一经发表，就立即被视为对新宪法最有力的辩护。"[8]

尽管在背景和传播媒介上有所不同，《联邦党人文集》的每一篇文章，都秉持着透明、化解公众担忧，以及促进理性协作对话的根本原则。它影响了公众舆论，堪称美国政治理论和历史领域的经典之作。人工智能系统的开发者需要对其系统的未来用户秉持同样的开放和透明精神。

沟通透明度至关重要。虽然你不必通过领导者发起的沟通渠道分享所有流程变化或政策更新，但你应该在所有沟通中保持开放和诚实。分享行业动态或新闻文章等内容，

将帮助你阐述人工智能的重要性。你分享得越多，组织就越容易适应人工智能带来的变化。定期的交流也能为分享想法和变化提供一个实时渠道。

识别超级用户并树立典范

在部署人工智能技术的过程中，随着沟通的深入，员工的担忧将逐渐消散，你会收到关于人工智能准确性及其对工作流程影响的直接反馈。这种持续、开放且有参与感的沟通策略有助于营造一种支持性氛围，使人工智能更容易融入组织文化。此外，识别你的超级用户并使他们成为典范也同样重要。邀请超级用户参加团队会议和全员大会，让他们分享自己的故事，突出应用人工智能所取得的成效，并表彰那些能适应新的人工智能驱动流程的个人或团队，从而强化积极行为，放大技术应用成果。

除了宣传超级用户，领导者还应该鼓励一种让每个员工都感到被重视和被倾听的文化，具体举措包括设置多个反馈渠道，让员工可以匿名说出他们的想法和担忧。此外，人工智能工具本身应该具备接收具体反馈的功能，而提供高级别的反馈渠道也同样重要。领导者还可以举办同理心研讨会，帮助团队成员理解和支持彼此面对技术变革时的情绪反应。领导者必须对员工反馈表现出真正的兴趣，并通过具体的行动或解释予以回应，以强化员工输入或反馈的价值。最后，提供与新的人工智能工具相匹配的培训和个人发展机会，可以赋能员工，帮助他们将这项技术视为职业成长的机会，而不是威胁。

适应不断变化的环境

我们正处于一个非凡的转型时代，人工智能技术的出现引发了广泛的关注。在某种意义上，这就像置身于一个达尔文式的实验中，堪称 21 世纪版的加拉帕戈斯雀鸟实验。正如加拉帕戈斯雀鸟为适应其环境，进化出大小各异的喙一样，我们在利用人工智能来满足需求时，也展现出了不同的能力和倾向。与那些雀鸟类似，我们对人工智能的不同利用方式，反映出在这个不断变化的环境中，我们独特的适应能力，以及学习和创新的倾向。

进化论

故事始于大约 200 万年前，当时达尔文雀鸟的共同祖先抵达了加拉帕戈斯群岛。到查尔斯·达尔文 1835 年访问这些群岛时，这些鸟已经分化为 10 多个物种，每一种都适应了各自独特的生态环境。一些鸟长着巨大的喙以啄开种子，一些鸟长着精致的喙以捕捉昆虫，甚至还有一些长着锋利的喙来方便吸血。[9]

在他的里程碑式著作《进化论》（*Theory of Evolution*）中，达尔文指出，雀鸟物种之间的多样性是对不同生态环境的适应表现。同样，近 200 年后，人类劳动力也在为应对人工智能带来的多元化的生态环境进行技能组合。就像一些雀鸟为了啄开坚硬的种子而进化出更加坚硬的喙一样，一些员工正在磨炼专业技能，以便在编程和系统设计领域与人工智能合作。而另外一些员工就像那些适应较软食物的薄喙雀类一样，专注于与创造性、同理心或战略规划相关的角色。在这些角色中，人类的直觉更重要。

与雀鸟的进化类似，在职场中对人工智能的适应是一个持续的过程。这一过程需要我们具备灵活性、学习的意愿以及对不断变化的环境的理解——这些原则与达尔文关于自然选择的发现相契合。这两种情况都强调了一个基本事实：无论是在自然生态系统，还是在技术日新月异的职场中，适应环境都是生物或者员工能够蓬勃发展的关键。

***

在这段技术演进的旅程中，我们见证了各种各样的态度和反应。有些人受好奇心和探索新世界的渴望驱使，满怀热忱，迫不及待地投身其中。相反，一些反对者抵制变革，固守熟悉的领域。还有一些人则处于中间地带，谨慎地权衡利弊和风险。识别新技术的早期采用者，即那些引领创新潮流的先驱者，对于促进变革非常关键。

社会学家埃弗雷特·罗杰斯于 1962 年提出的"创新扩散"（Diffusion of Innovations）理论，解释了新思想和技术如何在不同文化中传播、为何传播以及以何种速度传播。[10] 该理论确定了五种类型的采用者，有助于理解社会对新技术和创新的采用模式（见图 9-1）。该理论的原则可以很容易地应用于客户服务和支持领域，使其专业人员更顺利地在其工作中采用人工智能技术，为组织变革提供路线图。

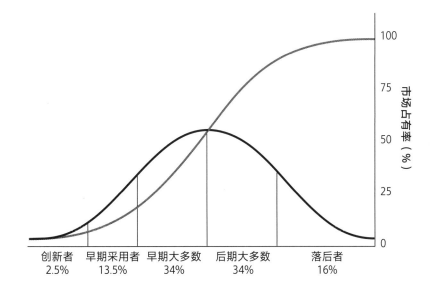

图 9-1　创新扩散

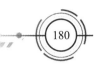

- **创新者（2.5%）**：创新者往往是当地社会系统中的局外人，但与系统外的许多人保持着沟通。他们还具备应对风险的财力和精神资源，以及大量的技术知识。

- **早期采用者（13.5%）**：早期采用者往往是当地社会系统中的意见领袖。他们不仅在当地社会系统中拥有广泛的社会网络，还与系统外的人有许多联系。此外，他们也具备应对风险的财力和精神资源。

- **早期大多数（34%）**：尽管早期大多数的成员在其社区中往往不是意见领袖，但他们在当地社会系统中拥有广泛的社会网络。

- **后期大多数（34%）**：后期大多数的成员往往在创新成为社会或经济必需品后，才会选择采用。与其他人相比，他们的财富资源较少，受教育程度也较低。

- **落后者（16%）**：落后者约占人口的 16%，他们往往比当地社会系统中的其他人更晚采用创新。他们的社会网络和财富资源有限，并且高度重视传统。

作为客户服务和支持领域的专业人员，了解图 9-1 并据此制定相应计划至关重要，并且这很容易在你的组织中实现。根据罗杰斯的研究，当你在组织中部署人工智能技术时，一小部分人将率先加入——约占总人数的 16%。这反映了一个重要的现实考量：你组织中 84% 的人不会立即加入。他们需要看到证据、榜样、实际指导和实例。

这就是为什么突出创新者和早期采用者至关重要。这些人在组织中很可能脱颖而出，因此，你必须识别出他们、与他们互动并提高他们的影响力。通过在领导会议上的表彰、群发强调其贡献的电子邮件、给予奖励、向客户展示他们的成果、在全员大会中提及他们的事迹以及在领英和博客上推广他们的经历等多种方式，提高他们的地位，使他们"声名鹊起"。

其他的方式还包括，鼓励他们通过每周的技术分享会、制作视频、分享技巧和心得，以及讲述亲身经历等活动分享知识，同时，使他们获得组织领导者的全面支持。通过宣传这些超级用户，你可以激励后期大多数和落后者接受人工智能技术，让他们从创新者和早期采用者的成功故事中汲取动力。

建立反馈渠道并鼓励讨论

在部署人工智能技术时，设置反馈渠道以确保领导者与组织脉搏相连至关重要。在部署前，能建立的渠道越多越好。其中一些渠道比其他渠道更容易建立和实施；有些渠道的建立需要投入精力；而有些渠道的建立则很简单。人们喜欢以不同的方式分享反馈：对有些人来说，他们喜欢使用设在大楼大厅里的匿名建议箱；对另一些人来说，他们可能喜欢社交媒体上直接发送消息；有些人可能喜欢在结构化的研讨会上交流；而有些人则喜欢与管理者单独会谈。建立的反馈渠道越多，你所获得的反馈就越多，这将助力你更顺利地部署人工智能。

领导者可以创建许多与组织动态相呼应的沟通途径。这在将人工智能融入组织的变革性整合期间尤其如此。领导者可以通过组织定期的线上全员大会来促进充满活力的双向对话，让每一条意见和担忧都能用于绘制集体进步的蓝图。

建立专门的渠道，如专门用于收集人工智能相关反馈的电子邮件地址或在线门户，使每一个建议和担忧都成为人工智能顺利部署的基石。通过定期的调查和投票，领导者可以了解团队的实际体验，将数据转化为路线图，帮助指导人工智能的部署进程。

建立跨职能反馈小组，可以汇集不同的观点，确保人工智能的整合能够反映整个组织内部的不同需求。在团队会议中，应鼓励直接反馈，让对话持续进行，使人工智能的整合成为所有人共同的叙事。通过建立反馈回路，定期传达建议的落实进展，领导者可以培养全员高度参与且具有主人翁意识的文化，让每个人都能为人工智能未来的成功做出贡献。以下是在部署前，建议设置的反馈回路。

定量

- 直接集成到人工智能工具中的反馈表
- 定期调查
- 员工参与度动态监测或民意调查工具
- 匿名举报工具

定性

- 定期问卷调查
- 全员大会
- 焦点小组 / 倾听小组
- 在线论坛和讨论板
- 一对一会谈
- 建议箱——包括线上的和现实生活中的
- 社交媒体和企业社交网络
- 团队会议和部门沟通
- 电子邮件沟通
- 互动式研讨会和头脑风暴会议

- 同行反馈渠道
- 绩效评估会议
- 离职面谈

在收集反馈时，需要考虑以下几点。

- 评估人工智能对人类情感的影响。人们是否担心潜在的失业风险，或者担心新的绩效指标？理解这些人性的方面信息是至关重要的。
- 收集关于模型准确性和源文档准确性的反馈。在寻求定量反馈时，建议使用范围为 5~7 分的李克特量表 [11]（如第 8 章中所述），而不是简单的"点赞/反对"。这种量表能够有效地确定关键问题的优先级。
- 评估人工智能对客户满意度的影响必不可少。虽然获得这种反馈可能具有挑战性，但评估客户对由人工智能支持的体验感到更满意还是更不满意，能够为我们提供有价值的见解。

反馈领域

在构建反馈回路时，请考虑要重点关注的领域，这些领域将有助你构建和部署更具影响力的模型。以下是一些需要重点关注的特定领域。

人工智能模型组件

- **答案的准确性**：人工智能模型所生成的回答的正确性和精确度。
- **来源/文档的准确性**：模型用于生成回复的原材料或文献的可靠性和准确性。
- **响应速度和技术性能**：模型在处理查询和提供回答时的速度和效率。
- **道德/安全/隐私**：模型对道德标准的遵循情况、对用户隐私的保护情况以及保护敏感信息的安全措施的有效性。
- **特定领域的准确性**：模型在与其应用相关的特定领域或主题学科范畴内的准确性和有效性。
- **法律和合规性**：模型遵守法律法规和行业标准的情况，特别是在数据处理和隐私法方面。

部署组件

- **培训内容**：用于训练人工智能模型的训练数据的质量和相关性，应当确保其覆盖了多种场景和上下文。

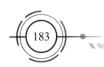

- **沟通**：部署阶段沟通策略的有效性，包括如何向利益相关者传达有关变更和更新的信息。
- **上线**：人工智能模型上线的过程，以确保其顺利实施，并尽量减少其对现有工作流程的干扰。
- **与现有工具的集成**：人工智能模型与组织内现有工具和当前系统的无缝集成，以减少摩擦并提高效率。

通过关注这些领域，你可以收集有价值的反馈，以改进你的人工智能模型，并优化部署过程，从而获得最大成效。

激励评估者

尽管这并非他们职责的一部分，但许多用户经常自愿花时间提供反馈，这对你的系统改进来说是无价的。然而，平衡请求用户反馈的频率至关重要，以避免出现反馈疲劳。你越频繁地要求他们针对特定领域提供反馈，他们回应的可能性就越低。

一些公司通过提供礼品卡等奖励来激励反馈，但并没有一种通用的解决方案。重要的是要认识到反馈对你成功的重要性，并找到让领域专家和其他贡献者参与反馈过程的方法。以下是一些建议。

- 让他们知道他们的声音被听到了，他们的反馈得到了重视并被采纳。迄今为止，这是维持持续反馈最重要的方式。让你的受众知道你在倾听，并且正在根据他们的反馈实施变革，请将这一点广泛传达给众人。如果"伦敦办公室的玛丽"针对某个特定答案或源文档的准确性所提出的反馈产生了重大影响，那么请确保她和她的上司都知道，你已经根据玛丽的反馈做出了更改。这不仅认可了个人的贡献，而且加强了反馈在你组织中的重要性。
- 向个人发送感谢电子邮件。
- 游戏化。请参阅第 16 章的内容，了解积分和排行榜如何维持人们的参与度。
- 每周发送有关指标和改进情况的报告，分享基于反馈形成的改进指标方面的信息。
- 定期举办表彰活动。组织线上和线下活动，公开认可和感谢提供反馈者所做的贡献。可以将此类活动设定为季度或年度活动，突出并表彰那些最具影响力的反馈提供者。
- 创建针对领域专家及其特定专业领域的定制化调查，摒弃通用调查。这表明你重视他们的独特知识，并对他们的专业见解感兴趣，这会让他们更强烈地感到被认同和被重视。

- 开设研讨会、讲座和课程，帮助提供反馈者在其专业领域成长。这有利于他们的个人发展，同时表明了你十分重视他们的成长，以及他们在使用人工智能模型的过程中取得的成功。

- 为反馈者创造与高级领导者和决策者直接对话的机会，可以通过圆桌讨论或一对一会议的形式实现。这表明他们的反馈受到高度重视，并让他们拥有了一条能够直接与影响变革的关键人物进行沟通的渠道。

终端用户培训

人工智能革命已经到来，它正在重塑客户服务和支持领域的格局及其未来。它既带来了机遇，也带来了挑战。尽管人们希望客户服务专业人员能够预见这一未来趋势并欣然接受变化，能用必要的知识武装自己，但庞大的信息量也可能会让人感到不知所措，导致许多人不知该从何开始。

作为领导者，你有责任引导你的组织朝着正确的方向发展，至少应当为你的客户支持团队提供入门培训。最初的互动可以是一段介绍性的概述，介绍你计划如何将人工智能集成到你的组织，为开展有见地的讨论和相关准备工作奠定基础。

从一开始就主动掌控对话至关重要。如果不这样做，你的团队可能会受到错误信息、夸大宣传和不必要的恐惧的影响。一个直接的方法是从一场时长 30 分钟的简短电话会议开始，讨论人工智能对你业务的潜在好处，并附上一份经过筛选且获得认可的资源清单，随后进行问答环节。

从长远来看，你需要为终端用户提供全面的培训。这些培训内容可以基于行业资源构建，并且（最重要的是）要借鉴你组织中的超级用户积累的教训。这会成为你提供的任何培训中最有价值的内容，因为它可以让个人看到那些具有类似经验和角色的同行，并从他们身上学习。理想情况下，你应当在部署任何人工智能之前完成培训，以便让人们有机会在新技术出现之前就对其有所了解。

领导者还应考虑创建一个导师或大使类型的项目，让超级用户可以指导和支持新用户，并成为新用户向领导层反馈的渠道。这种同伴学习的方法可能更加亲切且不那么令人畏惧，有助于鼓励人们在组织背景下更深入地了解人工智能技术。定期更新培训内容，以契合人工智能不断发展的性质，并包括了真实世界的示例和案例研究，以展示人

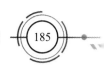

工智能在组织背景下的实际应用，这一点很重要。领导者还可以组织互动研讨会和模拟活动，让终端用户在受控环境中体验人工智能工具，从而增强他们的信心和能力。培训后的反馈环节，对于评估培训效果并确定需要改进的领域非常重要，能够确保培训对终端用户保持相关性和有益性。

与工业革命的对比

18 世纪末到 19 世纪初的工业革命，是历史上的一个重要转折点，它深刻影响了当时的经济、文化和社会结构。它对于当前培训环境的相关性，以及在使用人工智能新技术（尤其是在客户服务和支持领域）时所表现出的适应性，具有启发性和指导意义。

在工业革命前，熟练的工匠和手工艺人主导着生产。这些工人经历了多年的学徒生涯，积累了丰富的经验，他们的技能高度专业化且深深植根于传统工艺。然而，珍妮纺纱机、动力织布机和蒸汽机等机器的出现改变了一切。这些创新极大地扩大了生产规模，提高了生产速度，但也同时提高了对于能够操作、维护和管理这些机器的劳动力的需求。

这种对新技能的需求，与当前客户服务领域因适应人工智能和其他数字技术所面临的挑战具有相似性。正如工业革命时期的工人必须学习操作机器一样，今天的客户服务专业人员也必须接受培训，从而高效地使用人工智能工具，以增强服务交付能力。

工业革命开展的一个关键，是大量能够快速适应新工业环境的劳动力。这需要通过某种形式的大众教育和培训实现，尽管以今天的标准来看，这些培训是初级的。许多之前只从事农业或手工艺工作的工人，现在必须学习如何操作机器、理解工厂规章制度，并适应机器生产的节奏和要求。

工业革命期间的大规模培训，与当今组织培训员工掌握新的人工智能技术的情形颇为相似。两者的目标是一致的：让员工掌握有效使用新工具和新方法所需的技能。当时的重点是操作机器，而今天的重点，则是利用人工智能实现更好的客户互动。同样，过去和现在的员工都担心自己的工作会受到影响，甚至被取代。

另一个相似之处在于所需技能组合的转变。工业革命要求从手工艺技能转变为机械操作和程序性技能。如今，这种转变表现为从传统的客户服务技能转向数字化能力，以及协同自动化技术和数字服务运用人工智能工具的能力。正如工业革命要求工人理解机器原理和适应机器运作流程一样，当今时代也要求客户服务专业人员掌握人工智能的功能，并将其融入工作之中。

工业革命向我们展现了技术变革对劳动力动态的影响。它催生了新的职业类别，并使其他职业变得过时。同样，客户服务中的人工智能和数字技术正在创造新的角色（如人工智能培训师、内容创作者、提示工程师和聊天机器人管理员），同时也在改变着传统的客户支持岗位。

工业革命凸显了持续学习和适应的重要性。自此之后，技术变革的步伐并没有放缓，反而加快了，这就要求人们不断学习和发展技能。这对当今的组织来说是一个重要的经验——只有持续投入资源开展培训，才能跟上快速发展的数字技术的步伐。

今天，工业革命为我们应对工作场所中技术进步所带来的挑战和机遇，提供了宝贵的经验。它在员工培训、技能转型和持续适应技术发展需求方面给予我们的启示，在当今时代仍具有指导意义，特别是在将人工智能和数字技术融入客户服务领域的背景下。当我们应对这一最新技术变革时，工业革命的过往经验为我们提供了一个行动指南，并提醒我们要持续投资，继续开展培训和教育，以充分发挥新技术的潜力。

学习一项新技能或新技术需要投入和实践，组织必须将对客户服务和支持领域的专业人员的培训列为优先事项，并进行相关投入。对这些专业人员来说，要熟练掌握一项新技术也是如此。截至本文撰写之时，向人工智能模型提问或进行咨询的，其所表现出的有效性差异极大。这种提问方式被称为"提示工程"，其范围从简单提问到复杂地编写代码指令。如第 8 章所述，这一领域正在从简单的"一次性"提示迅速转变为更复杂的迭代式提示。我们之所以强调"截至目前"，是因为技术进步迅速，几乎每周都会出现新的、更高效的提示。

关键点在于，组织必须分配时间和资源来培训其客户服务和支持领域的专业人员。

当然，跟踪培训目标的进展情况，将有助于你确定自己是否走在正确的轨道上，或者是否需要加大力度来吸引员工。通过创建和监控与培训相关的指标，如完成率、培训反馈提交率和满意度得分，客户服务组织可以了解其人工智能部署的进展，以及员工与新技术的互动情况。基于收集到的见解，组织可以对培训资源和人工智能模型本身进行调整和优化。

对终端用户培训进行投资，对于使人工智能技术在客户服务中的潜力最大化至关重要。训练有素的客户服务和支持领域的专业人员，可以更有效地利用人工智能工具，从而改善客户体验、提高生产力、提升员工满意度和运营效率。此外，持续培训可确保员工适应不断变化的技术，在竞争激烈的市场中保持优势。那些舍得在一线员工方面投入资源的组织，将在将人工智能集成到客户服务领域的过程中，获益最大。

考虑每位员工的需求和学习风格而为他们量身定制培训计划，可以显著提升员工的技能习得能力并留住人才。此外，通过对培训的投资，组织表明了对推动员工职业发展的重视，这提升了员工士气和工作满意度，有助于组织的长期成功。最终，优先考虑培训的组织，将从人工智能在客户服务领域的应用中受益，推动其客户体验的改善并保持其竞争力。培训计划还可以从游戏化中受益，详见第 16 章。

最后，这项投资还可以通过减少错误和提高生产率，来降低中长期成本，对组织的盈利产生积极影响。

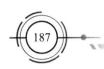

与现有工具集成的计划

客户服务和支持组织利用全方位的工具来服务客户。这些工具旨在提升客户互动质量，并高效解决客户需求。这些工具涵盖了客户支持的各个方面，从管理客户互动到分析反馈，再到提供个性化帮助。通过有效了解这些工具，组织可以确定无缝部署人工智能功能所需的集成要点，并优化整体客户支持策略。让我们探索支持组织使用的一些关键工具。

- **CRM 软件**：许多组织使用 CRM 软件作为客户互动和客户偏好数据的安全存储库，使组织能够根据个人需求，提供个性化的服务。

- **服务台软件**：服务台软件能高效管理服务工单，确保客户问题得到及时解决，并在客户支持团队内部实现无缝协调。

- **在线聊天软件**：在线聊天软件促进实时通信，能够实现即时客户支持，给予客户更快速的帮助。

- **电子邮件管理系统**：电子邮件管理系统能够高效组织客户通信，简化沟通渠道，并确保高效处理客户询问。

- **呼叫中心软件**：呼叫中心软件通过呼叫路由和录音等功能，简化了电话交流环节，优化了通信流程。

- **社交媒体管理工具**：社交媒体管理工具提供多功能选项，可用于监控和响应在线客户查询，满足了各个社交媒体平台上精通数字技术的客户群体的需求。

- **调查和反馈工具**：组织可以利用调查和反馈工具来衡量客户满意度水平，并收集有价值的见解，以持续改进和优化服务。

- **知识管理系统**：知识管理系统作为重要内容的存储库，能够为客服代表提供最新的信息，以便他们为客户提供可靠且有效的支持。

- **聊天机器人和人工智能助手**：使用聊天机器人和人工智能助手，使组织能够高效处理常规客户查询，使人工客服能够专注于更复杂的客户需求，并提升整体服务交付水平。

- **远程支持软件**：远程支持软件便于客服人员直接在客户设备上进行故障排除，它将人类专业知识与技术进步相结合，以提供无缝且有效的客户支持体验。

当领导者制定战略并计划部署人工智能时，优先考虑人工智能与现有工具和流程的集成很重要。这方面的工作往往复杂且重要，有时甚至超过人工智能部署本身。虽然这一任务不容小觑，但仍有机会实现简单而成功的整合。此外，随着行业的进步，许多工具提供商正在积极参与集成的简化工作，以期为组织提供现成的解决方案。因此，领导者必须专注于将人工智能与现有工具和流程相结合。及时评估这方面的问题至关重要，因为无缝集成所带来的潜在影响可能是巨大的，甚至可能超过之前的所有投入。

确定你的利益相关者

在制定战略和创建部署计划时，你必须认识到其间所涉及的各种利益相关者。平衡他们在需求和优先事项方面的差异，无疑会带来挑战。以下是一份较为全面的潜在利益相关者列表，每个利益相关者都有自己的一系列要求，排名不分先后。

- **首席高级管理者**[①]：这些高层决策者将关注整体业务目标、投资回报率和战略一致性。
- **高层领导者**：部门主管和高层领导者希望明确人工智能部署如何与部门目标和流程保持一致。
- **一线客服人员**：这些人员每天将直接与人工智能系统交互，因此，他们的意见对于确保人工智能顺利实施和提升用户满意度至关重要。
- **支持经理**：负责监督客户服务和支持团队的管理人员，他们需要使用工具，获取数据和相关见解，以监控绩效、解决问题并确保团队的工作效率。
- **财务部门**：财务部门将关注人工智能部署所涉及的成本问题、预测投资回报率并分配预算。
- **客户**：了解客户的需求、偏好和反馈，对于定制人工智能解决方案以提升整体客户体验至关重要。
- **现场销售代表**：销售团队必须了解人工智能将如何支持他们的工作、简化流程，有效开发潜在客户并提升客户转化率。
- **区域销售经理**：销售经理关注人工智能工具如何优化销售策略、提高团队绩效并推动收入增长。
- **数据科学家和人工智能专家**：这些专家将为人工智能模型开发、性能评估和持续优化提供独到的见解。

---

① 这里指 CEO、CIO、CFO 等高级管理者。——编者注

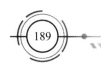

- **产品团队**：与产品团队的合作，对于将人工智能功能集成到现有产品，以及开发满足市场需求的人工智能驱动型解决方案至关重要。

通过识别和理解这些利益相关者的不同需求，你可以制订相应的部署计划，以解决他们担忧的问题、最大限度地提高他们的参与度，并最终实现人工智能的成功实施。

部署目标

你不仅要应对不同的受众，还可能面临相互冲突的目标：高管和财务部门希望看到生产力提升；客户希望问题能更快得到解决；一线客服则希望回复准确无误；数据科学家关注数据的准确性；而一线业务人员则希望了解客户满意度的提升情况，以推动增值销售并增加客户的续约机会。

在尝试人工智能模型，并对其进行开发的过程中，最重要的是勇往直前。而当你进入正式部署阶段时，则有必要制订一个正式的计划，明确列出不同的受众群体，并解释在权衡后所做的决策，以及这些决策对项目进度安排的影响。例如，你可能会感受到来自高层的压力，要求你与他们沟通，暂缓人工智能模型的部署工作，以便投入更多时间与数据科学家合作，以提高模型的准确性，从而为我们的一线人员以及终端用户交付准确的结果。同时，你也可能面临来自高层的压力，要求你尽快部署人工智能模型，展示其成果，并赢得竞争优势，而不是花更多时间提高其准确性。你的组织会有自己的优先级排序；你需要明确这些优先级排序，并设定适当的目标和沟通方式。

在组织内部，关于服务和支持领域的人工智能革命应该如何推进，可能会有多种相互冲突的说法，而部署计划则是表明立场、明确并厘清组织重点的绝佳方式。

制订部署计划

一旦你对部署的受众和目标有了明确立场，协调部署计划的步骤和后勤保障事宜就会相对容易。在这个阶段，你的组织将拥有一个基于专有内容构建并由其驱动的专有人工智能模型。当你希望在整个组织范围内部署它时，就要考虑部署地点及其实现方式了。

如本章前文所述，重点要考虑部署工作对组织的广泛影响，并计划让利益相关者参与这一进程。请记得经常和利益相关者沟通，对外宣传你的超级用户，为员工提供多次

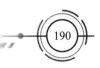

反馈机会。同时，要确保你的员工接受了良好的培训，并为在日常工作中使用人工智能模型做好了准备。

在制订部署计划时，你还需要评估以下领域。

- **组织需求**：根据你的受众和目标，评估人工智能模型能够带来益处的领域。从为一线客服人员提供强大的知识管理工具，到后端数据分析，你将有一个广阔的舞台，来应用你的人工智能技术。你需要评估和衡量这些需求，尽可能找到风险较小、影响显著的领域。你也应该考虑的因素包括：若在该领域应用失败，会对客户产生什么样的影响，以及一旦事情成功，能节省多少成本。

- **技术基础设施审查**：评估你现有的技术基础设施，并确定人工智能模型顺利部署和成功应用所需的必要升级。你可能有一些易于集成的现有工具和基础设施，也可能没有。进行调查研究，以了解必要升级或集成所需的成本以及其复杂性。

- **预算规划**：为必要的技术升级或集成、员工培训、部署工作以及其他确保成功部署所需的资源，制订计划并分配预算。这可能是一个挑战，一般建议从小处着手，选择影响显著、风险较小的机会，然后再逐步解决其他部署场景。

- **合规和安全措施**：根据当地法律和公司立场，确保部署符合所有相关法律、道德和数据安全标准。

- **试点项目设计**：设计一个试点项目，在受控环境中测试人工智能模型，主要面向全面部署时所针对的部分计划目标人群。这种方法允许进一步评估人工智能模型的准确性，并提供见解，以便在广泛实施人工智能之前，识别和解决任何潜在问题。

- **变更管理和沟通计划**：制订一个全面的变更管理计划，将你的沟通策略纳入其中，并确保在指导利益相关者完成人工智能模型部署的过程中的透明度。定期更新最新项目进展并对其予以确认也很重要，同时，应当积极征求用户反馈、化解用户担忧，并通过有效的认可计划和表彰模范用户，来突出积极贡献者。一个全面的变更管理计划，包括清晰的愿景、高管支持、反馈机制、培训计划、强化策略、认可计划、定期评估和持续的沟通渠道。

- **培训**：制定培训策略，让所有利益相关者深入了解人工智能模型的目标和功能。具体来说，要确保一线支持人员接受针对预期的人工智能用例的定制培训，并获得关于如何以及何时使用它的明确指导。

- **试点项目执行**：执行你设计的试点项目，密切监控人工智能模型的性能并收集

反馈，以指导你的人工智能的全面部署工作。

- **反馈分析和调整**：全面分析试点项目的定性和定量反馈，并根据需要对部署计划进行必要调整。
- **全面部署准备**：确保你制订好了所有计划，并为根据试点项目的成果经验开展全面部署做好准备。
- **全面部署**：在整个组织范围内并面向所有利益相关者推广人工智能模型，以执行你的部署计划。
- **持续支持和维护**：建立一个结构化的流程，分配必要的资源，并为你的人工智能模型建立一个强大的支持系统，以进行持续维护、更新和故障排除。
- **性能监控和持续改进**：持续监控人工智能模型的性能，并在此过程中进行必要的改进。此外，密切关注部署过程，并根据需要调整计划，以确保部署工作的持续成功。

多领域专家与验证团队签收

验证是部署过程中至关重要的一步，确保了你的模型按预期运行，并产生与你的目标一致的结果。在部署开始前和部署过程中，引入领域专家来协助评估人工智能模型的准确性和实用性，对于开展验证工作至关重要。

在选择领域专家时，请确保你有意识地招募一个广泛且多元化的团队。人们往往会倾向于召集核心专家团队，但重要的是要打破常规，吸纳不同性别、种族、民族、地域、职位、背景、经验和所有相关方面存在差异的个体。这样做将确保你的人工智能模型能够更好地服务其预期的利益相关者。

在人工智能开发中有意识地纳入多元化的领域专家，能够拓宽视角范围，并有助于为你的终端用户构建更强大且普遍适用的解决方案。这种多样性不仅是为了满足代表性，它关乎整合各种生活经验和观点，以此揭示盲点并引入创新方法。在联系日益紧密的世界里，能够适应广泛的文化、社会和经济背景的解决方案，更有可能成功并实现可持续发展。

因此，营造一个能够积极寻求、听到并重视不同声音的环境至关重要。这样做能使组织充分发挥认知多样性的潜力，从而打造出更具包容性、更有效且能更精准反映其目标群体所处现实世界的人工智能模型。

一个缺乏包容性的人工智能模型可能会延续并放大偏见，从而导致其对某些群体（基于性别、种族、年龄或其他特征）的不公平或歧视性结果。在缺乏包容性的情况下构建的人工智能模型，可能无法准确反映或理解不同用户群体的多样性需求和观点，从而导致产品对很大一部分目标受众来说，效果不佳或缺乏相关性。若在开发阶段缺少多样化的输入，可能会导致人工智能功能出现盲点，降低其处理各种现实场景和处理多样化数据集的能力。将多元化的领域专家和代表性用户排除在开发过程之外，会导致人工智能对相应的文化和背景理解不足，从而损害用户对其的信任和接受度。缺乏包容性的方法可能会使你错失创新和创造的机会，因为多元化的团队通常能带来独特的想法和问题解决途径，这可以极大地提升人工智能的能力和吸引力。

最终，如果客户服务专业人员依赖有偏见的模型给出的有偏见的答案，并且这些模型又是由不具备多样化视角的领域专家群体评估的，那么这可能会给客户体验带来风险。

分阶段发布

部署计划将根据你的组织、利益相关者和目标的不同，而有很大差异。无论你的目标是什么，你都需要制订一个可扩展的计划。如果你对自己的目标有清晰的认识，你可以制定一个初始规模较小，并能在部署过程中随着时间的推移，通过添加场景和利益相关者，而实现不断扩展的计划。

尽管部署计划各不相同，但它们都有一个共同的需求，即可扩展性，以有效实现其目标。例如，某些压力可能要求组织迅速扩大部署规模，以满足日益增长的需求或公众期望。相比之下，硬件成本等因素可能需要更渐进、更经济的部署计划。一定要了解用户影响，因为它决定了为确保用户满意度和参与度所需的扩展的速度和性质。

一个结构良好的部署计划必须具有适应性，并能对部署后出现的不断变化的情况和反馈做出响应。明确的目标使得你可以采取更有针对性的方法，使部署计划能够与特定的成果或成功指标保持一致。在部署计划中整合灵活的扩展策略，对于应对部署新技术或新举措时固有的复杂性和新问题至关重要。

持续评估以确保模型性能稳定

客户服务和支持领域的人工智能并非"一劳永逸"的工具。你必须建立流程并分配资源，以便在部署期间和部署之后对模型进行持续评估。这包括内容的创建和修订、模型调优以及针对终端用户开展的培训。以上举措都是持续的投资，对于保持长期有效性

至关重要。这不仅仅局限于监控反馈，还涵盖了一系列持续改进的活动。

其中最为关键的是定期训练人工智能模型，以确保其能够随着客户需求、技术和市场趋势的变化而变化，始终保持相关性。此外，持续的员工培训也很重要，包括分享最新的技术进展和最佳实践方法。建立强大的质量控制机制，如定期对人工智能的响应进行审计，对于维持高标准的服务至关重要。此外，要紧跟技术发展的步伐——这一领域发展迅速，将人工智能与新兴技术相结合，可以显著提升客户支持体验。

通过频繁更新界面来优化用户体验，以确保人工智能始终易于使用且用户友好。分析客户反馈也是完善人工智能性能的重要组成部分，这需要辅以严格的数据管理，以确保决策基于当前准确的信息。

此外，在数据安全和隐私方面，遵守道德规范并履行文化责任，特别是培育负责任的人工智能文化，需要保持警惕并持续进行适应性调整。最后，你的人工智能系统必须具备可扩展性和灵活性，以支持业务增长，并能够处理不断增加的客户互动和不断变化的服务需求。这种综合方法强调了在客户服务领域，部署人工智能并非一次性努力，而是一项持续的、动态的投入。所有这些领域共同努力，以确保人工智能模型的持续优化，使用户能从中持续受益。

- **持续学习和适应**：你需要在人工智能系统，以及员工的学习与适应方面进行投入。人工智能系统需要定期更新其知识库和算法，补充新的训练材料，进行调试和维护，以保持模型的相关性和有效性，并能随着客户需求、技术和行为的发展而变化。员工同样如此。

- **员工培训和发展**：为那些管理人工智能系统并频繁与之互动的员工提供培训，让他们具备解读人工智能响应的能力，并能在必要时进行干预。像提示工程这样的新领域所需的技能，就需要教授并持续发展。

- **质量控制机制**：采取质量控制措施，如定期对人工智能交互进行审计，有助于维持服务的高标准。有关合成交易、响应学习和验证的讨论，请参阅第 10 章。在部署模型时，所有这些组件对于其成功应用都很重要。

- **与新兴技术的融合**：随着技术的发展，将人工智能与 VR 或高级分析等新的工具和技术相结合，可以提升客户支持体验。这是继续创新的绝佳机会。

- **用户体验优化**：定期修订人工智能系统的用户界面，同时对用户体验进行持续更新，以确保服务始终对不同客户群体友好且易于使用。反馈能够不断改进用户体验。

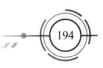

- **反馈分析和实施**：积极分析利益相关者的反馈，了解人工智能交互的有效性和准确性，并做出必要的调整，以确保人工智能部署能够为你的业务带来实质性的影响。
- **数据管理和分析**：持续投资于数据管理和分析，对于优化人工智能算法、提高模型准确性，以及确保模型基于当前准确的数据，做出负责任且无偏见的决策至关重要。
- **道德规范和合规监管**：需要对人工智能系统进行持续的评估和调整，以确保其符合快速变化的道德规范和监管要求，特别是在数据隐私方面。必须强调，与世界各国的监管政策和政治环境保持同步至关重要。
- **可扩展性和灵活性**：随着业务的增长，人工智能系统应具备足够的可扩展性和灵活性，以适应不断增加的互动和扩展的服务的需求。

遥测

早在 20 世纪 80 年代，美国国家航空航天局就已经开始了一些关于数据采集和遥测的早期工作。据维基百科介绍，"遥测是指在远程地点进行实地测量或其他数据的收集，并将其自动传输到接收设备（电信）进行监测。这个词源自希腊语词根 tele（远程）和 metron（测量）。依赖外部指令和数据来运行的系统，则需要对应的遥测技术。"[12]

在部署人工智能系统时，定义用于衡量成功的指标，并建立收集相关数据的方法至关重要。

例如，如果你的试点阶段目标是达到三星评级，那么建立机制来收集数据，并准确评估进度是必不可少的。这似乎显而易见，然而，真正的关键是利益相关者之间能不能在这些指标上达成一致，并且将数据收集工具集成到人工智能模型的开发过程中。另一个例子可能涉及响应目标时间，比如，将响应目标时间定为 4 秒。这需要你的工程团队将遥测数据纳入系统，以毫秒为单位监测响应目标时间，从而实现有效的进度追踪。如果未达到这些基准，就可能需要进行额外的硬件投资，以解决性能不足的问题。

遥测在人工智能中的作用，不仅仅局限于监测基本的性能指标，如响应时间或客户反馈。它还被用于更深入地探索新的衡量标准，跟踪复杂的项目，如预测准确性和数据处理效率，从而全面展现人工智能模型的能力。遥测的集成促进了数据的实时分析，能够快速识别问题和瓶颈，以确保系统达到最佳性能，并防止潜在问题升级。此外，当性能阈值被突破时，遥测会触发自动报警，起到警报器的作用，便于工程师及时干预。

遥测的价值惠及所有利益相关者，它为评估系统有效性提供了确凿的证据，并促进了在内容规划和规模设定方面的透明决策。随着人工智能领域的发展，遥测基础设施也必须随之发展，以捕捉评估新的功能和高级功能所需的细微数据。

这种持续改进和创新的循环，凸显了对遥测和测量基础设施进行投资的重要性，这对于准确评估人工智能模型在推动业务成果方面的成效意义重大。如果没有这些基础设施，你将难以准确评估人工智能模型为推动你的业务成功而提供的帮助。

了解何时重新训练人工智能模型

这听起来像是一个非常专业且堪称里程碑的重要决策。但其实并非如此。人工智能模型无法"遗忘"——因此，是否重新训练模型的决策取决于其所涉及的内容。如果你的产品或服务已经发生了重大变化，新信息重要到足以证明对重新训练进行投资是合理的，那么时机就到了。

目前，人工智能模型没有像人类那样以传统方式"遗忘"的能力。相反，它的学习和调整过程是基于数据和算法的。以下是对人工智能模型调整或校正过程的简化解释，这在某种程度上可以被视为一种特殊的"遗忘"形式。想象一下，作为一个孩子，你可能曾学到 1+1=3。但如果你是一个人工智能模型，并被教授了同样的内容，这将难以被纠正。因为它就是你被教授的既定内容，所以你无法意识到这是错误的答案。想要让你掌握正确答案 1+1=2，就必须清除旧知识，并用新的训练数据重新开始训练。

- **数据收集和预处理**：人工智能模型从数据（通常被称为训练数据）中学习。如果初始数据集包含偏见或错误，那么这些偏见或错误也会反映在模型的输出中。应当收集并预先处理新的、更准确或更具代表性的数据，以调整或校正模型。

- **使用新数据进行重新训练**：基于更准确的数据重建模型。然后，使用更新后的数据集对人工智能模型进行重新训练。这种重新训练可能涉及将新数据添加到现有数据集或者用新数据替换旧数据集的部分内容。此过程有助于模型学习新模式，并纠正先前的不准确之处。

- **微调**：在某些情况下，你可能会考虑对模型进行微调，而不是完全重新训练。微调要求根据反馈或新数据，对模型的参数（如采样温度或核采样参数[①]）进行

---

① 采样温度（Temperature）是用来调节模型在生成输出时从概率分布中选择下一个输出的方式。Top-P，也被称为核采样（Nucleus Sampling），是一种用于控制文本生成过程中随机抽样策略的参数。在实际应用中，采样温度和 Top-P 这两个参数结合使用，以进一步控制生成文本的多样性和质量。——译者注

幅度较小的调整，以纠正特定问题或偏差。

- **持续监测和更新**：部署后应持续监测人工智能模型。如果检测到新问题或偏见，应使用新数据或其他调整方式，来更新模型。

- **模型架构更改**：有时，问题可能出在模型的架构或其算法上。在这种情况下，你可能会需要重新设计模型的部分内容，或者采用不同的算法。

- **人为监督**：人类领域专家应当经常审查人工智能模型的输出，特别是在敏感领域，以识别和纠正错误或偏见。

要记住，人工智能模型不会像人类那样"遗忘"旧信息。相反，它会根据新数据以及在更新过程中接收到的指令来调整输出。

建立对人工智能模型输出的信心

建立并增强人们对这些人工智能模型的信心的最佳途径，是反馈、迭代、内容准备和终端用户培训。所有这些要素在确保人工智能在客户服务和支持领域的成功中，都扮演着重要角色。

透明度和信任是这一过程中的基础原则。透明度要求清晰传达所使用的数据源，并确保提供反馈的领域专家具有多样性。通过为每个答案提供引用来源，并为用户提供反馈的机会，可以培养信任。这些基础原则促进了人与机器在新时代中的和谐协作。

在客户服务和支持领域应用人工智能时，有效的沟通至关重要。它涵盖了人工智能如何与用户互动，以及组织如何向用户展示和解释人工智能。确保用户了解人工智能模型的能力和局限性，有助于培养符合实际的用户期望，打造更好的用户体验。无论这里的用户是指寻求帮助的用户，还是用户支持代理，良好的沟通都很重要，这样用户才能够对自己有效利用人工智能模型并达到预期目的的能力充满信心。

对人工智能模型来说，对持续改进进行投资是必不可少的，因为人工智能模型在本质上是不完美的，需要根据用户反馈和不断变化的数据，对其定期进行更新和改进。这种方法确保了人工智能模型在满足用户需求方面维持相关性和有效性。

包容性和无障碍性也应该被优先考虑。在设计人工智能解决方案时，必须使其可被不同用户访问，包括残障用户。有关如何构建包含领域专家的小组以验证你的人工智能模型的更多详细信息，请参阅第 5 章。总体而言，包容性扩大了用户基础，并提高了客户服务质量。

必须主动解决隐私保护、数据安全和偏见消除等道德问题，以维持用户的信任和信

心。在客户服务领域部署人工智能时，制定明确的道德准则和规范操作，对于应对此类问题的复杂性非常重要。

此外，不应低估人类监督的必要性。虽然人工智能可以处理许多任务，但人类的判断和干预，对于保证安全性至关重要。特别是在人工智能部署的早期阶段，"人在回路"（human-in-the-loop, HITL）是一种最佳实践。将人工智能的效率与人类操作员对细微之处的理解相结合的混合模型，可以提供最有效的客户服务。

最后，在组织内部培养学习氛围和适应性文化，是有效利用人工智能的关键。随着人工智能技术的发展，与之合作的团队也必须发展。鼓励员工持续学习和适应，使组织能够利用人工智能技术，以新颖和创新的方式支持客户，从而在不断变化的形势中保持领先地位。

本章探讨了将人工智能模型融入客户服务和支持组织所涉及的几个关键方面。从领导动力学到领导者期望，从员工参与策略到符合道德规范的人工智能，以及建立强大的反馈渠道和全面的员工培训计划，我们探讨了各种考虑因素。

我们讨论的核心是如何制定有关部署策略的详细路线图。该路线图涵盖了帮助你成功实施人工智能的关键步骤。

我们强调了持续评估和优化人工智能模型的必要性，以及对终端用户进行持续教育和培训的承诺。我们倡导采用一种精心设计的方法，该方法承认人工智能开发和部署的动态性和复杂性。此外，我们还要强调培养一种以信任、透明和合作为特征的文化的重要性，并认识到它在成功的人工智能项目中的关键作用。

第 10 章

检测：监测与反馈

持续改进，胜过延迟的完美。

——马克·吐温

当我们的 6Ds 框架旅程接近尾声时，我们到达了最后一站：检测阶段。这一最终阶段体现了我们在人工智能部署中持续成功和不断改进的精髓。换句话说，这一阶段是为了保持我们在前几个阶段积累的成功势头。这个阶段的工作，已不再是设置人工智能模型并任其运行。我们认识到，人工智能的应用之旅并未随着部署的结束而终止；相反，它标志着持续改进这一动态过程的开始。我们需要密切关注人工智能模型的表现，以便尽早发现问题，并确保一切顺利运行。通过建立强大的监测机制，我们能够迅速检测出人工智能模型中存在的任何偏差、异常或性能波动，从而降低风险，保障部署的完整性和高质量。

检测阶段的一个重要环节是倾听反馈。我们知道，人工智能的使用者们有着宝贵的见解。我们可以通过为他们提供反馈渠道，来了解人工智能模型的哪些功能有效、哪些无效，从而对它进行改进，确保它能够很好地完成工作，并赢得人们的信任和喜爱。通过培养开放沟通和积极反馈的文化，我们能够解锁利益相关者的集体智慧，利用他们的观点，推动模型迭代的改进和完善。用户与人工智能模型之间的这种共生关系，提升了模型输出的准确性和质量，并培养了用户对模型的信任、提升了用户参与度，并助力模型实现长期成功。

在我们踏上这最后一段旅程之时，让我们专注于对人工智能模型的迭代，拥抱持续改进和创新的精神。通过利用由数据驱动的洞察力、人类专业知识和协作协同的力量，我们将把人工智能部署推向新的高度。检测阶段见证了我们追求卓越品质的坚定承诺，确保我们的人工智能模型始终站在创新、高效和客户满意的前沿。

部署后监控的必要性

在第 8 章中，我们讨论了模型漂移（也称为模型衰退）的概念，它是一种在将过时或弱数据纳入人工智能模型时，可能会面临的风险，会导致不准确的输出结果。这一概念在检测阶段尤为重要。需要提醒的是，模型漂移是指机器学习模型在初始训练或部署阶段后，性能和准确性随时间下降的现象。当模型遇到与其训练集明显不同的新数据或概念时，就会发生这种下降，导致预测的准确性和可靠性降低，因为其使用的信息已经过时。为了缓解模型漂移，需要持续监控和更新人工智能模型，以维持其有效性和适配性。

通过以下活动，积极监控和检测模型漂移至关重要。

- **精度维护**：定期监控对于维持输出精度至关重要。随着数据和概念的演变，纳入检查和平衡机制，对于检测和维持精度变得越来越重要。
- **适应性**：模型需要定期更新，以适应数据模式的变化。
- **可靠性**：持续监控以确保模型准确、可靠、可信。
- **资源分配**：对模型漂移的早期检测，能够高效分配资源，用于模型再训练或调整。
- **支持和服务人员满意度**：针对模型漂移及时更新模型，有助于通过提供相关和准确的结果，来维持支持人员的满意度。

不断变化的数据环境中人工智能模型的相关性

虽然模型漂移是一个令人担忧的问题，但更可能出现的情况是，你的基础数据发生了变化。用户行为的演变、季节性波动、硬件或网络配置的更改以及环境变化等因素，都可能导致你的数据环境发生变化。

这些变化会对你的人工智能模型的性能和准确性产生重大影响。例如，如果你的模型在训练时，使用的是不再反映当前趋势或模式的历史数据，那么随着时间的推移，其预测可能会变得不那么可靠。此外，用户偏好或市场动态的变化，可能会使某些特征或输入变得过时，这就需要对你的模型进行调整，以保持其相关性。

为了应对这些挑战，采用稳定的监控和适应机制非常重要。定期评估你的数据输入，并监控模式或分布的变化，可以帮助你尽早发现潜在问题。此外，还应保证模型架构的灵活性，使其能够适应不断变化的数据环境，从而确保随着时间的推移，模型仍然有效和准确。

此外，采取主动措施，如更新训练数据、微调模型参数，或者在更新的数据上重新训练模型，有助于减轻数据变化的影响。通过保持警惕，并对不断演变的数据环境做出响应，你可以确保你的人工智能模型保持相关性，并继续提供有价值的见解和预测。

通过监控和反馈机制实现模型的持续改进

对人工智能模型的准确性和性能进行持续监控，对维持其有效性至关重要。虽然自动化可以承担这项任务的部分工作，但真实用户，尤其是领域专家，在提供有价值的反馈方面仍然发挥着关键作用。由领域专家进行的定期测试可以对模型的输出进行严格评估，有助于发现其中的不准确之处和模型有待改进的地方。

此外，来自终端用户的反馈在优化人工智能模型方面同样非常宝贵。现实世界的使用场景往往揭示出在开发过程中可能不明显的细微差别和挑战。通过模型界面，直接向用户征求反馈，开发人员可以深入了解用户体验，并识别模型中潜在的错误或不足。

在人工智能模型的用户界面中建立稳固的反馈循环，可以促进这一过程。应确保用户能够轻松使用用于收集反馈的机制，如李克特量表和文本评论框，以便他们即时给出针对模型输出的意见。此外，领域专家在反馈的审查、分类和聚类工作中可以发挥关键作用。

反馈聚类是指根据共同特征或主题，将相似类型的反馈进行分组。例如，把与用户界面设计相关的反馈和关于算法性能的反馈分开聚类。在每个聚类内部还可以进行进一步的分类，以识别具体的问题或建议。

通过反馈聚类，开发人员可以更好地理解影响模型性能的更为常见的问题。这种结构化的方法使他们能够确定工作的优先级，并集中精力解决最关键的问题。例如，如果多名用户反馈模型的响应时间过长，开发人员就可以优先考虑优化相关方面，以提高响应速度和响应能力。

此外，反馈聚类还能促进开发团队之间更高效的沟通和协作。通过将反馈整理为有意义的类别，开发人员可以轻松地与利益相关者（如数据科学家、工程师和产品经理等）分享见解和发现。这种协作方法促进了各方对模型优缺点的共同理解，有助于做出更明智的决策，开展更有针对性的改进工作。

定期审查用户反馈，对于推动人工智能模型的持续改进至关重要。开发人员应积极监控反馈渠道，利用用户输入来完善模型的算法并优化其性能。通过培养反馈和协作的文化，组织可以确保其人工智能模型始终与用户需求相关、准确且有效。

使用监督学习和 RLHF 以获得更好的模型输出

强化学习（Reinforcement Learning, RL）是机器学习的一个独特分支，其特点在于模型能够自主地依据其行为及其随后获得的奖励进行学习。它通过在特定的环境中执行任务，来学习如何做决策，而该环境旨在达成目标并实现奖励的最大化。反馈的表现形式是对其行动的奖励或惩罚，并以此引导它学习最佳策略，即所谓的政策（policy），以随着时间的推移最大限度地增加其累积奖励。这一学习过程类似于人类从自身行动的后果中学习。强化学习专注于在不确定条件下的决策制定，并通过试错法来学习和改进。

监督学习、无监督学习和强化学习是机器学习的三种基本范式，每种范式都提供了不同的数据分析和决策制定方法。监督学习依赖于有标签的数据来推断模式和关系，在此过程中，算法通过对"输入－输出"的训练，来学习输入特征和输出标签之间的映射关系。而无监督学习则在没有明确标签的情况下进行，旨在发现未标记数据中的隐藏结构和模式。

强化学习[1]作为一种动态方法脱颖而出，它解决了在不确定且不断变化的环境中的决策难题。与监督学习和无监督学习不同，强化学习代理通过试错法学习，在探索新策略和利用现有知识之间取得平衡，以实现累积奖励的最大化。在这一迭代过程中，代理在特定环境中采取行动，收获以奖励或惩罚形式呈现的反馈，并据此调整其行为以优化长期性能。强化学习特别适合那些明确缺少反馈或反馈延迟的任务，这使其成为复杂场景下实现自主决策的有力范例。

RLHF

RLHF 是一种具有开创性且日益流行的技术，它通过在学习过程中融入人类见解，来革新传统方法。人类智慧与算法学习的融合，代表着数据科学、机器学习和人工智能领域的重大进步。

这种方法将人类洞察融入强化学习范例，强化了学习过程，并解决了传统强化学习方法的固有难题。更多技术细节请参见第 2 章的内容。

在经典的强化学习中，算法基于与环境的交互做出决策，旨在使预定义的数值奖励信号最大化。然而，这些信号往往缺乏深度和细微差别，难以捕捉现实的复杂场景。RLHF 通过整合人类反馈来突破这一局限，人类反馈为学习代理提供了更丰富、更细致的指导。将人类反馈融入强化学习，对人工智能的发展具有深远影响。

在将人工智能部署到服务和支持组织时，有必要引入"人在回路"以提供反馈。[2]通过让人工支持客服参与反馈循环，RLHF 能够创建更灵活、更合乎道德规范且更高效的人工智能系统。在数据科学领域，RLHF 能够利用人类输入来改进解释和预测过程，从而构建更准确、更具洞察力的分析模型，这对于确保服务场景中的客户满意度至关重要。

此外，RLHF 在解决人工智能所面临的道德问题方面，发挥着关键作用。通过将人类价值观和判断融入其中，RLHF 能够确保人工智能系统遵循社会规范和伦理标准。在反馈过程中纳入多样化的观点也至关重要，能够确保目标用户群体的包容性和代表性。

总体而言，RLHF 将人类直觉与算法学习和谐地融合在一起，扩展了机器学习模型的能力边界，同时保证了模型与人类价值观和伦理推测的一致性。随着人工智能的不断发展，RLHF 作为一种变革性技术，提高了人工智能系统的准确性和有效性，特别是在客户服务和支持领域。

与领域专家合作的强化学习

领域专家在这一阶段至关重要。传统的强化学习依赖于算法中预定义的奖励函数，该函数通常由开发者通过硬编码的方式植入，用以表示人工智能模型所需达到的目标。在客户服务和支持领域，答案的准确性非常重要，并且对其的要求往往极高，因此这对传统的强化学习来说极具挑战性。

这正是 RLHF 可以发挥作用的地方。通过结合人类的直接反馈来扩充训练数据，RLHF 优化了人工智能模型的学习过程，尤其是在评估答案准确性方面。人类对模型性能的反馈，直接评估了人工智能所提供回复的质量。这种反馈可以多种形式呈现，包括使用李克特量表（在第 8 章讨论）对答案的质量进行评级，对备选答案提出改进建议，甚至根据观察到的行为调整奖励函数。

从本质上讲，领域专家提供了宝贵的见解，这些见解提升了人工智能模型的理解能力，并提升了其响应的准确性，确保其在客户服务和支持场景中，与现实世界的需求紧密契合。

RLHF 中的技术

邀请领域专家针对人工智能模型的响应提供反馈，对于帮助确定模型输出的准确性至关重要。以下是多种收集反馈的方式。

- **简单评分**：让领域专家有机会对输出答案的准确性进行评分。可以使用简单的好评和差评，或者更为细致的 5 分制或 7 分制李克特量表，以便更详细地评估模型输出的准确性。
- **基于偏好的反馈**：将反馈收集视为一种 A/B 测试。向领域专家展示成对的答案，并要求他们从中选择更可取的选项。此方法通过深入了解用户偏好，有助于微调人工智能的决策过程。
- **纠正性反馈**：在这种方法中，如果输出答案不准确或不够充分，领域专家会直接干预，对其进行纠正。这种即时反馈回路有助于人工智能理解期望答案的标准，并随着时间的推移提高其准确性。

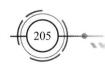

- **示范**：人类亲自执行任务，提供详细的描述或逐步进行演示，使人工智能可以从中学习。这对于难以定义奖励函数或难以采用常规方法的复杂任务特别有用，允许人工智能从该领域专家提供的真实世界示例中学习。

应用和优势

RLHF 广泛应用于各个领域，从机器人到自动驾驶汽车，再到个人助理。除了客户服务场景，人类反馈所提供的细腻理解和适应能力，在很多场景都被证明是极有价值的。在客户支持和服务领域，RLHF 主要提高了人工智能模型响应的准确性，确保用户获得相关且有用的信息。

RLHF 的关键优势之一，在于其能够利用人类输入进行训练，并使人工智能的行为与人类的价值观和道德观保持一致。关于负责任的人工智能及与之相关的道德考虑的深入探讨，请参阅第 11 章。通过将人类判断直接融入人工智能的训练和学习过程，RLHF 确保了人工智能系统的行为对人类来说，是公平、透明、可接受和可理解的。

这种一致性提升了人们对人工智能系统的信任和信心，促进了其在多种现实世界场景中，以负责任且符合道德规范的方式得以应用。

挑战

RLHF 面临的最大挑战之一，是如何激励人类提供反馈。人工智能学习的质量在很大程度上取决于人类反馈的质量。而人类反馈不仅难以获得，而且可能存在不一致性。虽然这一过程还存在引入人类偏见的风险，但当前的主要障碍仍然在于如何激励个人投入时间提供反馈。有关激励策略和方法，请参阅第 16 章。

随着人工智能的不断演进，RLHF 在弥合由算法驱动的学习，与符合道德规范、透明且安全的人工智能行为需求之间的差距方面，仍然非常重要。未来 RLHF 领域的工作将集中在提升人类反馈的效率和效果、减少对持续人类输入的依赖，以及解决与偏见和可扩展性相关的难题上。许多实验和试验使用李克特量表、A/B 测试等技术，让领域专家为人工智能模型提供反馈。其最终目标是开发出能够高效执行任务，并符合客户服务和支持专业人员复杂且微妙期望的人工智能系统。

通过合成事务进行检测

如埃里克·康拉德、塞思·米森纳和约书亚·费尔德曼[3]在 ScienceDirect[①]上发表的题为"合成事务"（Synthetic Transaction）的文章所述：

> 合成事务，或称合成监控，指通过构建脚本或工具来模拟应用程序中执行的活动。使用合成事务的核心目的，是为这些事务的性能建立预期标准。这些合成事务可以实现自动化并定期运行，以确保应用程序仍按预期执行。在对更新后的应用程序进行部署前测试时，合成事务也很有用，它可以确保应用程序的功能和性能不会受到负面影响。这种类型的测试或监控手段，通常与定制开发的 Web 应用程序有关。

在人工智能模型领域，使用合成事务来检测模型漂移是必不可少的。在基于人工智能的服务中，合成事务充当模拟典型用户操作的脚本化操作。合成事务对于主动监控人工智能模型的准确性、性能和可用性尤为重要。与依赖实际用户交互的真实用户监控不同，合成事务针对系统的各个方面，开展受控且一致的测试。人工智能模型通常支持着各种关键功能，合成事务对于确保其高准确性、高性能、高可靠性和高效至关重要。

在人工智能模型中，合成事务的一个主要应用是准确性监测。通过模拟用户对"已知正确答案"发起的查询，内容管理员和模型构建者可以持续评估整个系统的可靠性和准确性。这种主动方法有助于在模型性能下降且影响真实用户之前识别出问题。此外，合成事务在可用性监测中也发挥着重要的作用。这些事务被设定为定期运行，以持续验证人工智能模型的运行状态。在对高可用性服务要求极高的领域，特别是在客户服务和支持环境中，这种持续监控至关重要。

构建合成事务框架的益处

合成事务有助于自动化并持续监控和测量人工智能模型的准确性和性能。建立自动化框架带来了诸多优势，尤其是当你想要扩展模型以包含更多内容时。

- **主动识别问题**：合成事务在定位模型漂移、准确性波动、响应时间差异、性能不稳定以及评估正常运行时间和可用性等问题方面，发挥着关键作用。通过在问题影响用户之前完成对其的检测，开发团队可以迅速解决这些问题，确保服务的连续交付。

---

① 全球领先的学术资源平台。——译者注

- **一致性和控制**：与真实用户监控不同，合成事务为测试特定路径和功能，提供了一个受控的环境。通过将模型输出答案与"已知正确答案"进行比较，可以使模型提供更一致、更可靠的结果，增强其整体稳定性。
- **性能基准测试**：性能基准测试可用于评估云服务随时间推移的性能表现，以及基础设施升级或更改所带来的影响。合成事务在检测由模型漂移引起的潜在性能或准确性下降方面起着关键作用，能够助力相关人员进行早期干预和优化。
- **全球视角**：合成事务可以在不同的地理位置执行，提供对人工智能模型在不同区域的性能的见解。这种全球视角对于提供多语言服务特别有帮助，可确保全球范围内，模型性能的一致性和良好的用户体验。

合成事务编写的挑战

编写合成事务面临多个挑战，并需要考虑诸多因素，因此需要事先进行周密的规划并细致地执行。重要的是要考虑监控内容、要收集的遥测数据和指标、用户角色以及需要监控的人工智能模型所属领域。以下是需要解决的关键问题。

- **脚本编写和维护的复杂性**：为合成事务编写并维护自动化脚本并不容易，特别是对于经常发生变化和更新且涉及多角度的人工智能模型。你需要事先分析支持和服务内容，以确保合成事务能够有效监控模型漂移——这是一项需要谨慎关注且具备专业知识才能完成的任务。
- **成本**：使用合成事务进行持续监控可能会消耗大量资源，并可能产生额外费用。由于合成事务需要与实时运行的人工智能模型进行交互，这一过程会使用诸如图形处理单元（GPUs）等计算资源并产生费用。在部署计划中必须考虑这些成本，以避免出现意外的财务负担。
- **覆盖范围的局限性**：合成事务是针对特定场景和预定义路径定制的，无法覆盖真实用户所面临的所有场景和问题。因此，在编写合成事务时，要考虑可能导致用户流失的环节，并对此进行全面监控和检测。
- **用户行为的演变**：服务专业人员使用模型的模式会不断变化，而技术进步也需要定期更新合成事务脚本，以维持其适用性和有效性。适应这些变化可以确保合成事务准确反映现实世界中的交互，从而提高其在检测性能差异和模型漂移方面的有效性。

云服务中的合成事务

在云托管模型中，合成事务是维持其最佳性能和可靠性的有用工具。以下是合成事务在这种情况下特别有用的原因。

- **预警系统**：就像煤矿中的金丝雀一样，合成事务如同警惕的哨兵，能够在潜在问题影响真实用户之前，向用户、工程师和服务提供商发出警报。这些系统将检测到的异常和不规则现象作为早期指标，使及时干预和解决成为可能。

- **对问题的敏感性**：类似于金丝雀对气体的敏感性，合成事务可以辨别系统中可能尚未通过真实用户监测显现的微妙或新兴问题。从轻微的偏差到严重的错误，精心构建的合成事务会提供与之对应的、从简单警告到红色警报的不同级别警示，确保针对每种情况都能迅速采取适当行动。

- **预防措施**：通过提前识别和解决问题，合成事务可以作为避免重大服务中断或性能下降的主动措施和保险政策。合成事务能够在问题升级之前指出潜在问题，有助于维护服务连续性和用户满意度。

- **一致性和可重复性**：合成事务必须秉持始终如一的原则，衡量模型的性能和准确性，以及用户体验。尽管理论上可以由人执行，但实际上，合成事务应该是自动化的。想象一下，夜间保安拿着手电筒巡逻，确保所有门都已锁上。他们每晚都会走同一条路，以确保一致性。同理，将合成事务自动化使结果具备可重复性，而这些措施确保了终端用户获得积极的结果。

煤矿中的金丝雀

历史上，有一个合成事务概念的例子，就是使用金丝雀来检测煤矿中致命的一氧化碳气体。

19 世纪，随着火车和蒸汽机的普及，对煤的需求大增，煤矿开采也变得越来越危险。矿工们不得不在矿井中挖得更深以满足煤炭需求，这很容易使他们暴露于含有毒气体的环境中，他们也面临着更高的爆炸风险。矿工们需要一种方法来检测无色无味的一氧化碳气体，而金丝雀就是他们的早期检测方法，因为一旦接触到这种气体，金丝雀就会迅速死亡。这些金丝雀帮助煤矿工人躲避了致命危险。[4]

约翰·斯科特·霍尔丹是一位杰出的苏格兰生理学家，也是 20 世纪初的创新思想家。他为职业健康和安全做出了重大贡献，其中最典型的案例之一，就是使用金丝雀检测煤矿中的有毒气体。生于 1860 年的霍尔丹，对呼吸生理学以及气体对人体的影响着迷，这一热情促使他探索煤矿的危险环境，并因其贡献被誉为"氧气疗法之父"。

20 世纪初，采矿是最危险的职业之一，矿工们经常死于"窒息性气体"或一氧化碳中毒。彼时，霍尔丹对呼吸生理学和气体暴露的研究，已经使他在这个领域成为权威专家，正是凭借这些专业知识，他设计了一个简单而巧妙的解决方案：在煤矿中使用金丝雀来检测一氧化碳气体。

霍尔丹知道，金丝雀呼吸速度快，新陈代谢率高，因此它们比人类对一氧化碳和其他有毒气体更为敏感。如果金丝雀出现不适或死亡，那么就能起到有效的早期预警作用。这种方法简单而有效，迅速成为全球煤矿的标准安全措施。

霍尔丹的工作远不只在矿井中引入金丝雀那么简单，这背后反映了他对改善工业安全和工人健康的广泛承诺。他率先理解了工业环境对人类生理学的影响，并坚持不懈地努力降低这些风险。使用金丝雀这一具体措施，仅是他众多研究中的一项；他还深入研究了深潜时海水的压力，制定了潜水表；甚至在第一次世界大战期间研发了防毒面具。他为职业医学奠定了基础，并影响了各种行业的安全法规和实践，拯救了无数生命。

霍尔丹将金丝雀引入煤矿的做法，证明了基于对生物学和环境危害的深刻理解所产生的科学创造力，如何带来切实可行的解决方案，进而对公众健康和职业安全产生深远持久的影响。

合成事务是人工智能和云服务系统的重要组成部分，用于确保实时服务的性能和可靠性。通过模拟用户操作，合成事务可以提供有关系统性能的宝贵见解，检测模型漂移和其他潜在问题，并进行主动维护和改进。合成事务的有效性，有赖于精心的设计、定期的更新以及巧妙地整合更广泛的监控策略，最终确保云托管服务的持续可靠性和高性能。

检测阶段证明，持续投入对于人工智能模型的成功必不可少。通过严密的监控，以及对诸如 RLHF 和合成事务等技术的合理应用，组织可以强化其人工智能部署，以抵御模型漂移的威胁。这些方法通过整合人类专业知识和模拟用户交互，使人工智能系统能够适应现实场景、不断进化并表现出色。当我们回顾在探索 6Ds 框架的过程中所获得的启示时，让我们继续坚定地致力于持续改进和创新，确保我们的人工智能模型在不断变化的环境中得以存续，并蓬勃发展。

第三部分

人工智能模型创建和
部署的组织考量

在客服团队内创建和部署人工智能模型需要一个考虑多方因素的方法。接下来的章节会深入探讨将人工智能集成到你的支持业务时要考虑的因素，并且逐个讨论它们可能带来的影响。

构建符合负责任的人工智能（Responsible AI, RAI）原则，并且符合伦理道德的人工智能模型，是最重要的考虑因素之一。这些考虑因素不应该是事后才被考虑的事项，而应该是在你的人工智能之旅开始时就需要被仔细考虑的最关键的基本要素。尽管负责任的人工智能和伦理学贯穿本书的多个章节，但我们依然要在本部分对其展开更深入的探讨，以确保人工智能模型的开发在内核层面充分考虑了公平性、可问责性、透明度和伦理规范。考虑到全球用户的多样性——无论他们是客户还是专业的支持人员——你必然希望你的人工智能模型可以尊重文化差异、消除伤害和偏见，并且促进文化包容性。

你为组织设想的人工智能文化，是你在设计和部署人工智能模型时的另一个考虑因素。对人工智能不熟悉或没有体验过人工智能的人群，对其怀有巨大的恐惧心理。你的组织和组织文化可以极大地提升人们对人工智能的认知水平和接受程度，确保它被视为一种可以推动个人和商业成功的积极创新。

此外，客户支持指标是衡量客户体验成功与否的核心。这些基准不仅反映出人工智能模型的效率和准确度，还折射出客户满意度和支持人员的参与度，让我们可以衡量人工智能集成所产生的影响和成效。人工智能模型本身的指标与人工智能部署的结果同样重要，该指标包含模型的可扩展性、可维护性、可靠性以及对这些模型的持续改进。

提供客户服务和支持的业务以运营效率为基础。将人工智能整合到运营环节时，需要仔细考虑以获得效率与高质量人际互动之间的平衡。人工智能可以更高效地管理运营流程，处理日常事务和答疑。这可以让人工客服专注于需要心理共鸣和高级技巧才能解决的复杂问题。终极目的就是实现人工智能的高效率与人类心智的无缝融合，以提升客户服务的整体体验。

最后一个需要我们深入考虑的因素是客户支持角色的演变。随着人工智能的采用，很多人担心会被其取代，而传统客户支持角色的转变确实是不可避免的。虽然人工智能可能会在某个时刻，改变和取代部分角色，但人类与人工智能的协作才是关键所在。在这种协作中，人类将充分利用人工智能独特的优势，以提升客户体验。

在设计和部署人工智能模型时，讨论这些重要的考虑因素，旨在为构建创新、高效且合乎道德规范的客户服务解决方案铺平道路。迎接挑战，并将其转化为成长和学习的机会，以确保我们采取的每一步都是合乎道德规范的、可衡量的、可理解的，并最终使所有利益相关方受益。

第 11 章

负责任的人工智能和客户服务中的
道德考量

我们的未来是一场科技力量与我们运用科技的智慧之间的竞赛。

——斯蒂芬·霍金

人工智能已经从科幻小说中的内容变成了人类生活中引导变革的力量，揭示了无数的可能性。它让我们可以共同设想并创造一个更美好的世界，突破我们曾经认为不可能的界限。人工智能代表了设计技术的根本性转变，并有望改变商业和社会，提高生产力，刺激经济增长，帮助人们在工作中更有创造力、在生活中更有影响力，推动医学的新进展，拓宽科学的新边界，并助力商业领域的新变革。换句话说，人工智能有可能成为我们这一代人所取得的最重要的技术进步。

随着人工智能的变革性优势日益显现，风险也随之而来。随着人工智能在我们的日常生活中日益普及且日渐与我们的生活融合，企业需要公开其人工智能发展成果，以赢得公众信任，并对所有模型部署负责。即使是那些具有最佳人工智能意识的组织，最终也可能在不经意间对社会或个人造成伤害，具体表现为经济安全受损、自由受限、社会稳定受扰和机会的丧失。我们还必须注意，有些人会以不良甚至有害的方式使用这项技术。在人工智能系统的开发过程中，欠缺仔细的考虑，可能会导致意想不到的后果。例如，算法中可能会引入偏见、歧视、错误、糟糕的决策以及错误信息，在本应受其帮助的人群中引发不信任。随着人工智能技术变得越来越复杂，它的影响范围也从仅仅提供便利，扩展到重大的社会、道德和政府管理问题。这种深远的影响，要求我们在构思、开发和部署这些技术时进行相应的调整和演进。在这个创新和伦理的交汇处，负责任的人工智能成了一个关键的路标。

负责任的人工智能逐渐从一个"有则更好"的事物演变成了一项强制性要求。它是企业和社会的优先事项，用于在确保人工智能系统的设计、开发和部署符合道德规范的同时，符合社会价值观、尊重人权，并避免对个人和社区造成伤害。负责任的人工智能是一项以人为本的举措——既是一种思维方式，也是一个工具集。有关负责任的人工智能的实践，建立在一套基本原则的基础上，这些原则帮助团队在整个产品的开发生命周期中识别、评估和减轻可能的危害。

人工智能系统不仅仅包含技术，还包含使用这些系统的人、被它们所影响的人，以及部署这些系统的环境。严格来说，赢得人们对人工智能的信任，并不是一个可以用技术方案解决的技术问题，而是一个需要采取系统性的社会技术方法来应对的挑战。具体来说，我们期待我们的人类价值能够正确地体现在我们使用的技术中；我们期待像人工智能这样的技术不会对我们撒谎，不存在歧视，对我们自己和我们的孩子来说也是安全的。想要创建一个"足够负责任的"人工智能系统，需要了解其对人类和社会产生的潜在影响，无论是有益的还是有害的，并且采取适当的衡量措施来减轻预期的伤害，同时为应对意外的伤害做好准备。

通往真正负责任的人工智能的道路充满了各种复杂的问题：我们如何将伦理道德规范编码加入人工智能系统？公平是可以用算法来量化和保障的吗？在人工智能系统中，应该采取哪些机制来保证透明度和问责制？

本章会针对这些问题，为你提供关于负责任的人工智能的全面概述。我们的目标是揭开支撑负责任的人工智能的原则和实践的神秘面纱，探索它所带来的挑战和机遇，并通过例子和可执行的洞察，为你展示前进的道路。在本章末，我们希望你不仅能认识到负责任的人工智能的重要性，还能感受到有能力为其发展做贡献。

在我们一起开始这段旅程之际，请记住，人工智能的未来不是预先定义好的。它是由设计、开发和部署这些技术的人的决策共同塑造的。我们可以通过对责任的集体承诺，引导人工智能走向一个重塑我们最高道德标准和愿望的未来。负责任的创新是构建一个人工智能和人类协作能够和谐发展的未来的关键。我们有能力也有责任为子孙后代塑造一个更美好的未来。负责任的人工智能使我们能够开发尊重、保护并提升人类尊严的技术，确保它不会延续偏见，或者歧视任何个人或群体，并最终造福全人类。

负责任的人工智能的基础

负责任的人工智能指的是在设计、开发和部署人工智能的过程中，始终以道德、安全和包容为核心。它包含了一系列策略和行动，旨在确保人工智能系统对于它所影响的人和社会而言，是透明的、可理解的和可靠的。这个做法优先考虑了在从概念到部署这一整体人工智能的生命周期中，对人类的权益和价值观的保障。

道德规范准则

负责任的人工智能的核心是一组指导其开发和使用的道德规范准则。这些准则对于人工智能从业者而言正如精神指南针，有助于确保人工智能技术是在为社会做出积极贡献，是符合道德规范并且不会造成伤害的。当然，在不同框架和规范中，这些准则的定义和优先级可能会不同，但是其中几条最核心的准则是被广泛认可的，并且已经成为关于负责任的人工智能宣言的基石。这些最核心的准则如下。

- **公平（Fairness）**：人工智能系统不应该存在偏见，以避免不公正的或容易引起偏见的操作，这些操作往往产生于因人类的种族、性别或其他特征而导致的歧视。这意味着要确保人工智能应用不仅不会延续或加剧社会不平等，而且可以倡导公正和正义。这可以通过在训练数据集和算法中积极甄别并减少偏见来达成。

- **责任感（Accountability）**：设计师、开发人员、部署工程师和组织机构必须为人工智能系统的功能和结果负责。他们的职责包含了建立用于应对和补救人工智能系统导致任何伤害和错误的成熟的机制。

- **透明度（Transparency）**：人工智能系统的处理过程和其所做的决策，对用户和利益相关者来说，应该是开放的且可以理解的。这需要记录和沟通系统所涉及的数据、算法和决策过程，使人工智能做出的决策具有可解释性，并让这些决策的过程可供检查和复核。

- **隐私保护（Privacy）**：人工智能系统必须尊重和保护个人的隐私权。这需要确保其对个人数据的采集、储存和使用必须符合数据保护的法律法规和个人必要的许可，并且个人应该对自己的数据有控制权。

- **安全性（Security）**：人工智能系统在面对可能让其损失完整性或数据的威胁时应该是安全的。这包含了在面对数据攻击、破坏、伪造和其他无意的伤害行为时的自我保护能力。

- **善意（Beneficence）**：人工智能应该被用于增强人类福祉。它应该致力于为社会带来正面影响，为人类的健康安乐和共有利益做出贡献。

- **无伤害性（Non-maleficence）**：人工智能系统不应该伤害人类。拉丁语格言"primum non nocere"很好地总结了这条原则，这句格言意为"最重要的是，不要造成伤害"。它强调了确保人工智能技术不给人类的健康、权益、尊严或福祉带来负面影响的重要性。

- **自主权（Autonomy）**：人工智能应该提高人类的自主权，而不是逐渐削弱它。这意味着人工智能系统能够为个体赋能，让他们可以做出自由和知情的决定，而不是控制或者欺骗他们。

- **包容性（Inclusion）**：在开发和部署负责任的人工智能的过程中，包容性逐渐被认可为一条至关重要的准则。它确保了人工智能技术可供社会各阶层使用并使人们受益，无论人们的年龄、性别、种族、民族、身体状况和认知能力、社会经济地位或任何其他可能导致排斥或歧视的因素如何。

- **可靠性（Reliability）**：人工智能的可靠性指的是人工智能系统在各种条件下都可以稳定、持续、可靠地工作。它确保了人工智能应用如预期般地工作，不受错误的影响，并且可以被用户依赖。可靠性原则与安全性和鲁棒性有关，在人

工智能系统与人类用户之间建立信任关系方面扮演了至关重要的角色。

- **适应性（Adaptability）**：适应性是指鼓励人们开发具备适应力和灵活度的人工智能系统，使它有能力应对社会规范、道德准则和用户需求的变化。这个原则可以有效地支持人工智能系统进行有效的重新评估和调整，以适应动态变化的道德规范和社会需求。

这些原则并不是一成不变的，它们会随着道德框架、文化背景和监管环境的变化而变化。尽管强调的重点和术语可能会有变化，但它的核心理念是稳定的：人工智能必须在合乎道德规范的前提下被开发和使用，它应该尊重人类的价值观并且服务于广泛的社会利益。核心原则之外的扩展部分，则折射出人们对于人工智能技术之于生命和地球的各方面（例如，可持续发展性）影响的逐渐认可。随着人工智能领域的不断发展，指导其以负责任的方式开发和使用的原则也将不断发展，因此，参与人工智能生态系统的所有利益相关者需要进行持续的对话、反思和适应。

全球监管格局纵览

对于负责任的人工智能的解释和实施，在不同的文化和地域背景下可能会大相径庭。随着人工智能驱动产品的激增和全球监管环境的演变，政府和相关部门正在迅速推进人工智能治理方面的改革。全球范围内的各种执法政策，记录着监管领域的这一快速变化，同时，它也反映了人工智能技术快速变化的事实，及其带来的全球化影响。

本章反映的是 2024 年 4 月时的监管环境。鉴于人工智能领域的快速演变，在你阅读本章时，监管格局非常有可能已经发生了深度的演变。这种可能性使我们当前梳理出来的内容成为一条有价值的基准线，有助于我们洞察不同国家的人工智能监管方向。虽然我们的概述涵盖了全球人工智能主要司法管辖区及其所采取的方法，但需着重留意的是，由于政策变化的速度很快，并且涉及的司法管辖区范围很广，该概述可能无法涵盖每一次的更新变化。我们鼓励你去验证文中提到的每个法规的当前状态，以确保你掌握了最新版本的信息。

亚洲

- **中国的人工智能政策**：在中国，人工智能监管的格局正在迅速发展，预计第一部全面的人工智能法的草案有可能在 2024 年形成，但是正规化和执行可能还需假以时日。[1] 中国社会科学院（The Chinese Academy of Social Sciences）在 2023 年起草了未来人工智能法案的学术建议稿。中国的目标是引导人工智能公司，

明确它们应避免的领域，保证人工智能的工作重心，始终使其服务符合道德规范、有责任感且保持透明。2022 年，中国开始采取措施规范人工智能生成技术，在出台鼓励发展规则的同时，禁止欺骗性做法。比如，从 2023 年 1 月 10 日起，未添加水印的人工智能生成内容会被判定为非法内容。[2]

- **日本的人工智能政策：**尽管日本没有专门针对人工智能的全面监管，但他们的人工智能监管方法仍然基于以人为中心的人工智能社会原则。日本政府依靠制定指导方针，让私营部门自主管理其人工智能的使用。[3] 虽并非为人工智能量身打造，但日本特定行业的法律，包括数据保护、反垄断和版权保护，在人工智能领域依然适用。

- **印度的人工智能政策：**在印度，与人工智能相关的法规处于持续讨论和探索的阶段。当前，尚未有成形的法律或处罚条例，来规范其人工智能的使用。然而，2023 年的《数字印度法案》（Digital India Act）[4] 已经取代了过时的 2000 年出台的《信息技术法案》（IT Act）。这是一个新的法律框架，旨在通过制定法规，确保数据安全、隐私和合乎道德规范的技术使用，来应对包括人工智能在内的现代数字现实状况。与这个管理框架相辅相成的是"印度人工智能使命"（India AI Mission），[5] 该计划通过搭建重要的人工智能基础建设，支持重要部门中的人工智能应用，以及倡导安全且合乎道德规范的人工智能实践，来构建强大的人工智能生态系统。

大洋洲

- **澳大利亚的人工智能政策：**澳大利亚尚未引入任何与人工智能相关的政府政策或法律。在 2023 年就安全且负责任地应用人工智能开展了咨询工作之后，澳大利亚政府计划将新的人工智能监管重点放在人工智能实施的高风险领域，即那些最有可能造成伤害的领域。这可能包括工作场所、司法系统、监控或自动驾驶汽车等领域。澳大利亚是 2018 年首批引入与负责任的人工智能相关的道德规范框架的国家之一，并据此制定了"澳大利亚人工智能行动计划"（Australia's AI Action Plan）[6] 和澳大利亚"人工智能伦理框架"（AI Ethics Framework）。[7]

美洲

- **美国的人工智能政策：**虽然美国在人工智能监管方面采取了更加分散的方法，重点关注创新和竞争力提升，但有关人工智能道德规范和行业特定法规的讨论

也越来越多。美国对人工智能监管采取灵活的逐案处理策略，避免制定统一的人工智能专项法律。它通过建立各种指导方针和框架（包括行政命令和提议），来管理联邦一级的人工智能，以推动政府内外值得信赖的人工智能法案。[8,9,10,11] 这种方法允许适应性和创新性，依靠现有机构监督人工智能的部署，确保其遵守不同部门的指导方针。

- **加拿大的人工智能政策**：加拿大正在通过拟议中的《人工智能与数据法案》（AI and Data Act, AIDA）推进其人工智能治理进程，其重点是保护加拿大人免受高风险人工智能应用的侵害，并推广负责任的人工智能实践。[12]《人工智能与数据法案》为负责任地设计、开发和部署影响加拿大居民生活的人工智能系统奠定了基础。它旨在确保人工智能技术是安全且尊重人权的，并符合加拿大的价值观。《人工智能与数据法案》重点关注具备高影响力的人工智能系统，这些系统有可能对个人、社会或经济产生重大影响。部署了这些系统的组织机构，将会被要求落实一系列举措，以识别、评估和减轻与健康、安全相关的危害。

- **巴西的人工智能政策**：巴西的新人工智能法案提出了一个新的框架，用于规范人工智能系统的道德和负责任的使用。[13] 拟议中的法案侧重于维护人权，旨在赋予个人重大权利，并规定了人工智能供应商和运营商的义务。它建议成立一个执法监管机构，并对人工智能系统采用基于风险的分类。此外，它还计划为人工智能提供商或运营商制定民事责任框架，并要求其报告重大安全漏洞。

欧洲

- **欧盟的人工智能政策**：在欧洲，欧盟一直积极制定与人工智能相关的法规和指导方针，强调隐私、数据保护（如《通用数据保护条例》）以及人工智能技术的伦理影响。《欧盟人工智能法案》（European AI Act）[14] 是欧盟通过的一项具有里程碑意义的法律，旨在规范其成员对人工智能的使用。[15] 该法规强调了道德指导方针的重要性，涵盖透明度和问责制。它旨在保护基本权利、民主、法治和环境可持续性，使之免受高风险人工智能的影响，同时促进创新，使欧洲在该领域处于世界领先地位。它力求建立一个欧盟人工智能委员会，来监督人工智能的实施情况和合规性，并引入了一项指令来处理因人工智能引起的民事责任纠纷。这项立法被视为确保人工智能技术以安全、符合道德规范且有益于社会的方式开发和使用的重要举措，为全球人工智能监管工作开创了先例。该法律现已获得欧洲议会（European Parliament）的批准，下一步需要得到理事会的正式认可。《欧盟人工智能法案》引入了一种基于风险设计的人工智能治理方法，用于区分高风险和低风险人工智能应用，以相应地调整监管要求，如图 11-1 所示。

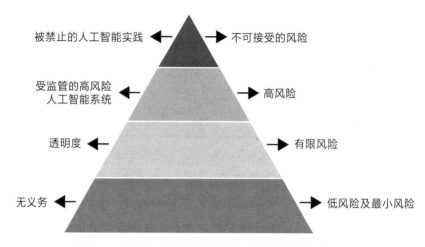

被禁止的人工智能实践 ← → 不可接受的风险

受监管的高风险
人工智能系统 ← → 高风险

透明度 ← → 有限风险

无义务 ← → 低风险及最小风险

图 11-1　风险金字塔（数据来源：欧盟委员会）[16]

新规定禁止某些威胁公民权利的人工智能应用，包括基于敏感特征而构建的生物特征分类系统，以及从互联网或闭路电视录像中无针对性地抓取面部图像，以创建面部识别数据库。此外，在工作场所和学校的情绪识别、社会评分、预测性警务（仅基于个人的形象描述或者特征进行评估），以及其他操纵人类行为或利用人们弱点的人工智能也将被禁止使用。除非是在详尽列出且精准定义场景的前提下，例如，有针对性地搜寻失踪人员或防止恐怖袭击，原则上禁止执法部门使用远程生物识别（Remote Biometric Identification, RBI）系统。

其他高风险的人工智能系统也有明确的义务（鉴于它们在健康、安全、基本权利、环境、民主和法律方面存在重大潜在危害）。公民将有权对人工智能系统提出投诉，并有权就基于影响其权利的高风险人工智能系统做出的决定获得解释。[17]

英国

- **英国的人工智能政策**：英国的人工智能监管方法强调一种对上下文敏感、平衡各方的方法，而不是实施全面的人工智能特定监管。[18]它更倾向于将现有的行业特定法律应用于人工智能指导，倡导构建一个适应性强的监管框架，避免用过于规范的规则来阻碍创新。该方法旨在确保以灵活和负责任的方式，对人工智能的开发和部署进行管理，体现出英国在坚守道德标准的同时，促进技术进步的重心。瑞士正在走一条类似于英国的道路，选择不引入独立的人工智能监管来解决问题。

能够在世界范围内通用的人工智能法规可能暂时还不存在（或者永远也不会存在）。因此，一种更切实可行的方法可能是专注于人工智能的核心伦理原则，因为这些原则能比具体的监管细节获得更广泛的共识。

这种观点的多样性强调了在创建负责任的人工智能的普适方法时，进行国际合作的重要性；强调了全球对话的必要性，在追求通用的人工智能道德标准的同时，也尊重了文化的差异。负责任的人工智能的基石构筑在道德规范原则之上，而这些原则是由全球各种视角塑造而成的。在前行时，我们必须认识到这些原则不是静态的；它们必须随着技术的发展和社会的演变而进化。通过遵守这些原则基石，我们能够确保人工智能技术与人类的价值观保持一致，并服务于社会各阶层的利益。

挑战与机遇

将人工智能融入我们生活的旅程，往往伴随着挑战我们核心价值观的道德困境。一个著名的例子便是面部识别技术中存在的偏见问题[19]。这项技术虽然具有革命性，但在面对具有不同人口特征的人群时，存在准确性的差异，这引发了人们对其公平性和歧视问题的严重担忧。此类案例研究凸显了人工智能中伦理决策的复杂性。在人工智能领域，基于有偏见的数据训练出来的算法，可能会延续甚至加剧现有的某些社会不平等问题。

技术挑战

在人工智能系统中实现道德规范准则，不仅仅是一个意愿问题，更是一个能力问题。实现这一目标所面临的技术障碍是巨大的，包括复杂算法的不透明性（即"黑盒子"问题，指人工智能算法，尤其是深度学习模型的决策过程难以被人类理解），以及这个时代无处不在的数据搜集对于保障数据隐私的挑战。数据泄露和个人信息被不道德使用所带来的风险，引发了人们极大的担忧。此外，算法的偏差也带来了持续的挑战，因为人工智能系统会继承和放大训练数据中存在的偏见，从而导致不公正的结果。要克服这些挑战，需要人工智能技术在可解释性、数据安全实践和减少偏见等方面取得进步。

这些挑战也凸显了负责任的人工智能的理想状况与目前人工智能开发的实际现状之间的鸿沟，而正是技术上的限制，阻碍了道德规范目标的实际落地。

其中一个呈现隐私与安全方面挑战的例子，是发生在 iRobot[①] 与谷歌的合作中的一起事故。iRobot 的"伦巴"（Roomba）i7+[②] 代表了智能家居技术的巨大飞跃，它将数据测量技术与低分辨率摄像画像技术相结合，为用户绘制家庭地图。[20] 这项技术让用户可以使用谷歌助手（Google Assistant），来命令他们的伦巴机器人清扫特定的房间。虽然这项集成技术给用户提供了前所未有的便利，但同时也带来了重大的隐私方面的顾虑。这种数据共享的自愿性质，强调了用户意愿的重要性和对强有力的数据保护措施的需求。但现实是，谷歌承认它暴露了约 50 万名谷歌用户的个人数据，并收紧了对第三方访问用户谷歌邮箱（Gmail）账户的审查。诸如此类的事故，凸显了在智能设备和服务生态系统中，保护用户数据持续存在的挑战。[21, 22]

基于这些新系统带来的挑战，《大众机械》（*Popular Mechanics*）的报告中探讨了使用一个人工智能去欺骗另一个人工智能系统的想法，由此打开了人工智能开发和部署过程中，有关问责制的潘多拉魔盒。[23] 这个报告讨论了一系列技术和方法，以欺骗用于监视和监听私人对话的人工智能系统。其中包括了各种不同的策略，来误导用于分析语音、声音和其他数据类型的算法，以防止它们准确解释和利用其搜集到的信息。这个场景印证了不断发展的人工智能技术之间的"猫鼠游戏"，并且提出了关于开发人员和公司在创建尊重用户隐私和安全的人工智能系统时的责任问题。人工智能系统存在在无意中被操纵，或者用于其他途径的可能性，构建一个问责框架是必要的，因为它可以确保人工智能技术在开发和使用的过程中，始终是符合道德规范、透明且符合社会价值观的。

机遇

尽管存在这些挑战，但人工智能的确为解决世界上一些最紧迫的问题，带来了前所未有的机遇。人工智能有可能通过个性化医疗为医疗行业带来变革，通过优化能源消耗来应对气候变化，并通过创新的辅助技术为残障人士改善无障碍环境。这些例子说明人

---

① 美国 iRobot 公司，为全球知名 MIT 计算机科学与人工智能实验室技术转移及投资成立的机器人产品与技术专业研发公司。——译者注

② iRobot 公司生产的一款扫地机器人。——译者注

工智能是把双刃剑，它既可以是引发道德规范顾虑的根源，也可以是造福社会的工具。因此，在强调引导人工智能发展时考虑这一点尤为重要，我们既要最大限度地发挥其效益，又要最大限度地降低其风险。

在可靠性和安全方面，人工智能在建筑行业中的应用是一个典型的实例。房屋建造商 Countryside 使用了人工智能驱动的防撞技术，标志着建筑行业在提高安全性和可靠性方面迈出了积极的一步。[24] 这种技术展示了人工智能如何在建筑工地上避免事故的发生，据此我们也能观察到人工智能在显著提高工作场所安全性方面的潜力。然而，建筑行业在关键安全措施上对于人工智能的依赖，也强调了确保这些系统的高可靠性至关重要。它强调了严格测试、持续监控和应急计划的重要性，以解决潜在的故障或失灵问题，这也能确保人工智能技术在高风险环境中，依然可以安全有效地运行。

框架与治理

组织机构在将负责任的人工智能原则融入其运营流程的过程中，发挥着至关重要的作用。这一过程涉及制定内部政策，建立人工智能道德规范和治理结构，以监督人工智能项目。例如，微软发布的《微软负责任的人工智能影响力评估指南》(*The Microsoft Responsible AI Impact Assessment Guide*)，旨在通过经验分享和邀请反馈，帮助建立跨行业的负责任的人工智能的标准，并推动其实践。[25]

建立制度框架和开展对人工智能的治理，对于确保人工智能技术以合乎道德规范且负责任的方式进行开发和使用至关重要。这些框架提供了一种结构化的方法，以解决公平、隐私和透明度等道德规范问题，确保了人工智能系统不会在无意中伤害用户或社会。对人工智能的治理确保了问责制的实施，能够指导组织机构监控人工智能系统的影响，并做出必要的调整。它还通过对道德实践承诺的展示，促进了利益相关方之间信任关系的建立。将这些框架整合到公司中，可以实现与社会价值观和法律要求相一致的负责任的人工智能的可持续创新，使公司成为符合道德规范地使用人工智能的领导者。

一个成功应用人工智能治理框架的例子，是 IBM 的人工智能道德委员会（AI Ethics Board）。[26] 该委员会负责监督公司人工智能合乎道德规范的开发、部署和使用情况。它确保了 IBM 的人工智能项目严格遵循其"信任和透明度的原则"，重点关注信任、透明、公平和问责制。这个人工智能道德委员会审核人工智能倡议，指导符合道德规范的人工智能研究，并且促进跨团队合作，力求将道德规范考量集成到人工智能解决方案中，将 IBM 打造成为负责任的人工智能实践中的领导者。

负责任的人工智能的实现：集成道德规范的战略性蓝图

在一个组织机构中实施负责任的人工智能是将道德、法律和技术考虑整合到开发、部署和使用人工智能系统全过程的综合过程。正如在《我们其他人的 AI》（*AI for the Rest of Us*）这本书中，负责任的人工智能的实践者菲德拉·博伊诺迪里斯和贝斯·鲁登所说："践行负责任的人工智能，不存在'快捷键'。"[27]

本节为打算开启人工智能旅程的组织机构提供了一份详细指南，涵盖了初步考虑和实际操作步骤，包括之前的经验教训和重要注意事项。

初步考虑

在考虑实施负责任的人工智能时，有诸多需要考虑的初始活动。如果我们要为人类构建一个安全的未来，这些工作将不容商榷。

- **重新审视人工智能预期用例和目标**：仔细评估人工智能模型的预期用例，着眼于负责任的人工智能原则，这将确保人工智能部署不仅在道德层面是合理的，而且能为组织的目标实现做出贡献。

- **理解负责任的人工智能原则**：首先需要熟悉负责任的人工智能的核心原则，正如本章前面所分享的那样，包括公平、透明度、责任感、隐私保护和安全性等。理解这些原则，对于负责任地指导人工智能的开发和部署至关重要。

- **评估人工智能的成熟度**：评估你的组织当前对人工智能的使用情况，以及在人工智能开发、使用和治理方面的成熟度。该评估将有助于确定整合负责任的人工智能实践的起点。

- **定义负责任的人工智能策略的目标**：使你的负责任的人工智能工作与你的业务目标和道德标准保持一致。定义负责任的人工智能策略所希望达成的目标，包括遵守法律法规和遵守超越法律要求的道德价值观。

战略规划

一旦对这些初步考虑思考成熟之后，就可以使用一些策略，帮助你构建一个成功且负责任的人工智能系统。

- **打造一个负责任的人工智能的跨职能团队**：创建一个成员背景多元化的团队，包括伦理学、法律、技术、商务和人权等领域的成员。这个团队会领导负责任

的人工智能的相关事务，确保在做决策时的考虑因素是多角度和多方面的。

- **开发一个负责任的人工智能的框架**：基于负责任的人工智能的原则，为负责任的人工智能的开发和使用，定义一个包含政策、流程和指导原则框架。这个框架需要能够适应不断发展和变化的技术和法规。

- **建立问责制**：指定个人或团队，负责确保整个组织的人工智能计划取得公平的结果。这需要的不是一种象征性的姿态；它要求获得专项授权，被授权的人可以积极监督和解决人工智能的开发和部署阶段可能出现的任何道德问题。问责制保证了人工智能始终服务于集体利益，而不会让偏见长期存在或造成伤害。

- **在教育和培训上投资**：为所有职级的员工提供教育和培训，内容关于负责任的人工智能的重要性，以及他们各自在其中的角色和需要承担的职责。这包含了对人工智能开发人员的技术培训，以及对决策者的社会学和伦理学培训。这种全面的培训和教育提升了个人能力，并营造了一个协作的环境，使员工可以从彼此不同的观点中学习，共同为负责任的人工智能的技术发展做出贡献。

实现

在制定好战略规划之后，下一步就是实施了。正如你从第 4 章有关 6Ds 框架的讨论中所了解到的那样，负责任的人工智能需要贯穿于整个实施过程。

- **在人工智能生命周期中集成负责任的人工智能**：确保负责任的人工智能原则在人工智能生命周期的每个阶段得到整合，从初始设计，到部署以及后期监控。这包括进行影响评估，实施公平性和偏见检查，并确保透明度和可解释性。

- **利用外部专家**：考虑咨询外部专家，或者引入专注于负责任的人工智能的行业团队，以获得见解、分享经验，并随时了解最佳实践和监管方面的发展。

- **创建负责任的人工智能的文化**：创建并维持一种优先考虑负责任的人工智能实践的文化，是获得长期成功的核心。组织机构应该培育各个层级员工的道德考量意识，并且鼓励员工质疑和挑战可能引发意外后果的人工智能决策。重视负责任的人工智能的文化，可以在潜在问题产生影响之前，积极主动地识别，并对其加以纠正。

- **监控和报告**：实施对人工智能系统的持续监控和报告，可以保证它们在既定的负责任的人工智能指南范围内运行。这应该包括构建反馈回路，以及对人工智能模型的适应性调整。这种迭代过程允许在问题出现时及时识别并对其加以纠正，确保人工智能系统随着时间的推移，持续负责任地发展。

经验教训与最佳实践

成功实施负责任的人工智能的组织强调，在人工智能生命周期的早期和整个过程中，让利益相关者参与的重要性，这些利益相关者包括客户、员工和监管机构。

另一个重要经验强调，透明度是成功的关键。对人工智能系统如何做出决策及其潜在偏见保持透明，有助于组织与用户和利益相关者建立信任。

最后且同样重要的一点是，对道德规范的要求远不只是纯粹的合规。成功的组织把道德规范当作基石，而不是简单的检查列表。它们力求培养一种超越法律要求的企业文化，即在所有与人工智能相关的决策中，优先考虑道德因素。

下面是一些有关"做"与"不做"的建议。

做

- 定期检查和更新负责任的人工智能的政策，确保其反映了最新的技术与监管的变化。
- 培养一种重视并优先考虑道德因素的组织文化。
- 与不同的利益相关者保持沟通，了解不同的观点及其对人工智能的潜在影响。

不做

- 忽视数据管理的重要性，忽视数据收集和使用的道德影响。
- 低估在人工智能系统中减少偏见的难度和所面临的挑战。这需要持续的努力，并且要保持数据集合的多样性。
- 忽视来自人工智能系统用户和受其决策影响的人的反馈。他们的洞察，对于改进负责任的人工智能的实践是非常有价值的。

实施负责任的人工智能是一个需要坚定承诺、持续投入，并且始终保持学习与调整意愿的过程。通过遵循这些指导方针，公司可以为符合法规、道德标准和社会价值观的负责任的人工智能的使用铺平道路。

应对阴影：减轻 LLMs 的潜在危害

在人工智能的广阔领域中，LLMs 带来了突破性的机遇，同时也带来了复杂的挑战。对于这些能够理解和生成类人文本的先进人工智能系统，随着其影响力不断扩大，并且愈发深入我们的生活和商业的各个方面，应对它们可能带来的潜在不利影响变得势在必行。这样才能确保在将 LLMs 融入社会的过程中，最大限度地发挥其积极影响力，并同时努力防范其固有的危险。人工智能事件数据库提供了一个全面的全球视角，[28] 展示了部署人工智能所造成的伤害或近似伤害，这让我们有机会从他人的集体失误中吸取教训。通过深入剖析与内容相关的危害、技术陷阱、操作挑战和道德考虑，本章节将为你提供指导负责任的开发与应用 LLM 技术所需要的支持和工具。

内容产生的危害及缓解措施

- **接触非法或有害内容**

　　危害：用户可能会遇到宣扬仇恨的言论、暴力或剥削内容，以及其他类型的有害内容。

　　缓解措施：缓解措施包括安装可以筛选和消除有害内容的过滤器、设置能够快速响应新威胁或有害趋势的可调节过滤器 / 屏蔽列表（filters/blocklists），以及采用可以识别违反政策的行为并对其采取行动的检测系统。为用户提供便捷的反馈途径，并确保反馈工具有能力收集足够多的详细信息以供检查，是非常重要的。此外，还可以利用提示工程来指导 LLMs 生成符合组织政策和原则的内容，避免有害内容的生成。

- **误导性或被控制的建议**

　　危害：在医药、法律或金融等敏感领域，LLMs 可能在无意中提供不准确的建议。

　　缓解措施：缓解措施包括进行法律专业咨询以确定需要特殊考虑的领域，同时避免提供直接的建议。这是 LLM 的一种设计，旨在优雅地退出而让用户将特定查询转交给有资质的专家处理，并利用提示工程引导 LLMs 向用户澄清此类问题更适合咨询专家，以使用户获得个性化建议。

技术与运营中的危害

- **第三方内容回流**

　　危害：LLMs 可能会复制受版权保护或敏感的内容，而未做正确的版权声明。

　　缓解措施：缓解措施包括通过法律咨询，了解其在法律层面的影响，并相应地建立保障措施，持续检测及调整 LLM 在复制内容时的偏好。

- **服务质量参差不齐**

　　危害：LLMs 可能会为使用不同语言或具有不同人口统计学特征的群体，提供不同水平的服务。

    缓解措施：缓解措施包括定期开展语言或人口统计学方面的评估，以识别和处理差异，并利用用户反馈和参与度等信号，来改善模型为代表性不足的群体所提供的服务。

- **幻觉和错误信息**

    危害：LLMs 可以通过生成虚假或未经证实的信息，并将其作为事实来误导用户。这种现象在人工智能领域被称为幻觉。

    缓解措施：缓解措施包括通过在模型中集成可靠的数据源或外部应用程序接口，来进行内容检查，以及开展用户教育来进行内容验证，以警告并告知用户内容可能存在的不准确之处，并且鼓励其自行验证。

- **内容出处缺失**

    危害：机器生成的内容可能会失去其原始痕迹，使问责变得复杂。

    缓解措施：缓解措施包括应用数字水印技术或元数据技术，来实现对内容的溯源。

- **不可靠或者误导性的输出**

    危害：机器生成的内容可能是没有依据的，从而导致输出内容的不准确。

    缓解措施：缓解措施包括使用事实数据，为 LLM 提供经过验证的数据源，并且通过详细的交互设计和用户交互界面提示，来尽量减少无依据内容的输出。

- **对算法影响的评估不充分**

    危害：这类评估的有效性取决于人工智能模型所有者对其的理解和熟练使用程度。而缺乏对不同影响和风险评估复杂度等概念的全面理解，则给算法影响评估本身带来了挑战。

    缓解措施：缓解措施包括建立一个可以作为知识中心的中央组织标准管理机构。该管理机构为来自不同背景的从业者提供了一个空间，让他们能够共同加深对人工智能道德规范、风险和社会影响的理解。

社会和道德方面的危害

- **透明度问题**

    危害：用户可能没有意识到他们正在与人工智能进行交互，这将导致人们对其功能的误解。

    缓解措施：缓解措施包括创建文档，为人工智能的实际情况和局限性提供

清晰易懂的信息，并在用户界面设计中加入合适的元素，以突出人工智能生成的内容。

- **政治或意识形态操纵层面的滥用**

  危害：使用 LLMs 生成有偏见的内容或干扰政治进程的风险是切实存在的。

  缓解措施：缓解措施要求通过提示工程，为 LLMs 提供明确的指导，以避免产生具有政治煽动性的内容。维护动态黑名单也有助于防止敏感政治内容的产生。

- **与代码生成相关的风险**

  危害：使用 LLMs 生成的代码，可能会带来不安全或者有害的输出。

  缓解措施：缓解措施包括使用内容审核分类器，例如 Azure AI 平台（Azure AI Platform, AIP）的恶意软件配有漏洞代码分类器等工具，对生成的代码进行过滤。提醒用户审查人工智能生成代码的安全性和准确性，是非常重要的。减轻 LLMs 的潜在危害，需要采取多样化的方法，综合技术解决方案、道德准则和法律方面的考虑。通过应用动态过滤器、引入提示工程、咨询法律专家和提高透明度，组织可以很好地应对部署 LLM 过程中的复杂情况。这种积极的态度，确保了 LLMs 带来的收益得以兑现，同时将风险降至最低，也为人工智能在构建可靠安全的未来中发挥积极作用铺平了道路。

应对 LLMs 中的偏见

LLMs 已经成为能够执行各种 NLP 任务的强大工具。然而，伴随着它令人印象深刻的能力而来的，是巨大的挑战，其中最突出的就是偏见问题。LLMs 中的偏见，是指这些模型产生的输出会倾向于反映其训练数据中存在的偏见或刻板印象。负责任的人工智能需要我们构建尊重和维护人类尊严的技术，确保它不会延续偏见，或者歧视任何个人和群体。

LLMs 中的偏见表现在模型产生的输出不公平地偏袒某些群体或想法，通常是因为模型复制了其训练数据集中嵌入的社会、性别、种族或意识形态偏见。这些偏见可能来自各种源头，包括但不限于训练数据的选择、模型的设计和架构，以及模型开发过程中的主观决策。

在 LLMs 中，偏见的存在引起了一些质疑。

- **道德顾虑**：存在偏见的输出会强化有害的刻板印象，使不公正现象长期存在，并且从根本上破坏促进公平和公正的努力。
- **信任缺失**：偏见的存在，会削弱公众对人工智能技术及其开发者的信任，阻碍其被广泛接受和应用。
- **法律风险**：在诸如招聘、租赁和法律执行等敏感领域，使用存在偏见的 LLMs，可能会导致法律问题和责任纠纷。

目前，已有多个例子凸显了 LLMs 中偏见的存在，这也强调了对其保持警惕并制定缓解策略的必要性。研究显示，在某些与特定性别相关的职业或活动中，一些 LLMs 可能会延续刻板印象（例如，默认医生是男性，而护士是女性）。人们发现，LLMs 同样会生成针对特定种族群体的偏见内容，这通常是对存在于其训练数据中的偏见的外在反映。还有一些 LLMs 在处理英语任务时，表现得要比处理其他语言任务时更好，这对非英语母语者不利，也反映出模型对英语数据和英语母语者的观点的偏向。

过度屏蔽和过度反应是可能出现的两个普遍问题。

- **过度屏蔽**：过度屏蔽是指无意中审查或限制了本质上无害，但被错误标记为有害的内容。这种现象通常是因为实施了广泛的内容审核策略，或者使用了自动过滤算法。虽然这些措施背后的意图，是维护一个安全的线上环境，但是不加选择地应用这些措施，可能会压制不同的观点和声音。2019 年，脸书的内容审核政策受到了审查。当时，该公司的自动化系统错误地标记并删除了一篇帖子，该帖中包含了一张具有标志性意义的照片。这张普利策奖获奖照片名为"战争的恐怖"（The Terror of War）或"燃烧弹女孩"（Napalm Girl）[29]。该照片由摄影师黄功吾拍摄，展示了一名年幼的越南女孩遭受凝固汽油弹袭击时的场景。尽管该照片具有重要的历史意义和新闻价值，但脸书的算法仍判定它违反了裸体政策，导致此照片从平台上被删除。

对抗去偏

本质上，对抗去偏（Adversarial Debiasing）是一种致力于修正机器学习模型中的偏见的技术。[30] 想象一下：这一过程中的两个数字实体好像在跳一支优美的舞，并在其中达到微妙而脆弱的平衡。其中一方是原始模型，它接受训练，被用于提供准确预测；另一方是去偏模型，它扮演前者的对抗方，其训练目标是识别和捕获原始模型中仍然未知的偏见。

它们之间如何相互作用？你可以将这一过程想象成一场独特的对抗芭蕾：去偏模型试图放

大任何原始模型中的偏见，而原始模型则极力压制这些偏见。这像极了一个尝试了所有可能解决方案并转向人工客服的客户，这两个模型都试图把对方推到悬崖边缘，以确保原始模型学会依赖于真实、无偏见的特征。

这样做的结果如何呢？这产生了一个不仅准确，而且能够体现公平的模型。对抗去偏这种有趣的方法已在无数领域留下了印记。比如，它能够完善单词的上下文，或者提升基于医疗保健的机器学习模型的可靠性。

理解和实施机器学习的过程，特别是对抗去偏的过程，与优化客户服务的过程类似。正如主题公园的游客会对无知的工作人员感到失望，捐赠者可能会对无用的网站感到沮丧一样，机器学习中的偏见也可能会导致有误导性的错误结果。而致力于重新设计这些模型，以确保它们有效服务于其目的的努力，与在客户服务领域，确保每个客户的询问都能得到耐心和专业的回复一样重要。

正如在客户服务领域一样，在应用人工智能的宏大蓝图中，事情错综复杂却很重要。无论是由人类还是由人工智能提供的信息，都必须保证是准确且相关的。

- **过度反应**：过度反应是指人工智能模型对输入数据或刺激，产生了不准确或不成比例的响应。人工智能的过度反应，降低了人工智能系统的准确性和可靠性，侵蚀了用户对其能力的信任和信心。这种情况的一个例子是，谷歌在收到投诉，称其人工智能系统 Gemini AI 制作了有争议的人类图像，并引发了各种有关多样性的争议之后，便停止该系统继续为用户提供生成人类图像的服务。[31] 任何算法都会存在关于事情优先级的价值判断，例如，互相冲突的偏见观念。公司必须明确，是想要准确描述当下的社会面貌，还是想推广自身所期待的社会愿景。解决 LLMs 中的偏见问题，需要综合了技术解决方案和组织机构实践的综合方法。运用专门设计的算法和方法论来识别和减少模型输出中偏见的偏见检测和纠正技术，是至关重要的。

LLMs 中的偏见：案例分析和影响

LLMs 和人工智能驱动的算法，已经在我们生活的方方面面产生了变革性的影响，从教育到医疗再到就业，等等。然而，这些技术的整合也同样引发了人们在道德伦理方面的顾虑，特别是有关偏见的问题。通过一系列有影响力的案例，本节将展示 LLMs 和人工智能算法中存在的各种不同偏见，揭示它们产生的实际后果，并凸显对于公正合理的解决方案的急迫需求。

英国政府的评分算法：一个精英主义的案例

在一项颇具争议的举措中，英国政府运用了一种确定学生毕业学年成绩的算法，引发了人们对精英主义的广泛指责。[32] 该算法根据各所学校的历史表现，过度降低了公立学校学生的成绩／评级，偏袒私立学校的学生。该算法揭示了教育部门内部系统的不平等，凸显了因依赖历史数据而使差距长期持续的危险。

医疗算法中的种族偏见

《自然》（Nature）杂志发表的一项引人注目的分析[33]显示，美国医院曾广泛采用了一个歧视少数族裔患者的算法。尽管患病严重程度相当，但少数族裔患者被转介到专为有复杂医疗需求患者设计的项目中的可能性却低于其他患者。鉴于该算法每年在美国约为两亿人提供医疗服务，这种偏见的影响是深远的，它突出了重新评估和重新设计医疗算法的迫切需要，以确保所有患者得到公平治疗。

人工智能招聘工具以及对残障人士的歧视

美国已对无意中歧视残障人士的人工智能招聘工具发出警告。使用基于计算机测试或软件进行简历筛选的雇主，可能在无意中违反了《美国残疾人法案》。这些工具缺乏必要的保障措施，因而可能非法将一些符合工作要求的残疾人拒之门外。[34] 这种情况要求我们重新审视有关就业的算法决策，以确保它能兼顾所有申请人的不同能力。

人工智能招聘中的种族偏见

汤森路透（Thomson Reuters）和宾夕法尼亚大学（University of Pennsylvania）的研究，揭示了人工智能在招聘过程中存在的种族偏见，这进一步印证了长期存在的歧视问题。[35] 少数族裔专业人士面临的工作"召回率"要低得多（低 30%~50%），尤其是当他们的简历中表明了他们的种族或民族身份时。这种偏见延续了历史上的不公正，使组织无法获得多样化的人才和观点，也凸显了对由人工智能驱动的招聘实践进行反思和改革的迫切需要。

客户情绪分析

在这个场景中，人工智能可以通过分析语音模式、语音内容以及其他线索，确定用户情绪。情绪分析与许多其他的人工智能应用一样，也需要面对与偏见相关的挑战。偏见可能来自各种源头，包括开发情绪分析模型的训练数据、算法甚至是社交媒体。如果训练数据主要来自特定人群、特定文化背景或仅反映特定语言中的细节差别，那么情绪分析模型就可能很难准确解读那些来自代表性不足群体的数据中蕴含的情绪。这种错误的解读可能会导致分析出现偏差或不准确，从而得出有偏见的结论。

　　这些例子警示我们，在没有充分考虑其社会影响的情况下，盲目部署 LLMs 和人工智能算法存在固有风险。它们强调了在人工智能技术的开发和应用中整合道德原则、透明度和包容性的必要性，也促使我们了解偏见的本质，识别其表现形式，并且实施避免和缓解偏见的综合性策略。当我们继续前行时，要做的就不只是纠正这些偏见，更是重新构想一个未来：在这个未来，人工智能能够成为公平和正义的催化剂，充分体现人类体验的多样性和复杂性。我们必须拥抱协作努力、创新的解决方案，并坚定地致力于开发负责任的人工智能，尊重每个人的尊严和价值。无偏见的 LLMs 之旅正在进行，这需要我们时刻保持警惕、不断创新并恪守道德原则。

思考

　　显然，合乎道德规范、公平且可持续的人工智能技术之旅既充满挑战，又能使我们收获颇丰。人工智能的前景，特别是随着 LLMs 的出现和融合，呈现出机遇与责任共存的独特局面。我们探讨了有关负责任的人工智能的多方面问题，从了解这些技术固有的潜在危害和内在偏见，到实施强有力的策略，来降低风险和促进积极的成果。

　　通往负责任的人工智能的道路不能一人独行，它需要开发人员、政策制定者、研究人员和整个社会的集体努力。每一个利益相关者，都在塑造人工智能未来发展的方向上发挥着关键作用，以确保其符合道德标准和社会价值观。其职责不仅在于应对当下的挑战，更在于预见未来的复杂局面，营造一个持续学习、适应和进步的环境。

　　本章中提到的例子和策略都强调了一个基本事实：技术最大的潜力在于其有能力提高人类能力、促进包容性和增进全球福祉。在我们向前迈进的过程中，让我们带着明确目标，怀着乐观的态度，接纳负责任的人工智能。通过优先考虑透明度、公平性、问责制和对隐私的尊重，我们可以自信且诚信地在人工智能领域稳步前进。

　　让我们把本章视为基础与灯塔，助力我们充分利用人工智能的力量，同时坚定地遵守最高的道德标准。将负责任的人工智能融入我们的生活和工作，是一个持续的过程，而且充满了挑战和机遇。然而，这是一段值得一行的旅程，它将引领我们走向一个技术与人类和谐交融的未来，为进步和转型带来无与伦比的可能性。

当我们站在人工智能新时代的悬崖边时，让我们共同致力于负责任地创新。让我们彼此激励、相互挑战，最重要的是，努力确保未来的人工智能能够体现我们最美好的价值观和愿景。最终，我们将共同为人类创造一份强大且影响深远的积极人工智能遗产。

第 12 章

文化考量

国家的文化蕴藏在其人民的内心和灵魂之中。

——甘地

在客户服务和支持领域，科技与人文融合在一起，一场无声的革命正在展开，而人工智能处于这场革命的中心，随时准备引发更深远的变革。这可能是为吸引全球观众而写的最新科幻电影的简介。但也许有一天，它会成为现实。事实上，它已经反映了当下我们每天的生活日常。公司和客户正站在一场巨大变革的边缘，而这场变革将彻底改变我们对客户服务的看法。

然而，尽管人工智能在提高效率和实现个性化服务方面有着巨大的潜力，但无法避免在当下这个变革性时代出现的悖论——当人工智能的成果涌现时，担忧也随之激增。人们害怕工作岗位将被人工智能取代、人工智能和自动化将会侵蚀人类技能等。敢于探索的先驱者面临着深深植根于人类文化与心理层面的诸多挑战。

此外，对改变的厌倦也是一个不可否认的事实。近年来，突如其来的疫情催生了远程办公这一令人意想不到的变化，这标志着持续不断的变革和加速的数字化转型。根据麦肯锡公司的一项调查结果，远程办公这一变化的实现速度，比预期快了约 40 倍，公司平均只需 11 天即可落实远程办公解决方案，而此前的预估时长则是一年多。[1] 这些变化极大地影响了员工，迫使他们适应由全球环境变化带来的新现实。在他们对这些变化仍然记忆犹新时，新的变革再次出现了——人工智能转型。而这一次的变革，可能比他们迄今为止经历过的任何一次变革都更难以应对。人工智能不再是日常工作中使用的一种工具，它在本质上就是不同的，代表了我们与技术的互动方式的根本性转变。

统计数据既令人信服，又颇具争议。正如 CX Today 的一篇文章所述，Gartner 发布的一份报告预测，到 2025 年，将人工智能技术嵌入多渠道客户互动平台的客户服务组织，将会获得 25% 的运营效率提升。[2] 另外，在世界经济论坛（World Economic Forum）发布的《未来就业报告》（Future of Jobs Report）中，雇主预测未来 5 年内，劳动力市场 23% 的工作岗位将发生结构性变动，这意味着一系列变革，包括新兴工作岗位的增加和夕阳工作机会的减少。[3] 在该报告数据所涵盖的 6.73 亿个工作机会中，受访者预计结构性工作岗位将会增加 6900 万个，而其他岗位则减少 8300 万个。这直接对应了 1400 万个工作岗位的净削减——相当于现有工作岗位的 2%。这些数字印证了 2020 年世界经济论坛上发布的一份报告中提到的未来趋势。世界经济论坛在这份报告中估计，到 2025 年，具备人工智能的机器，将取代 8500 万个工作岗位，同时将创造出 9700 万个新工作岗位。[4]

在这种希望与忧虑并存的环境中，真正的挑战不在于技术本身，而在于组织机构接受新技术的意愿和准备情况。

本章内容将超越数字本身，探索客户服务领域中，人工智能革命背后的人文故事。

我们即将探索的这些抵制，不是来源于无知，而是出于对未知根深蒂固的恐惧。举个例子，20 世纪末，电话系统实现了从电话接线员到自动呼叫路由的转变——这一飞跃也引发了人们对服务去个性化和失业问题的类似担忧。历史告诉我们，这类转变虽然具有破坏性，但是不会导致简单意义上的赢家和输家。这些转变是塑造新角色的舞台，同时也要求对技能和期望进行重新整合。

在人工智能应用的大场景下，恐惧往往有一种具体表现——对失去工作的恐惧。随着人工智能和机器学习的演进，自动化进程不断推进，许多客户服务和支持人员发现自己为未来职业生涯的不确定性所困扰。他们的工作会在算法和聊天机器人的浪潮中消失吗？这种对失业和被淘汰的恐惧，是人类在面对技术变革时的一种深层次的自然反应。

受影响的不仅仅是劳动力群体。客户们也有自己的顾虑。由人工智能驱动的服务会像真正的人类助手那样可靠且具备同理心吗？如果人工智能只是在编造答案，不说实话，甚至把事情搞得更糟，那该怎么办？这些都是在提供支持服务和寻求支持服务的人心中存在的一些问题。

在这样一个熟悉感能够带来慰藉的时代，不愿摆脱既定惯例和做法是人工智能普及的另一个巨大障碍。人类习惯于"习惯"，他们在已知和熟悉的事物中寻求安慰。作为客户服务领域的一支新兴力量，人工智能挑战了现状，要求人们有勇气离开舒适区，探索新事物。

与新变化相伴的不确定性，也给人们带来了巨大的阴影。当人们勇敢地踏入这个新世界时，问题出现了——未来会是什么样？人工智能真的会增强我们的客户服务体验，还是有可能达不到预期？未知的不确定性会使个人和组织陷入瘫痪状态，使他们在创新面前变得迟钝。

在接下来的文章中，我们将开始一段旅程，它将揭示人类对人工智能等技术变革的复杂反应。我们将回顾历史，借鉴从工业革命到现在，综合历史以及过去的经验教训，以揭示反复出现的"抵抗–适应"模式。

这种叙事的核心是文化，它是一只无形的手，塑造着员工与客户的行为、态度和价值观。这种共识既可以加快人们拥抱和接受人工智能的速度，也可能引发人们持续的抵制情绪进而阻碍它的发展。对客户来说，重视创新和个性化的文化，可以使人工智能的引入更像是一种自然的进步，而不是一种被迫的接受。倡导持续学习和适应性的文化，对于客户服务团队至关重要。它可以将团队对人工智能的恐惧和质疑转化为好奇心和参与感。如果没有支持变革的文化基础，即使是最精心制定的人工智能实施策略，也可能会失败。

是否还记得彼得·德鲁克的名言："文化可以把战略当早餐吃掉"？[5] 这句话道出了关键。它强调了组织文化对战略计划的巨大影响；这一切都是为了人。在强大且具有强适应性的文化中，新技术将为发展提供肥沃的土壤，帮助客户和员工不仅能接纳人工智能，而且能真正利用人工智能获得更好、更高效的服务体验。

我们将探讨公司可以使用的大量策略、理论和技术，以此帮助它们的客户和员工跨越恐惧、抵触情绪和不确定性的障碍。（剧透警告：对于变革的管理是重点。）我们的目标是为你——我们的读者——提供你在自身职业旅程中，所需要的引领变革的知识和指导。

这条道路可能是充满挑战的，但是其目的地确实非同寻常。欢迎来到一个新篇章：它不只传递信息，更能鼓舞人心！

人工智能使用中的人文因素

在我们发现和破译在客户服务领域使用人工智能的复杂情况的过程中，第一步就是关注人类思维在面对变化时的复杂运作机制。当我们面对类似人工智能这样的新技术时，我们的大脑内部究竟发生了什么？哪些心理学理论能够帮助我们揭开有关恐惧和抵制心理的谜团？

变化心理学

为了理解人类心理对变化的反应机制，我们将参考被认为是社会心理学之父的心理学家库尔特·勒温的研究成果。在 1947 年的一篇文章中，勒温首次提出了"群体动力学"这一术语。[6] 他将这一概念描述为，群体和个人面对不断变化的环境时的行为和反应。

勒温的变革理论着眼于人们在组织中的行为和变化，是社会心理学家对这一领域最重要的贡献之一。[7] 在这个理论中，勒温分享了一个具体的变化模型，包括三个阶段——解冻、变革和再冻结——这被认为是理解动态变化的指南针。

驱动力和约束力是勒温变革理论的基石。勒温认为，所有的行为都取决于两种方向相反的作用力所达成的动态平衡。驱动力驱使人们拥抱变革；抑制力则阻止他们做出改变。

如果驱动力强于抑制力，变革就会发生。如果驱动力与抑制力相当，行为就处于平衡状态，但变革也不会发生。为了改变行为，你必须同时从驱动力和抑制力两个方面解决问题。

勒温提出了一个有助于实施长期变革的模型。为了更好地理解这个模型，不妨想象以下场景：假设你有一个大冰块，而你想把这个冰块变成一个大的冰锥。如何在不改变冰量的情况下做到这一点？

一个方法是将冰块解冻，然后重新冷冻。一旦这块冰融化成水，你就可以把它倒到模具里，重新冷冻成新的形状。图 12-1 展示的冰锥形成的过程，清晰地阐释了勒温的模型。

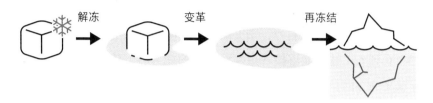

图 12-1　勒温的变革理论

在下面的内容中，我们将综合利用勒温的“三步走”流程，将人工智能应用于客户服务领域。

解冻

在客户服务领域应用人工智能的旅程开始于“解冻”阶段，这是在为转型做准备。在这个初始阶段中，个人逐渐意识到需要进行变革。同时，现状被打破，恐惧、抵触情绪和不确定性随之而来。在引入人工智能的大背景下，机器取代人工的观念可能会引发担忧。

对于组织而言，这意味着猛踩拥抱人工智能的“油门”，并放松让团队固守陈旧方式的“制动”。现在是组织评估价值观和实践的时候了，这些价值观和实践过去可能奏效，但是现在已经成为创新的障碍。

在这个过程中，“忘却”成了关键。这不仅仅是指用新的操作手册去替换掉旧的手册，而是要深入探究组织的文化体系。哪些文化遗留因素还在支持已经过时的方法？识别出这些因素至关重要，因为实现人工智能集成的基础就在于摆脱这些束缚。

领导团队则需要引领组织，阐明“为什么”需要做出改变和改变“什么”。这是为了使全体成员围绕数字化赋能未来的愿景，携手奋进。这一过程中的确会有阻力，但是在认可公司内部既有阻力也有动力这个坚定的方向策略下，组织管理层仍然可以在复杂的局势中找到方向并且开辟一条创新之路。

变革

随着组织进入变革阶段，是时候调整航向，搭乘人工智能的东风了。这个阶段中遇到的摩擦，通常来自对能力不足的恐惧。公司的员工们真的有能力掌握人工智能吗？

培训在这个阶段至关重要，因为它是连通新旧知识和实践的桥梁。在客户服务领域应用人工智能新技术的过程中，培训可以将人工智能的理论优势转化为员工实用知识与技能。这是员工从简单了解人工智能工具，过渡到熟练使用它们来改进与客户交互的重要过程。

有效的培训揭开了技术的神秘面纱。它通过向员工展示如何使用新系统，以及这些系统如何使他们的工作更有影响力，来突破恐惧和阻力带来的障碍。它将焦虑转化为自信。当员工们看到人工智能能够接管重复而无趣的任务时，他们就可以专注于工作中更复杂且更有意义的方面，比如建立客户关系，或者解决有挑战性的问题。

此外，培训还为员工提供了一个安全的场所。在这里，他们可以提问、犯错和学习——不仅是关于"如何做到"，还有这些变革背后"为什么要做"的问题。培训强化了这样一个信息，即工具可能会变化，但是员工所具备的人类技能的价值并没有降低。相反，这些人类技能在技术驱动的客户服务环境中变得越来越重要。

因为逐渐涉足这些新的领域会让人犹豫和不适，所以向人工智能转变的决定应当是果断而坚定的。想象一下，当整个组织共同冒险，领导者们大力宣扬人工智能带来的好处，并且积极推动每个成员参与其中时，团队该是多么的团结和有活力。这需要确保从高管到一线员工的每一个人，都能阐明这一变革背后的原因及其具体执行步骤。

总之，在变革阶段，培训将使员工们具备有效使用人工智能的必要技能，以确保平稳过渡。这是对解冻阶段所做的准备工作的实际应用，同时也为再冻结阶段奠定了基础。在这个阶段，这些新的行为和技能成了新的标准操作流程。

再冻结

最后，再冻结阶段旨在稳定新状态，使人工智能的使用更加稳固。在此阶段，人们已经习惯了这些新变化。而随着人工智能逐渐成为人们日常生活的一部分，人们对其的恐惧也随之消退。这时，与人工智能协作的新方式正在被融入公司的基因。这包括更新培训手册、重新签署合同，甚至重塑公司的奖励系统，以巩固这一变化。在这个时期，积极的强化手段会非常有效，它将鼓励和支持员工朝着这个新方向迈出的每一步。

通过将这些新实践融入组织文化，我们能够确保人工智能应用之旅不是一个短期的探险，而是一个永久的转变。这是一次划时代的转变，巩固了公司在客户服务领域的领导者地位。

勒温的理论不仅仅是新技术部署的蓝图，更是推动文化演进的宣言。它提醒我们通过分析当下实践背后的思想、情感和价值观，来积极推动变革。高层管理人员可能需要明确组织的愿景，并分享变革背后的思想、情感和价值观。如此一来，员工们就会加入进来，并且每一个人也更有可能成为变革的助力。这将意味着，公司可以在尊重过去的同时，大胆地走向未来，进而书写自己的故事。

对失业的恐惧

人们对人工智能可能导致失业的担忧是有充分理由的，它源于一种被称为技术压力的心理学现象。这个术语最早出现在 1984 年克雷格·布罗德的《技术应激：计算机革命的人力成本》(*Technostress: The Human Cost of the Computer Revolution*) 一书中。布罗德将技术压力定义为，一种由于无法正常应对新的计算机技术而引起的现代适应性疾病。[8] 目前，针对技术压力的科学研究表明，人在面对新技术引入时所产生的负面心理，主要表现为两种不同的形式：人们需要一段艰难的时间去学习和理解新技术（技术焦虑），以及人们对新技术的过度依赖（技术成瘾）。

发表在《国际组织分析杂志》(*International Journal of Organizational Analysis*) 上的一项研究结果表明，在机器学习和人工智能技术应用的过程中，工作角色模糊、工作中的不安全感和技术环境，都会造成技术压力。[9] 复杂度、不确定性、可靠性和有用性，则是与技术环境相关的主要压力的来源。

当人们认为他们的工作受到自动化的威胁时，压力和焦虑随之而来。许多研究表明，自动化和人工智能，很快将使数百万个工作岗位消失。[10]

在世界经济论坛早些年提到的《2023 年未来就业报告》(*Furure of Jobs Report 2023*) 中，人工智能作为使算法类相关工作被替代的关键驱动力，预计将在近 75% 的受访公司中被应用，并且预计将导致高员工流失率——50% 的组织期待它带来更多的工作机会，而 25% 的组织则认为它会导致工作机会减少。[11] 这意味着雇主需要为员工提供"再培训"和"技能提升"的机会，以确保他们可以为未来的工作做好充分准备。正如世界经济论坛和《福布斯》(*Forbes*) 联合发表的文章在其标题中所提到的："不要惧怕人工智能。"这项技术最终将带来长期的就业增长。[12]

进一步拓展分析一下世界经济论坛 2023 年就业报告的结论，以下是一些关键性的发现。[13]

- 人工智能预计将导致劳动力市场的重大变动，相当比例的公司预测其组织中的工作岗位将会被取代，而其他行业的就业机会将有所增长。此消彼长，最终将导致就业岗位的净增长。

- 在技术应用方面，大数据、云计算和人工智能进入实用阶段的可能性越来越大。超过 75% 的公司，有望在未来五年内应用这些技术。

- 人工智能和机器学习相关方面的专家，将在增长最快的职位榜单上排名前列。

- 用人单位预计，在未来五年内，44% 的工作技能将被影响。系统思维、人工智能与大数据、人才管理和服务任职培训，以及客户服务将成为需求增长排名前十的技能。

- 60% 的工作者需要在 2027 年之前完成一些与人工智能相关的培训，但是目前在这些人中，只有半数能获取足够的培训资源。

- 利用人工智能和大数据来培训员工，在各大公司未来五年的技能培训优先级中排名第三。有 42% 的受访公司表示他们会优先考虑这一点。

- 三分之二的公司希望在对技能培训进行投资后的一年内，就能看到其投资回报率，具体形式可以表现为，员工跨岗位流动性增强、员工满意度提升，或者员工生产率提高。

- 那些公司报告称重要性提升最快的技能，实际上并不总是能反映在公司的技能提升战略中。人工智能在技能战略中的排名比其在核心技能评估中的排名高出 12 位，并且公司预计将把 9% 的技能提升预算和精力都投入人工智能方面的培训中——此外，还有一个更大数字的比例表明，尽管在公司战略中只是少数战略的一部分，但是它扮演的是一个越来越重要的角色。

人们对人工智能可能导致失业的恐惧，是一股不可忽视的强大力量。赛富时在 2023 年发布的一项研究显示，在被调查的各行业员工中，服务行业的专业人员最不可能使用生成式人工智能。[14] 在客户服务领域，仅有 24% 的人宣称他们正在使用生成式人工智能进行工作，只有 15% 的人表示他们计划在未来使用它。尽管对使用生成式人工智能犹豫不决，但近半数的受访服务专业人员（48%）担心，如果不学习这项技术，他们将失去工作。

请记住，这种恐惧不是人工智能时代所独有的，这一点至关重要。历史上，随着技术的进步，人们也曾经面临同样的问题。从工业革命到互联网的兴起，人类精神始终占据主导地位，不断地适应和创新。

这种恐惧同时也提醒我们，在客户服务和支持领域使用人工智能时，文化惯性会带来挑战。通过制定正确的战略、提高透明度，并致力于培养员工和客户的能力，我们可以引领一个人工智能与人类专业知识相辅相成的时代。

变革的阻力

人工智能颠覆性的特质导致人们和组织经常表现出对其所带来的变革的抗拒。这种抗拒可以归因为认知失调（cognitive dissonance），一个由利昂·费斯廷格提出的理论。[15]认知失调是一种心理现象，当一个人同时秉持两个或者多个相互矛盾的信仰、观念或价值观，或者其行为与上述三者之一相悖时，就会出现这种现象。换句话说，当新的信息挑战了现有的信仰或实践时，人们就会感到不适。

在将人工智能付诸实践的背景下，当一个人对人工智能及其能力有了先入为主的观念，然而人工智能的实际表现却低于预期时，就会出现认知失调。一项针对智能家居用户的研究得出了这样的结论：由未经证实的期望引起的认知失调，会导致与愤怒、内疚、后悔和不适等负面情绪相关的心理状态。[16]

对员工来说，认知失调可能表现为对学习新的人工智能驱动系统及其相关流程的抵制；而对客户来说，这可能转化为对人工智能驱动支持的有效性的怀疑。

对变革的抵制是人类心中根深蒂固的自然反应。了解这种阻力，对于那些试图指导其组织完成转型的领导者和管理者至关重要；这是制定战略以最大程度地减少阻力，并培养拥抱创新的组织文化的必要步骤。

克服恐惧与阻力

现在，让我们深入探讨一下有关人类行为和认知模式的心理学理论和认知模型。领导者和组织可以利用这些理论和模型，来克服上述根深蒂固的恐惧和阻力，引领组织实现成功的文化转型。想要推动平稳过渡并减轻恐惧，请考虑以下策略。

- **沟通和透明度**：告知员工和客户有关人工智能在公司实践的进程，并公开透明地解答他们的顾虑。这与心理学中的信息处理模型的原则是一致的。这个原则指出，保证信息的可用性，可以降低不确定性。[17]有关沟通方法的更多内容，可以参看第 9 章。
- **培训和教育**：投资培训项目，使员工可以获得人工智能相关技能。自我决定理论（Self-Determination Theory, SDT）表明，在培训和个人发展项目的加持下，内在动机可以使人们更好地拥抱变化。[18]
- **文化转型**：培养创新和学习的文化。社会认知理论（Social Cognitive Theory, SCT）认为个人知识获取的有效方式之一，是在社交互动和相处中，观察其他人的行为。利用社会认知理论去鼓励员工通过观察人工智能对其他同事的积极影响，来获取个人知识。[19]

- **强调收益**：强调人工智能带来的益处，如提升效率和减少重复性任务，以减少其带来的恐惧和不确定性。心理学中的前景理论表明，个人对潜在损失的感知比对收益的感知更敏锐，因此强调收益往往更具有说服力。[20]
- **支持性网络**：创建一个支持性网络，让员工可以在其中分享他们的经验、挑战和成功经历，营造归属感并减少阻力。

通过了解与恐惧、抵制情绪和变革相关的心理学解释，公司可以有效驾驭人工智能应用过程中的人文因素。这段旅程充满了挑战，但只有认识到这些心理上的细微之处，我们才能为人工智能与人类的和谐合作，并彻底改变客户服务和支持领域的未来铺平道路。

技术变革的本质

在客户服务与支持领域应用人工智能系统具有复杂性，而想要了解其复杂性，揭示技术变革的本质至关重要。在很多时候，人类的故事都是一段有关创新和适应的历程，但是同时它也会被抵制情绪、恐惧和不确定性打断。我们可以从历史经验中习得什么？我们又如何将所学应用于探索人工智能的未知领域呢？

古往今来，人类目睹了无数重塑世界的技术革命。以工业革命为例，这标志着从农业经济向工业化经济过渡的历史性时刻。蒸汽机和机械化的引入带来了前所未有的进步，但也引发了人们对失业和自身被时代淘汰的担忧。

变革：卢德派带来的经验教训

让我们回到 19 世纪的英国，那时，工业革命正在如火如荼地进行着。有这样一群纺织工人，因为追随一个据传名为内德·卢德的将军，而被称为卢德派，并且因为抵制纺织生产机械化而为人所知。[21] 这些熟练的工匠们因为担心失业和手艺失传，砸碎了新引进的动力织布机。乍看之下，他们的行为似乎是徒劳无功的，甚至可能有误导性。然而，卢德派留给我们的，可不只是简单的固执己见的形象；它提醒着我们技术变革的人力成本。术语"卢德派"一词，至今仍被用于描述不能或不愿意接受技术的人。

虽然工人被取代这个结果，只是人工智能带来的职场文化转型的一部分，但是它同样值得更多的关注。你可以在第 15 章和第 18 章中更加深入地了解相关内容。

请花一点时间，考虑一下这些工人们面临的艰难处境吧。他们并不反对进步，但不得不竭尽全力地应对这些变化给他们的生计带来的深远影响。卢德运动告诉我们，当一个人预见到自己黯淡的未来时，会感到怎样的恐惧。最初，卢德派的行为被视为反技术行为，而现代的解读则往往将卢德派视为工人权益的倡导者，并将其某些行为视为技术演变和整合过程中，更合乎道德规范的做法。虽然卢德派曾被视为抵制不可避免的进步的人群，但是他们带来的影响仍能够促使人们重新思考如何倡导技术革命，并且为人工智能的普及提供了值得深思的经验教训。

- **过渡时期支持的重要性**：通过培训和再教育以帮助工人渡过难关至关重要，而缺乏这类支持则会加剧"卢德派的抵抗"。
- **平衡技术和人性**：在技术进步与以人为本之间，寻找合适的平衡，这一点非常重要。这确保了技术是在增强人类的能力，而不是在取代人类。
- **保证所有利益相关者的参与**：让所有利益相关者都参与到有关人工智能实施的讨论中，包括那些受人工智能影响最大的人群，这有助于减轻他们的抵触情绪。
- **主动适应**：人们可以将注意力集中在适应和利用人工智能带来的变化上，而不是像卢德派那样一味地抵制变化。
- **道德和精神方面的考量**：确保人工智能的应用是符合道德规范的，并考虑其社会影响力，这是避免落入不受控制的技术进步陷阱的关键。

卢德派的故事不仅仅是一个历史的脚注。它如同一面历史的镜子，映射出现代人对人工智能和技术进步的担忧。虽然两个时期的背景差异很大，但是人类对于快速的技术变革的潜在反应——恐惧、抵抗和适应——却惊人的一致。通过研究这些抵制行为，我们可以深入了解技术变革中的人文因素、它所引发的恐惧，以及让技术进步与社会福祉和谐共进的潜在途径。

理解和借鉴历史案例，有助于理解技术演进的复杂性及其对社会的影响。这可以为向日益人工智能化的世界过渡提供有价值的洞察。对技术进步的恐惧并不是一件新鲜事。曾几何时，人们害怕操控火，也担心书写载体从纸莎草和龟甲转变为新发明的纸张所带来的影响。

这些抵制变化的例子只发生在过去吗？快进到距今更近的时代，我们会见证技术变革故事中的一个不同章节。20 世纪，计算机和自动化技术的飞速发展，引领了工业和商业的新时代。这一转变不仅有难度、有挑战，同时也带来了显著的社会进步。我们从中得出的经验也是明确的：创新和适应是人类进步的标志。

然而，有接受变革并获得新技能的人，当然也有总是固守过去、抵制发现浪潮的群体。这些顽固群体的挣扎表明，转型之路鲜有平坦的。然而，正因如此，才突出了韧性和对可能性持开放态度的重要性。

顿悟：历史上"灵光乍现"的时刻

这些历史上的轶事揭示了一个深刻的事实——技术变革不是在前进道路上的直线行军，而是人类情感、经济力量和社会变革间复杂的相互作用。它提醒我们，恐惧和抵制情绪虽然深深植根于我们的内心，但它们是可以被克服的。

所谓的顿悟，源于认识到历史不仅仅是过去时间的编年史，更是宝贵经验的宝库。通过研究先驱者们的奋斗和胜利，我们对当下的挑战有了更深入的了解。我们认识到，恐惧和抵制情绪不是不可逾越的障碍，克服它们将是通往更光明未来的必经之路。

让我们从卢德派的困境和那些在不确定性面前仍然选择拥抱变革的人所获得的胜利中汲取灵感。有了这种源自历史的智慧，我们就能更好地在客户服务和支持领域，为人工智能与人类的和谐共存扫清道路。在这些往日回响中，我们找到了开启未来的钥匙。在未来，创新将占据主导地位。未来存在无限可能。

多代际工作场景中人工智能的应用

在应用人工智能的动态场景中，组织不仅需要应对技术变革，还需要弥合代际差距。在如今的工作场所，婴儿潮世代（Baby Boomers）、X 世代（Gen X）、千禧世代 / Y 世代（Millennials/Gen Y）与 Z 世代（Gen Z）共存，每一代人都有自己的独特观点和偏好。在公司努力部署和应用人工智能工具的过程中，会发现自己要管理跨越多代际的多元化员工群体。因此，了解这些代际差异，对于构建人工智能无缝过渡和应用的文化氛围至关重要。在这种场景下，什么才是成功？成功应用人工智能，不仅取决于技术，还在于理解和满足这些不同代际群体的不同诉求和态度。

根据赛富时最近的一项调查，生成式人工智能的用户之间，存在显著的代际差异。[22]让我们来看一看以下数据。

- 65% 的生成式人工智能的用户是 Y 世代或 Z 世代，并且 72% 的用户都有工作。
- 大约 60% 的用户相信他们很快就能掌握这项技术。

- 70% 的 Z 世代称自己在使用生成式人工智能，其中 52% 的 Z 世代相信生成式人工智能能够帮助他们做出明智的决定。
- 在生成式人工智能的非用户群体中，有 68% 是 X 世代或婴儿潮世代。
- 70% 的非用户群体称，如果能够对这项技术更加了解的话，他们会愿意使用它。
- 64% 的受访者称如果这项技术可以更加安全的话，他们会愿意使用它。
- 45% 的受访者称如果这项技术能够与他们正在使用的技术更好地集成的话，他们会愿意使用它。

这些发现说明，人们对人工智能的态度是存在差异的，这揭示了一种分歧，即年轻一代会更积极地参与变革，而由于缺乏熟悉感和感知相关性，老一辈人对此仍然犹豫不决。根据这些统计数据，Z 世代属于人工智能的超级用户群，而想在更老一辈人中普及，人工智能显然有更多的工作要做。让我们以这种代际格局为基础，根据这四个群体各自的行为特征、对技术的适应性和学习风格，探索如何吸引他们并推动人工智能在其群体中的普及。

婴儿潮世代

婴儿潮世代（出生在 1946 年至 1964 年的人），通常以强烈的职业道德感、高忠诚度和对面对面交流的偏好而著称。与年轻一代相比，他们倾向于优先考虑稳定性，对新技术的适应性较差。他们重视结构化的环境和等级制度，拥有奉献精神和丰富的经验。

虽然他们不是从出生就开始使用数字产品的，但是他们中的许多人也不得不适应技术应用的浪潮。他们对技术变革可能更加谨慎，但是可以通过向其展示切实的利益和与其进行清晰的沟通，来赢得他们的支持。至于学习方式，婴儿潮一代更喜欢较传统的学习方式，如研讨会、面对面的培训，并不倾向于数字平台。

在制定在这一代人中普及人工智能的策略时，要考虑到这一代人对人际关系的重视，人工智能可以让他们在处理日常事务的过程中，更加专注于个性化用户交互。尽管有人可能会不喜欢拥抱新技术，但使用人工智能工具来简化管理任务，可以让这一代人花更多时间与客户进行有意义的沟通，这对他们来说是非常有价值的。培训计划则应该着重介绍用户友好的界面，并突出其对用户满意度的积极影响。

X 世代

X 世代（出生在 1965 年至 1980 年的人）则被认为是各世代中的"中间孩子"，因为与婴儿潮世代和千禧世代相比，它的人口规模相对较小。X 世代通常被描述为足智多谋且独立自主的，与他们的前辈相比，他们更注重工作与生活的平衡。X 世代以其创业思维和适应能力而著称。他们经常扮演领导者的角色，并且擅长弥合婴儿潮世代与千禧世代之间的差距。

这一代人见证了数字时代的黎明，他们是第一代在个人计算机的陪伴下成长的人。他们对技术运用自如，并已将其融入了自己的生活。他们重视学习的自主性，并接受了传统学习和数字学习工具的结合。

在你的人工智能普及策略中，可以利用 X 世代的适应性，以及连接了更老一代和更年轻一代的特点，以更好地促进人工智能的整合。他们可能会很务实地使用人工智能，寻求效率以达到工作与生活的平衡。与此同时，在他们的质疑与热情之间取得平衡至关重要。为了让他们接受人工智能，公司应该传达它在提升工作效率和工作满度方面的长期益处。一种能够与他们产生共鸣的方法是，引入人工智能驱动型聊天机器人用于处理日常咨询，使他们可以专注于解决复杂问题、推进战略性项目。

千禧世代

Y 世代，也被称为千禧世代（1981 年到 1996 年出生的人），是第一批"数字原住民"。他们重视灵活性、多样性，专注于由目标驱动的工作。他们善于协作，寻求反馈和认同。千禧世代挑战了传统的等级制度，寻求更具协作氛围的工作环境。他们以其拥抱新思想和新技术的热情态度而闻名。

这一代人是第一批伴随着互联网和社交媒体成长起来的人。他们使用移动设备的频率很高，也极为熟练。在学习方面，他们更喜欢数字学习平台、互动培训和社交学习模式。他们渴望得到反馈，并有持续学习的机会。

对于你的人工智能普及策略，千禧世代将是第一批欣然接受它的人，并且可以成为帮助你在组织内支持人工智能倡议的强大盟友。他们会将人工智能的普及视作其职业发展的机会，并可能会寻求使用人工智能来提高生产效率、推动创新的工作场所。你可以考虑让千禧世代参与设计和实施人工智能解决方案，利用他们的数字素养，进行以客户为中心的创新，他们能做出不一样的东西。提供持续学习的机会，可以帮助他们及时了解不断发展的人工智能技术。

Z 世代

出生在 1997 年到 2012 年的 Z 世代，是最精通技术的一代人，他们在完全数字化的环境中成长。他们重视个性和包容性，比千禧世代更务实、更具理财思维。他们追求职场中的真实性和透明度。他们具有创业精神和内在驱动力，同时也渴望稳定和安全。

这一代人在面对技术时如鱼得水。他们更偏好使用快速、在线和去中心化的技术，以及移动优先的平台。在学习方面，他们更注重按需学习，依赖于微学习和可视化学习媒体。他们重视个性化和可自主把握进度的学习体验。正如我们在上面列出的数据中所看到的，Z 世代是你的超级用户群。他们中的大多数人频繁地使用生成式人工智能，并且认为自己正在逐步掌握这项技术。作为刚刚进入职场的劳动力，他们希望人工智能可以无缝集成到他们的工作环境中，以增强协作并提高效率。你可以将他们视为对技术有天生理解的"数字原住民"，他们可以为优化人工智能的应用提供新的视角和想法。吸引这一代人，需要互动式的动态培训方法。因此，可以考虑开发游戏化的培训教程，来维持 Z 世代的学习偏好，从而确保人工智能工具的普及。

在人工智能普及的多维度进程中，代际多样性不是挑战，而是机遇。每一代人都有独特的观点、技能和优势。善于利用这种多样性，并且制定涵盖各代人的包容性战略的组织，将更有能力成功推动人工智能的普及。

人工智能的普及与客户期望

正如代际差异会影响员工队伍一样，它也会影响客户的期望。了解这些动态，对于企业提供卓越的客户服务至关重要。

根据赛富时在 2023 年进行的一项调查，在 25 个国家的 14 000 名消费者和商业卖家中，在过去一年，消费者对人工智能使用的开放程度大大降低。2023 年，73% 的商业卖家和 51% 的消费者，愿意使用人工智能来改善他们的体验，[23] 较 2022 年的 82% 和 65% 出现了大幅度下降。这主要是因为他们担心对该项技术的不道德使用。[24] 同一项调查强调了人们对待人工智能的态度和动机也会因年龄而异，并进一步影响客户忠诚度。

千禧世代和 Z 世代对生成式人工智能的看法，通常比婴儿潮世代和 X 世代更为乐观。这提示我们，在为广泛的客户群体打造生成式人工智能品牌时，必须针对不同的人群定制宣传信息，并为人们对此表现出的不同的接受程度做好准备。

新兴技术并非影响不同世代态度的唯一因素。Z 世代之所以脱颖而出，是因为他们愿意将资金投入到更能反映他们的意愿和品位的品牌上去。2022 年，59% 的 Z 世代消费者更换了其偏好品牌，这个数字远远超过了老一辈人，由此开辟了一个关于客户忠诚度的新领域。事实上，Z 世代更换更符合其价值观的品牌的可能性（21%），几乎是婴儿潮世代的两倍（11%），这表明利用品牌来引导这一群体价值观的重要性。

这些统计数据揭示了有道德地使用人工智能，对于任何成功的人工智能战略来说，都发挥着关键作用。同时，这彰显了在新兴技术的设计、开发和部署中，负责任的人工智能原则所处的核心地位。人工智能不再是一种"有则更好"的技术。现在，它变成了企业吸引和留住客户的势在必行之事和当务之急。

了解你的客户群体和他们之间的代际差异，对想要高效普及人工智能的企业来说至关重要，尤其是在这个人工智能和新兴技术迅速改变客户服务和支持领域的时代。

婴儿潮世代客户更喜欢传统的人际互动，但也对人工智能的帮助展现出开放的态度，尤其是当人工智能增强了他们的体验时。对他们来说，理想的模式是将由人工智能驱动的自助服务，与传统支持模式相结合。而对 X 世代来说，他们更重视效率和便利性。加快流程，并提供量身定制服务的人工智能解决方案，更加符合他们的期望。Y 世代和千禧世代则倾向于能够提供便利和个性化服务的技术驱动解决方案，这使得聊天机器人和人工智能推荐系统等工具对他们而言，特别有吸引力。最后，Z 世代客户期望在客户互动中无缝集成人工智能。这表明与前几代人相比，他们更倾向于拥抱人工智能驱动的支持渠道。

总而言之，要实现人工智能的成功普及，关键在于认可代际间的细微差异，并且在利用每个世代的优势的同时，制定合适的战略来弥补这些差异。通过这些做法，组织机构可以确保人工智能能够增强客户服务，并且创造和谐的工作氛围和环境，使任何年代的人都可以在塑造未来的过程中扮演重要角色。

可持续发展且包容的新时代

将人工智能集成到客户服务和支持领域，不只是一项技术升级，更是一种文化迁移。对于现代工作的判断和衡量，已经不仅仅局限于财务绩效方面，还包括了对环境和社会的影响力。换句话说，在以利润为导向的时代，一种新的说法悄然而生：可持续发展和包容性已经不仅仅是精神上的选择，而是战略性的业务决策。

在这个叙事中，人工智能俨然扮演了核心角色。但是数字技术究竟如何对这些以人为中心的观念产生了影响呢？事实上，将人工智能与可持续发展性和包容性嫁接，变成了一项能够获得可持续回报的投资。将人工智能应用于这些领域的企业收获了高客户忠诚度、提升了品牌形象，甚至实现了运营效率的激增。由人工智能驱动的分析，正在帮助企业优化资源、减少浪费、简化流程、降低成本，并提高利润。

人工智能驱动的客户服务之旅不是没有挑战的。对人工智能的信任危机、对数据隐私保护的顾虑，以及对未知的恐惧都是实实在在存在的。然而，当人工智能的应用兼顾了可持续发展和包容性之后，它所呈现出来的结果不仅解决了上述问题，更为我们搭建了桥梁。它让客户和员工认识到，一个企业可以做出超越利润的承诺。这种承诺可以把人们的怀疑转化成信任，将他们的勉为其难变成欣然接受。

当我们在这条路上探索时，我们在讨论的绝不仅仅是技术，更多的是一个变得更美好的世界和未来——在这个未来中，客户服务领域的人工智能不仅意味着聊天机器人和更快的回复，还意味着为打造绿色星球和一个更具包容度的社会做出切实的贡献。

人工智能领域的可持续发展不只是一个流行词，更是对子孙后代的承诺。人工智能对于复杂环境数据的分析能力，打破了企业在对于气候变化处理能力方面的桎梏。从预测能源需求到优化供应链，以减少对环境的影响，这些举措证明，人工智能可以让企业变得更加环境友好，并依然兼顾客户服务和对利润的追求。

包容性——尤其是对全球超过 10 亿的残障人士的包容——代表着一片潜力无限的未开发市场。在客服领域利用人工智能技术，例如语音识别、计算机视觉和语言翻译工具，不仅是对可用性法律的遵守，更是对拓展其业务受众范围和雇用人员范围、理解多元化需求，进而培养品牌忠诚度的追求。

因此，让我们带你进入我们旅程的另一个部分，在这里，人工智能不只是算法或工具，更是引领技术、推动可持续发展和践行人文关怀的开拓者，开辟了新时代的赛道。

企业文化在拥抱人工智能中的角色

正如我们在第 4 章中谈到的，通往由人工智能驱动的未来的征程，始于富有远见的领导力。领导者们支持将人工智能作为提高效率的工具和承载企业责任的载体，他们为组织定下了基调。他们也激发了一种文化，在这种文化背景下，技术将服务于更大的目标——环境管理、社会责任和包容性。他们的愿景是将人工智能从单纯的操作工具，转变为积极变革的催化剂。

员工参与度在这场人工智能革命中至关重要。当员工理解并认同公司关于人工智能的愿景时，他们就已经成为积极的参与者。组织以人工智能作用和影响为主题的培训计划、研讨会和公开讨论，可以揭开这项技术的神秘面纱，并使它与公司的核心价值观保持一致。

重视创新、责任和包容的企业文化，自然会倾向于选择能够体现这些原则的人工智能解决方案。对于确保人工智能计划在技术上是健全的、以道德规范为基础且能够对社会负责任等这些问题上，这种一致性至关重要。信任是人工智能新时代的"货币"。公司必须对其人工智能实践保持透明，从而在员工和客户群体中建立信任。这包括针对如下问题展开清晰的沟通：公司如何使用人工智能、如何处理数据，以及这些做法如何契合公司关于可持续性和包容性的承诺。

人工智能、可持续发展和气候变化

站在客户支持领域的人工智能革命的前沿，企业领导者们发现自己具有独特的优势，可以将企业战略与员工队伍的优化方针整合到一起。千禧世代与 Z 世代，不仅仅是员工；他们还体现出一种观念转变，即在职业生涯中，以及在考虑对特定品牌的忠诚度时，将可持续发展和气候变化作为核心要素。这些年轻一代很快将在工作场景占据主导地位，而他们会被致力于承担环境责任的公司吸引。

人工智能，如果能被审慎地利用，将为可持续创新、优化效率以及最大限度地减少环境影响，提供大量的机会。通过将人工智能嵌入其可持续发展战略，领导者可以激励团队成员，带领他们走向一个技术造福人类和地球的未来。人工智能、可持续发展和气候意识的融合，将有望彻底改变客户支持格局，培养与下一代价值观完美契合的企业文化，使人工智能成为员工积极支持和推动的发展方向。

我们正在应对气候变化带来的挑战，而人工智能则带来了巨大的机遇。这些机遇有可能彻底改变我们的环境管理方法，推动企业走向更符合可持续发展理念的未来，同时确保企业的经济活力。人工智能分析大量数据集和预测趋势的能力，使企业能够做出更明智、更可持续的决策。从优化数据中心的能源使用，到设计出更高效的供应链，人工智能在减少碳足迹和深化绿色实践方面始终处于领先地位。

人工智能对可持续发展的影响，并不仅仅局限于单个行业，其影响是跨行业的。普华永道（Prince Waterhouse Cooper）的一项研究表明，人工智能可以使未来的系统在实现可持续发展、应对全球气候变化，以及推动世界整体经济发展方面更加高效。[25]

在垃圾管理和回收行业，由人工智能驱动的分类精度可以助力自动分类、防止污染并预测维护需求。[26]

在互联网行业，数据中心是该行业最大的能源消耗者之一。人工智能正在通过智能管理用电和冷却系统来优化数据中心的运营，从而对这些系统实现前瞻性管理。[27]

在农业领域，人工智能可以用于精细农业领域。精细农业通过使用人工智能的洞察力来提高单个农民产量，通过密切监测水分、土壤成分和温度，更好地培育作物，促进其生长。[28]

人工智能对于可持续发展最重要的贡献之一，是它的预测能力。企业可以通过预测环境影响，来做出积极的改变，以减轻对环境的不利影响。这种前瞻性的方法，对于实现严谨的资源管理和减少生态足迹非常重要。

人工智能在促进可持续发展方面扮演的角色还可以延伸到消费者参与的层面。人工智能平台使企业能够有效地传达其为实现可持续发展所做的努力，提高消费者的相关意识和参与度。公司正在通过人工智能驱动的建议和见解，将消费者行为与可持续发展目标相结合，从而培育一个更具环保意识的客户群。

回顾我们的代际讨论，我们可以看到不同世代对公司的选择和发展方向的影响。根据世界经济论坛的数据，Z 世代对公司的影响力是最大的，而他们最关心的就是可持续发展。[29]人工智能在可持续发展和气候变化领域的积极影响，有助于缓解人们对人工智能的抵触情绪，从而提升信任度，推动其普及使用。此外，该积极影响与 Z 世代的价值观一致，能够影响他们的购买决策，并且影响他们的职业选择。Z 世代注重将工作与个人价值观结合，这会对他们选择加入某一组织并且最终留下的意愿产生直接影响。[30]

总而言之，将人工智能融入可持续发展相关工作，不仅代表着技术进步，也是对一种致力于尊重和保护地球的创新的呼吁。通过利用人工智能的力量，企业不仅能够投身于可持续发展事业，而且正在引领一个更负责任、更环保、更能可持续发展的未来。

人工智能及其对残障人士的包容

在一个追求平等和无障碍的世界里，人工智能是打破残障人士所面临障碍的关键力量。人工智能对包容性的影响是深远的，尤其是在客户服务领域。语音识别、具有 NLP 功能的聊天机器人，以及个性化人工智能助手，使残障人士更容易获得各种服务。这些人工智能驱动的功能不仅带来了便利，更重要的是，它成为连接残障人士与周围世界的重要桥梁。

个性化是有包容性的人工智能的核心。通过根据个人需求和偏好定制的交互，人工智能正在创造更便捷、更能满足每个独立个人的客服体验。这种个性化不仅仅限于语言和语音识别领域，它还包括对不同身体状况和认知水平的理解与适配。

人工智能技术通过为残障人士提供能够培养他们独立性的工具，来增强他们的能力。从帮助盲人和低视力人群导航的人工智能应用程序，如沃尔沃（Volvo）的 Vision Mate[31] 或微软的 Seeing AI，[32] 到帮助听力障碍者的语音转文本服务，如 Ava，[33] 人工智能正在显著提高残障人群的生活质量和独立性。

在客户支持领域，"做我的眼睛吧"（Be My Eyes）已经将 Be My AI 集成到其首个联络中心，并且取得了显著的成果。[34] "做我的眼睛吧"是第一个通过微软的残障人士服务平台，在全球范围内为盲人或者低视力人群提供服务的人工智能视觉客户服务公司。[35]Be My AI 是一种人工智能工具，可以为视障人士生动地描述图像，并助力公司为盲人和低视力客户群提供最先进的描述服务。By My AI 提供了 90% 以上的成功解决方案，大大缩短了通话处理时长。这些客户咨询仍然可以被转接给人工客服，但是只在 10% 的场景中有必要。

正如你从这些实际应用案例中看到的那样，利用人工智能来拥抱包容性，不仅是一种社会责任，也是一种商业需求。通过让更广泛的客户群体享受服务，企业正在开拓新市场，而且彰显出其对多样化和包容性的承诺，这使企业与现代消费者之间产生了强烈的共鸣。

除此之外，利用人工智能方案来实现包容性，也面临着独特的挑战，例如，隐私保护、对多样化需求的理解，以及在数字交互中依然保有人与人之间的交互。

人工智能在可持续发展和包容性方面的挑战与思考

人工智能有可能是我们这一代人最重要的技术进步。但是，强大的力量也意味着巨大的责任。随着人工智能变革带来的收益越来越明显，与之相关的风险和挑战也越来越明显。我们需要注意，人们是会以不良甚至有害的方式使用这项技术的。算法也可能会引入偏见、歧视、错误，导致糟糕的决策并传播有误导性的信息，从而导致人工智能用户，包括客户和员工对它的不信任。有效应对这些挑战，对于确保人工智能对人类社会产生积极影响至关重要；同时，这对创造一个更绿色、更包容的世界也同样重要。这一目标往往（即使并非总是如此）与企业的社会责任价值观相关联，因此，它也与许多公司的文化特质相关。

联合国于 2015 年通过了可持续发展目标（Sustainable Development Goals, SDGs），也被称为全球目标。它是联合国为确保到 2030 年，能够消除贫困、保护地球，并且使所有人都享有和平与繁荣，而发出的全球行动号召。[36] 其中，有 17 个可持续发展的目标都展现了让所有人受益的、更美好、更具可持续性的未来蓝图。它们相互关联，共同应对我们面临的全球性挑战，包括与贫困、不平等、气候变化、环境恶化、和平与正义相关的问题。[37] 根据世界经济论坛的说法，人工智能在实现可持续发展的长跑中非常重要。[38] 在题为 "为什么人工智能在实现可持续发展目标的长跑中至关重要"（Why Artificial Intelligence is Vital in the Race to Meet the SDGs）的文章中，世界经济论坛列举了人工智能技术在可持续发展的目标背景下，推动在多个领域改进的例子。

《自然》杂志发表的一篇文章提到，人工智能有可能实现这 17 个可持续发展目标中的 134 个具体目标，但同时也可能会阻碍其他 59 个具体目标的实现。[39] 这种两面性强调了在应用人工智能时，需要仔细考量，以确保它是在支持而不是阻碍可持续发展。人工智能的快速发展，同时也需要监管和监督的支持，以确保其自身的可持续发展。缺少对人工智能的监管和监督，可能会导致透明度、安全性和道德标准方面出现漏洞。[40]

人工智能发展中的不平等和偏见

《自然》杂志发表的同一篇文章也指出，基于人工智能的发展还有另一个弊端，即传统上，这类发展往往基于人工智能研发国家自身的需求和价值观。[41] 因此，采用去中心化的人工智能方案，将会促进人工智能的公平发展。[42] 如果人工智能技术和大数据在缺乏道德审查、透明度和民主管控的领域被使用，就可能会引发对少数群体的仇恨，并造成有偏见的结果，还可能带来其他风险。"助推"（nudging）这个词通常用来表示，利用大数据和人工智能，抓住人们的心理弱点来影响决策。[43] 助推会造成破坏社会凝聚力、损害民主原则甚至侵犯人权等不良后果。[44] 这在客服支持行业尤为关键，因为利用全球劳动力为客户提供全天候的服务通常是一种最佳做法。任何缓解人工智能模型中偏见的举措，都将为员工和客户提供有效支持。

同样需要注意的是，人工智能技术在全球的普及程度是不均衡的。在可持续发展目标的议题下讨论性别平等问题，会暴露人工智能的另一个重要缺陷。目前，没有足够的研究可以用来评估技术的潜在影响力，例如，智能算法、图像识别或强化学习等技术，对于女性和少数群体是否存在歧视。例如，机器学习算法在未经批判性训练的情况下，可能会无意中学习和复制当下语言中对某个群体的偏见。词嵌入作为 NLP 中的一种常用技术，已经被发现会加剧已有的对于性别的刻板印象。[45] 此外，除了数据集缺乏多样性，另一个主要问题是，在从事人工智能相关行业的人群中，少数群体和残障人士的占比不足。[46] 多样性是支撑社会创新和保持韧性的主要原则之一。在这个由人工智能发展驱动的社会变化不断涌现的时代，它的作用至关重要。但是现实中的数字并不令人鼓舞。在 2023 年的一项报告中，世界经济论坛发现，在人工智能相关人才中，女性的占比仅为 30%。[47]

经济影响和不平等的加剧

人工智能的技术优势，对许多可持续发展目标都产生了积极的影响，但是也加剧了不平等。一方面，如果由人工智能驱动的市场严重依赖数据分析，那么经济差距将会进一步扩大，特别是在中低收入国家。

另一方面，人工智能可以帮助识别不平等和冲突的根源，并有可能因此减少不平等——例如，通过使用模拟技术，来评估虚拟社会对变化的反应。然而，在使用人工智能评估和预测人类行为时，可能会存在隐藏风险：数据中的固有偏见。据报道，在使用人工智能生成的在线招聘广告和由人工智能驱动的招聘活动中，存在着大量的歧视，例如，对残障人士[48]或少数族裔[49]的歧视。这些歧视与之前人类招聘人员在进行选拔时表现出的偏见相关。[50] 因此，迫切需要修改数据准备过程，并调整选择过程中基于人工智能的算法，以避免这种偏见。否则，人工智能将导致更多的不平等，而不是帮助缩小现有的差距。[51]

应对挑战

应对这些挑战需要采取多维度的方法。

- **监管洞察力和监督**：确保人工智能的发展得到适当的监管，以保持透明度、安全性和道德标准。
- **可持续发展且包容的人工智能开发**：人工智能的开发需要尊重环境的限制，并且需要提升包容度。
- **高能效的人工智能解决方案**：鼓励高能效且依赖于可再生资源的人工智能技术的发展。

企业和政策制定者可以利用人工智能的能力，来推动可持续且包容的发展，同时通过了解和积极应对这些挑战来降低其风险。这种尝试对于实践以符合全球可持续发展和包容性为目标的人工智能至关重要，同时也有利于提升人们对于人工智能技术的信任和接受度，从而推动人工智能的全面应用。

引导变革

为了真正理解人工智能的变革性力量，我们应该将目光转向那些现实世界中的成功案例，并从中获得启发。这些公司利用人工智能的能力改善用户体验，提高运营效率，并培育企业文化。他们已经取得了显著的成果。我们可以深入了解他们的历程，并发现他们因成功使用人工智能而脱颖而出的奥秘。

这些案例凸显了人工智能的巨大潜力。人工智能的普及不仅关乎技术，更是一种文化的转变，它重塑了企业与其客户和员工的互动方式。通过向这些开拓者学习，并应用本书中讨论的策略和工具，你的组织可以为人工智能驱动的客户服务与支持的成功铺平道路。

- **星巴克**：星巴克（Starbucks）提出了"人工智能造福人类"的概念，即强调利用人工智能增强人际沟通，而不是用技术代替人类。[52]星巴克的（前）首席执行官凯文·约翰逊和（前）首席技术官格里·马丁−弗里金格在提出这个愿景时，强调了人工智能可以在保持对人际互动重视的同时，在改善业务的各个方面发挥重要作用。这一概念提出将人工智能用于库存管理、供应链物流、员工行为预测和设备维护等任务，意在解放员工，从而使他们可以进行更有意义的客户互动。其中，Deep Brew 计划，旨在开发一系列针对不同店铺特征量身定制的人工智能工具，以创造更好的店内客户体验。[53]其目标是使用人工智能技术增强人际沟通，使人工智能技术成为每家星巴克门店日常运营中无形但强大的辅助工具。Deep Brew 计划于 2019 年推出，是一个由人工智能驱动的平台，强化了该品牌的个性化定制机制。[54]移动应用程序对星巴克的数字化战略非常重要。在其之上发生的交易，占该公司每周交易量的四分之一，总交易额占公司收入的近 50%。该应用程序的很多功能都通过人工智能和市场营销实现了拓展，包括奖励计划、个性化服务、支付和下单。该应用程序利用数据，极大地促进了星巴克的业务增长，也帮助它在培育用户忠实度方面积累了经验。

- **美国职业篮球联赛**：自从 1946 年 6 月 6 日美国职业篮球联赛（National Basketball Association, NBA）成立以来，NBA 经历了许多变化，包括其自身的数字化转型。NBA 的愿景是改变球迷与联盟及其球队和球员的互动方式，让每个球迷收到的内容与他们的兴趣密切相关，从而提供真正个性化的体验。这是 NBA 的指导原则和文化核心：强调参与的重要性，以及体育在不同文化和背景的人们之间建立连接的力量。[55]根据 NBA 数字与社交媒体内容高级副总裁鲍勃·卡尼的说法，联盟需要一种方法来扩大其内容的制作规模，并为球迷提供个性化体验，而仅靠人力无法处理涵盖每场比赛和每位球员的所有内容。[56]那么解决方案是什么？借助生成式人工智能，NBA 如今能够对比赛中的每一次进攻进行分析和分类，为每场比赛中的每个球员生成个性化的精彩集锦，创作能与球迷产生共鸣的内容，并将它们发布到 NBA 应用程序上。[57] 卡尼补充说，生成式人工智能并没有导致公司裁员。他还表示，从 2022 年到 2023 年，NBA 应用程序的用户数量增长了 40%，这表明新的战略取得了成功。[58]

- **喜力**：为了实现其成为最佳啤酒制造商的雄心壮志，喜力（Heineken）不断在技术上寻求出路。[59] 具体措施包括：为企业高管提供必要信息，助力他们做出有影响力、由数据驱动的决策；为员工提供助力他们高效完成工作的必要资源；以及最重要的，为顾客提供他们深爱的啤酒。喜力一直在各个领域使用人工智能，从收入管理到预测性设备维护等方面。例如，它为员工提供了基于微软 Azure OpenAI 服务的 ChatGPT 聊天机器人，并正在试行一种人工智能驱动的语音机器人，以帮助现场销售代表记录每个零售地点的状态、提出技术性问题，并助力启动喜力的内部必要的流程。这使公司能够优化业务流程、提高效率，并在处理重大业务挑战时，节省时间和精力。

面向人工智能未来发展的创新文化

本章围绕着文化在人工智能革命中所扮演的重要角色，强调了创新在塑造和引导人工智能变革方面的关键作用。拥抱创新的文化，是让人工智能蓬勃发展的基石。在一个技术正以前所未有的速度发展的世界里，营造一个不仅能接纳，而且可以积极寻求创新的环境，对任何旨在充分利用人工智能潜力的公司来说，都是非常重要的。这种对创新的追求不仅在于使用新技术，还在于培养一种勇于挑战现状、鼓励以创造性方法解决问题和拥抱人工智能的变革性力量的心态。

当一家公司在其团队中培养这种文化时，就会创造出一个充满机会的世界。被赋予创新能力的团队，能够熟练地识别和利用人工智能的潜力，来解决复杂问题、简化运营，并为客户创造新的价值。这种积极主动的创新，不仅能够确保组织跟上技术变革的步伐，而且可以使其保持领先地位，让颠覆性趋势转化为竞争优势。

此外，创新的企业文化是吸引人才的磁石。顶级的专业人才，往往会被能让他们的想法付诸实施的环境吸引，在那里他们可以参与到开创性工作中。这创造了一个良性循环——吸引顶尖人才能实现更多的创新，从而吸引更多的人才。

对一家公司来说，收益是多方面的。创新驱动成长，通过由数据驱动的洞察助力企业做出更好的决策，并开辟新的营收渠道。[60] 创新的意义不仅在于使企业在当下的市场中保持稳步发展，更在于塑造未来的市场格局。通过植入创新文化，公司所做的不只是适应人工智能革命；它引领了这场革命，创造了一个技术放大人类潜力并推动社会进步的未来。

从本质上来说，拥抱创新文化不仅是一种战略，也是一段发掘人工智能未开发潜力的旅程。充分发挥其力量，不仅能够改变企业，而且能对社会产生有意义的影响。其中传达的信息很明确：为了充分利用人工智能的力量，公司必须首先在内部培育创新的种子。

在本章结束时，我们必须认识到，人工智能在组织内部的成功不仅取决于技术本身，而且取决于它所培养的文化与组织自身的一致性。即使你对缓解气候变化或无障碍环境建设的必要性持保留态度，也请留意，你的员工可能不会这样想。大部分年轻一代的员工——受过教育、与世界紧密连接、受价值驱动——都期望并要求企业对这些问题做出承诺。拥抱人工智能不仅仅意味着采用新技术，它还涉及培养创新的文化，这种文化可以与员工的关注点产生共鸣，并与全球挑战保持一致。通过认可并将员工的价值观融入你的战略愿景，你可以确保人工智能不只是提高效率的工具，更是引导公司提升适应性和应变能力的灯塔。

本章不仅仅是一个讨论——它还是一个将这些核心价值观深深植根于企业精神的行动指南。它能确保你的人工智能之旅与人工智能技术本身一样具有前瞻性和影响力，也能促使你的组织在新的商业和技术环境中，快速适应并蓬勃发展。

第 13 章

定义人工智能新时代的重要指标

测量一切可测之物，并把不可测的变为可测。

——伽利略·伽利雷

随着我们在世界各地踏上普及人工智能的旅程，我们已经了解了人工智能在客户服务和支持领域各种业务场景中展示的变革性力量。我们的旅程让我们了解，人工智能可以彻底改变客户服务和支持领域的多种方式，从日常工作的自动化到促进数据驱动的决策制定，我们已经看到人工智能作为创新和效率的灯塔，在客户服务和支持领域，不断改进用户体验和提高企业运营能力。这些创新有望提高生产率和客户满意度，并且大幅度降低成本。

然而，能力越大责任越大，或者说，潜力越大，精准衡量其影响的责任就越大。前面的章节阐述了人工智能普及的潜力和机制，在本章中，我们要解决一个关键性的问题：如何衡量这些人工智能实践是否成功？

将人工智能集成到客户服务和支持领域，不只是一项技术的演进。这是一个战略性的商业决策，而且还涉及企业如何与其最有价值的资产——他们的客户——进行互动的关键转变。与任何重大投资一样，利益相关者们对投资回报率和业务附加值有明确的要求。然而，衡量人工智能在客户服务领域的影响，不应该仅仅局限于财务指标，而应该涵盖更多，包括技术性能指标、业务和运营影响指标、用户参与度和满意度指标、合规性和道德指标，以及与创新和学习相关的指标。

面对当下这个数据丰富的环境，公司必须在先进的数据分析技术和人工智能技术的加持下，将它们从前用于衡量成功的指标、目标、关键结果或关键性能指标，升级到与它们当下的业务需求和能力更加匹配的水平。这意味着重新定义这一系列衡量指标，使其可以在这个有人工智能加持的新世界中更好地工作，即明确我们需要衡量什么，我们如何更好地衡量我们在迈向目标时的进展。这不只是单纯的数字，而是关于创新和适应性的故事，也是关于在人工智能驱动的客户服务领域，不懈追求卓越的故事。

在本章中，我们将深入研究三个关键领域的指标：人工智能模型和系统的效率、LLMs 在专业任务中的性能表现，以及专门针对客户服务和支持领域的细粒度指标。这些领域反映了输入、输出和结果指标的本质，提供了关于人工智能影响力的整体视图。而这三个类别，则涵盖了关于人工智能系统在更广范围内的考虑因素。然而，值得注意的是，这个分类方法并不全面。根据组织部署人工智能解决方案的不同，可能还存在其他关键领域的指标或不同的分类方法。

本章为希望对人工智能方案进行精准评估的企业，提供了一张蓝图，确保这些技术进步不仅仅局限于创新本身，而能真正提升业务绩效和客户体验。当我们踏上这趟冒险之旅时，我们的目标是补充前几章中获得的更广泛的人工智能知识，并为商业领袖、管理者和决策者提供新知识，以便他们在客户服务和支持领域中，做出有关人工智能的正

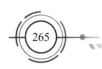

确抉择。无论你是考虑将人工智能引入客户服务的运营系统，还是期待对已有的人工智能进行功能优化，本章都可以指导你应对人工智能的集成、影响力和成功标准衡量带来的复杂环境。

人类对衡量的需求以及对成功的追求

在这个宏伟的计划中，对成功的追求是一条始终存在的线索，它深深地融入了我们的日常生活。我们不断追求进步，同时寻求我们成功的证据，并避免失败带来的刺痛。但这是为什么呢？是什么驱使我们去衡量成功？为什么衡量成功对我们的目标感和幸福感这么重要呢？

人类这个名词是与进步绑定在一起的。从人类这个物种诞生之初，我们的生存就取决于我们的适应和改进能力。根据达尔文主义原则，生存和繁殖是自然选择的基石。[1]从远古时代开始，早期人类就不得不持续寻找保证自己生存的机会。他们不得不与其他物种竞争，甚至与它们争夺食物、水和住所等资源。成功获得这些重要资源确保了早期人类部落的生存和发展。[2]虽然当代人类面临的挑战，与我们的史前祖先大不相同，但是追求进步的动力早已深深植根于我们的内心。

在人类进化的历史上，成功获取知识和适应不断变化的环境是至关重要的——过去是，现在仍然是，而且之后还会继续如此。在早期人类群体中，谁可以展现出创新解决问题的能力和适应新挑战的能力，谁就可以在生存挑战中占得先机。[3]

现代社会对教育、研究和技术进步的重视，反映了对知识和适应能力的相同诉求。追求在这些领域的成功，是对我们的祖先通过适应和学习来求生的直接反映。衡量成功是在这段永恒的旅程中追求进步的一种方式，它为我们提供了动力、满足感和目标感。

我们的大脑

人类的很多特征都是在进化中产生的，包括直立行走的能力、使用工具的能力、使用语言进行沟通的能力、文化的发展、复杂的社交行为，以及比其他灵长类动物更长的寿命。

这些特征中最主要的一点，是大脑的进化，特别是新皮质的进化，因为它与更高的认知能力有关。"它使早期人类发展出解决问题的能力、制定复杂生存策略的能力，以及进行高级交流的能力，这为文化和文明的发展奠定了基础。"[4]

我们大脑的发育也促使我们可以掌握必备的知识与技能，以便更好地存活，并且不断适应这个充满挑战和变化的世界。

衡量指标纵览

衡量人工智能模型和系统的成功，尤其是衡量应用于客户服务领域的模型，需要引入不少或传统或新颖的指标。将与行业相关的关键性能指标和与人工智能相关的指标相结合，可以使我们更准确、更全面地了解这一新的商业现状。

这也是传统衡量方法与现代衡量方法的结合。换言之，是将过去久经考验的方法与现代创新技术相结合，以更加全面地展现我们周围的环境现状。这对我们来说是一个提醒：即使一项新技术或新方法非常强大且很有前景，对它们的使用也不应该以花费大量时间去积累相关的知识和智慧为代价。这是一种平衡，强大的新技术和对其的快速学习掌握是可以共存的，并且能顺应我们当下所处的这个新时代。

在这个新时代，人工智能的成功可以有不同的体现形式。虽然这个成功指标会很宽泛，但是在接下来的章节中，我们会将它分成三类，以便你驾驭这个崭新的生态系统。其中两类指标是以人工智能本身为核心的，包括一组新的具体指标和术语。如果你想监控人工智能部署的效率和性能，及其业务对各个领域的影响，可以将其纳入你的考量范畴。第三类指标将侧重于传统的业务指标和衡量标准，它们中有许多（即使不是全部）目前已经存在于客户服务和支持组织的计分卡中，我们将探讨这些指标如何受到人工智能融入现有业务流程和客户服务生命周期的影响。

技术性能指标

在第 8 章阐述诊断阶段时，我们介绍了在部署人工智能模型之前，验证和跟踪输入输出指标的重要性。而随着时间的推移，输出变得越来越重要。其效率、有效性、准确性和可靠性，是组织在用户群中建立信任和信誉的关键。因此，投入时间以实现最佳性能，将确保你部署的人工智能模型和系统是高质量的，并且可以实现预期结果，满足业务需求。

衡量人工智能模型的有效性，将让我们接触到一些令人兴奋的概念，这些概念我们可能不熟悉，但是它们对解锁并释放这项创新技术的全部潜力至关重要。我们不仅是在使用新技术，更是在拥抱一种全新的创新语言。你接触到的每一个新术语和新想法，都将解锁更深入的洞见，并推动你的企业实现前所未有的高效率和成功。

质量指标

质量指标是衡量人工智能模型有效性的基石，尤其是在衡量模型如何精准执行预期任务方面。这些指标为模型性能提供了量化的洞察，强调了模型的优势以及需要改进的部分。通过使用清晰、数字化的评估方式，质量指标有助于更好地调整模型，确保其满足现实世界中的应用程序所要求的可靠性和有效性的标准。这些客观的评估，对于研究人员、数据科学家和机器学习工程师而言至关重要，尤其是在人工智能模型的开发和诊断阶段。据此，他们可以在模型部署之前，了解模型的性能。而一旦一个人工智能模型被部署在业务场景中，这些指标在检测阶段依然是可用的，并依然具有指导意义，尤其是对于模型及其效果的持续监测和改进而言。

困惑度：困惑度是用来评估人工智能语言模型的一个关键指标，用来衡量模型对于语言序列的预测准确度和理解程度。[5]通过衡量模型的预测准确度，困惑度反映了模型在处理和生成连贯且符合语境的文本方面的能力。

- 这个术语的起源所反映的基本思想是，困惑度是一种衡量语言模型对给定的单词序列感到"惊讶"或"困惑"的程度的指标。困惑度越低，则表明模型对其预测结果的自信程度越高。

- 从数学角度来说，它被定义成一个单词序列平均负对数似然值的指数形式。对于包含 N 个单词的序列，赋予其概率 $P(w_1, w_2, \cdots\cdots w_N)$ 的语言模型，困惑度的计算公式如下。

$$困惑度 = \exp\left(-\frac{1}{N}\sum_{i=1}^{N}\log P(w_i|w_1, w_2, \cdots\cdots, w_i-1)\right)$$

- 困惑度的数值在很大程度上取决于数据集以及任务。例如，通常文本越复杂，困惑度得分越高。虽然困惑度这个指标是有用的，但是它并不能反映语言模型的所有方面，如连贯性、语法正确性或事实准确性。因此，它应该与其他指标和定性评估结合使用，以全面衡量模型的性能。困惑度是一种无参考的指标，它不需要标记数据，这也是它的一个优势，因此很值得考虑被作为一种衡量指标。

召回率：召回率也被称为敏感度或命中率，是一个在机器学习和统计学领域的关键指标，主要用于任务分类。[6]它通过评估模型正确识别出的实际正例所占的比例，来衡量模型正确识别数据集中相关实例的能力。在漏报比误报更严重的情况下（例如，医疗检测或欺诈检测的场景下），这项指标尤为重要。

召回率的公式是：

$$召回率 = \frac{真正例}{真正例 + 假负例}$$

在这个公式中，真正例（True Positive, TP）表示被正确标识出来的正例，假负例（False Negative, FN）表示被模型错误标识为负例的正例。

- 召回率为 1（或 100%），意味着模型可以正确地识别出所有正例。当遗漏正例的代价很高时，高召回率就显得尤为重要，即使这意味着接受更多的假正例（即较低的准确率）。根据上述论述，可以发现在医学诊断领域，高召回率对于保证疾病可以被检测出来非常重要；欺诈检测领域也是如此，尽可能多地检测出欺诈行为同样非常重要。
- 该指标通常需要与精度之间做一个优化平衡，尤其是在遗漏正例会产生严重后果的情况下。

精度：精度是机器学习和统计学领域的一个基础指标，特别适用于分类问题。[7] 它衡量了一个模型从其预测为相关的所有案例中识别出真正相关案例的准确度。也就是说，它回答了这样的一个问题："在所有被模型分类为正例的案例中，有多少是真正例？"

$$精度 = \frac{真正例}{真正例 + 假正例}$$

- 精度通常是一个百分比，因此，精度越低，意味着误报越多。当误报所付出的成本更高或误报比漏报更难被接受时，高精度是可取的。垃圾邮件过滤和制造业中的质量管控，是两个需要高精度的领域：过滤垃圾邮件时，我们更希望避免将正常邮件判断为垃圾邮件；而在管控商品质量时，我们也希望在保证有瑕疵的商品被筛选出来的同时，不会丢弃太多没有问题的商品。
- 精度与召回率通常会被放在一起考虑。一般来说，精度与召回率是此消彼长的关系——提高一个往往会降低另一个。这被称为精度和召回率之间的权衡。[8] 在精度和召回率之间实现恰当的平衡，通常取决于具体情境，以及误报和漏报之间的相对成本。

F1 值：在探索了精度和召回率这两个评估分类模型的关键指标之后，我们可能会遇到非常需要平衡这两个指标的场景。这就是 F1 值发挥作用的地方。[9] 它将精度和召回率统一到同一个指标中，以全面衡量模型的准确性。当实现精度（模型在正向预测中的正确率）和召回率（模型识别所有正例的能力）之间的平衡至关重要时，F1 值就非常有用。

$$F1 = 2 \times \frac{\text{精度} \times \text{召回率}}{\text{精度} + \text{召回率}}$$

- 当一个 F1 值在 1 时达到最佳值（完美的精度和召回率），在 0 时为最差值。这是一种展示模型具备强大性能的好方法，尤其是在处理不平衡的数据集时，因为不平衡的数据集可能会导致其他指标不具备那么高的参考价值。

文本评估指标：在 NLP 领域，评估生成文本的质量是关键，在这个领域中已经有各种指标被开发出来量化质量。与困惑度相比，这些指标是基于参考数据的指标，并且需要标记数据，即真实的数据。

BLEU、基于召回率的自动摘要评估法（Recall-Oriented Understudy for Gisting Evaluation, ROUGE）以及显式排序翻译评价指标（Metric for Evaluation of Translation with Explicit Ordering, METEOR），是用户评估机器翻译系统，或者其他 NLP 系统生成文本质量的指标。[10] 这些指标通过将机器生成的文本与人类创建的参考文本进行对比，来评估文本质量。

- BLEU 主要用于在机器翻译中衡量翻译质量。分值从 0 到 1，分数越高表示翻译质量越好。它在整体评估（即评估大规模语料库）的场合下比评估单个翻译句子的场合表现更好。
- ROUGE 主要用于在生成文字摘要的任务中，衡量根据文本自动生成的摘要的质量。它更关注召回率（即引用内容有多少出现在了生成的文本中）。其分数越高，表示生成的摘要质量越好。它主要考量的是内容的重合度。
- METEOR 也被用于机器翻译，旨在弥补 BLEU 指标的一些缺陷。它衡量了生成内容和参考文本之间的一致性，涉及精准匹配、词干匹配、同义词匹配以及释义匹配。分值从 0 到 1，分值越高表示翻译质量越好。相较 BLEU，它对单句翻译的评估判断，往往与人类判断更相近。

李克特量表评估（Likert Scall Assessment）：人类的评估，在人工智能模型的开发和诊断中扮演着重要的角色。定量指标提供了客观的性能衡量标准，而人类的评估则增加了一个主观的视角，这对于理解人工智能在真实世界中的有效性是非常重要的。这种类型的评估有助于捕捉单纯的数据指标可能会遗漏的语言、情感和背景上的细微差别。正如第 8 章所说，在这种评估方法中，人类评估者以李克特量表为基础，对人工智能模型进行评估打分，通常在 1 分到 5 分之间。[11] 这种评分涉及诸如相关性、连贯性、清晰度及扩散性等多方面的考虑，为人类对模型性能进行定性考量提供了一种结构化的方法，从而帮助我们深入了解模型在现实世界应用时的实际有效性。

效率指标

评估生成式人工智能和 LLMs 的性能，不只涉及准确性和与语言相关的指标。诸如处理成本、图形处理单元（Graphics Processing Unit, GPU）GPU/中央处理单元（Central Processing Unit, CPU）使用率、内存资源、时延和多任务处理能力等操作指标，对于理解这些系统的运行效率和扩展性同样重要。具体原因如下。

GPU/CPU：GPU 和 CPU 是 AI 运算能力的支柱。CPUs 被设计用来处理各种计算任务，注重通用性，但是处理并行任务的能力有限。相反，GPUs 是专门用来处理复杂的数学和几何计算的，特别是渲染图像和图形所必需的计算。GPUs 针对并行处理进行了优化，这使其对机器学习和深度学习任务中用到的算法处理尤为高效。这种同时处理多个并发计算的能力，使 CPU 和 GPU 成为人工智能模型在处理计算密集型任务时的理想选择。GPU 或 CPU 的选用，会对 AI 模型的训练时间和效率产生显著影响。

然而，这种处理能力会带来能源消耗和成本增加。高端的 GPUs 可能会非常昂贵，对于小型组织或个人开发者而言是财务负担。此外，其能源需求也会很高，这引发了人们对大规模人工智能运营可持续性的担忧。

深入探讨人工智能领域中 GPU 和 CPU 资源的重要性时，有一点值得注意：不断发展的人工智能格局正在推动专用硬件的创新。例如，谷歌等公司开发的张量处理单元（Tensor Processing Units, TPUs）[12]，就是专门为神经网络机器学习设计的。与传统的 CPUs 和 GPUs 相比，TPUs 在效率和速度方面有显著的优势。

另一个关键的发展是人工智能领域边缘运算的兴起。这是指使计算在更靠近数据源的地方进行，以减少时延。这需要高效使用 CPU 和 GPU，因为边缘运算的可用资源，通常比集中式数据中心的可用资源更为有限。

定期评估这些处理器的使用率，有助于甄别其中存在的计算瓶颈和低效率问题。在不同负载条件下的吞吐量、任务完成率等技术指标，可以清晰地展示资源的利用情况。我们的目标是，在避免使这些资源陷入性能受损状态（如过热降频 [13] 或到达内存使用上限）的前提下，实现这些资源的高利用率。这是在追求硬件性能的最大化和长期可靠性、稳定性之间的微妙平衡。

在基准方面，对人工智能中 GPU 和 CPU 的性能评估通常使用每秒浮点运算次数（Floating Point Operations Per Second, FLOPS），这是用来衡量计算速度，特别是并行计算任务处理的一个指标。[14] 更高的 FLOPS 表示更好的性能，但是也伴随着更高的能源消耗。这个领域中的其他基准指标，包括吞吐量（例如，每秒推理次数）和能源使用效率（每瓦特推理次数）。很多人工智能项目的关键目标，都是在最小化成本和能源使用的同时最大化计算效率。这就需要根据特定的模型需求和可用资源的前置条件，在 GPU 和 CPU 之间做正确的平衡。

- 据估计，在 2023 年 1 月，ChatGPT 使用了近 30 000 个 GPUs 来处理数以亿计的用户日常请求。[15] 华盛顿大学（University of Washington）电气与计算机工程系的一位助教接受了本文作者的采访，[16] 他计算得出，这些查询每天大约消耗 1 吉瓦时（GWh）的电量，大约相当于 33 000 个美国家庭每日所需的能耗。
- 随着人工智能的发展，其趋势正在朝着更节能、更具成本效益的计算解决方案迈进，这需要在原始处理能力与环境和经济之间考量以取得平衡。其中一项举措是，优化现有硬件，并开发新架构，以满足人工智能日益增长的处理需求。

处理成本：人工智能领域的处理成本，是指训练和运行人工智能模型所需的计算资源和财力。这个指标至关重要，它直接影响了人工智能技术的可扩展性和可用性。处理成本通过计算时间、能源消耗以及资金支出进行衡量，并且会根据模型的复杂度、数据量的大小以及基础设施的效率的不同而大相径庭。

- 高成本可能会阻碍人工智能模型的创新和应用，特别是对于需要实现实时处理的小型组织或应用程序而言。因此，优化人工智能模型在降低处理成本的同时，也不能牺牲其性能，这一点十分关键。在对高端人工智能能力的需求与在资源可用性和经济约束下的实用性之间取得平衡，也是至关重要的。这种平衡对于人工智能技术的可持续发展和广泛应用不可或缺。
- 在人工智能的实际应用中，处理成本这项指标通常用每训练小时成本、千瓦时能耗或部署模型的每次推理成本来衡量。

例如，根据 OpenAI GPT-3 语言模型的技术概述，它的每次训练运行至少需要价值 500 万美元的 GPU。[17] 然而，实际成本还远不止于此，因为每个模型在开发和调优阶段，都需要经过多次训练。模型越大，成本越高。正如 2023 年《福布斯》上一篇关于人工智能成本的文章所说，OpenAI 的联合创始人萨姆·奥尔特曼在 2023 年 7 月麻省理工学院的活动中，被问及训练基础模型的成本时表示，这一成本"超过"5000 万甚至 1 亿美元，而且将越来越贵。[18] 奥尔特曼说："OpenAI 自己都表示，在最大的人工智能训练中使用的计算量呈指数级增长，每隔几个月就会翻一倍。"[19] 同一篇《福布斯》文章还提到："Multiverse 是一家使用张量网络和量子计算来降低成本的公司。它的首席技术官萨姆·穆格尔表示，在未来的几年内，训练下一代 LLMs 的成本将超过十亿美元。"[20]

内存资源：在人工智能系统中，内存资源对于数据存储和处理速度来说，都是关键性的内存。随机存取存储器（即内存）（Random Access Memory, RAM）的容量和效率决定了模型一次能够处理的数据量和它可以用多快的速度访问这些数据。

- 衡量内存使用情况，通常会参考内存总分配量、内存带宽使用情况以及缓冲未命中次数等指标。高内存使用率会提高性能，但是也会增加内存耗尽时，系统遭遇瓶颈的风险。

- 有效的内存管理，是处理大规模模型和数据集的关键，时延等指标则是其关键的性能指标。人工智能模型，特别是深度学习模型，需要大量的内存来存储权重和中间数据。高内存带宽能保证更快速的数据传输，这对于保持计算的速度至关重要。

- 优化内存的使用也同样重要，尤其是在训练模型或者处理大数据集时。高效的内存管理可以缩短训练时间，并提高人工智能应用程序的反应速度。然而，这也需要达成一种微妙的平衡：内存太少可能会限制人工智能进程的性能甚至使其被关停；同时内存太多则会导致成本过高，或者使用率过低。在内存需求和计算效率之间取得平衡，对于人工智能的普及而言也是至关重要的，尤其是在实时处理时，或者在资源受限的处理环境中。这种平衡能保证人工智能系统不仅准确，而且响应迅速、经济高效。

- 从实际应用的角度来看，人工智能系统的内存性能基准通常包括不同内存负载情况下的吞吐量，以及处理复杂任务时的内存使用效率。其目标是使性能最大化，同时最小化时延并且避免与内存相关的瓶颈问题。

- 近期人工智能方面的研究，一直集中在优化 LLMs 的内存使用上。一篇发表在《人工智能前言》（*Ahead of AI*）上的文章，涵盖了 2023 年以来 10 篇值得关注的与人工智能相关的研究论文，这些论文讨论了 LLMs 训练的各个方面，包括数据复制、训练顺序带来的影响，以及为了减少模型的内存使用，而针对 LLMs 进行的量化调整。[21] 这些研究表明，人工智能领域在不断改进模型效果的同时，依然在管理其计算需求和内存需求。

　　时延（或延时）：人工智能模型和系统的时延是指它从接收一个待处理的输入开始，到产生对应的输出之间的时间间隔。这项指标在对响应时间敏感的实时应用系统中非常重要，比如自动驾驶汽车、交互式聊天机器人或金融交易算法。

　　时延通常用毫秒（ms）来衡量，并且可以使用性能分析工具对其进行监控。这些工具会跟踪模型处理流水线上每个操作所需要的时间。高时延通常会严重影响用户体验和人工智能系统的执行效率。即使仅出现时延这一个问题，也可能导致不甚理想的决策，或者引起用户在对时间敏感的环境中的失望。

- 时延可能受到各种因素的影响，包括人工智能模型的复杂度、代码的执行效率、硬件设备的能力（CPU/GPU 的速度），以及基于云的模型的网络速度。
- 降低人工智能系统中的时延是一个复杂的任务，它包含了从算法层面、基础设施层面到网络层面的多层优化。它通常包含了诸如简化模型架构、采用更高效的算法、升级硬件等各种模型优化的技巧。整个数据流水线包含了数据预处理、模型推理和后期处理等步骤，因此每个步骤都很重要。对于基于云的人工智能服务，网络造成的时延影响重大，可以采用诸如缓存、内容交付网络（Content Delivery Networks, CDNs）以及优化数据交互协议等方法和策略，以降低时延。[22] 持续的检测和分析，可以有效地诊断出系统的性能瓶颈和可以改进的方面。
- 边缘计算也是一种有效降低时延的策略，它通常在数据产生的位置进行计算，而不依赖远端的服务器。[23]
- 根据行业标准或类似系统进行基准测试，对于设定一个现实的时延目标非常重要。可以接受的时延水平因应用程序而异。比如，在推荐系统中，几秒钟的延时是可以接受的，但是在高频率交易系统中，这个时延时长则无法接受。
- 维持低时延是一种平衡的艺术——需要在不损害人工智能系统的准确性和功能的情况下实现。这是提供无缝且高效的人工智能解决方案的一个关键要素。

　　处理多任务的能力：人工智能系统有效处理多任务的能力，是指系统并发处理多个任务或管理多个应用程序的能力。这种能力是根据系统在任务或进程之间切换输入时的性能下滑来评估的。

　　其基本衡量指标包括响应时间、跨任务的准确性保持率、任务切换开销以及资源分配效率。性能下滑，通常通过准确性下降或响应时间增加来衡量，它们也是揭示模型多任务处理限制的关键指标。

- 人工智能中有效的多任务处理，依赖于对系统架构和算法的优化，以确保充足的计算资源，偶尔也要借助一些类似并行计算等技术的专门技术。负载平衡算法和高效的资源管理，对于最大限度地提高模型的多任务处理能力非常重要。

- 在实践中，有效的多任务处理的基准，会依据应用类型、任务的复杂度和人工智能系统设计的不同而大相径庭。并不存在"一刀切"的通用百分比；每个人工智能系统都应该基于自己独特的需求和限制，来设定自己的性能目标。

- 成功地处理多任务可以提升人工智能系统的通用性，以及其在现实世界中的适用性，使其可以更加有效和灵活地适应各种复杂的环境。

鲁棒性和可靠性

鲁棒性和可靠性在人工智能模型和系统中，是指系统在面对各种条件和输入时，持续稳定地表现出一定性能的能力，这还包括处理非正常或噪声数据的情况。处理噪声数据通常需要数据预处理技术、强健的模型设计，以及对于模型容错能力的持续不断的训练。

有些指标对于保证人工智能系统的可靠性是至关重要的，尤其是在医疗、金融和自动驾驶这些高可靠性需求场景下。它们可以帮助发现系统漏洞，并且为提升系统的鲁棒性指明改进方向。这些关键指标如下。

压力测试：有关人工智能的压力测试，通常需要把模型置于极端或非正常的环境，以评估它的性能极限。这可能包括输入超大量的数据、输入变化率非常高的数据，或者输入蓄意设计的"坏"数据或者噪声数据。其目的在于检测模型性能从什么时候开始下滑甚至失效。在压力测试中需要观测的关键值，包括响应时间、输出错误率和系统资源的使用情况。在高负荷情况下，确保模型稳定且不崩溃，这一点非常重要。这里需要注意的风险包括，对压力测试场景的过拟合，或者忽视现实世界的适用性。

错误率：错误率是评估人工智能模型的准确性和可靠性的关键指标，它跟踪了模型出现错误的频率和错误类型。这项指标包含了分类错误率，即错误预测占总预测的比例，以及二元分类中的具体比例，如假正率（False Positive Rate, FPR），即模型将负例错误分类为正例的频率，以及假负率（False Negative Rate, FNR），即模型错过正例而将其标注成负例的频率。

上述指标对于微调人工智能模型至关重要，它们能提供有关模型效率的洞察和模型需要改进方面的信息。错误率的可接受范围因应用程序不同而异，我们更需要关注的是上下文相关的评估需求，并对其进行持续监测。

一致性：人工智能模型的一致性，是指在收到相似或重复的输入时，模型能提供稳定且可靠的输出的能力。这是针对模型可靠性和可预测性的衡量指标。在用户期望针对同一查询获得一致响应的应用场景中，一致性尤为重要。

- 它通常通过比较模型在多个实例中，对相同或非常类似的输入的响应变化进行评估。对一致性的保证，需要对模型进行严格的测试和仔细的分析，使其能够处理输入参数中的变化，而不对输出产生显著影响。
- 为了更进一步说明人工智能模型的一致性，很重要的一点是，需要理解一致性不仅仅是给出重复的响应。一个具有一致性的人工智能模型，需要在类似的输入场景下产生类似的输出，这表现出其对于输入数据深入而可靠的理解。这种一致性在诸如客户服务等应用场景中非常重要，因为在这类场景中，对同一查询给出不同的响应，会导致客户的困惑和不信任。
- 确保一致性的方式包括：使用各种不同的数据集进行鲁棒性训练，并在模型中引入对不一致的识别和纠正。定期用一组标准查询对模型的性能进行评估，可以有效地持续维持模型的一致性。这种做法可以确保模型与其预期功能保持一致，并且提供不受输入细微变化影响的可靠输出。
- 高一致性是人工智能模型成熟且训练有素的标志，它表示该模型已经具备了服务现实世界的能力。

对抗鲁棒性：人工智能中的对抗鲁棒性是一个复杂的领域，涉及对对抗性攻击漏洞的调查及其缓解措施。换句话说，它是指模型抵御那些旨在混淆或欺骗其攻击的能力。这些攻击利用模型的弱点，使用精心设计且经过细微改变的输入数据。这些数据具有误导性或挑战性，通常被称为对抗性示例，旨在让模型生成错误或不正确的输出。

- 评估对抗鲁棒性，对于将安全与可靠性放置在首位的应用程序至关重要。在测试中通常会向模型输入各种对抗性示例，然后衡量其输出的准确度。
- 这个领域还涉及设计和评估对抗性攻击策略，以了解模型的弱点并设计防御机制。加强对抗鲁棒性的方法包括对抗性训练、正规化技术以及采用更加复杂和多样化的模型架构。
- 例如，图像数据中微小且难以察觉的变化，可能会导致图像识别系统出现偏差。为了应对这种情况，研究人员经常使用对抗性训练：在训练过程中，模型不得不处理那些棘手的输入，以提高自己的适应能力。
- 挑战在于，在提升模型的鲁棒性的同时，保证其对模型处理正常输入的性能没有显著影响。增强鲁棒性通常会要求在增加的计算需求，与模型简单性以及通用性能之间进行平衡。随着人工智能系统越来越多地被部署在敏感领域，有效应对对抗性威胁，对于保障其可靠性与可信度而言尤为重要。

泛化能力：简而言之，泛化能力是指模型在处理不属于其训练集的、全新且从未见过的数据时表现出的能力。它表明了模型学习底层模式的程度，而不仅仅是简单地记忆训练数据。

- 泛化能力对于保证模型在现实世界场景中的适用性非常重要，因为它确保了在面对不同数据输入时系统的可靠性。模型会在单独的验证和测试数据集上进行测试。

- 它通常通过在未曾见过的数据集上进行交叉验证和观察性能指标来进行衡量。交叉验证将数据集分成子集，使用某些子集来训练模型，而在剩下的数据集上进行测试。这有助于评估模型在遇到训练过程中未曾遇到的数据时的性能。常用的指标包括准确性、精度、召回率以及 F1 值。这些指标在测试数据集或验证集，而非训练集上进行评估。在输入新数据时，仍能在这些指标上维持高分的模型，认为是具备强泛化能力的模型。

- 提高泛化能力的技术通常在基础训练之外。一种方法是特征工程，需要对输入数据进行处理和优化，使其更能代表现实世界的场景；另一种关键方法是迁移学习，在一个任务上训练的模型将在被调整后执行不同但相关的其他任务，并在此过程中利用其学习到的特征。定期更新和使用新数据进行重新训练，将有助于保持模型与不断变化的环境的相关性。最终，我们的目标是创建在训练数据方面表现出色，并能灵活准确地适应各种现实世界的情况的人工智能模型，使其在数据特征可能发生变化的动态环境中仍然具有价值。

扩展性

扩展性指标评估的是，模型在处理不断增加的负载和数据量时的能力，这种能力还包括在不降低性能的情况下，处理更加复杂的任务。评估扩展性的核心指标如下。

吞吐量：这个指标衡量了系统可以有效地处理信息的体量，通常用每秒处理的任务数或事务数来衡量。它是评估系统应对不断增长的负载能力的关键性指标。在负载增长的情况下，越高的吞吐量就代表越好的扩展性。

负载下的时延：衡量在负载增加时，系统响应时间的变化。在负载持续增加的情况下，稳定的时延则展示了强大的系统扩展性。

资源使用效率：评估系统在负载增加时，是否能够有效地使用计算资源（CPU、GPU 和内存）。在系统负载增加时，有效地使用资源是系统具有扩展性的标志。

规模成本效益：评估与运营规模相关的财务成本和计算成本。即使在处理规模更大或更复杂任务时，具有扩展性的人工智能系统仍然具有成本效益。

这些与运营相关的指标，对于评估人工智能模型的实际部署情况与扩展性，是非常基础和重要的。它们为成本效率、总体效率和用户体验提供了洞察。对这些指标的持续检测和优化，对于维护一个有竞争力且可持续的人工智能系统而言是关键性的。在进行基准测试时，建立与部署环境和应用程序的特定要求与约束相一致的明确目标和阈值，是至关重要的。

业务与卓越运营指标

在追逐成功的旅程中，它为人类认知和问题的解决提供基本方面的衡量，度量指标更像是指引我们方向的指南针。[24] 这些指标能够让我们把"成功"这样的抽象概念转化成具体且可衡量的术语。这种转换有助于我们明确且精准地设定目标、追踪进展和评估结果。

除此之外，指标还在决策和评估中扮演关键性角色。它为我们做出明智的决定、优化策略提供必需的数据，并且还能标识出需要为达成目标负责的人。

为了全面评估人工智能对客户服务和支持生态系统的影响，我们需要构思一套更加广泛的指标系统。让我们来探索一下这些指标的核心分类类别，其中的每个类别都为客户服务运营提供了独特的见解。如果你喜欢 6Ds 框架，那么请准备好发现另一组神奇的"6s"吧。这一次，我们将研究六类不同的指标，这些指标能够提供人工智能对客户服务和支持领域影响的整体视图。

这些指标揭示了人工智能的直接影响，并阐明了其在增强客户体验和提高员工满意度方面的间接影响。接下来，让我们探索每种指标类别，并且理解为什么每种类别对于全面了解人工智能的有效性都至关重要。

客户服务领域与效率和有效性相关的指标：简单而言，这些指标展示了人工智能是如何简化运营流程和降低时间成本的。

在可以衡量的多个方面中，这一类别下的指标主要专注于人工智能解决客户报告的查询或问题所需的平均时间：平均处理时间、平均解决时间（Mean Time to Resolution, MTTR）、FCR、客户痛苦时长（Customer Pain Time, CPT）、首日 / 周解决率（First Day/Week Resolution, FDR/FWR）。它们都旨在展示问题的解决速度。一般来说，当客户的

问题更快地得到解决时，他们会更加满意并获得更好的体验。

　　然而，仅仅关注速度还不够。例如，通过 FCR 指标，我们还可以推断出客户访问"帮助"资源的难易程度，以及客服代理是否拥有一次性独立解决问题所需的工具和信息。

　　使用人工智能对这些指标产生积极影响的最直接好处，就是让客户与客服代理可以更快地获得更多的信息与资源。无论人工智能是直接协助处理客户提交的标准查询，还是将这些信息反馈给服务和支持代理，都可以减少故障排除和后续反复沟通所耗费的时间，进而更快地解决问题和完成工单。

- 人工智能改善这类指标的潜力开始逐渐显现。例如，微软首席经济学家办公室与 Dynamics 365 产品组进行合作，对 Dynamic 365 应用于客户服务领域的早期 Copilot 的成效进行了研究。微软（世界上最大的客户服务团队之一）完成部署的六个月后，在其商业支持业务中的一个子领域，将 Dynamic 365 应用于客户服务领域的 Copilot 将低严重度案例的平均处理时间缩短了 12%。研究还发现，在微软的另一个支持业务中，以往通常需要同事协作处理的案件，有 10% 在虚拟助理的帮助下得以独立解决。[25]

　　服务质量指标：这些指标对于评估模型为客户提供服务的有效性和可靠性非常重要。它们不仅关乎效率和成本，还包括交互的质量以及所提供信息的准确性。

- 你是否记得，在拨打客服热线时，会听到这样一条自动语音提示："出于培训和质量保障的目的，你的电话可能会被监听。"这是衡量质量的一种方法，该方法涵盖了所提供信息的清晰度、对公司协议的遵守情况，以及互动过程中的专业性等方面。

- 人工智能系统的服务质量（Quality of Support, QoS）通常是通过分析人工智能工具（如聊天机器人）与客户交互之后所获得的反馈来衡量的。例如，在与聊天机器人交互之后，客户可能会被要求对所获信息的清晰度和有效程度打分。这是在每次交互后常见的点赞和差评的反馈机制之外，额外增加的一项质量检查，也是对所提供响应的质量进行评分的另一种方式。

- 合规率也属于这一分类。例如，你可以衡量客户服务遵守内部政策和外部法规的程度。这在合规性受到严格监管的行业中至关重要。通过审查人工智能工具在与客户交互时，对隐私法等监管准则的遵循程度，可以评估人工智能系统的合规性。我们通常可以通过定期审计来保证合规性。

- 质量指标为评估人类代理的绩效提供了基准，并有助于维持高水准的服务。随着人工智能技术被整合到客户服务中，需要对原来的指标进行调整，使其可用于评估人工智能系统的性能，确保人工智能系统达到或超过人类代理设定的质量标准。

客户体验指标：这些指标的核心目的依然是衡量客户的满意度、耗费的精力以及忠诚度，因此，它们依然扮演着非常重要的角色。它们为了解客户对服务的态度提供了宝贵的见解。每一次互动都很重要。

如上文所述，人工智能在客户服务中最直接的影响之一体现在响应时间上。由人工智能驱动的系统，如聊天机器人或自动答复系统，可以极大地缩短解答用户问询的时间。衡量人工智能应用前后响应时间的变化，可以得到一个明确的效率指标。

然而，仅仅关注问询能否被快速解答是不够的，我们还需要关注问询是否被有效地解答了。解答率展示了在第一轮交互中，得到解答的用户问询的百分比。更高的解答率则表明人工智能工具不仅能快速响应，而且能解决问题，这是使用户满意的关键。

客户体验有两个核心指标：客户满意度和 NPS。它们不只是简单的指标，还是以客户为中心的人工智能系统的精髓。客户满意度直接来源于客户反馈，通过互动后的调查，来衡量用户对人工智能工具提供的服务的即时满意度。NPS 更进一步，它衡量了客户的长期忠诚度以及客户向他人推荐你服务的可能性。

除了客户满意度和 NPS，客户努力程度得分（Customer Effort Score, CES）和客户留存率等指标，也加深了人们对客户服务质量的理解。CES 评估了客户解决问题的难易程度，在这方面，人工智能可以通过简化流程和交互，发挥变革性作用。与此同时，客户留存率跟踪了公司在一段时间内成功留住客户的情况，并提供对客户的长期满意度和忠诚度的洞察。

理解这些指标不仅仅意味着收集数据，更在于深入理解这些指标揭示的人工智能的性能表现，以及其与商业目标的一致程度。例如，借助人工智能实现的响应时间的缩短，可能会提升用户满意度，而这一点能体现在客户满意度和 NPS 得分中。类似地，提高问题解决率可以转化为切实的成本降低，因为这可能会减少后续互动，或者减少后期成本更高的人工支持的介入。

员工敬业度指标：英国商业巨头理查德·布兰森曾经说过一句名言："照顾好你的员工，他们就会照顾好你的客户。"[26] 简单来说，吸引你的客户的关键是吸引你的员工。

员工敬业度指标至关重要，因为它反映了员工对工作和组织的承诺和满意度。当人工智能被有效融入工作场所时，它可以通过自动化处理日常任务、减少工作量、为决策提供有见地的数据以及营造更具吸引力的工作环境，来显著提高员工的工作满意度。

在一个员工和客户的价值都被认为是无价的商业生态系统中，通过人工智能提高员工敬业度，会产生连锁反应。人工智能在工作场所提供的支持，提高了员工的工作满意度，使员工受益，进而对客户互动产生了积极影响。这种由积极参与的员工驱动的服务质量的提高，可以显著提升客户体验。

除此之外，营造一个让员工感到被重视并能积极参与的工作环境，是留住人才和降低代理流失率的关键。这有助于维护一支技术娴熟、积极进取的员工队伍，对公司的成功和发展有重要战略意义。再次引用理查德·布兰森的话："培养员工足够好，让他们有能力离开；对待他们足够好，让他们不想离开。"[27]

财务指标：财务指标清晰地展示了人工智能在客户服务领域的经济效益和可行性。这些指标共同提供了人工智能在增强客户服务运营财务效率方面的全面视角，强调了其作为实现经济优化和获取竞争优势的战略工具的地位。

- 单次接触成本指标评估了单次客户互动所产生的总费用。人工智能可以通过自动化响应和简化流程，来显著降低这类成本，从而能够更高效地提供服务。
- 投资回报率则更进一步，衡量在人工智能上的投资带来的财务收益，以及创建、部署和维护此解决方案所涉及的成本。这包括了直接支出（如技术收购）和间接收益（如提高客户满意度和留存率带来的收益）。
- 除了定性的收益，人工智能的整合还可以带来可量化的财务优势，包括自动化带来的劳动力成本降低、效率提高带来的响应时间缩短，以及整体成本的降低。这些优势可以证明人工智能投资的合理性，对于了解其对组织的长期财务影响，也非常具有参考意义。

这些指标共同阐明了人工智能集成背后的经济原理，强调了其作为提高服务质量和实现业务增长的战略投资的价值和地位。

运营指标：这些指标提供了对客户服务与支持团队整体运营健康状况及其响应能力的洞察。

衡量在合同约定的 SLAs 内电话接听或互动的百分比，就可以直观地评估团队或组织对客户需求的响应速度和有效性。

SLAs 在客户服务中至关重要，它规定了客户所期望的服务标准。满足 SLAs 不仅对提升客户满意度至关重要，而且对维护品牌声誉也同样不可或缺。始终如一地履行

SLA 条款，可以让客户对公司的可靠性充满信心，也是公司对其服务质量的承诺，这可以大大提升客户的信任和忠诚度。未能遵守 SLAs 可能导致合同罚款，损害公司的市场地位。因此，遵守 SLAs 既是为了避免负面影响，也是为了强化以客户为中心的积极品牌形象。

- 积压量是客户服务领域的一个关键性运营指标，它代表了在给定时间点尚未解决的客户查询数量。更小的积压量，通常意味着更快速的解决方案和响应更敏捷的服务团队。有效管理积压量对于保持高水准的客户满意度，并确保提供及时的支持非常重要。这在高体量的服务环境中尤为重要，因为在这种环境中，管理积压量可以有效地防止服务时延的发生，并增强用户体验。
- 从时间维度分析，积压量可以揭示业务的趋势和高峰期，从而指导资源分配。对这些指标进行有效管理，特别是通过人工智能进行整合，可以实现更敏捷且始终以客户为中心的运营模式，提高客户的即时满意度和长期忠诚度，这对企业的成功和声誉至关重要。

这些对于业务和卓越运营指标的拓展分析，提供了对人工智能在客户服务和支持领域的作用的全面理解。考虑这些指标之间的相互作用和影响是很重要的，它们为人工智能的有效性提供了多维度的评估。此外，值得注意的是，并非所有指标对每个企业都同等重要。与客户互动的性质、实施人工智能工具的类型，以及你的特定业务目标，都将决定哪些指标最为适用。关键是选择和调整这些指标，以求全面、清晰、准确地展现人工智能对客户服务运营的影响。

道德与合规性指标

衡量人工智能系统是否遵守道德规范且具有合规性，是一个复杂且不断发展的领域。与效率或准确性等可以量化的指标不同，道德与合规性指标更加微妙，并且可能因背景和监管环境不同而呈现差异。以下是用于衡量这些方面的细分指标。

人工智能领域的道德指标

这些指标对于评估和减少人工智能系统中的偏见非常重要。它们有助于确保人工智能算法不会延续现有的社会偏见或创造新的歧视。

值得注意的是，这些指标并不是通用的。对于指标的选择，取决于特定的上下文和与应用场景相关的伦理考虑。

偏见与公平性指标：用于衡量差异性影响、机会平等和统计均等方面，有助于评估人工智能系统对于某些群体是否存在偏见。[28]

差异性影响：差异性影响描述了这样一种情况，即一项政策或做法，即使表面上是中立的，也可能会对特定群体或个人产生过度的影响，而这些影响通常是负面的。对于人工智能而言，这体现在它用于衡量算法产生的结果是否在无意中伤害了某些群体（例如，特定种族或性别的群体）。差异性影响通常通过比较不同群体的结果比率，来进行计算。一个常见的基准是"80% 法则"，即任何种族、性别或族裔群体的选择率，应该至少为选择率最高群体的 80%。

机会均等：机会均等确保个人有平等获得积极结果的机会，无论他们是否属于某些特定群体。在人工智能中，平等通常意味着在考量相关资质时，确保所有群体获得积极结果（如被雇用或获得贷款）的可能性是相同的。其计算涉及测量和比较不同群体的真正率。

统计均等：统计均等，也称人口统计学均等，发生在决策概率独立于指定的敏感属性（如种族或性别）时。在人工智能领域，该指标用于评估每个群体是否有相等的概率被分配到积极的结果。它通过比较不同群体的积极结果率，并寻找其中的差异来计算。有时，提升一种公平性指标可能会导致另一种指标的降低，这反映了人工智能领域公平性问题的复杂性。值得注意的是，仅靠这些指标仍无法确保人工智能系统的公平性。它们应该作为更广泛的战略的一部分，该战略包括人为监督、道德准则和持续监测。

透明度和可解释指数：人工智能领域的透明度和可解释指数是定性的评估指标，聚焦于决策过程中的清晰度和可理解度。[29] 这些指标能够评估人工智能决策背后的原因在技术层面可被理解的程度。这对于建立客户对人工智能系统的信任至关重要，尤其是在如医疗或金融等领域，在这些领域中，理解人工智能决策可以对结果产生显著影响。

透明度和可解释指数通常通过多种方法进行衡量，包括专家评审，即由专家分析模型的决策逻辑；用户研究，即让非专家用户评估模型输出的可理解性；以及基于算法的评估以量化特征重要性等方面。这些指标通常涉及基于模型推理清晰程度的评分系统。其挑战在于平衡技术准确性与可理解性，确保解释既准确，又易于被非专业受众理解和接受。

模型在这方面的得分较高，表示其决策既准确又易于理解，从而增强了用户在人工智能部署中的信任和责任感。透明且可解释的人工智能模型，有助于提高用户对模型的接受度、监管合规性，并推动有道德的人工智能的实践。

可审计性和问责制检查：人工智能领域的可审计性和问责制检查有助于确保人工智

能系统符合道德标准和监管要求，并与社会价值观保持一致。[30]

- 可审计性是指检查和审查人工智能系统，以验证其合规性与性能的能力。
- 问责制检查旨在确保人工智能的决策和输出有清晰的责任划分。
- 人工智能领域的可审计性和问责制检查是通过结构化审计、合规性检查和道德评估来衡量的。这些衡量方法通常涉及内部和外部审查：专家根据既定的道德准则、法律标准和监管要求，分析人工智能系统。这些审查对于维持公众对人工智能系统的信任至关重要，特别是在人工智能的决策具有重大影响的行业。

在上述背景下，一个有趣的新兴领域是人工智能伦理审计。它有些类似于财务审计。随着人工智能越来越多地影响社会和行业的各个方面，此类审计变得越来越普遍。这些审计工作旨在评估合规性并提高透明度，以确保人工智能系统以负责任的方式进行开发和部署。

人工智能中的合规性指标

人工智能中的合规性指标，对于确保人工智能系统遵守法律标准、道德规范和行业特定法规至关重要。这些指标有助于评估人工智能的部署是否符合《通用数据保护条例》、行业准则和道德原则等数据保护法律。它们在人工智能应用建立信任和信誉方面发挥着重要作用，确保在不跨越法律和道德界限的情况下实现人工智能的益处。合规性指标对于负责任地开发和使用人工智能、防止滥用和推动其产生积极的社会影响，具有非常重要的作用。

监管合规评分：这是一组用于评估人工智能系统遵守相关法律和监管框架程度的指标。这些分数对于需要严格遵守监管规定的行业，如金融、医疗和数据隐私行业至关重要。它们评估人工智能应用程序在多大程度上符合《通用数据保护条例》或《健康保险流通与责任法案》等法律规定的标准，以确保人工智能在法律范围内运行。

- 监管合规评分通常通过全面的审计和审查得出，这些审计和审查将人工智能系统的实践和输出，与既定的法律和监管标准进行比较。这一过程通常涉及由法律和技术专家进行的详细评估，他们将审查人工智能系统的数据处理流程、决策过程和整体运营合规性。
- 高分意味着强合规性，反映了人工智能系统与法律要求和道德标准的高度一致。这些分数对于维持用户的信任和避免法律处罚非常重要，凸显了它们在负责任地部署人工智能的过程中的重要性。

隐私保护指标：人工智能领域的隐私保护指标，侧重于评估人工智能系统如何管理和保护个人信息及敏感数据。这些指标能够评估数据加密情况、匿名化的有效性以及模型对数据最小化原则的遵守情况。通过衡量模型对《通用数据保护条例》等数据隐私法规的遵守情况，这些指标反映出人工智能系统保护用户数据免受未经授权的访问和防止数据泄露的能力。

人工智能领域的隐私保护指标是通过数据审计、安全评估和违规事件报告相结合的方式进行评估的。隐私保护指标的高得分对于维护用户信任非常重要，尤其是在需要处理敏感信息的行业。确保强有力的隐私保护既是法律要求，也是使人工智能发展符合道德规范的关键。

安全合规性指标：安全合规性指标涉及评估人工智能系统面对网络威胁时的鲁棒性。这些指标衡量了系统对网络安全标准和实践的遵守情况。这包括评估加密协议的强度、防火墙和入侵检测系统的有效性，以及安全漏洞发生的频率和处理情况。

定期的安全审计和渗透测试是衡量这些指标的关键方法。高安全合规性得分表明采取了强有力的安全措施，在网络威胁日益增多的情况下，这对于保护敏感数据和维护人工智能系统的完整性至关重要。

人工智能领域的道德与合规审核，在很大程度上由定量指标（比如偏差测量）和定性评估（如透明度和监管合规性）结合管理。根据具体应用场景、行业标准和社会规范，对于"好"和"坏"的分数评判可能会有很大的差异；然而，法律规定通常会设置一个最低合规性评分标准。

最初由微软设计的开源工具包 Fairlearn，包含了一个可视化交互式的仪表盘和一个缓解算法，旨在帮助人工智能系统的设计和开发人员评估人工智能模型的公平性，并且使他们能够为弥补不公平性做出有效的决定。[31] 在认识到人工智能模型带来的社会技术挑战之后，我们意识到要创建和维护一个完全无偏见的模型是十分困难的。因此，组织机构将不得不根据相互冲突的优先级排序和目标，来进行权衡。这强化了在模型设计开始时，预先设定强有力的目标和 OKRs 的必要性，这可以使组织更容易调整优先级并做出必要的权衡，以达到理想的最终状态。

这个领域正在快速演化，新法规和新标准正在不断涌现。

用户参与度与满意度

在这个人工智能驱动实施方案的新时代，用户参与度和满意度指标为我们提供了一个观察人工智能系统是否满足用户需求和期待的窗口。它们在人工智能影响客户体验的

"故事"中是一个非常重要的"篇章"。用户与人工智能系统之间的交互，揭示了科技的价值、吸引力和相关性。随着人工智能与我们生活各个方面的深度集成，衡量用户如何与这些系统互动、如何感知和评价这些系统变得至关重要。

这些以用户为中心的指标不仅与技术改进有关，还能确保人工智能解决方案与人类体验和期待保持一致，从而营造人类与人工智能之间和谐互利的关系。

在面向用户的应用场景中，高用户留存率通常表示，系统在满足和维护用户兴趣方面做得很成功。用户参与度指标则揭示了用户与系统交互的深度，代表了系统的可用性和吸引力。对用户反馈的分析为组织提供了定性的见解，帮助组织捕捉用户的情绪和观点。这些指标共同作用，对于不断改进人工智能解决方案、确保它们与用户产生共鸣，并培养积极的用户体验至关重要。这种对用户参与度和满意度的高度关注，是构建技术先进且深度适应用户需求的人工智能的关键。

用户留存率：用户留存率在面向消费者的应用场景中尤其重要。它衡量的是一段时间内，继续使用人工智能系统的用户比例，反映了系统满足用户需求和偏好的能力。

用户参与指标：用户参与指标跟踪用户与人工智能交互的方式，包括交互频率、持续时间和交流深度。它们提供了关于系统对用户的吸引力和系统可用性的洞察。

- **反馈分析**：反馈分析通过收集和分析用户反馈，来助力组织了解用户的看法、偏好和需要改进的领域，从而为用户体验提供定性见解。

总而言之，这些指标共同描绘了人工智能系统与用户产生共鸣的全面途径，为持续改进用户体验和持续提升用户满意度提供指导。

创新和学习

在人工智能这个动态领域，创新和学习主要集中在系统的吸收能力和进行有意义进化的能力。本节深入探讨了使人工智能具备变革性的核心——它的适应和创新能力，以及有智慧地应用所积累的知识的能力。在这些方面，人工智能从单纯的工具，转变为具有独特发展能力且能够推动变革的主体。

人工智能的适应性、创新性和知识应用的能力，与生命本身的进化步伐相呼应：学习会带来深刻的变革。随着人工智能系统对知识的汲取和其自身的进化，它从工具转变为变革的推动者，体现出类似人类的创造力和解决问题的能力。这种不断学习和适应的能力，使人工智能成为我们这个世界的参与者，成为新现实和解决方案的创造者，并重新划定了人们对技术与想象力的界限。

让我们深入探讨这些技术是如何发展，并为各个领域做出创造性贡献的。

适应性：适应性考察了人工智能随着时间的推移从新数据和经验中学习，并且可以对其算法和输出做出相应调整的能力。它用来衡量系统的灵活度，及其在不断变化的环境中保持相关性的能力。

可以通过让人工智能系统在非训练数据集上进行测试，来观察它的性能。准确性和错误率的变化，以及在不同条件下输出的一致性是关键指标。此外，人工智能随着时间推移而变化的学习曲线，即它如何整合新信息并优化输出，也是衡量适应性的关键指标。这类评估有助于确定人工智能在遇到新挑战和信息时的进化能力和保持有效性的能力。

创新指标：这些指标可用来衡量人工智能系统对提出新解决方案，或者对已有流程进行重大改进的贡献。它体现了系统的自动化、创新和强化任务执行的能力。这些指标包括使用人工智能开发的新流程或新产品的数量、人工智能集成带来的效率或生产率的提高，以及在解决复杂问题方面取得的进步。它们同时也考虑到了人工智能在推动研发朝着新方向发展带来的影响。

创新指标有助于量化人工智能在推动进步方面发挥的作用，以及在推动当前技术和知识的扩展方面的有效性。

知识留存和转移：该指标衡量了人工智能系统将学习到的信息保留并应用到不同但相关的任务中的能力。对那些希望随着时间的推移，经验和知识可以逐步积累的系统来说，提高其有效性和效率至关重要。

- 知识留存是指人工智能对于过去经验的记忆和利用程度，而知识转移则涉及如何在不同但相关的环境中利用这些知识。有效的知识留存和转移可以使人工智能系统随着时间的推移，变得越来越熟练。它可以根据积累的知识和经验调整自身响应能力，以提高在各种应用场景中的利用率和效率。

- 衡量人工智能中知识留存和转移，涉及对人工智能如何有效地将过去所学的信息使用到新环境的能力的评估。这可以通过在与人工智能训练任务相似但不同的任务上测试人工智能并衡量其性能来量化。在衡量过程中，需要考虑诸如准确性、错误率和适应新任务所需的时间等指标。此外，随着时间的推移，跟踪人工智能在暴露于新数据时的性能改进情况，可以考察其是否具备有效的知识留存和转移能力。上述每个环节在决定人工智能系统的长期价值和影响力方面，都发挥着至关重要的作用，因此需要确保它们不仅功能正常，而且可以逐步智

能化，以推动创新。总之，上述各个方面都强调了人工智能对于重塑和推进各个领域和行业的深远影响。

在我们要结束这一节时，让我们思考以下几个关键性要点。

花时间制定一个与当前特定任务和目标相一致的评估框架。这个框架应该足够灵活，以适应模型的演化和适应任务需求的变化。

定期监测不同指标，并且基于反馈和性能数据调整战略。

在多个不同的指标之间寻求平衡非常重要。提升一个指标（如减少平均处理时间），不应该对另一个指标（比如客户满意度）产生负面影响。

一种衡量和改善客户支持领域或其他行业中人工智能性能的综合性方法，是将技术层面的人工智能效率指标、行业额定 KPIs 和任务特定的性能指标进行有机组合。其中的关键是，建立一个评估标准，然后持续不断地调整和对其进行优化，以满足企业和用户不断变化的需求和目标。

第 14 章

人工智能助力成功运营

无论你做什么，都要把它做好。要做到极致，以至于当人们看到你做的时候，他们会想再次回来看你做，还会想带着其他人来，向他们展示你把事情做得有多好。

——华特·迪士尼

客户服务与支持领域是人工智能技术在企业层面的主要应用场景之一。预测客户案例数量的能力将直接影响资源配置、预算、客户满意度，并最终体现为运营水平。这种预测不仅仅是一个工具，更是一种战略资产，确保组织能够提供及时有效的客户服务，从而维持高水平的客户满意度和忠诚度。准确的预测能够实现最佳的人员配置、资源分配、预算控制和战略规划，使组织能够主动出击，而非被动应对。通过利用包括人工智能和爱尔朗分布（Erlang Distribution）①在内的高级方法，企业可以提高其预测的准确性，从而提升客户体验，实现可持续的业务增长。

　　在当今竞争激烈的市场环境中，将人工智能融入客户服务所产生的财务影响也需要考虑。人工智能可以成为优化资源配置和降低运营成本的关键工具，但同时也伴随着风险。人工智能驱动的对客户案例数量的准确预测，使企业能够制定有关人员配置和资源分配的战略计划，最大限度地减少客户服务领域人员太多或不足所带来的财务压力。

　　不能忽视与人工智能技术初始投资相关的财务风险，以及其在部署和整合过程中，可能出现的意外成本。这需要组织对成本与效益进行严格分析，确保长期财务优势能够证明前期支出和持续运营成本是合理的，从而为在客户服务领域实现战略合理且财务可持续的人工智能整合铺平道路。

　　人工智能的未来前景广阔，但仍需要对部署过程中客户服务与支持领域出现的各种机会进行严格的财务分析，以便做出最终决策。

客户案例数量预测

　　在服务与支持组织中，预测客户案例数量至关重要，因为它直接影响了组织提供及时有效的客户服务的能力。准确的预测能够实现最佳的人员配置，确保团队既不会被意外的用户访问高峰压垮，也不会在用户数量较少的时期被闲置。这种平衡对于维持高水平的客户满意度和忠诚度至关重要，同时也有助于控制运营成本，维持员工高昂的士气。通过预测客户案例数量，组织可以更高效地分配资源，投资必要的培训，管理预算，并实施战略改进。最终，预测将使支持组织能够主动出击，而非被动应对，从而提升整体客户体验，支持业务增长。

---

① 概率与统计相关学科中，爱尔朗分布是一种连续型概率分布。——译者注

预测在客户服务领域的重要性

在客户支持领域进行预测，对于维持服务质量和运营效率至关重要。它使组织能够规划需求，确保有足够数量的客服人员或支持工程师处理客户咨询，避免过长的等待时间或咨询积压。这种洞察力有助于有效管理资源，通过避免人员过剩来降低成本，同时防止员工在人员不足的情况下精疲力竭。

发表在《国际预测杂志》（*International Journal of Forecasting*）上的题为"呼叫中心到达量的建模与预测：文献综述及案例研究"（Modeling and Forecasting Call Center Arrivals: A Literature Survey and a Case Study）一文的摘要很好地总结了当前的挑战：

> 对呼叫中心的有效管理是一项具有挑战性的任务，主要是因为管理者经常面临相当大的不确定性。这种不确定性的一个重要原因是呼叫到达率，它通常是会随时间变化的、随机的、跨时期和与呼叫类型相关的，并且经常受到外部事件的影响。准确地建模和预测未来的呼叫到达量是一个复杂的问题，对于呼叫中心所做的重要运营决策（如人员配备和调度）至关重要。[1]

准确的预测为进行战略规划提供支持，包括从日程安排和培训，到对工具和实施技术的改进等各方面。精细的规划有助于通过及时、高效的服务，来提高客户满意度，并通过适应趋势和需求模式支持业务扩展。预测可以在以下方面发挥作用。

- **人员配置和资源优化**：利用人工智能来提高预测的准确性，有助于人员配置和以经济有效的方式优化资源。提高预测准确性，以确保人员配置水平与预期的工作量相匹配，优化资源分配，并最小化人员过剩所产生的成本，以及因人员不足而导致表现不佳的风险。
- **客户满意度**：组织可以通过准确预测客户案例数量，并进行相应规划来保持快速响应和高质量支持，这直接有助于缩短响应时间，提高客户满意度和忠诚度。
- **战略规划**：利用人工智能提高预测的准确性，有助于为培训、技术投资、自助服务和诊断内容以及工作负载分配做出主动决策，促进服务交付的持续改进，并有效扩大运营规模，以满足案例需求的能力。

爱尔朗分布

爱尔朗分布是一种统计模型，常用于支持预测（support forecasting），有助于预测客户案例的到达率和持续时间。[2] 在现代支持组织中，它被用于计算人员配置需求，确保配备足够的客服人员，以高效处理传入的案例，从而根据客户需求优化等待时间和服务质量。

爱尔朗分布

A.K.阿格纳·克拉鲁普·爱尔朗（1878 年 1 月 1 日—1929 年 2 月 3 日）是一位丹麦数学家、统计学家兼工程师，他是交通工程领域的开创者之一，也是排队论的奠基人。[3] 爱尔朗分布用于测量用户来电之间的间隔时间，可以与来电的预期持续时间相结合，生成以"爱尔朗"为单位的流量负载信息。根据被阻塞的来电是被终止（爱尔朗 B 公式）还是排队等待服务（爱尔朗 C 公式）的各种假设，爱尔朗分布可以确定数据包丢失或延迟的概率。爱尔朗 B 公式和 C 公式至今仍被用于诸如呼叫中心的设计等应用场景的流量建模。[4] 一个爱尔朗单位等于每小时（60 分钟）的通话分钟数；也就是 1 小时内的总流量。

爱尔朗 B 公式用于计算无队列系统的阻塞概率。换句话说，如果所有服务座席都已被占用，新到达的呼叫将被阻塞并随后丢失。它特别适用于没有呼叫等待机制的场景：如果所有服务器都处于忙线状态，额外的呼叫将直接被拒绝。它对于容量规划和确保系统能够在预期流量负载下运行，而不会造成过多的呼叫丢失至关重要。

爱尔朗 C 公式是一个流量建模公式，主要用于呼叫中心的资源调度，能够计算延迟和预测呼叫等待时间。借助这个数学公式，呼叫中心能够预测其流量负载，并计算出所需的服务与支持人员数量，以处理期望数量的呼叫，实现目标服务水平。[5]

人工智能如何提高产能预测的准确性

人工智能可以通过将爱尔朗分布、爱尔朗 B 公式和爱尔朗 C 公式，以及其他多种数据类型集成到其预测分析，来帮助提升呼叫中心业务量预测的准确性。许多例子展示了人工智能和神经网络如何被应用于呼叫中心的预测工作。[6] 人工智能算法可以处理大量的历史案例数据，包括案例持续时间和案例到达的间隔时间，使用爱尔朗分布准确地对案例流量进行建模，然后使用这些历史数据，对未来的业务量进行预测。这种预测有助于更精确地估算匹配签订了 SLAs 的客户所需人员的水平，并根据响应率和解决时间等其他指标保持高水平的客户满意度。此外，爱尔朗 C 公式（计算呼叫者需要等待的概率和预期等待时间）可以通过人工智能算法进行优化，在其中加入诸如呼叫放弃率、高峰时段变化、客服人员效率等复杂的考量因素。通过利用人工智能，客户支持组织能够近乎实时地动态调整其预测，并迅速调整可用人员配置，从而显著提高运营效率和客户满意度，并降低因人员过多或不足而产生的成本。

这些公式是排队论和电信领域用于预测等待时间和服务容量的基本工具，具有广泛的应用范围。在与人工智能结合之后，它们能够极大地推动多个领域的研究和实际应用。

用于需求预测的预测分析

在使用预测分析进行预测时，有几个因素需要考虑。在本章的前文部分，我们了解了案例到达率——每小时、每天、每周和每月的案例数量。虽然人员配备与初始响应时间之间存在关系，但解决时间、关闭时间、案例升级率和复杂性等其他因素也需要考虑。同样还需要考虑的是，客户满意度、代理满意度和士气，以及工具的响应时间和复杂性。这些因素构成了一系列复杂的因素，影响支持组织的资源和人员配备需求。

成功实施人工智能在预测中的案例研究

总部位于安大略省汤山的加拿大汽车协会俱乐部集团（CAA Club Group, CCG）希望节省在预测方面花费的时间和人力，同时生成覆盖整个汽车俱乐部范围的预测，如道路救援呼叫量。

CCG 的数据科学团队试图通过对会员援助和 CCG 人员配置的自动预测，为其会员"优化资源分配"。为此，他们处理了来自多个来源的"数亿行"数据。[7]

短期预测是对未来一周内，每小时的通话量和服务类型做出的预测。俱乐部覆盖区域内有近 600 个微区域，每一个区域都有其针对性预测，同时这些预测还会按更广泛的地区进行整合。

这种高度精细化的预测，对于人员配置和车辆调度至关重要。将车辆部署到最有可能全天候被需要的地方，可以缩短被困成员等待救援的时间。集团的首席数据科学家能够在冬季恶劣天气期间，轻松地每天运行模型，将不断变化的道路和天气状况纳入预测中。[8]

基于人工智能的预测的挑战与考量

基于人工智能的预测带来了众多挑战和考虑因素；组织必须妥善应对这些挑战，才能有效地发挥其潜力。其中一个主要挑战是预测所需数据的质量和数量。人工智能模型在大规模、多样化的数据集上进行训练时表现出色。然而，收集数据、清理数据、消除偏差以及确保这些数据的相关性可能既昂贵，又耗费资源。数据隐私和安全也变得非常重要，因为预测模型往往涉及敏感信息。

另一个重大挑战是人工智能模型的复杂性。虽然这些模型提供了细致的见解，但其"黑盒子"特性使得利益相关者难以验证其准确性，也难以理解决策是如何做出的，这可能引发信任问题。确保人工智能操作的透明度和可解释性，对于采用和信任基于人工智能所做的决策，并建立对其的信任同样重要。

模型的准确性和过拟合是另外一个担忧。人工智能模型，尤其是那些基于历史数据的模型，可能并不总是能准确预测未来事件，尤其是在面对快速且前所未有的变化或独特的异常情况时。过拟合是机器学习和统计学中的一个问题，即模型对训练数据集的模式学习得过于透彻，能够完美地解释训练数据集，但无法将其预测能力推广到其他数据集。对历史数据的过拟合，会使模型对新模式或新趋势的适应能力降低。因此，有必要对人工智能模型进行持续的监测、更新和验证，以保证其经得起时间的考验。利用专业知识和技能，来确保模型持续的准确性也是很重要的。

此外，预测算法需要考虑如何以符合道德规范的方式使用人工智能并减少偏见。人工智能模型可能会在无意中延续或放大训练数据中存在的偏见，导致不公平或歧视性的结果。组织必须警惕地识别和纠正模型中的偏见，确保基于人工智能的预测既公平又公正。

应对这些挑战需要采取务实且严谨的方法，将技术创新与道德考量、透明度和持续的评估相结合，以确保基于人工智能的预测工具既功能强大又负责任。

案例分析与故障排除

在客户支持案例分析和故障排除中使用人工智能，有可能彻底改变企业与客户互动的方式。利用机器学习算法、NLP、生成式人工智能和预测分析，基于人工智能的系统能够快速理解客户咨询并对其进行分类，识别常见问题。它还能根据以往案例提供解决方案，加快响应速度，并确保所提供支持的准确性和一致性。由人工智能驱动的工具可以分析客户问题的发展趋势，帮助公司提供自助服务，并在问题升级之前主动加以解决。此外，人工智能可以协助人类支持工程师，为他们提供实时信息和建议，增强他们解决复杂案例的能力。这种人工智能和人类智力的协同作用，能够缩短响应时间，提高客户满意度，降低支持成本，并提供有价值的产品和服务改进见解。

人工智能在自动案例分析中的应用

人工智能可以通过多种创新方式被应用于案例分析，以提高服务质量和支持人员的工作效率及准确性。

- 人工智能算法可用于智能分类案例，它们会自动根据问题的性质、紧急程度和主题，对传入的问题进行分类，确保问题由相应的服务人员和支持人员处理。
- 正如我们所了解的，由人工智能驱动的预测分析能够预测案例的数量和复杂性，使各组织能够更有效地分配资源。

- 通过 NLP，人工智能能够理解和解读客户问题描述及交流过程中的细微差别，提取相关信息，以提供故障排除步骤、进行案例路由，并有助于更快地解决问题。

- 人工智能可以自动生成对常见查询的响应，大大缩短响应时间，并为支持人员留出处理更复杂问题的时间。机器学习模型可以从过去的案例中不断学习，提高其提出解决方案和识别潜在模式的能力，从而防止未来再次出现类似问题。

这些人工智能应用共同作用，将案例分析转变为一个更高效、更准确和更主动的流程。

人工智能案例分析与故障排除的益处

将人工智能与自动化的案例分析和故障排除相结合，可以带来诸多好处，显著提升客户支持运营的效率和成效。人工智能可以将案例数据输入到生成式人工智能模型中，并输出故障排除建议、案例摘要和情感分析等。利用人工智能的主要优势之一，是缩短响应时间。人工智能算法处理和分析案例的速度比人工客服快得多，并且可以通过向人工客服提供建议，使他们能够迅速解答客户咨询和问题。这种快速响应能力有助于维持高水平的客户满意度和忠诚度。

人工智能还能为案例解决带来仅凭客服人员难以实现的一致性和准确性。通过利用大量的历史案例数据，人工智能系统能够识别出针对特定问题的最有效解决方案，降低出错的可能性，并确保客户获得可靠的支持。这种一致性在复杂案例中尤为可贵，因为在这些案例中，人工客服可能只具有某种程度的专业知识。

人工智能还增强了客户支持运营的可扩展性。随着企业的发展，以及客户问题和支持案例数量的增加，人工智能系统能够轻松适应并处理更高的工作负载量，而无须相应增加人力投入。这种可扩展性确保了即使在高峰期，客户支持的质量仍然很高。由人工智能驱动的案例分析，能够提供有关常见客户问题及其发展趋势的更多见解，为企业提供有价值的数据，这些数据可以用于产品改进和战略决策。通过识别并找到常见问题的根本原因，公司可以利用人工智能的能力来减少支持案例的总体数量，并改善整体客户体验。

人工智能技术还能帮助客服人员专注于更复杂、敏感且微妙的案例，这些案例需要人文关怀。通过将常规咨询和解决方案自动化，人工智能使客服人员能够将更多的时间和资源用在最需要的地方，提供富有同理心且详尽的支持服务，从而提高客户支持团队的总体效率。

路由

案例路由是成功的客户服务运营的重要组成部分，它确保将咨询引导至最合适的支持人员或部门，以高效且有效地解决问题。这一过程对于优化响应时间和提高客户满意度至关重要。

正如博·安妮·马里吉·德弗里斯在她有关人工智能案例路由的案例研究和见解中所述：

> 基于人工智能的案例路由技术，利用人工智能算法和技术来自动化和优化各类案例或任务的分类和排序过程。这些技术利用机器学习和 NLP 能力，根据案例或任务的特点、内容或其他相关因素，对其进行分析和分类。基于案例的推理，为创建系统和个人的认知模型提供了一个框架。通过向个人提供历史案例以指导具体问题，这种基于案例的决策辅助方法可以提高个人的记忆能力。[9]

例如，一位支持人员可能在一年前为另一位客户解决过类似的问题，或者他们的一位同事可能处理过类似的案例。那么通过查看类似案例的案例记录，支持人员就能够更快速高效地解决当前的案例。

人工智能可以实时分析输入的案例，并通过 NLP 和机器学习算法，总结并识别其性质、复杂性和紧迫性，从而显著增强其案例分配能力。基于以上及其他因素进行案例自动分类和优先级排序，人工智能能够确保将案例分配给最合适的支持人员，然后支持人员将根据专业知识、空闲状态和当前工作负载来处理它们。这种智能路由简化了问题解决过程，并平衡了支持人员之间的工作负载，从而加快了解决速度，并提供了更好的整体客户体验。许多因素，如响应时间、客户满意度、实时学习和复杂性，都可能在智能路由中发挥作用。

高效路由的定义与重要性

在客户服务和支持领域，快速且高效的案例路由至关重要，因为它是及时准确地提供支持的基础。将案例分配给合适的支持人员，可确保客户的咨询和问题能得到专业人士的及时处理。这种有针对性的方法大大缩短了解决时间，并降低了在支持人员或其他团队之间不必要地转移问题的可能，从而减少了延误，直接有助于提高客户满意度和忠诚度。此外，快速高效的案例路由优化了支持人员之间的工作分配，有助于防止支持人员疲劳，并确保高水平的服务质量。最终，高效案例路由的影响不仅限于与客户的即时

互动，还包括打造积极的品牌声誉，并培养客户对公司支持服务的信任和依赖。

路由中的人工智能技术概述

人工智能正在彻底改变支持案例的分配方式，它引入了复杂的功能，如意图确定、智能呼叫路由以及自动化的聊天内容摘要和分类。通过利用 NLP 和机器学习算法，人工智能能够准确理解和解释客户咨询背后的意图，无论这些咨询的传达方式是语音、电子邮件，还是聊天。这种对客户意图的精确定位，使得根据案例的性质、紧急程度和复杂程度对其进行分类这一想法成为可能，从而促进将案例自动分配到最合适的支持渠道或专门处理该特定领域的支持人员手中。

关于网络路由优化、节点优化以及神经网络的研究有很多，这些研究有助于确定如何将案例分配给最合适的支持人员。智能呼叫路由利用人工智能实时分析来电，评估客户的需求和历史信息，从而将呼叫转接给最能高效提供解决方案的支持人员。这些手段减少了等待时间、提高了首次呼叫解决率，同时，根据支持人员的专业知识为其匹配案例，也提高了支持人员的满意度，从而改善了客户体验。

自动聊天分类利用了人工智能，通过聊天平台，管理初始的客户互动，识别问题并直接解决简单查询，或者将更复杂的案例转交给人工客服。这种分层处理案例的方法简化了支持流程，确保客户获得快速、准确且个性化的帮助，从而显著提升了运营的效率和成效。

此外，在为支持人员分配案例之前，人工智能就能够总结案例描述，并为故障排除提供建议。

人工智能驱动的路由对运营效率的好处

在客户支持和服务的交付环境中，人工智能驱动的路由显著提高了运营效率。通过实现案例、咨询和电话的自动化智能分配，组织可以提高服务质量和运营灵活性，缩短响应时间，降低案例移交或升级的概率。这项技术简化了流程，确保资源得到最有效的利用，从而提高了支持人员满意度、客户满意度，并降低了运营成本。

由人工智能驱动的路由在运营和财务方面有以下几个好处。

- **缩短响应时间**：由人工智能驱动的路由系统能迅速分析输入的案例，并将其分配给合适的支持工程师。这大大缩短了客户的等待时间，并简化了初始联系流程。
- **提高案例分配的准确性**：通过利用历史数据和模式识别，人工智能算法能够更准确地将案例分配给最擅长解决这类案例的工程师。这种精准度降低了误分配和重新分配的可能性，确保每个案例从一开始就能由正确的专家处理。

- **提高 FCR**：人工智能路由增加了客户在第一次提出问题时，就能得到解决的可能性。这是通过预测案例的复杂性，并将其与具有特定技能和可用资源的工程师进行匹配来实现的。

- **优化支持人员的工作负载**：人工智能系统能够根据支持工程师当前的工作负载和专业知识，将案例均匀地分配给他们。这种平衡的分配有助于防止员工过度劳累，并确保没有任何一个工程师负担过重，从而维持高效率和高士气。

- **可扩展性**：由人工智能驱动的路由系统，能够适应不断波动的案例数量和案件复杂程度，而无须相应地增加客服人员。这种适应能力提升了随着业务需求的增长，组织扩大客户支持运营规模的可行性。

- **提高客户满意度**：迅速、准确地解决客户问题，直接提高了客户满意度。客户对首次尝试就能得到迅速响应并正确处理他们的问题表示高度满意，这显著提升了他们的整体服务体验。

- **支持人员满意度**：当案例与他们的技能相匹配时，支持工程师会感到更有胜任感和参与感。这种满意度源于他们能够在自身的专业知识范围内处理案例，从而减少挫败感，并获得更有成就感的工作体验。

- **数据驱动的洞察**：人工智能路由提供了有关案例处理、结果和客户反馈的宝贵数据。这些洞察可用于改进流程、识别培训需求以及优化整体服务策略，从而形成一个反馈回路，不断提升绩效。

- **降低成本**：高效的路由技术减少了处理每个案例所花费的时间和资源，降低了运营成本。此外，首次接触解决率的提高和对工作负载的优化，减少了后续跟进和对额外人员的需求，进一步削减了费用。

人工智能驱动的路由技术，使人工智能（和组织）能够智能地分析查询、对其分类，并将其导向最合适的资源——人工客服或诊断工具——确保客户及时获得准确的回答。实施人工智能驱动的路由，可以通过缩短解决时间，来提高客户满意度；并通过优化支持人员工作负载和降低成本，来提高运营效率；还可以通过将案例分配给具有匹配技能的支持人员，提高支持人员的满意度。此外，人工智能能够适应交互并从中学习，从而不断提高路由的准确性和效率，使自身成为企业简化客户支持流程和提高服务质量的有力工具。

人工智能驱动的路由优化改善客户服务的示例

追踪第一家推出人工智能驱动的案例路由的公司，是一件非常困难的事，因为人工智能技术在各个领域都在迅速且同步地发展。许多参与者，包括初创公司、科技巨头和专业软件供应商，都在为其发展做出贡献，其中赛富时是主要参与者之一。[10] 赛富时的案例分类和案例路由的演进，以整合其 Einstein 人工智能技术为标志，增强了其 CRM 平台自动化和优化客户服务流程的能力。[11] 自 2016 年以来，赛富时的 Einstein 人工智能逐渐引入了分析客户咨询、预测最佳行动方案，以及根据多个变量（如专业知识和空闲状态）将案例分配给最合适的支持人员等一系列能力。

在这个领域的另一个例子是 SearchUnify 的智能案例路由（Intelligent Case Routing, ICR）系统。[12] 与僵化的传统案例路由协议不同，SearchUnify 的 ICR 系统旨在实时进行智能评估、优先级排序和分配客户咨询。该系统的一个显著特色是"升级预警器"，它能够使用复杂的算法分析情感、问题优先级和其他关键因素，从而在问题升级之前进行预警。这种主动的方法不仅简化了支持流程，还大大降低了客户的不满情绪升级为更严重问题的可能性。通过尽早识别潜在的危险信号，系统能够确保高优先级案例被提升到队列的前列，允许支持人员以应有的紧迫性处理它们。该系统将情感分析和客户画像纳入其路由决策流程。通过了解客户的情绪和咨询的背景，ICR 系统可以使用先进的 NLP 技术定制支持体验，确保客户感到被理解和被重视。K 近邻（K-nearest Neighbor, KNN）算法进一步优化了路由过程，可以根据案例与已解决问题的相似度，对其进行分类。[13] 这种方法确保支持人员能与适合其技能组合的咨询请求，以及最有可能凭借历史数据高效解决的咨询请求相匹配。

在医疗领域，全球医疗保健研究巨头艾昆纬（IQVIA）的一个著名的案例，展示了人工智能在智能案例路由和支持方面的创新应用。艾昆纬利用人工智能驱动的分析和技术，显著优化了患者识别流程。通过利用人工智能驱动的建模，艾昆纬将患者识别的准确率提高了令人瞩目的 15 倍，并将患者与医疗保健专业人员（Health-Care Professional, HCP）链接的准确率提高了 10 倍。[14] 这一进步展示了人工智能在医疗保健数据分析中的强大力量，以及其在各个领域简化运营和改善运营成果的潜力。

这个例子补充了之前讨论的 SearchUnify 的案例，展示了人工智能在不同领域广泛的适用性和变革潜力。SearchUnify 专注于企业环境中的客户支持和案例路由，而艾昆纬对人工智能的应用则展示了智能技术如何彻底改变医疗保健领域的数据处理和分析，从而为患者提供更准确和高效的护理。

这些案例研究共同凸显了人工智能在增强决策能力、降低运营成本，以及改善各行业服务交付方面的多样性。在这些例子中，人工智能的进步不仅仅在于自动化，还关乎做出更明智、以数据为导向的决策，这些决策能够为在支持场景中的客户，以及医疗保健环境中的患者带来更好的结果。

财务方面的考虑因素

正如我们在本书中看到的那样，人工智能的发展速度在不断加快。本节将探讨服务与支持领域的领导者在组织中部署人工智能之前，必须考虑的财务因素。人们往往会认为，部署人工智能可以立刻节约成本——或许可以通过用聊天机器人取代人工客服来实现。但这一愿景在当下无法实现，也许永远也无法实现。然而，这并不意味着人工智能不能成为一个节省成本的机会。

人工智能在客户服务领域的真正价值不仅在于降低成本，还在于提高服务质量，从而提高客户满意度和忠诚度。通过自动化常规咨询，人工智能使客服人员能够专注于更复杂且情感细腻的互动，从而提高服务团队的总体效率。人工智能驱动的分析可以深入了解客户的行为和偏好，使公司能够更高效地定制服务，并识别新的增收机会。同样重要的是，要考虑到人工智能具备的长期可扩展性优势，这些系统可以处理不断增加的查询，而无须相应地增加员工数量，这将为企业扩张带来显著的经济优势。

初始投资成本

重要的是要考虑部署人工智能模型的投资成本。人工智能模型的收益是否在整体和财务上超过了成本？要回答这个问题，重要的是要了解成本并准确估计收益。这涉及对前期成本的详细分析，例如，购买或开发人工智能软件、搭建必要的基础设施以及培训员工使其掌握新技术等方面的支出。此外，企业还必须考虑持续的运营费用，包括维护、更新和软件许可费，以全面了解人工智能部署所需的总财务投入。

开发或购买人工智能软件

第一个考虑因素是"购买还是自行开发（人工智能）"，或者将两者结合。组织很可能会希望使用其专有内容训练人工智能模型。同样，客户服务和支持组织也可能没有现成的软件工程师或不具备数据科学能力。因此，早期需要做出的决定之一是，是将这些技能引入组织，还是依赖合作伙伴或供应商。这一决定需要深思熟虑，因为它将对组

织的长期能力和财务状况产生重大影响。聘请供应商或购买现成软件，是一个很大的诱惑。然而，在人工智能世界中软件的进步速度令人难以置信。因此，将这项工作外包的组织可能很快就会发现自己的软件已经过时，需要重新聘请供应商，毕竟技术很可能在几个月内发生变革和改进。

组织应仔细考虑其内部的技能发展，包括软件工程师、数据科学家、内容创作者以及整体知识管理团队，使他们专注于构建人工智能模型，以支持现有的客服人员。对内部能力进行投资，使人工智能解决方案能够实现更高程度的定制化，同时能更好地适应特定组织的需求和挑战。这种方法促进了创新，确保组织始终处于人工智能进步的前沿，使其能够迅速适应新技术，并在市场中保持竞争优势。培养内部人工智能专业知识，可以显著减少组织对外部供应商的依赖，从长期上节约成本，并在知识产权和数据安全方面掌握更多的主动权。还应鼓励持续学习和改进的文化，使员工具备未来必备的技能，这些技能在快速发展的数字领域中是难能可贵的。

基础设施要求（硬件、软件、云服务）

组织很可能需要改进和升级基础设施，来支持这些人工智能模型的运行。人工智能供应商可以帮助承担部分硬件负担，但长期规划很重要。将业务外包给云服务提供商，可能会使硬件技术进步时的过渡更加轻松，但企业可能仍需要升级网络基础设施和代理的硬件技术。

除了当下的基础设施需求，组织也必须规划基础设施的可扩展性，因为随着人工智能应用的发展以及数据的增长，对基础设施的需求也会随之上升。这意味着要投资于可扩展的云服务和灵活的硬件解决方案，以满足组织不断增长的需求。此外，确保软件栈是最新版的，并与人工智能技术兼容，对于保持运营效率和最大化人工智能的投资效益至关重要。最后，必须将网络安全措施纳入基础设施规划，以保护敏感数据和人工智能模型免受潜在威胁。可以参考之前负责任的人工智能的讨论中关于安全、隐私和安全的考量因素。

与现有客户服务平台的整合

根据组织情况，将人工智能与现有的支持工具（如案例管理、支持诊断、分析工具等）进行整合将十分重要。这种集成可能成本高昂，也可能导致工具和供应商的变化，其财务影响不容小觑。

使员工能够管理和操作人工智能系统的培训成本

对现有员工开展培训所需的成本可能是一笔巨大的开支。支持组织通常是根据现有需求来配备人员的，因此抽调员工进行培训需要慎重规划。人工智能系统的复杂性，意味着培训不是一次性的事件，而是一个持续的过程，以便跟上技术进步的步伐。这需要设立专项预算，用于持续的教育和职业发展，以确保员工在最新的人工智能技术方面保持熟练。组织可能还要考虑与创新人才或人工智能专家合作的相关成本，以填补当前团队的能力缺口。与教育机构或在线学习平台建立合作关系，也是一种战略性的方法，可以降低培训成本，同时确保员工获得高质量的人工智能教育资源。至关重要的是，要营造一种重视和奖励学习及创新的文化氛围，以激励员工参与培训，并更快地适应新技术，从而加速实现人工智能有望带来的潜在经济收益。

运营成本

在部署人工智能之前，评估和了解其持续的运营成本至关重要。评估人工智能系统的运营成本，是长期财务规划和组织可持续发展的重要组成部分。对人工智能系统的维护和更新是技术必需品和财务承诺，因为这些工作能确保系统在面对技术进步、安全威胁、内容管理和创建成本压力以及模型改进不断发展的情况下，仍然保持有效和安全。人工智能系统处理的海量数据，以及避免这些数据的泄露至关重要，因此，与数据存储和安全相关的成本可能相当高昂。如果是在内部运行，能源消耗则是另一个重要因素，因为人工智能系统，尤其是那些需要强大计算能力的人工智能系统，可能会大幅增加能源消耗。第三方人工智能解决方案的许可授权费用也会增加运营成本。这一费用会因人工智能的复杂程度和能力的不同，而产生较大的差异。人们希望人工智能技术带来的生产力提升能够抵消这些成本，但重要的是要充分了解情况。组织还必须考虑遵守数据保护法规所涉及的潜在成本，这可能需要在财务和运营层面做出调整，以确保人工智能系统的使用符合道德和法律要求。

随着人工智能技术的发展，与效率提升带来的成果相比，这些成本可能显得微不足道，但全面了解成本和收益，对于确定正确的行动方向仍然至关重要。

成本节约与效率提升

在组织优化的范畴内，实现成本节约和效率提升是首要目标。让我们一起探讨人工智能和自动化策略的进步如何推动生产力提升，并为大幅降低劳动力成本铺平道路。

提高代理产品的产量和效率

人工智能模型早期最重要的影响之一，是使人类更加高效，而不是取代他们。截至

本文撰写之时，并且可能在未来很长一段时间内，配备了适当工具的人类的表现将大大优于独立工作的人工智能或人类。组织的首要目标不应是降低工资成本，而是进行优化以实现最低的输入成本和高质量的交付。将对人工智能的投资集中在"人在回路"的生产力提升上，是开启这一工作的最佳起点。

这种方法利用了人类和人工智能的独特优势，将人类的创造力、同理心和战略思维，与人工智能的速度、准确性和数据处理能力相结合。通过这种结合，组织可以更有效地解决复杂问题，并做出更明智的决策。将人工智能融入工作流程，可以实现常规任务的自动化，使得员工能够专注于需要人类洞察力的高价值活动。这不仅可以减少单调的工作以提升员工士气，也加速了组织内部的创新和增长。正如第 13 章所讨论的，密切关注指标、KPIs 和 OKRs，将有助于确定人力资源部署的方式和领域。通过持续分析使用情况和性能数据，人工智能系统可以识别效率低下的区域，并提出改进建议，确保因人工智能整合带来的生产力提升能够长期持续。

通过人工智能和自动化降低劳动力成本

全新人工智能的世界很可能会被广泛接纳。一些代理商会深入其中，实现生产力的提升，而另一些则可能会保持观望。鼓励每个人尝试并了解什么对他们有效是很重要的。劳动力的减少，首先将通过效率的提高和自动化重复性任务来实现。

这里的关键在于不要操之过急。模型只有在被证明准确且反应灵敏的情况下，才会带来生产力的提升，而这可能没法在第一天就实现。此外，还会出现需要资金支持的新岗位。

向人工智能和自动化转型具有广阔的未来前景，有望降低客户服务的劳动力成本，但需要采取谨慎的方法，以确保在不牺牲质量或挫伤员工士气的情况下，实现生产力的提升。新的工作岗位将会出现，这对于训练人工智能模型至关重要。在员工中鼓励勇于尝试和积极适应的文化，有助于发现人工智能最有益的用途，使这些技术能够更顺利地融入日常运营，同时使员工能够踏上新的学习道路。随着重复性任务的自动化，员工可以被重新分配至更重要的战略性岗位，这就需要企业在培训和发展方面进行投资，使客户服务人员具备必要的技能，以适应这种转变。此外，新岗位，如软件工程师和数据科学家的出现，凸显了劳动力的不断变化，战略规划在劳动力发展中的重要性，以及充分利用人工智能和自动化的潜力。

一项重要的建议是，通过部署人工智能技术实现的所有初始生产力提升，首先应归功于个人。如果一名支持工程师 / 代理在不使用人工智能的情况下，每周处理五个案例，而使用人工智能后，能在三天内处理五个案例，那么，多出来的两天应归支持工程师 / 代理支配，并着重用于推动其技能的增长。从长远来看，这使得公司能够得益于将这些支持人员重新部署到公司中可能人手不足、需要合格员工的其他部门。这种方法不仅激励了员工拥抱人工智能技术，也促进了组织内部持续学习和改进文化的发展。员工可以通过优先发展自己的技能和能力，来探索新的岗位角色，迎接全新挑战，进一步提升自身在快速变化的商业环境中的创新和适应能力。这对员工士气也产生了巨大的积极影响。最高效的员工不会面临更多的案例，而能够发展自身、持续成长和推动自己的职业生涯发展。

面向客户的人工智能：风险与回报

虽然人工智能在面向客户的工作中优势显著，但必须谨慎管理风险，以维持客户的信任和满意度。建立完善的测试和反馈机制有助于降低提供错误信息的风险，确保人工智能系统随着时间的推移学习和改进。将人工智能与"人在回路"的监督相结合，能够提供一张安全网。在此机制下，复杂或敏感问题会被自动移交给客服人员，将人工智能的高效率与人类对细微问题的理解结合起来。重要的是，当在客户服务的过程中使用人工智能时，保证信息的公开透明，这也可以增强客户信任，尤其是当客户了解到自己的数据是如何被用于定制个性化服务时。持续投资人工智能技术，以及对人工智能系统和人类员工开展培训，是适应不断变化的客户期望和保持客户服务竞争优势的关键。尽管很难准确预测人工智能的未来走向，但确保将客户需求放在首位至关重要。

将人工智能与面向客户的运营结合，可以通过提供个性化的体验，满足每位客户的独特需求和偏好，从而带来显著的竞争优势。然而，将这项技术直接交给客户，也伴随着一定的风险。如果运用得当，借助先进的数据分析实现的个性化服务能够提高客户满意度、培养忠诚度，并鼓励其再次购买。此外，人工智能的可扩展性优势确保企业能够有效地应对客户需求的波动，而无须大幅增加人员或资源投入。然而，这种自动化与人性化体验（即人类监督）之间的平衡，对于保持个性化关怀及有效处理复杂的客户问题至关重要。人工智能可以提供由人工智能驱动的解决方案，如聊天机器人或虚拟助手，实现全天候的支持，确保客户在任何时候都能获得帮助，从而显著提升整体客户体验和满意度，同时使员工更好地平衡工作和生活。

将人工智能融入客户服务可以增强现有运营能力，并开发之前可能未被开发的收入来源。利用人工智能来帮助分析客户互动和反馈，可以轻松识别其中的模式和偏好，使

组织能够更有效地根据个体客户需求定制产品或服务，从而提高追加销售和交叉销售的可能性。

人工智能驱动的洞察力可以帮助客户服务和支持组织更好地预测并主动满足客户需求，从而提高客户满意度和忠诚度——这是实现长期收入增长的关键驱动因素。这种大规模提供个性化体验的能力，可以使组织的品牌、产品或服务在竞争激烈的市场中脱颖而出，成为对潜在客户而言更具吸引力的选择。将人工智能应用于客户服务领域，有助于服务机构汇总客户倾听渠道，提供战略性反馈，从而更直接地为产品战略做出贡献。通过人工智能实现的效率提升和成本节约，可以重新投资于创新活动和对客户体验的提升活动，形成一个良性循环，进一步推动收入增加和业务增长。

人工智能技术的部署虽然带来了显著的优势，但也带来了风险：可能会产生意外的成本，比如开发超支或额外的员工培训需求；服务机构可能会出现战略性的技能构成变化；还存在客户不满意的风险，而客户的不满意可能源于不人性化的服务体验或人工智能的错误输出。这里有一个来自加拿大航空（Air Canada）的典型案例，其网站上的聊天机器人负责提供实时客户支持，但错误地传达了有关降价和退款政策的信息。受此信息误导，一名乘客在航空公司不遵守所述政策的情况下提出了索赔。加拿大航空辩称，聊天机器人是一个独立的法律实体，应独立承担责任，但这一辩解在法庭上站不住脚。加拿大法庭做出了有利于乘客的判决，确认加拿大航空应对通过其平台提供的所有内容负责，无论该内容是以互动形式还是以其他形式呈现的。这一判决是一个重要的学习案例，它强调了保证自动化客户服务工具的准确性和可靠性至关重要。为此，加拿大航空对其人工智能系统进行了全面审查，优化了聊天机器人的算法，使其能更好地符合政策框架，并提高了其响应的准确性。这种主动的方法提高了加拿大航空的客户服务能力，并凸显了在人工智能的应用中进行监督的重要性。这一事件成为加拿大航空优化改进的催化剂，也使其开创了数字责任的先例，将一次失误转化为朝着客户满意度和信任度提升方面迈进的一步。

采用分阶段部署策略，将是降低这些风险最有效的方法。允许逐步整合人工智能系统，使组织能够更准确地预测成本，并根据需要调整培训计划。重要的是，要从各种客户服务和支持指标中谨慎选择，并定期（可能是每周）对其进行监控，以跟踪部署的进展情况。持续的监控非常重要，因为它能确保及时发现并解决客户服务质量欠佳或系统错误等问题。通过实施这些缓解策略，组织可以应对与人工智能应用相关的挑战，确保收益远远超过风险。

在客户服务和支持组织中部署人工智能技术，给组织带来了涉及财务规划和战略决策的复杂挑战。对这些组织来说，成功部署的关键，在于清楚地了解和权衡利弊。随着时间的推移，这可以带来显著的效率提升和长期的财务回报，同时维持健康的组织文化。如果这一点落实到位，还能使客户服务在更广泛的层面上，更大程度地为公司战略做出贡献。然而，这也要付出代价。验证和调整人工智能模型需要投入大量人力，这增加了成本。不断变化的岗位凸显了人类参与管理人工智能系统的必要性，这同样会带来额外的成本。服务和支持组织的领导者需要考虑组织技能的变化，包括软件工程、数据科学、内容创作和知识管理等方面，以保持其竞争力，使组织能够与时俱进。因此，领导者面临着一系列基于权衡的关键决策，其中，成本效益机会可能会与其他的增长机会相互竞争。在项目资金决策中，财务领导者必须在降低成本、提高质量和增加收入之间做出选择，这确实是一个难题，因为他们必须考虑投资回报和资金的时间价值。而所有这一切都要在技术快速变革的环境中完成，这绝非易事。

一个组织的战略重点在于，决定哪些项目能够获得必要的资金和资源，这对于取得成功起着关键作用。在增长和优化之间找到恰当的平衡，仍然是一个挑战，而人工智能模型在业务运营中不断扩大的作用则加剧了这一挑战。领导层必须理解其中的利弊，并对基于人工智能试点和实验项目的投资回报率进行评估。一个项目的价值不仅取决于其成本和收益，还取决于这些因素发挥作用的时间跨度，同时要参照对标项目的相应指标。此外，还需要考虑人为因素。一线的领域专家对企业来说极具价值，因为人工智能并非无所不知。它需要训练，而一线支持人员脑海中的经验，正是训练所需的数据。这种复杂性要求财务主管提供清晰的方向和决策指导，引导组织朝着战略目标前进。

请仔细识别与人工智能部署相关的风险，并规划其缓解策略，这将需要一定的战略远见。意外的成本和客户可能产生的不满意情绪，凸显了采用系统性方法进行人工智能整合的必要性。分阶段部署和持续监控是必不可少的策略，这使组织能够进行 A/B 测试并管控风险。通过理解这些动态信息，关注关键指标，并实施强大的缓解策略，客户服务和支持组织可以从容应对这场人工智能革命，并确保其在应用人工智能的过程中，始终做出明智的决策，并展现出强大的战略韧性，最终实现成功，并充分发挥人工智能的潜力。

总之，财务规划在人工智能部署过程中的战略意义不容小觑。当组织在成本和收益之间进行复杂平衡时，财务主管凭借传统指标观测所获得的洞察力和可预见性，就显得极其宝贵。为了确保运营成功，领导者必须了解人工智能项目能够带来的即时财务机会及其影响。将人工智能应用于预测、路由和故障排除等领域，对组织战略方向的长远影响可能是变革性的。通过与财务主管有效合作，服务和支持组织的领导者能够做出符合其整体战略重点的明智决策，确保在未来几年能够推动人工智能技术的发展和优化。

第 15 章

人工智能驱动下支持角色的演变

未来是属于那些今天就为之做好准备的人。

——马尔科姆·艾克斯

随着我们进入人工智能的新时代，我们的工作方式将不可避免地发生改变。

纵观历史，我们已经看到了发生在技术、自然、艺术以及几乎每个领域、每个行业持续不断的演变。例如，自古苏美尔人发明文字、美索不达米亚人发明轮子，以及 15 世纪印刷机问世以来，技术已经深度影响了人类完成任务的方式。布的制作方式已经与 17 世纪不同了；书籍的印刷方式也已经与 1450 年欧洲古腾堡活字印刷术发明之前不同。然而，考虑到创新的速度以及人工智能存在的巨大潜力，人工智能带来的演变会有所不同，或许更令人望而生畏。在本章中，我们将探讨它将给客户支持领域的各种角色带来什么样的变化，以及你如何有效帮助缓解此变化带来的恐惧心理——以留住最能满足未来多年人工智能革命需要的熟练劳动力队伍。

历史之旅

技术进化的历程及其对工作的影响可以追溯到数千年前。埃及人是使用简单工具（如杠杆和坡道）进行建筑的先锋，这极大地提升了金字塔的建造速度。数千年来，他们在农业和灌溉方面的进步促进了粮食生产，使更多的人口和日益复杂的社会结构出现了。

古希腊人在数学、物理和工程学方面做出了卓越贡献，并奠定了影响未来几个世纪技术发展的基本原理。安提基特拉装置（Antikythera）[1]——一种手工驱动的模拟太阳系的装置——通常被认为是第一台已知的模拟计算机，它体现了古希腊技术的复杂度。

庞大的罗马帝国为世界带来了大规模的工程。罗马人引入了道路系统、漕渡和先进的建筑技术，极大地促进了贸易、通信和城市生活的发展。罗马的创新涵盖了实体技术以及组织体系两大领域，其法律体系和治理结构，即使在今天依然具有深远影响。

工业革命带来了人类历史和工作方式的重大变革。蒸汽动力、机械化制造和工厂系统的诞生，重塑了全球经济、城市景观和社会阶层。那是一个强大的社会变革时期，从体力劳动过渡到基于机器的生产，这创造了新的工作类型，也带来了对新技能的要求。这与当今的人工智能革命有诸多相似之处。

20 世纪末，数字技术和互联网的出现引发了另一场革命。这个时代改变了我们获取信息和相互沟通的方式，也改变了商业经济。数字经济的兴起重塑了行业，并且刺激了全新行业的诞生。

---

① 古希腊一种青铜机械装置，用于计算天体位置、预测日月食及行星轨迹等。——编者注

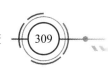

每一个历史阶段都展示了技术如何成为变革的催化剂，并持续不断地促进工作和社会性质的转变。当我们拥抱人工智能时，我们就变成了这一持续发展叙事的一部分，在面临挑战的同时，也为未来带来了前所未有的可能。

持续演变的业务需求

正如全书所讨论的那样，人工智能将以许多人无法想象的速度和规模引入变革。我们从未经历过如此巨大的技术变革，它迅速扰乱了工作及其流程，同时带来了恐惧、焦虑和兴奋等情绪。每当出现能带来变化的新事物时，企业都必须不断发展以保持竞争力，尤其是在客户忠诚度是罕见资源的情况下。

我们已经见证了技术行业发生的翻天覆地的变化，尤其是在最近这些年中。一个20 世纪 80 年代精通 Fortran 或 COBOL 编程的计算机专业的大学生，现在很可能处于失业状态，因为编程语言的技能标准已经发生了变化。与此类似，一个 20 世纪 90 年代的dBase III 专家或未能与时俱进的 C 语言程序员，现在可能也难以实现职业转型。硬件知识领域，在过去的几十年也发生了巨大的变化——从大规模计算机演变成了个人计算机，再到现在的智能手机和可穿戴设备。随着人工智能的出现，所有从业者都有责任充分接受这项技术创新，并且与其一起进步。

想象未来的客户服务支持的组织机构

我们深入探讨了客户服务和支持组织中，能够从人工智能中获益的众多集成点。为了将这些构想变成现实，你需要深入思考当前的客户支持流程、组织机构和人力资源需求。

客户支持旅程和角色演变

在设计、开发和实施你的人工智能支持战略时，审视当前的客户支持之旅是一个很好的起点。客户支持之旅可能不会始于与客户互动的最初阶段。在客户寻求帮助和支持之前，我们就需要付出一些努力来鼓励客户购买。然而，一旦购买完成，客户也可能会在所购买产品或服务生命周期的某个阶段，向你寻求帮助。

针对客户有可能联系支持团队的每一个入口点，都应该对其可以集成人工智能的领域进行评估，思考这些入口点如何为新角色的转变以及确定新角色的需求提供参考信息。这将确保新的人工智能战略可以被采纳并长期保留，以提供最佳服务并实现业务目标。

客户支持流程中的触点和对支持角色的需求

角色需求会随着行业、公司规模、客户受众、支持结构（内包/外包）以及客户服务和支持领域的人工智能战略等因素的不同而有所不同。理解每个触点的客户与业务需求，能帮助你更好地甄别出使人工智能和人类支持协调一致的方法，以取得你期望的结果。从客户的角度来看，他们通常希望问题可以得到尽快解决，以便继续他们的业务。从商业角度来看，任何可以减少组织支持开销的做法，都是值得肯定的。以下示例为我们展示了，在大规模支持功能体系下，人工智能在不同触点集成时所需的角色职责类型。

预防性支持和抢先式支持

对于大部分客户而言，理想情况是防患于未然，在问题出现之前就加以解决，甚至让客户根本意识不到这些问题存在过。这类支持工作通常由产品设计团队和开发团队负责。他们通过检查产品的质量指标和使用情况，来检测问题并实现支持。然而，支持团队，特别是使用了人工智能的支持团队，同样可以发挥重要的作用。他们可以通过监控当前的支持交互来发现趋势性问题，并且在更多客户遇到问题之前快速提出解决方案，从而发挥重要的作用。

人工智能还可以帮助监控客户的技术环境，例如，检查安全漏洞、检查以往问题解决的成效以及配置优化成功与否，并能自动纠正错误。

优化预防性支持所需的角色，包括强大的数据科学家和人工智能专家，并由他们创建、评估和调整针对人工智能模型的建议。组织机构可以从拥有深度机器学习专业知识的人那里受益，这些人可以创建与支持部门独特的业务需求相一致的人工智能模型，并帮助构建能够自动解决客户问题的解决方案。

主动支持

在技术行业，引入新的软件或者硬件，并将它们集成到现有的技术框架，通常是客户极为关注的一个重要环节。很多技术产品的购买者缺少能够帮助他们解决无数潜在问题的内部技术专家。因此，获得线上协助服务，可以确保你的整个技术栈按照预期工作，并且不会产生其他问题。

在将特定技术引入现有框架时，人工智能可以快速评估这一过程中潜在的细微差别，也可以及时向新加入的专家预警，使他们可以主动解决潜在问题。此外，人工智能还可以帮助配置新的（及现有的）技术设置，根据公司的需求进行优化，尽可能确保系统安全，免受外部威胁。

当客户或者支持人员遇到问题时，诊断工具可以通过检查已知的错误配置、分析日志文件中的错误，以及提出让系统回到正轨的方法，来快速诊断问题。这些诊断工具可以提高解决客户问题的效率，并搜集关于常见问题以及其解决方案的宝贵数据。这些数据构成了训练更复杂的人工智能模型的基础，从而产生更智能、更直观的支持工具。

这些工具提供了可操作的见解，帮助人们了解软件应用程序为何会以某种方式运行，从而提高支持效率。这些诊断可以为深入洞察系统性能、健康状况和其他隐患提供见解。它们也可以直接修改系统配置和设定，以解决检测到的问题。人工智能可以通过自动化和优化流程中的各个方面，来显著推动诊断支持工具的开发。

产品内支持是指，在产品内部帮助客户搜索有关产品使用问题的答案，或者将客户直接链接到网络上的目标结果，从而使他们快速轻松地获得帮助的方式。通过使用人工智能，答案通常会直接显示或提供给用户，而无须他们提出请求，这可以帮助用户顺畅地推进工作而避免流程中断。

此前，应用了人类智能的自主产品通常会受到更多的控制，以至于其能够给出动态答案的空间很有限。而在当下，当你移除人类控制这一环节，依赖人工智能来做决策时，你需要认识到，人工智能可能未必总能做出正确判断。因此，在考虑自助服务中部署人工智能时，一个需要考虑的关键领域就是确保索引是建立在公司自身数据之上的。这样做可以让你很好地控制人工智能用于答案生成的知识库。你甚至可以更进一步，创造更有针对性的人工智能资产，以便在特定场景中进行部署。

最初，人工智能的集成能够为开始阶段、生产阶段、诊断和自助服务阶段的常见问题提供即时解决方案，减少支持人员的工作量，并通过快速解决问题，来提高用户满意度。随着时间的推移，人工智能会持续演化和改进，从而变得越来越具有适应性，可以处理更广泛的问题，包括更复杂、更微妙的问题。人工智能可以自动生成更多的解决方案，来检查或修改配置、验证账户信息以及确定或表达用户意图，这些都可以降低人类客服主动介入客户服务的参与度。雇用领域专家来撰写文章、策划内容和构建自动化诊断方法以帮助客户自主解决问题，此类需求在客户服务领域正不断增长。

被动支持

传统意义上，被动支持被认为是支持团队的核心业务。这是当下耗费人力最多的领域，即使人工智能的参与越来越多，未来的情况依然可能如此。人工智能的参与和集成，在整个被动支持环节普遍存在，协助着支持人员所采取的每一步。

例如，人工智能聊天机器人可以全天候地处理客户查询，提供即时支持，并且缩短客户等待人工客服的时间。这种全天候服务的能力，对于服务国际客户的跨国公司，或者在正常工作时间之外提供服务的公司而言尤其有利。

基于人工智能的支持需求可以直接被路由到拥有熟练技能且有空闲的支持人员。客户无须长时间等待，也不必在支持人员之间来回转接，这对于提升客户体验尤其有利。

人工智能模型可以快速分析用户数据，并据此定制响应，提供个性化的建议和解决方案。对在与客户沟通时使用了传统模板以维持一致性的支持团队来说，人工智能的集成将为客户创造更具吸引力的体验，让他们感到被重视和被理解。

人工智能能够理解复杂的问题和请求，即使它们是通过非正式或模糊的语言表达的，也减轻了客户因反复阐述自身问题而带来的烦躁情绪，以及因难以清晰表达自身问题所带来的困扰。人工智能可以为客户服务人员提供实时响应和解决方案，帮助他们更高效地处理复杂的询问。对于新入职的支持人员或有经验但面对不熟悉问题的支持人员而言，实时响应特别有帮助。

人工智能可以基于过去成功解决客户询问的案例，以及新产品特性自动生成和更新知识库，这可以确保支持人员可以访问有关产品、服务和问题解决步骤的最新信息。这种对过去成功案例的访问减少了人类客服人员在知识库的管理和更新方面所需要的时间和精力。

人工智能可以实时翻译客户询问并提供答复，还可以提供多种语言的支持服务。这拓展了客户服务团队的覆盖范围，使其能够满足全球受众的需求。

通过情感分析，人工智能可以对用户交互进行实时分析，找出支持人员可以改进的地方。这些反馈可以为支持人员提供即时、有针对性的指导和额外的发展机会。人工智能可以检测客户在对话中何时开始变得沮丧，并且监控整个团队的长期情感趋势。

人工智能可以自动化重复性任务，比如数据录入、预约安排，从而解放支持人员的时间，让他们可以专注于为客户提供个性化的服务。

要求所有支持人员学习如何使用人工智能，让人工智能可以参与整个客户交互，是被动支持服务领域的核心问题，而人工智能将充当该领域的助手。人工智能可以帮助你学习如何提示人工智能模型输出最佳结果，如何依靠人工智能完成日常事务或重复性任务，以及人工智能模型如何帮助支持人员更清晰且富有同理心地与客户进行沟通。

用户留存支持

正如我们之前聊到的，一个公司的品牌形象对于其成功来说是关键性的，而品牌形象则在很大程度上受到客户服务的质量和一致性的影响。正面的品牌形象会加速客户基础的形成、影响客户的购买决策，最终影响他们对品牌的忠诚度。

优秀的支持人员不仅能解决客户担忧的问题，还能更进一步，为他们提供更多信息，确保客户获得成功。支持人员可以通过各种方法帮助他们的客户，包括分享知识文档、提供额外的解决方案和产品，以及用知识和信息来武装客户，使他们在同样的问题再次出现时，可以自行处理。人工智能可以被用于定制、编辑这些信息并且将其分享给客户，以减少支持人员在这些工作上所花费的时间。

通过深入了解客户的愿望和未来目标，人工智能还可以根据客户的需求为支持人员提供建议，推动产品和解决方案的追加销售或交叉销售。在这一阶段进行人工智能的整合，还有助于识别各类销售机会，并标记出适合开展的潜在广告营销活动和值得销售人员跟进接触的客户。

依据客户留存战略和人工智能的集成程度，人工智能还可以帮助支持人员完成诸多耗时且琐碎的任务。相关任务可能包括找到销售线索并且将该线索传递给销售团队、收集和整合未来客户可能需要的信息，这些都可以将支持人员从琐碎的工作中解放出来，专注于更需要人与人直接接触的客户交互活动。

这个时代预示着这样一个未来：由人工智能驱动的客户支持将会更加主动、个性化且高效。它能不断学习，以适应用户不断变化的需求。虽然许多人担心人工智能会导致工作岗位流失，但人工智能也带来了巨大的可能性，它将使支持工作内容更加丰富且具有挑战性。美国社区组织者兼作家索尔·阿林斯基强调了这一点："变革本身是不可避免的，是时候顺应变革的浪潮了。威胁通常比事物本身更可怕。"

人工智能带来的新支持角色

考虑到客户交互触点丰富多样，且人工智能集成机会众多，许多已有的支持角色都需要积极参与人工智能相关的创新。此外，还需要定义一些新的角色，以确保客户服务组织机构中人工智能的成功落地。随着技术的发展，更多的新角色将被纳入这份清单。

以下是这些令人兴奋的新角色。

- **人工智能支持战略师**：这个角色的职责包括理解客户支持领域独特的业务需求，以及潜在的人工智能集成点，从而精准规划人工智能战略。他们需要在整个客户支持流程中，识别出可以应用人工智能的具体环节。
- **支持数据科学家**：这个角色负责开发和训练人工智能模型。他们运用自身在深度机器学习方面的专业能力，打造满足业务需求且与人工智能战略保持一致的人工智能系统。

- **人工智能道德准则官**：尽管这个角色可能隶属于客户支持部门，但安排专人负责，以确保用于客户支持的人工智能系统从设计到使用的全过程都符合道德规范，并且尊重客户的隐私和数据安全，这一点仍然非常重要。他们应该与公司层面整体推行的负责任的人工智能战略保持连接。

- **支持内容战略师**：这个角色的职责涵盖了规划、开发和管理支持内容的架构，所涉内容包含知识基础文章、故障排查步骤以及产品特征信息。其目的是创造出一个直观、方便访问且易于更新的系统，并且这个系统还能与业务一起成长。

- **支持内容管理员**：内容管理员负责寻找和整理与支持相关的内容，并且确保它们格式规范，以供人工智能模型识别和采用。在通常情况下，他们会从多个数据源中寻找相关内容，之后将它们映射到适当的人工智能内容策略上以便于使用。

- **支持内容创建师**：这个角色负责创建内容，使其在非常容易地被人工智能模型使用的同时，不影响输出的准确性和可靠性。这些内容通常属于客户支持类内容，可被客户、人工智能机器人和支持人员使用，用于回答问询，并提供详细的问题解决方案。支持内容创建师通常也需要确保支持内容是一致、准确和具备时效性的。

- **内容项目经理**：内容项目经理是专门负责监督内容管理、内容创建和内容数据库运作的项目或计划管理者。根据内容库规模的大小，这个角色的职责范围也可大可小。如果有许多内容资源需要被梳理，那么这个角色的工作就可能极为繁重而且非常费时。此外，根据内容的格式，还可能需要将内容转换为更容易被模型读取的格式。内容项目经理对相关主题的深入理解，将有助于更好地把控库存状况并有效填补内容空白。内容项目经理将负责内容创建的时间线管理，内容创建的项目管理、覆盖率和差距的分析，以及招募作者或领域专家，并与模型构建师一起合作对内容进行格式化。这个角色在负责任的人工智能的审查中也能发挥作用，尤其是在项目的早期：通过理解筛查偏见的工作方式，以及招募多元背景的领域专家和审查人员，来进行内容审查。内容项目经理还需要帮助内容创建师保持专注和动力。奖励、表扬、明确职权等，都是内容项目经理用来激励内容创建师，使其不断努力改进内容的手段。

- **提示工程师**：这个角色主要负责设计并测试在客户交互过程中，用于引导人工智能模型的引导提示。他们也负责监测人工智能模型的性能及对其的反馈，以便及时按需调整提示内容。

- **人工智能训练师**：这个角色负责训练和改进人工智能模型，以获得精准的输出。相比数据科学家，这个角色对于技术的要求没有那么高。他们的工作更多的是整合反馈，并且与支持内容创建师协同提高输入内容的质量。他们也会协助排查并解决人工智能系统中出现的问题。
- **人工智能分析师**：人工智能分析师的职责是衡量和评估人工智能模型成功与否。他们通过分析数据，来跟踪和评估人工智能工具的效率和有效性。他们通常也会为组织甄别和推荐新的创新和改进机会。

随着客户服务组织逐步应用人工智能，在现有角色不断演变以适应新技术的同时，新技能、新角色和新的职业发展道路也会应运而生。要胜任这些新角色，需要具备技术能力、创新思维和人际交往技能。

尽管并非所有的角色都是全新设立的，对角色的适应依然非常重要。比如，许多现有角色会保留他们的核心职能，但是其工作重点和日常任务将发生变化。以下是工作重点可能有所转变的现有角色。

- **项目管理角色**：负责管理人工智能项目的实施，包括内容创建和项目进度安排。
- **数据科学 / 数据分析角色**：解读人工智能部署前期的工作中，相关领域专家的反馈。
- **支持工程师角色**：需要与客户共情并解决他们的底层技术难题。

这个时代在保持稳定的同时，也提供了诸多机会，让人们共同参与和进步。请记住，人工智能是一种增强剂，而不是人类智力和同理心的替代品。

为未来做好劳动力准备

既然已经制定了你的人工智能战略，并且开始着手相关沟通工作，那么就需要以审慎、诚实真诚且具有前瞻性的视角，来探讨有关角色演变的问题。

在上述各方的沟通中，有九个关键点需要考虑——而且这应该是一次讨论，而不只是一次单向沟通。我们欢迎各方的反馈。

- **认可变革及其影响**：诚实且直接的态度非常重要。即使变革时间表和影响程度尚未可知，你也必须承认变化即将到来。如果你试图粉饰现状，那你就是在伤害你的员工。他们也能预见即将发生的变革，而作为一名领导者，如果一味只讲好话，表现得过于乐观，就会显得脱离实际。首先，要公开承认现实情况，以及实施人工智能和自动化的影响，这势必将改变当前的就业格局。认识到员工对工作的担忧和焦虑，也是很重要的。对于任何一位因应用人工智能而导致其岗位受到一定程度影响的员工，应表示理解和同情，这将为尊重和理解未来的挑战奠定基调，并为开展健康的讨论和建立信任关系打开大门。

- **承诺信息透明**：再次申明，人们可以预见人工智能的到来，而且随着人工智能模型的演进，其影响将变得越来越明显。你必须公开承诺组织将秉持透明原则。即使有些信息不是员工想听到的，但通过分享更多的信息，也能强化你作为领导者的作用。在整个过渡过程中，你必须坚守透明原则。这意味着要尽快分享你和领导团队对即将发生的变化的了解，这些信息包括哪些角色将发生变化、预期的变化时间，以及如何做出决策。你需要在传达的信息中，平衡残酷的现实与乐观的表达、再培训机会、过渡时间表等，实现有效的沟通。透明原则有助于建立信任，让员工感到安心，因为他们知道自己将有时间为即将发生的变革做好准备。你可以采用前几章讨论过的开放式沟通策略。

- **强调再培训和技能提升的机会**：你需要强调支持员工进行技能提升和学习的个人承诺和组织承诺。即使这种沟通是非正式的，在谈及角色转变所需的技能时，仍然需要坦诚相待。培训的机会多种多样，从正式培训到休假学习，再到创建知识共享论坛。实现这一目标的方法有很多，尽早阐明组织的支持计划和投资培训发展规划，以帮助员工适应新角色并提高他们使用人工智能的技能，这一点至关重要。此举表明了组织对员工未来的承诺，以及对员工成长和适应能力的重视。提高透明度在此过程中发挥着重要作用。如果员工希望公司提供培训，而这又不在公司的计划之中，那么请尽早告知他们，以免他们感到意外。一个可行的想法是，当你看到人工智能提高了客户服务和支持领域的生产力时，给予你的专业人员及时的回报。例如，如果支持工程师可以在 35 小时内完成原本40 小时才能完成的工作，那么在强调学习和技能提升的前提下，他们就可以自主安排这额外的 5 小时。你不必永远提供这种福利，但是至少在初始阶段，这是营造良好氛围的好方法。

- **对未来和新机遇的愿景**：这不是关键点中的第一个。因为如果没有透明原则或拒绝正视变革，愿景是不会带来任何变化的。然而，人们仍然希望知道，你对于人工智能的集成将如何造福组织及其客户，包括创造新的就业机会、提高工作质量，以及增强产品功能和服务能力，有着清晰的认识。强调这些变化和愿景将有助于让你的公司和组织更好地定位以求实现长期成功和可持续发展，同时需要强调，你的员工对于实现这一未来目标至关重要。另请参阅第 4 章内容。

- **支持系统和资源**：详细介绍为员工提供的支持系统和可用资源。你需要尽早让领导层、人力资源部门和财务团队参与进来，尽可能在任何部署开始之前，制定指导方针、政策和财务计划，以便帮助员工获取度过这场巨大变革所需的资源。这些资源可能包括职业咨询、就业安置服务、心理健康资源、财务规划援助、工作签证支持等。确保员工了解公司已建立支持网络，可以帮助他们减轻与变革相关的压力和不确定性，帮助他们更好地度过变革。

- **参与和对话**：鼓励并保持与员工的开放对话和接触至关重要。邀请员工分享他们对向人工智能过渡的思考、担忧和想法，这可以通过论坛、调研或员工大会等方式来实现。在讨论环节应该始终设置匿名选项，也可以考虑引入外部人员来组织讨论。倾听员工的意见有助于你了解他们的担忧，而且还可以就如何更高效地度过变革时期这一问题，收集到有价值的见解。借此，你还能了解到员工在哪些方面感知到了风险，以及他们最关注的话题。这也培养了一种包容的文化，让员工感到自己的声音被倾听和被重视。这一点很重要，因为在未来，即使他们离开现有岗位，根据你的业务性质，这些人仍有可能成为你的客户，或者转而为你的竞争对手工作。因此，进行公开对话并愿意倾听和参与，对未来的成功至关重要。

- **灵活的过渡计划**：作为领导力规划的一部分，需要考虑到员工的需求和处境会有所不同。处于职业生涯早期的新员工，其需求及受到的影响可能不同于需要承担家庭重任的员工、孕妇或者新手父母。重要的是，要强调组织机构已经致力于根据员工个人需求，制定灵活的过渡计划。组织需要认识到每个员工的独特情况，并尽可能地提供个性化支持，例如，提供不同的过渡时间规划、兼职培训选项或远程工作机会，以适应各种不同情况。向人工智能过渡这种具有时代意义的重大转型，可能需要组织做出一些调整。在这种变革时期，你可以表现出对全方位支持每一位员工，满足他们作为个体所拥有的不同需求的坚定承诺。

- **道德方面的保证**：这是一个需要仔细考量的重要领域。关于符合道德规范的人工智能的讨论已经进行多时，消除偏见、剔除冒犯性内容等想法至关重要。你应该关注如何以尊重隐私、确保公平性和促进包容性的方式来实施人工智能。通过公开讨论和指导人工智能部署工作的道德框架，领导者可以缓解人们对技术滥用的担忧，并强化组织机构的价值观。同样，关于这些信息传递的具体内容，目前并没有明确指导，但是你仍需要考虑清楚它对你和你的组织意味着什么，以免给人留下不真诚的印象。另请参阅第 11 章的内容进行思考。

- **社区参与和经济贡献**：在你传递出来的信息中，应强调组织在向人工智能过渡的过程中，为更广泛的社区和经济所做的贡献，这一点非常重要。这可能涉及与非专业组织的合作、支持当地创造就业机会、与教育机构合作培养未来劳动力，或者投资能够应对社会挑战的技术。你需要了解各行业正在发生的事，如果你尚未拥有合作伙伴或未能支持更广泛的社区工作，那么请尽早开始这些合作。如果你能展示组织计划如何利用人工智能以实现更大的公共利益，即使实现途径是间接的，也会有助于人们参与其中。这还有助于人们从积极的角度看待转型，表明企业不仅致力于实现自身的成功，也致力于推动社会的进步。

通过关注这些重点——你的业务可能还有许多其他的特点——你可以以具有开创性、支持性且面向未来的方式，应对人工智能和角色演变带来的挑战。这关乎在组织进步的需求与员工的福祉和发展之间寻求平衡。

现实世界对人工智能的适应

在本章的这一部分中，我们将提供在世界范围内、各种领域中人工智能落地的实例。你可以对这些实例进行适当的加工和调整，使之作为分析案例，在你的组织机构中传播、宣传。通过分享这些历史上的著名实例，来引导和激励人们接纳新技术并积极投入其中，你不仅能够正视变革的到来，还能描绘其带来的增长和优化，以减轻人们对岗位被取代的恐慌。

这些实例并不适用于所有情况，而且我们在这里也不会过多地探讨其细节。但我们仍希望它们能激发你的想象力，使你认识到这种让所有人都感到担心的转变，并不是一件新鲜事。无论是人文科学还是自然科学，"适者生存"这一严峻处境都由来已久。我们可以从中吸取经验和教训，帮助人们找到自己的道路。

自然界提供了一些在适应力方面深刻而引人瞩目的教训。达尔文的进化论，即物种在不断变化的环境中进化而得以生存，恰是对当今职场的有力隐喻。正如动物和单细胞生物为了在其栖息地繁衍而进化出新特征一样，客户服务和支持领域的专业人员也可以获得新技能并适应周围的技术进步，这可以将潜在的失业危机甚至生存威胁转化为成长和创新的机会。

艺术界的故事同样激动人心。无数的艺术家、音乐家和演员都面临着这样的困境：如何适应新趋势、融合新技术，来避免自己过时。然而，历史上充满了令人惊叹的故事，描述了那些拥抱变革并取得成功的人：他们重塑了自己的技艺，并在这个过程中发现了新的表达形式，以此与更广泛的受众建立了联系，获得了无可比拟的成功。这些故事体现了韧性以及在保持自身特性的前提下的进化。

"适者生存"，这个原则在商业环境中显而易见。这一概念并非单细胞生物的"专利"——在技术变革的动荡水域中成功航行的公司往往会变得更强大，他们拥抱创新、对员工展开再培训，并经常重塑其商业模式。这些不只是偶然的生存故事，更是关于转型和胜利的叙事。在这些故事中，拥抱变革为成功开辟了新的途径。这样的例子不胜枚举，为我们在将人工智能整合到客户服务和支持领域时所面临的挑战，提供了具有参考价值的相似案例。

这些叙事——无论来自自然界、艺术界还是商界，都是灵感的灯塔。它们证明，适应不是损失，更乐观地说，这意味着转型和成长。2000 年，奈飞试图以 5000 万美元的价格，将其业务出售给百视达。百视达拒绝了，还把它嘲笑了一番，并赶出会场。如今，奈飞的市值接近 2500 亿美元，而百视达几乎已经不存在了。[1] 适者生存，这不是什么新鲜事。这些故事可以成为力量的源泉并提醒人们：只要有正确的心态和技能，就可以驾驭技术变革的浪潮；不是作为被动的旁观者，而是作为塑造自己未来的积极参与者。

人工智能的世界还非常宽广，我们不知道未来会怎么样。然而，我们明确地知道，如果我们能够激发整个组织的参与和好奇心，就可以更快地到达未来。如此一来，我们可以将焦虑转化为渴望，营造一个鼓励和推崇持续学习、鼓励适应和创新的工作环境。这能够减轻人们的恐惧，使个人和组织都能在人工智能助力的未来中蓬勃发展。

我们需要作为一个团队，共同解决这个问题；对未来感到兴奋，而不是生活在恐惧中。让我们的未来由我们自己决定。

正如下面的例子所展示的，生活、工作和创造性追求离不开学习和适应。达尔文的适者生存理论说明了这一点在自然界的正确性，而在自然界之外，还有数百个例子。当我们进入这个与机器共存的新世界时，作为领导者，你必须用历史实例证明，我们现在所经历的并不是我们这一代人独有的，甚至不是人类独有的。数百万年来，学习和适应

一直很重要。我们提供这份跨领域的实例列表，目的是激发你的想象力，为你和你的组织找到最匹配的故事，以此说明我们不是第一批需要"适应"或面临淘汰的人。至于研究并选择最能引起你共鸣的故事，这就交由你自己来完成了。

几乎在所有的实例中，我们都能看到对不断变化的世界的适应。我们强烈建议你在思考如何将人工智能浪潮式的变革传达给你的组织和员工时，探索以下实例，并将其作为发人深省的创造灵感。

自然界

没有什么比大自然中的现象更能作为适应性的例子了。从单细胞生物随着时间的推移不断进化，到第一只蝌蚪长出双腿，游出水面寻找食物。有许多科学术语可以用来描述适应性，也有数以百计的科学研究来展示自然界生物进化的能力之美。以下列举了一些与自然相关的例子，希望能够激发你的创作灵感。

- 达尔文的适者生存理论
- 共生
- 同塑性
- 竞争排斥原理
- 红皇后假说与红国王假说
- 物竞天择与算法优化
- 生态系统动力学与人工智能系统
- 仿生学
- 捕食者–猎物动力学
- 资源配置与觅食理论

技术和劳动力

发明和"技术"进步对适应性的影响也由来已久。据估计，大约80万年前，人类掌握了控制火的能力。这改变了生活的许多方面。我们能说，这等同于人工智能在客户支持领域为我们带来的改变吗？也许人工智能所带来的改变是更加惊人的，但这也是一个很好的故事，说明变革并不新鲜。以下是几个重大技术变革的实例，它们改变了我们的生活和工作方式。

- 控制并使用火
- 农业工具
- 车轮
- 纸张
- 印刷机
- 蒸汽机
- 装配流水线
- 可编程逻辑控制器
- 自动取款机
- 互联网
- 移动电话

艺术家和音乐家

艺术界和音乐界可能是最为人熟知、勇于冒险且积极适应变革的领域。想象一下那些印象派画家是如何摆脱束缚的，以及他们如何以现实主义者从未用过的方式，投身于描绘自然的艺术创作。这方面的例子可能数以百计，以下这个列表旨在激发你的想象力。

- 洞穴画家
- 希腊瓶画画家
- 列奥纳多·达·芬奇
- 巴勃罗·毕加索
- 文森特·凡·高
- 克劳德·莫奈
- 乔治亚·欧姬芙
- 亨利·马蒂斯
- 阿尔丰斯·穆夏
- 萨尔瓦多·达利
- 约翰·塞巴斯蒂安·巴赫
- 沃尔夫冈·阿玛多伊斯·莫扎特
- 大卫·鲍伊
- 披头士乐队
- 鲍勃·迪伦
- 麦当娜
- 埃尔顿·约翰
- 爱尔兰摇滚乐队 U2
- 普林斯

作家和写作风格

众多作家在他们开发的技法、写作方式，以及体裁或风格方面都取得了突破。几乎每一部伟大的文学作品都蕴含着适应不断变化的世界的思想。以下是一些可供你探索并从中汲取灵感的例子。

- 埃及楔形文字
- 早期宗教典籍
- 查尔斯·狄更斯
- 乔治·R. R. 马丁
- F. 斯科特·菲茨杰拉德
- 简·奥斯汀
- 艾米莉·狄金森
- 亨利·戴维·梭罗
- 阿加莎·克里斯蒂
- 伊恩·弗莱明
- 斯蒂芬·金
- J.K. 罗琳

演员

演员的演艺历程会展现出明显的适应性痕迹。他们不仅要改变自己，以适应所扮演角色的需要，还要在职业生涯中适应不同类型的角色；更不用说还要适应当时的媒体风格，如舞台表演、默片、动画、真人表演等。他们勇于重塑自我、拥抱变革的精神可以激励所有人。

- 埃德温·布斯
- 埃莱奥诺拉·杜丝
- 莎拉·伯恩哈特
- 查理·卓别林
- 米老鼠
- 马龙·白兰度
- 詹姆斯·迪恩
- 玛丽莲·梦露
- 查理兹·塞隆
- 莱昂纳多·迪卡普里奥
- 妮可·基德曼

企业

企业在经营过程中，一旦面对变革性的环境力量，例如，经济上行或下行、技术变革，客户需求或偏好的变化，就往往不得不在变革中重塑自我。那些生存下来的企业会适应变化，而不是抵制变化。以下是一些勇于适应而非抵制变化的公司。

- 柯达（Kodak）
- 诺基亚（Nokia）
- 福特汽车公司（Ford Motor Company）
- 通用电气（General Electric）
- 苹果
- 奈飞
- 微软
- 任天堂（Nintendo）
- 乐高（LEGO）
- IBM
- 哈雷－戴维森（Harley-Davidson）
- 可口可乐公司（The Coca-Cola Company）
- 哈罗德百货（Harrods）
- 联合利华（Unilever）
- 联邦快递（Federal Express）
- 塔塔（Tata）

发明家

在寻求创新的过程中，发明家们面临着无数阻碍。他们不畏失败，坚持不懈地尝试不同的材料、调整设计、调整模型，最终带来了变革性的突破。这些突破往往会改变我们的世界，进一步推动创新，从而形成"尝试—创新—适应"的无止境循环。以下是一些改变我们世界的发明家。

- 列奥纳多·达·芬奇
- 伽利略·伽利雷
- 约翰内斯·古腾堡
- 阿达·洛芙莱斯
- 查尔斯·巴贝奇
- 托马斯·爱迪生
- 尼古拉·特斯拉
- 艾伦·图灵
- 格蕾丝·霍柏
- 詹姆斯·戴森

- 亚历山大·格拉汉姆·贝尔
- 阿尔弗雷德·诺贝尔
- 乔治·华盛顿·卡佛
- 本杰明·富兰克林
- 鲁道夫·狄赛尔
- 哈桑·卡迈勒·阿勒萨巴赫
- 拉费阿·塔赫塔维
- 丰田佐吉

我们正在进入一个经历世纪性变革的新时代。请相信,人工智能将会改变一切。人们的工作将发生变化。作为组织领导者,人们会向你寻求保障,希望你能保证他们工作安稳、生活能照常继续。但这是没办法保证的。你在实施应对措施时,应吸取历史教训。历史经验告诉我们,进步有时依赖变化。

纵观历史,我们看到,人类总是在劳动中适应新技术。起初,印刷机对手稿插图画家构成了威胁,但它同时为文学经典的广泛传播打开了大门。动力织布机革新了纺织业,却也改变了服装制造业的经济状况。蒸汽机改变了芝加哥畜牧场的牛肉销售。人工智能会改变什么?人们是选择适应它并创造出新的工作类型,还是袖手旁观,眼睁睁地看着机器接管我们的生活?

这些例子说明了变化和适应能力如何带来动态增长、创造力和进步。无论是在自然界,还是在特定的行业、职业或商业世界中,那些能够适应的人都会蓬勃发展。从这个角度来看,人工智能的出现所带来的变化,与我们在历史上曾经历的变化并无二致。

政策视角

随着我们进入人工智能与人类携手合作的新时代,我们必须考虑各种政策视角,以帮助确保在人类与机器之间建立强大的合作伙伴关系。人工智能的世界已然来临。人工智能技术将继续飞速发展,我们也将继续见证人工智能接管历来由人类完成的任务。我们需要慎重考虑如何划清界限,从哪里划清界限,以及我们需要采取哪些保障措施,以保证社会从人类与机器之间的良好平衡中受益。要实现这种平衡,营造一个鼓励持续学习和不断适应的环境至关重要，这将使人类能够高效地与人工智能协同工作。

正如我们经常讨论的那样，在开发人工智能的过程中，必须将道德因素放在首位，以防止对人工智能的滥用。同时，还要确保社会各阶层都能公平地获取技术。最后，公共和私营部门的合作，对于制定能够指导人工智能以负责任的方式开发、部署和使用的标准和法规至关重要，这将保证人工智能可以平等地服务每个人。

当我们进入一个机器可能取代人类劳工的时代时，我们应该如何考虑全民基本收入（Universal Basic Income, UBI）等方面的变化？或许可以考虑实施机器人税这一想法，以减轻自动化对劳动力市场的经济影响，并提供资金支持社会福利和就业转型计划。此外，投资技能再培训计划至关重要，这能让现有劳动力为向技术含量更高的工作角色转变做好准备，以确保在转型的过程中没有人掉队。

增加对 STEAM 教育与培训的投资

在这个技术飞速发展的时代，当人工智能和机器成为我们日常生活和工作中不可或缺的一部分时，增加对 STEAM[2]（科学、技术、工程、艺术和数学）教育投资的重要性，无论怎样强调都不为过。随着人工智能系统和自动化技术承担更多传统上由人类完成的任务，对精通 STEAM 领域的劳动力的需求，正呈指数级增长。我们需要学生在科学、技术、工程、艺术和数学领域与时俱进，并紧跟人工智能的发展步伐。这项投资对于促进创新、在全球经济中保持竞争优势，以及确保社会有足够的能力应对人工智能和自动化带来的挑战至关重要。

STEAM 教育可以帮助学生掌握，在理解人工智能和机器技术并与之互动时，所需的批判性思维、问题解决方法和技术技能。通过投资 STEAM 教育，我们将为后代从事当前尚不存在的职业做好准备，确保他们具备适应能力，并能够推动那些将塑造我们未来的创新。此外，为 STEAM 学科打好坚实基础，对于开发负责任且合乎道德规范的人工智能，以及确保技术旨在造福全人类至关重要。

全民基本收入

全民基本收入是一项社会福利提案。根据该提案，特定人口范围内的所有公民都可以通过无条件的财政转移支付（无须经济情况调查，也无须工作），定期获得最低收入。相比之下，有保障的最低收入，只支付给那些收入不足以维持生活的人。全民基本收入的领取与任何其他收入无关。如果其金额足以满足一个人的基本生活需求（达到或超过贫困线），它有时也会被称为“全额基本收入”。如果一个人的收入低于其金额，则可将其称为"部分基本收入"。尽管已有许多试点项目，而且许多国家都在讨论这一想法，但目前还没有任何国家正式推行以上这两种类型的收入。由于全民基本收入的历史渊源，有些人认为其过于理想主义。[3]

随着我们进入人工智能时代，人工智能会对劳动力产生重大影响，全民基本收入的作用也因此变得越来越重要。我们确实不知道如何预测未来的日子。人工智能会像工业革命或互联网时代的技术那样，创造出新的就业机会吗？还是说人类会发现自己被排除在外？

将传统上由人类从事的工作自动化，可能会导致人工智能大范围地取代人类，加剧失业和经济不平等。在这种情况下，全民基本收入提供了一个潜在的解决方案：它能够减轻变革对个人的经济影响，提供一个基本保障，使人们能够更顺利地度过危机。它还可以营造一种环境，鼓励个人接受教育、进行再培训，并实现个人发展，而不会立即面临失业的压力。此外，全民基本收入还能保障个人的财务稳定性，使其能够承受合理的风险，从而激发其创新和创业精神。随着人工智能推动经济变革，全民基本收入在确保技术进步的惠益得以广泛分享方面，发挥着关键作用，并帮助缓解社会紧张局势，打造更具包容性的社会。引入全民基本收入，并辅以其他支持性政策，有助于培养一支有韧性、适应性强的劳动力队伍，使他们为由人工智能驱动的未来所带来的挑战和机遇做好准备。

机器人税

机器人税是一种立法策略，旨在平衡机器取代劳工的问题，并为被取代者提供社会保障。虽然早在工业革命之前，人们就已经考虑过手工劳动自动化的问题，但伴随着机器学习等新技术的发展，这个问题在 21 世纪引发了越来越多的讨论。[4] 机器人税的目的是减轻失业对经济的影响，并为社会福利项目提供资金。

随着人工智能时代的到来，其对劳动力的影响愈发深远，机器人税的概念也应运而生，成为应对人类工作自动化所带来挑战的关键工具。通过对使用机器人和人工智能替代人类员工的雇主征税，政府可以获得资金，以支持社会保障举措，包括为因技术发展而失业的劳工提供再培训计划。这种方法旨在抵消因就业减少而造成的所得税收入损失，并鼓励公司在快速应用自动化技术的过程中，充分考虑其所造成的社会影响。

此外，通过征收机器人税积累的资金，还可用于教育投资，特别是在 STEAM 教育领域，为未来几代人进入与人工智能和技术交织在一起的就业市场做好准备。征收机器人税可以作为一项战略措施，确保自动化所带来的经济利益，在全社会范围内得到更均

衡的分配，帮助缓解不平等现象，培养一支适应性强、有韧性的劳动力队伍，以应对技术进步。

随着人工智能、机器人和自动化在更多劳动力场景中的应用，重点要思考的是，政府将如何（或是否）将劳动力再培训的部分负担转移给雇主，而不是政府或社会。

技术先进型工作场所中的劳动力保护

数据保护和隐私法，如欧盟的《通用数据保护条例》，为组织（包括技术先进型工作场所中的组织）如何收集、处理和存储个人数据，制定了严格的准则。这些法律能够确保员工和客户的隐私权，在大数据和人工智能时代也能得到尊重和保护。

在人工智能领域，许多有助于保护劳工的监管措施正在快速发展。关键在于，随着我们步入由人工智能驱动的世界，并面对越来越智能的人工智能时，我们需要社会和政府共同保护用户、数据、劳动力和雇主。

劳动力领域部署合乎道德规范的人工智能的监管框架

人工智能的应用，为医疗、教育、金融和交通等各个领域带来了变革潜力。然而，这种快速的技术进步也引发了重大的道德问题，包括隐私侵犯、算法偏见、工作岗位的流失和安全风险。部署针对合乎道德规范的人工智能的监管框架，对于应对这些挑战至关重要。这可以确保人工智能技术在开发和使用的过程中，既有利于社会，又不会侵犯个人权利或加剧不平等。

劳动力技能再培训和技能提升计划

组织必须认识到留出时间让员工能够进行技能提升或再培训的重要性。对客户支持和服务组织的领导者来说，人工智能所带来的巨大竞争优势，远不止通过削减岗位来节省成本这一点。如前所述，在不久的将来，人类与机器结合的成果，将大大优于任何一方的单打独斗。因此，应培育一种文化，让人类感到他们可以重新掌握技能并找到新的贡献方式，将使你的组织变得更好。以下是在人工智能时代重视人类贡献的一些原因。

- **保持竞争优势**：投资员工技能再培训和技能提升计划的组织，可以通过有效利用新技术，在快速变化的行业中保持领先地位。
- **员工留存**：支持持续学习和发展，有助于留住顶尖人才，这体现了组织对员工职业发展和维持高员工满意度的承诺。

- **适应技术变革**：培训计划可以帮助员工为适应技术进步做好准备，确保企业能够维持灵活性，从而对市场需求做出快速反应。
- **促进创新**：技能得到提升的员工能带来全新的视角和创新性的解决方案，推动产品和服务的创新与改进。
- **缩小技能差距**：通过识别和解决员工队伍中的技能短缺问题，组织可以避免快速技术变革所带来的生产力陷阱。
- **提高公司声誉**：愿意为员工成长投资的组织，对于潜在的人才而言，更具吸引力，这类组织通常也会被视为行业领导者。人工智能将改变就业格局，而处于前沿的组织将蓬勃发展。
- **提升员工士气和敬业度**：在职业发展的过程中感受到支持的员工，会更敬业、更积极，并致力于实现组织的目标。
- **降低人员流动成本**：投资现有员工并帮助其实现自身发展，往往比招聘新人更具成本效益。这样做可以减少人员流动和与之相关的成本。
- **建设一支技能多元的员工队伍**：拥有多样化技能的员工队伍，更有能力承担不同的角色和责任，从而提高运营的灵活性。
- **企业社会责任**：支持员工完成过渡，反映了企业的道德立场，通过减轻自动化对劳动力的不利影响，有助于产生积极的社会影响。

为未来做准备：个人和集体行动

在人工智能和自动化技术、机器人技术、物联网（Internet of Things, IoT）以及机器学习改变就业市场的同时，个人也可以主动采取积极措施，确保自身技能仍有市场需求，而不会轻易被机器取代。首先，注重培养批判性思维、创造力、同理心、趣味性、游戏性、幽默性和解决复杂问题的能力等软技能至关重要。这些以人为本的技能不仅是人工智能难以复制的，而且在各个领域和行业都受到高度重视。

持续地学习是保证职业发展的另一项关键战略。这包括紧跟行业趋势和技术进步，获得新技能和认证，尤其是在需要人类监督的领域，如道德决策、战略规划和领导力。

此外，个人还应考虑使自己的技能组合多样化，将数字素养以及对人工智能和机器学习基本原理的理解纳入其中，这可以提升他们与先进技术协同工作的能力，而不是被这些技术取代。员工必须了解人工智能的现状，而组织也必须鼓励和促进人工智能时代的员工教育。

建立人际网络并建立专业关系，也能让员工了解新兴技能和工作机会。最后，在职业发展上保持灵活且具有适应性的心态，可以找到不易受自动化影响的新途径，从而确保自身在由人工智能驱动的未来，具备长期就业能力。世界瞬息万变，我们都需要与时俱进。

在由人工智能驱动的世界中，组织将发挥关键作用，帮助个人维持其不可替代性。为了有效地支持员工，公司应针对行业不断发展的需求，为员工提供量身定制的培训和发展计划，培养终身学习的文化。具体举措可能包括建立以新兴技术、数字素养和软技能提升为重点的工作坊，以及开设在线课程和举行研讨会。

组织还可以投入资源，帮助员工制订个性化的职业发展计划。通过了解每位员工的独特愿望和潜力，组织可以为他们提供与个人职业目标和公司战略方向相一致且具有针对性的技能提升机会。

组织领导者必须营造一个鼓励创新和实验的环境。员工应感到自身有能力提出新想法、探索跨学科项目，并在实际环境中运用他们的新技能。这将充分利用人类的创造力，让员工从自身贡献中获得主人翁意识和价值感，而这些是人工智能无法做到的。

此外，实施导师制并开展员工辅导计划，可以促进知识共享，并推动工作场所内的支持性社区的发展。经验丰富的专业人士，尤其是那些经历过前几轮技术变革时代的人，可以指导经验较少的同事，帮助他们应对技术进步并提升集体智慧。

各组织可以通过进行战略性劳动力规划，来预测未来的技能要求，并及早发现潜在的技能差距。通过积极帮助员工为未来的角色和职责做好准备，企业可以确保在日益自动化的环境中，实现平稳过渡，保持自己的竞争优势，同时展示自身对员工福祉和员工职业发展的承诺。

鉴于人工智能的变革潜力和人类在历史上对技术变革的适应，我们显然正站在一个新时代的风口浪尖上：人类与人工智能的共生关系，将带来前所未有的机遇。当我们与人工智能一同踏上这段新征程时，请记住，每一次技术飞跃都展现了人类的创造力、韧性和成长，为我们攀登创新与协作的新高峰铺平了道路。

在以远见卓识和智慧拥抱人工智能的过程中，我们不能袖手旁观，必须站在这一新领域的最前沿。在这里，我们与技术的合作，孕育着关乎未来工作、行业和生活方式的种子。这些成果目前虽然难以想象，却将确保在人类进步的叙事中，书写共同成功，传承永恒的宝贵遗产。

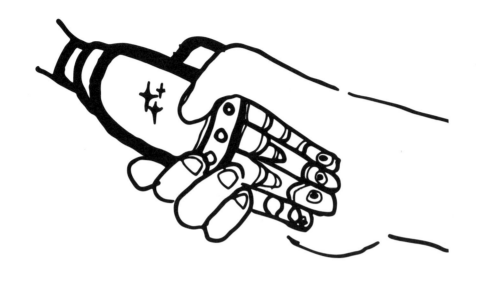

第四部分

游戏化学习和
支持工作的未来

将人工智能集成到客户服务和支持组织，无异于一场变革。技术与人类专业知识的无缝集成，有可能带来前所未有的创新和进步，这将为行业开辟新的可能性。

游戏在历史上展现出推动寓教于乐和促进协作的重要作用。人类和动物都将游戏作为一种教学和学习的方式。我们探索游戏化的理念，用以强化学习效果和提高人工智能的采用率。这是一种有趣且能够促进创新的策略。此外，它还有可能激励更多的用户参与，并培养一种持续改进且具有创造力的工作文化。

当你开始憧憬人工智能将为你的企业带来什么时，请了解，要在人工智能时代保持领先地位，需要采取多种策略。这需要你理解并接受相关工作的复杂性，利用人工智能带来的潜力，为你的组织创造前所未有的价值。你的员工将期待你以身作则，积极接纳人工智能整合及其必将带来的变革。

展望未来，人工智能的能力将重新定义客户服务工作，并释放其中蕴藏的潜力。将人工智能整合到客户服务和支持组织，将进一步为未来的工作模式铺平道路，使其更具生产力和效率，也更令人愉悦，使人获得更多的成就感。

在我们结束关于客户服务和支持领域人工智能革命的讨论时，在你的企业中实际应用人工智能的下一步，不仅涉及技术运用，还涉及战略整合和文化适应，同时要确保人工智能工具是提升而非取代人的因素。

我们所有人都在努力实现的最终目标，是提升整体客户体验，而通过将人工智能集成到你的组织，你将能够树立有关卓越客户服务的新标准。人工智能在客户服务领域的实际应用并非遥不可及。实现人工智能整合的旅程是一段充满探索、创新和卓越追求的旅程，而我们将携手同行。欢迎加入这场变革！

第 16 章

人工智能时代的游戏、娱乐与创新

新事物的创造不是源于智力，而是源于受内在需求驱动的游戏本能。具有创造性的头脑与它所钟爱的对象一起玩耍。

——卡尔·荣格

332　AI 客户服务：创造前所未有的客户体验

　　人工智能有望改变客户服务领域，提高效率，实现个性化互动，并从广泛的数据集中提取可操作的客户见解。这一创新使客服人员能够更快地响应，并为客户提供友好、热情的个性化体验——这也是客户服务的标志，其中服务是根据每个客户的独特偏好、需求和过往情况定制的。想象一下，当你走进当地的咖啡馆，而那里的咖啡师知道你常买的咖啡。客户服务中的人工智能有志于复制这种程度的个性化关注，以预测客户需求，为其提供量身定制的建议，并牢记以往与客户的互动情况。这种个性化的服务能让客户感到被尊重和被重视，并能显著提高客户对品牌的满意度和忠诚度。

　　然而，全面过渡到人工智能增强型客户服务的过程，并非一帆风顺，还需要应对一连串的艰巨任务。稳妥地解决这些问题，是确保人工智能尽可能顺利且有效地集成到客户服务领域的关键。这有助于释放人工智能的全部潜力，改变客户体验。

　　将人工智能集成到客户服务领域，相当于将一个更强大的全新引擎，装配到一辆老爷车中。这辆车既熟悉又可靠；驾驶员很习惯操控它。虽然新的引擎有望带来更快、更平稳的驾驶体验，但是它既复杂又陌生。它可能无法被无缝地安装到磨损的旧机器凹槽中，而且需要驾驶员运用新的知识进行操作。习惯了旧有操作方式的驾驶员，现在必须适应新引擎所带来的强大的动力和响应能力，以避免发生意外。把这一情况放到组织（管理）的语境中也是同理，这意味着在不干扰日常运营的情况下，适应人工智能所带来的强大功能。

　　根据历史经验，在工作场所运用新技术，总是伴随着期待与担忧。就像 20 世纪 80 年代个人计算机进入职场的历程那样，历史总是惊人的相似。[1] 最初，员工们对使用个人计算机持怀疑态度：他们并没有立即认识到个人计算机的潜力，也不愿意放弃所信任的打字机和纸质文件。然而，随着软件程序变得更加用户友好且实用，相关培训得以开展，个人计算机也成为全球办公室中不可或缺的工具。这种转变是通过渐进的方式实现的，该方式让员工从文字处理和数据输入等基本任务开始，逐步建立信心，并培养其使用熟练度。

　　让我们将视角转向当下：人工智能的引入带来了一系列独特的技术和文化挑战。从技术层面来讲，人工智能系统需要将复杂的算法和数据处理能力，集成到现有的信息技术基础设施，这对于缺乏相关专业知识的组织来说，可能是极具挑战性的。从文化层面来讲，员工们担心人工智能可能会取代他们的角色，导致失业，或者大幅改变他们的工作，使他们现有的技能过时。

　　此外，人工智能并不是一个即插即用的解决方案。它需要对业务流程和工作流进行根本性的变革。这要求员工们学习新工具，并适应机器学习输出结果的动态特性。这种

不断变化的环境，甚至会让适应能力最强的员工感到不安，从而产生抵触情绪。这种抵触情绪根植于不确定性，以及因脱离舒适圈而产生的不适感。

在这种情况下，游戏化可以被视为确保新引擎在旧底盘内平稳运行的润滑油。将采用人工智能的过程转变为一场游戏，比如，设置需要达到的级别、可获得的积分和能够解锁的奖励等，来鼓励员工接触新科技并克服困难，并最终以一种感觉自然且愉快的方式来掌握新系统。就像游戏在初始阶段会提供教程来帮助玩家适应一样，工作场所中的游戏化，可以引导员工跨越人工智能学习曲线。这也确保了，员工们最终不是变革之旅的过客，而是熟练驾驭变革的驱动者。

博主埃里克·齐默尔曼讨论了游戏设计，认为它是一种人为打造的共享空间，能让人在更广泛的现实生活背景下进行游戏。这就像一个另类世界，你进入其中，参与社交互动，并从你的参与和游玩中，获得不同的理解和意义。

在接下来的文章中，我们将探讨将游戏化作为一种策略的概念。通过应对人工智能所带来的挑战（例如，对持续学习和适应的需求、打破舒适圈以及员工对裁员的恐惧），我们为理解游戏化如何催化变革打好基础。游戏化让学习变得具有互动性和奖励性。它提供了一种有趣的方法，可以将上述挑战转化为员工实现自身成长和积极参与的机会。游戏化不仅有望将员工的抵触情绪转化为热情，还为无缝地整合人工智能和日常的客户服务与支持工作铺平了道路。

人类与游戏：历史背景下的更深层次探索

纵观历史，人类和其他动物都将游戏作为一种学习方法。无论是小猫通过模拟战斗来学习生存技能，还是人类儿童通过假装烹饪或购物，来模仿成年人的行为，游戏一直是一种学习的策略。

当我们进入由人工智能驱动的世界时，会有很多担忧。作家斯科特·埃伯利在谈论游戏时曾说："学者们通常认为游戏很难定义，因为这个概念复杂而模糊。这位作者提出了一个考虑了游戏动态特性的游戏定义，并由此提出了游戏的 6 个基本要素：期待、惊喜、愉悦、理解、力量和沉着，并从情感、身体和智力等维度对这些基本要素进行了探讨。他所主张的游戏精神是基于进化且有利于发展的。他坚持主张，无论如何，游戏最本质的特征就是有趣。他认为，在这种情况下，任何缺少这 6 个基本要素其中之一的活动，都不能完全称得上真正的游戏。[2]

虽然游戏不是人类所独有的，但它在人类和机器世界之间提供了一个有趣的交叉点。我们之前了解到，谷歌的 DeepMind 在"玩"围棋时，其水平比最顶尖的人类棋手还要高超。但是，如果我们依据游戏的 6 个基本要素来审视这个过程，期待、惊喜或愉悦的要素又体现在哪里？一个执行机器学习算法且经过大规模严格训练的人工智能模型，并不能感受到乐趣，不是吗？诚然，它可能会"赢得"游戏，但在这种情况下，游戏不就变成了数学练习吗？

新奇感和游戏的概念，从人类诞生之初，就是其经验的一个组成部分。随着我们进入一个与机器和人工智能共存的世界，游戏将成为这样的共生关系中更重要的一部分。计算机视觉应用程序永远不会像年幼的孩子那样，通过玩躲猫猫来建立信任。同样，人类可能永远也无法像人工智能那样，通过扫描宇宙来了解小行星撞击地球的概率。

至少在人工智能发展的现阶段，游戏，仍然只存在于人类的领域。虽然人工智能可以学习规则，并在"游戏"中熟练地遵循这些规则，以超越人类，但使用游戏进行学习的想法仍将是"动物王国"的重要组成部分。

像国际象棋和围棋这样有规则的游戏，机器已经能够掌握，但是像捉迷藏、猜字谜、孩子们玩的过家家和"编玫瑰花环"游戏，仍然是人类的专属领域。

我们可以利用游戏和玩耍的概念，以及与之相关的教学方法所取得的成功，来帮助客户服务和支持专业人员更好地学习如何将人工智能应用到他们的工作中。通过游戏，这些专业人士不仅可以提升他们的技能，还可以积极地为人工智能系统的改进做出贡献。在当前阶段，人工智能仍然需要人类参与；游戏化促进了基于人工智能的系统与人类之间的交互，从而收集更多标签或反馈数据。人们通过游戏化参与提供的反馈信息，推动了人工智能的迭代，并由此促进了人工智能算法的增强和改进，从而提高了其有效性和准确性。

游戏化的核心是游戏设计元素和原则在非游戏环境中的应用。它旨在通过整合积分、等级、挑战和奖励等元素，使那些传统意义上并非游戏的活动更具吸引力、互动性和乐趣。这一概念旨在利用游戏所具有的激励力量——成就带来的快感、竞争引发的兴奋和成长带来的满足感——在教育、商业等各种环境中，鼓励人们展现出所期望的行为。

历史起源与发展

数千年来，游戏和玩耍一直是人类生活的组成部分。游戏化这个术语相对较新，但这一概念的根源，可以追溯到很久以前。

历史记录表明，类似的运用游戏机制的元素，在过去的几个世纪，已经被用于劳作、教育和军事训练等领域。

门卡拉金字塔

根据考古学家的说法，吉萨的第三座金字塔——门卡拉金字塔——是由大规模的劳工建造的。劳工们被分成两个"团队"："门卡拉的朋友们"和"门卡拉的酒鬼们"。这两个团队在石头上"标记"各自团队的符号，以此来确定他们各自的团队在整体工程中所做的贡献。我们可以把这看作是早期游戏化的一种形式。[3]

在教育领域，对游戏元素的应用可以追溯到一些自发的活动，比如，1908 年开始的童子军活动等。[4] 童子军使用了一种颁发徽章的制度，来表彰成员所获得的成就并以此激励他们，这一原则类似于现代的游戏化实践。这种方法利用了人类通过获得徽章来感受成功和奖赏的内在动机。

在军事训练中使用游戏元素，有着悠久而丰富的历史，可以被看作游戏化的早期形式。从历史角度来看，军队利用各种形式的模拟和策略游戏，来强化军事训练，并提升策略规划能力。这种方法可以追溯到几个世纪之前，而且随着时间的推移而发生了显著的变化。

古代游戏 Petteia 起源于公元前 5 世纪左右的希腊，由于其策略性和复杂性，成为一种具有重要历史意义的棋盘游戏。[5] 它的诞生起源映射了当时社会的军事战略特征。该游戏是两名玩家在棋盘（类似于现代国际象棋或跳棋棋盘）上进行的智力比拼，常被军事领导人用于训练战略思维和决策能力。该游戏具有很高的社会价值，其重要性往往超越了休闲娱乐，因为它经常被用于向年轻男孩传授战术和策略的教育工作。此外，希腊文学中的历史记载表明，该游戏曾广受欢迎。

随着计算机技术的出现，军事模拟取得了重大飞跃。第一批真正计算机化的战争游戏是在 20 世纪 40 年代末至 50 年代初开发的，例如，防空模拟系统[6] 和 Carmonette 陆战模型[7] 系列。这些游戏大幅减少了传统棋盘游戏中的人工操作，从而使更复杂的数学模型和更大规模的军事模拟成为可能。这一时期标志着向当今军事领域使用的、复杂的计算机模拟训练环境过渡的开始。

20 世纪 80 年代，随着计算机进入工作场所，技术革命也将游戏化提升到了一个新水平。在这个时期推出的常旅客计划，带来了游戏化客户忠诚度奖励这一概念。航空公司，例如，美国航空，于 1981 年推出了 AAdvantage® 计划，开启了保证客户参与和留存的新方法。[8]常旅客计划不仅是积累和兑换积分，还设置了不同级别的身份，为会员提供额外的福利和特权。这种分层系统为游戏化增添了新维度，让参与者感到进步和成就感。

这些忠诚度计划在航空业产生了巨大的影响，并获得了空前的成功。它们通过奖励客户的飞行经历，来帮助公司留住客户，并为其他各个行业类似的忠诚度策略提供了灵感。这些计划中的游戏化元素，例如，获得积分、任务达成和解锁奖励，利用了人类对成就和认可的渴望心理，使其成为吸引客户参与的有效工具。

21 世纪中叶，徽章作为一种虚拟成就的形式，在四方网（Foursquare）等平台获得了关注。用户会因为完成特定的活动而获得徽章，比如，在不同的地点签到。四方网的这种游戏化形式提升了用户参与度，并且将用户访问和探索新地方的行为转变为类似游戏的体验，从而提升了用户参与度，并且鼓励用户反复参与。这标志着平台体验向社交游戏化的转变，个人可以在社交网络上展示自己的成就。徽章系统的成功，促进了侧重于社区构建和社会互动的更广泛游戏化策略的发展。

创造术语

英国计算机程序员尼克·佩林在 2002 年首次引入了游戏化一词。[9]佩林在开发电子设备和自动取款机的用户界面时，为了使其更具吸引力和乐趣，创造了游戏化的概念。尽管游戏化这个术语在 21 世纪初就已经出现，但直到 2010 年左右，游戏化的概念才开始获得广泛的认可，并在学术界引起了极大的关注。大学和研究人员开始更严谨地研究游戏化产生的影响，这有助于从更深层次理解游戏化的作用机制和生效原因。这种学术兴趣引起了许多研究和论文，探讨游戏化的心理学和社会学机制，以及游戏化对人类行为的影响。有关游戏化的学术探讨，有助于确认其研究的领域合法性。这种学术关注在完善游戏化的应用方面也发挥了作用，能确保以合乎道德规范和事实的方式使用游戏化，来提升用户体验，而不会损害其权益。

美籍华裔商人周郁凯是游戏化行业最早的先驱之一，他这样描述游戏化："有效的游戏化是游戏设计、游戏动力学、行为经济学、动机心理学、用户体验和用户界面（User Experience and User Interface, UX/UI）、神经生物学、技术平台，以及由投资回报率驱动的商业实践的结合。"[10]

游戏化和人工智能的现状

游戏化和人工智能的集成已经达到了一个关键阶段，这标志着这两种技术在吸引、教育和激励各行业用户的方式上发生了重大变革。这种融合创造了高度复杂、自适应且个性化的体验，改变了用户参与和交互的格局。接下来，我们会探讨游戏化和人工智能的现状，重点介绍其关键的发展、应用以及二者融合的影响。

现今的游戏化：跨行业的多样化应用

游戏化已经超越了其在营销和用户参与方面的最初应用范畴，成为教育、医疗保健、企业培训和行为矫正领域的重要工具。目前，其理念正被用于如下领域。

- **提升学习**：教育平台采用游戏机制来激励学生，使学习更具互动性和乐趣。在教育领域运用游戏化，提高了学习成果的留存率，促进了学生的参与，并开辟了针对学生的个性化学习路径。
- **促进健康与保健**：游戏化的健康应用程序，能够鼓励用户选择健康的生活方式。它利用奖励和挑战，激励用户进行体育活动、跟踪其饮食情况和进行心理健康练习。
- **提升员工敬业度**：在企业界，游戏化策略被应用于员工培训、能力拓展和入职流程引导，从而提高生产力和员工满意度。

人工智能在强化游戏化方面的作用

人工智能通过以下方式显著提升了游戏化系统的能力。

- **个性化**：人工智能算法能够分析用户数据，根据用户的个人偏好和表现来定制用户体验、挑战和奖励，以使游戏化更加有效。
- **自适应的学习系统**：在教育领域的应用中，人工智能可以创建自适应的学习环境，根据学习者的进度实时调整，提供个性化学习路径，进而提升学习效果。
- **行为预测**：人工智能的预测分析功能能够预测用户行为和偏好，允许用户主动定制游戏化体验，以维持用户的参与度和积极性。
- **动态内容生成**：人工智能有助于生成新的内容、场景和挑战，维持游戏化体验的新鲜感，从而确保用户的长期参与。

游戏化的关键组件

无论是在数字环境，还是在现实生活中，游戏化都可以运用各种组件，来创造引人入胜、激励人心的体验，下面将详细介绍这些关键组件。

- **积分**：积分是游戏化的基本要素，也是衡量进展或成就的量化指标。它为用户提供了即时反馈，带来了成就感，并鼓励用户持续参与。

- **徽章**：徽章是展现用户取得的成就、掌握的技能或到达的里程碑的视觉符号。[11] 发表在《计算机与人类行为》（*Computers in Human Behavior*）上的研究发现，徽章对用户动机有积极的影响，特别是当它象征着个人成就或地位时。此外，徽章的可收藏特性，能够极大地激发用户的积极性。

- **排行榜**：排行榜根据用户的表现或成就，对用户进行排名，从而培养用户的竞争意识。排行榜可以增强个人在激烈竞争中的动力，并优化其表现。不过必须精心设计这个排行榜，以免让排名较低的人感到沮丧。

- **级别**：级别表明了用户的进度，通常与提升难度或解锁新内容有关。级别能让用户持续感受到进步和挑战，这对于保证用户的持续参与至关重要。

- **挑战和任务**：这些是用户必须在规定的时间范围内完成的特定任务或目标。挑战和任务赋予了用户明确的目标感，激发了人类对解决问题和获得成就的渴望。

- **反馈和奖励**：在用户完成任务或实现目标后，给予即时的反馈和奖励。反馈机制对于学习和激励非常关键。任务完成后的即时奖励，可以提升用户的积极性和满足感。

- **故事和叙事**：将叙事或故事情节融入游戏化体验，可以大幅提升用户的参与度和情感投入。

- **社交连接**：游戏化中的社交元素可以培养社区意识，使用户能够与他人联系、合作或竞争。社交功能可以带来更高的用户留存率和参与度。

- **定制和个性化**：个性化定制允许用户按照自身喜好，自定义其游戏化体验的各个方面，从而提升游戏化系统与用户自身的相关性、用户参与度以及用户满意度。

当这些组件被策略性地集成到游戏化系统时，便能产生对用户极具影响力和吸引力的体验。游戏化挖掘了人类心理的各个方面，包括对成就感、社交互动和个人成长的需求。通过利用这些要素，游戏化可以有效地激励、吸引和教育具有不同背景的用户。

游戏化与心理学的交叉领域

游戏化和心理学的交叉领域是一个令人饶有兴味且跨学科的领域，其核心在于对人

类行为和动机的理解。这个领域探讨了游戏机制如何影响我们的行为、鼓励学习并促进参与，它利用心理学原理，创造了有意义且极具吸引力的体验。

人类的内在动机与外在动机

在游戏化中，理解人类行为的内在动机和外在动机的变化，是非常关键的。这两种动机形式解释了人们会做出某些行为的原因，以及激励他们继续这些行为的方法。

自我决定理论强调了人类的三个基本需求：胜任需求（感到熟练掌握技能和高效做事）、自主需求（感到能掌控自己的行动）和归属需求（感到与他人的连接）。[12] 自我决定理论在理解游戏化中的内在动机和外在动机方面，起着至关重要的作用。相关的研究成果极大地助力了对这些动机形式如何影响人类行为方面的探索。

内在动机是由个人的满足感、好奇心、掌控感、自主感和归属感驱动的。例如，一款考验玩家技能或有着引人入胜的故事的游戏，能够从内在激励用户继续玩下去。在游戏情境中，内在动机可能是解开谜题的乐趣，也可能是完成具有挑战性关卡的兴奋感。

相比之下，外在动机涉及外部奖励，例如，积分、徽章或排行榜。虽然外在激励在短期内有效，但如果没有内在动机，随着时间的推移，用户的参与度可能无法维持。

自我决定理论认为，内在动机与更高质量的学习和幸福感有关。[13] 该理论还强调了与外在动机相关的风险，虽然外在奖励最初可以增强动机，但随着时间的推移，反而可能会削弱内在动机，特别是当奖励被视为具有控制性或破坏自主感时。这种现象被称为"过度理由效应"（over-justification effect），它表明外部奖励有可能会降低一个人对某项活动的内在兴趣。[14]

多巴胺的作用

多巴胺，通常被称为"愉悦"的神经递质（一种在大脑神经元之间传递信息的化学物质），在我们体验快乐和奖励的过程中，发挥着至关重要的作用。当一个人达到一个目标或获得奖励时，大脑就会释放多巴胺，让人产生愉悦感和满足感。这种积极的感觉会鼓励个人去重复能获得奖励的行为，在行为和结果之间建立联系。在游戏化的过程中，当玩家实现目标或获得奖励（例如，积分、徽章或升级）时，多巴胺就会被释放。这种释放强化了获得奖励的行为，使玩家更有可能重复这些行为，这一循环被称为"多巴胺回路"。这就是为什么精心设计的游戏化系统如此吸引人，并可以激励人们持续参与。

多巴胺不仅与快乐有关，还与动机有关。人们对奖励的期待会导致多巴胺激增，从而影响为实现目标而努力奋斗的意愿。由于多巴胺的释放，这种预期和奖励本身一样具有激励作用。游戏化通过设定玩家渴望达成的挑战和里程碑，来刺激他们的多巴胺产生。

多巴胺能够触发并持续推动某种行为，这对于保证用户长期参与游戏化系统至关重要。这些游戏化系统通过定期提供奖励或成就来运用"多巴胺回路"，以维持用户的参与积极性并使他们有动力持续参与活动。[15] 这个回路对于理解游戏化元素的强大吸引力和成瘾性非常重要。

心流理论

另一种应用于游戏化领域的心理学理论，是由心理学家米哈里·契克森米哈赖提出的心流理论。该理论描述了一种深度沉浸于某种活动的状态，其特征为暂时失去自我意识以及对时间的感知发生变化。[16] 这种通常被称为"在心流中"的状态，出现在人们所感知的任务挑战性与个人技能之间达到平衡时。在这种状态下，人们的注意力高度集中、感觉自己能掌控局面，并且从中获得了极大乐趣。当活动本身是有益的，并且被认为是实现高水平的个人满意度和成长的关键时，心流更有可能出现。游戏旨在通过合理的平衡挑战和难度水平来实现这种状态，以确保玩家既不无聊（太容易）也不会不知所措（太难）。渐进难度、即时反馈和明确的游戏目标等要素，旨在助力用户进入心流状态，提升用户体验和动力。通过使挑战与个人能力相匹配，游戏化利用心流的力量，来创造身临其境且令人满意的体验。

游戏设计中的认知心理学

认知心理学是心理学的一个分支，专注于理解心理过程，深入研究注意力、记忆、语言处理、问题解决、决策、感知和学习等领域。[17] 它探讨了我们为何会专注于环境的某些方面，而忽略其他方面；如何存储和回忆信息；如何理解和使用语言；以及如何做出选择。它还研究了我们如何通过解释感官输入来理解我们周围的世界，以及如何获得新的知识和技能。这些原则对于创建有效的学习和培训方法至关重要，其中就包括用于技能提升的游戏化方法。

人工智能采用过程中的认知心理学聚焦于设计符合人类思维方式的界面和交互形式。例如，使用人工智能提供适应个人认知风格和能力的个性化学习体验，可以提高用户参与度和学习效率。这种方法使人工智能更加用户友好，并利用了我们的认知优势，如模式识别和战略思维，这使得用户与人工智能的互动既直观，又能在智力层面带来收获。游戏通常需要玩家运用批判性思维、制订计划和策略、调动认知能力，这为玩家提供了一种兼具奖励和挑战性的脑力锻炼。游戏还可以提升玩家的注意力、记忆力和空间推理等认知技能。例如，益智游戏通常要求玩家牢记特定模式或解决复杂问题。

在游戏化设计中，精心融入认知心理学原理，以确保用户不只是在使用工具，更是在实现目标的同时，参与一场能提高认知能力的令人兴奋的互动。

游戏化中的社会心理学

游戏化中的社会心理学，探讨了社会互动和人类行为如何影响游戏化体验，以及游戏化体验对它们的反作用[18]。这种思考方法有助于人工智能技术的应用，因为它强调了通过吸引用户，实现协作学习、竞争和社会奖励的重要性。通过营造一个更具协作性且社交氛围浓郁的学习环境，该方法能够促进个人学习，并促进围绕人工智能技术的支持性社区的发展。

例如，整合了社交论坛或设置了小组挑战环节的人工智能学习平台，能够促进共享学习和问题解决。发表在《公共科学图书馆·综合》（*Plos One*）杂志上的一篇研究文章，探讨了游戏化在提高在线课程参与度方面的有效性。[19]

该报告使用各种研究方法，揭示了游戏化元素，例如，排行榜、徽章、积分和奖励等，能显著提高用户参与度。非常有价值的是，该报告还发现，虽然游戏化对参与度有积极影响，尤其是在短期内，但其影响可能会随着时间的推移而减弱。

这一发现突出了在游戏化策略实施的过程中，持续创新和调整的必要性，这样才能长期维持用户的参与和兴趣。该研究还表明，排行榜在提高参与度方面可能特别有效，因为它强调通过竞争进行社会比较和激励。

这些研究对于在人工智能技术应用过程中，制定有效的游戏化策略至关重要，它们突出了人工智能结合社会心理学原则，在促进社区、促进协作和确保持续的用户参与中所起到的重要作用。

游戏在哪里有效，在哪里无效：技能–行为矩阵

游戏机制可能会提高短期绩效，但如果使用不当，它也会损害员工的满意度，并削弱其动力。"做更多工作"的想法是许多公司使用游戏化技术的原因。在常规工作之上添加游戏元素会激励员工更努力、工作更长时间——这一假设并不像看起来那样正确。这会让员工在游戏所带来的外在奖励、组织给予的外在奖励，以及促使他们工作的

内在回报这三者之间感到困惑。试想一下：如果一个员工在围绕其工作技能设计的游戏中表现不佳，就可能会因为"输"给其他人而感到自惭形秽，或者可能会对游戏获胜是否意味着晋升或加薪感到困惑。例如，如果丹在玩一款名为"做丹的工作"的游戏，而他在游戏排行榜上仅排名第五，甚至无法通过基本关卡，这就会显得很奇怪。很多公司会使用现成的游戏机制，例如，徽章、积分和排行榜，然而，当遭遇员工的抵制，或目睹生产力在短期内提高，员工的满意度和积极性却随即大幅下降时，他们又会感到不可思议。

技能与行为

在工作场所使用游戏的挑战之一，是游戏奖励与组织固有奖励之间存在竞争关系。换句话说，员工究竟会为了赚取积分参与游戏，还是会选择花时间完成工作以赚取薪水？积分和报酬、游戏等级和晋升之间的兑换率，没人能搞清楚。这两种奖励机制并存的局面，可能会导致员工对组织中错误使用的游戏机制产生异常反应。

图 16-1 所示的技能 – 行为矩阵，是一个涵盖了工作场所中游戏有效和无效场景的全面视图。多年来，微软一直在从为调动众包员工工作积极性而进行的成功与失败的游戏部署案例中吸取经验，并在 2015 年的一篇研究论文中首次发布了这个矩阵。[20]

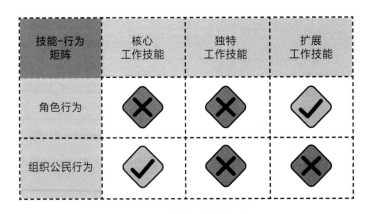

图 16-1　技能 – 行为矩阵

技能类型

以下是三种技能类型。

- **核心工作技能**：核心工作技能是每个人在日常工作中经常使用的技能。例如，打字能力、某种语言的口语表达能力，或者特定的行业技能（例如，计算机编程或驾驶卡车）。

- **独特工作技能**：独特工作技能是指个人或群体所特有的技能，通常是员工获得报酬的原因。独特工作技能包括在某一领域的深厚技术知识、与特定客户或顾客的关系、驾驶某种类型车辆的技能，或者获得特定贸易许可证 / 资质认证的能力。这些独特的技能使得员工与众不同，通常也是员工从组织获得奖励的基础。

- **扩展工作技能**：扩展工作技能是指员工通过学习使自己与众不同、提升业绩并且让自己有能力承担新任务的技能。

行为类型

以下是一些行为类型。

- **角色行为**：角色行为是员工每天为履行工作职责所开展的常规活动。例如，上班、登录计算机、执行特定测试以及检查机器的状态。组织会用薪水、奖金或升职，来奖励完成这些任务或实施了这些行为的人。

- **组织公民行为**（Organizational Citizenship Behaviors, OCBs）：组织公民行为是由员工个人自主决定的行为，这些行为没有直接或明确地得到正式奖励制度的认可，但总体来说，此类行为有助于促进组织的有效运作。[21] 众多模型对不同类型的组织公民行为进行了界定，一般来说，其范围涵盖了利他主义、责任心、做正确的事、良好的体育精神和公民义务等行为模式。研究表明，组织公民行为与组织的健康发展、组织的生产力和盈利能力有直接关系。[22] 此外，虽然这些行为没有得到组织的特别奖励，但从长远来看，表现出组织公民行为的员工，其职业发展通常也更好。

　　图 16-1 中的"√"代表了所需技能和行为的交集，并显示了在工作场所进行游戏的成功场景。如果有"×"，则代表这种技能和行为的组合可能是不成功甚至有害的。

　　游戏在工作场所取得了两个方面的成功：帮助扩展在履行日常角色行为时所使用的技能；将核心工作技能应用于组织公民行为。在工作场所运用游戏机制，以帮助员工通过学习来提升工作技能，是相对容易落地实践的方向。师通（Rosetta Stone）或多邻国（Duolingo）等语言学习软件，就是将游戏机制与学习结合的绝佳例子。这些软件提供的奖励与组织给予的奖励并不冲突，但员工从中学到的技能立即可用。

　　在工作场所使用游戏的另一个有趣的领域，是利用核心工作技能来改善组织公民行为。通过一个例子或许能够更好地解释这一点。2007 年，微软 Windows 团队推出了一款内部游戏，来鼓励世界各地的员工帮助验证 Windows 的语言质量。当时，Windows 支持 100 多种语言，并包含数以千计的文本字符串，这些字符串都需要快速且准确的翻译。"Windows 语言质量游戏"（Windows Language Quality Game）上线了一个月，吸引了 4000 名玩家，他们在游戏过程中审查了 500 000 个截屏。这个游戏中的核心工作技能是母语语言能力，而组织公民行为则体现在通过该游戏，帮助 Windows 团队为微软推出了一款重要产品。在许多微软的子公司，管理层支持这类游戏，并允许员工把"玩"这款游戏作为他们工作的一部分，以提高 Windows 7 的产品质量。

游戏和大数据：众包数据生成

在在线服务领域，使用"大数据"帮助改善客户体验具有巨大的价值。服务使用过程中生成的用户反馈和遥测数据，可以被用于识别问题、改善已有的客户体验，并构建更好的功能，以提升未来的用户体验。然而，为了收集全面的用户反馈和遥测数据，有时需要鼓励用户尝试新功能，特别是在他们可能不熟悉的服务领域。这就是游戏化的用武之地：游戏机制可以激励用户使用所有可用的服务来生成全面的遥测数据。这些数据随后可以用于训练或优化人工智能模型。

在机器学习模型的数据收集、创建和应用过程中，游戏、博弈论和游戏化的使用之间存在着紧密的联系。在第 2 章中，我们介绍了一些机器学习技术，鉴于它们与游戏的相关性，我们有必要对其进行重新审视。这些技术包括监督学习、无监督学习和强化学习。

监督学习

监督学习是一项机器学习技术。在此过程中，计算机使用已经标记了正确答案或描述的示例，进行预测或决策。这种机器学习方法类似于在老师的指导下学习，并且老师会提供明确的范例和预期结果。这一点在图 16-2 中很容易看出来。[23] 然而，获取大量经过准确标注的数据，不仅成本高昂，而且极为耗费人力，这为使用这项技术带来了挑战。而这正是游戏可以与监督学习结合的领域，这样做能为这一挑战提供独特的解决方案。

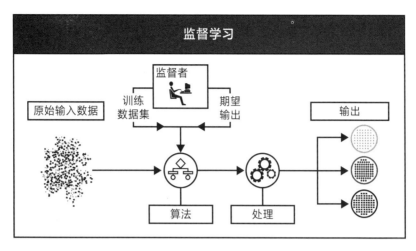

图 16-2　监督学习

　　大多数游戏都构建于可控环境中，有着明确定义的规则和目标，这使得它们成为生成高质量标注数据集的绝佳途径。玩家在游戏中的互动，根据他们在游戏结构化框架或规则集内的输入和行动，会产生可预测且可衡量的输出。例如，在一款模拟驾驶的游戏中，玩家在完成自动驾驶汽车导航等任务时做的每一个决定，如行车速度、路线、车道变化，以及对交通信号的反应，都可作为一个潜在的可以用来训练人工智能模型的数据点。

　　游戏也可以通过专门设计，系统地或有目的地改变数据生成的条件，来提升监督学习模型的有效性。这种受控的可变性数据能够引导游戏玩家生成更多样的游戏情况和结果，以丰富训练数据集，使监督学习模型能够利用更准确的标签数据，更稳健地学习。这种方法提升了模型在不同现实世界场景中进行泛化的能力，并通过使用人类在玩游戏时标记的数据，来提高模型的准确性和可靠性。

　　由路易斯·冯·安开发的 ESP 游戏就是一个好的范例。[24] 在这个游戏中，两个互相不知道对方身份的玩家会看到相同的图片。他们分别输入一个单词来描述这张图片，持续重复直到他们所输入的描述"配对"。这种多次输入和提交单个词对图片进行描述的行为，实质上是在为每个图像创建文本元数据。这就是谷歌图片标注（Google Image Labeler）游戏的前身。[25]

　　结合游戏进行监督学习是富有成效的。游戏以一种可扩展的、吸引人的方式，生成训练先进的监督学习模型所需的多样且规模庞大的标注数据集。这种方法使得数据收集过程的性价比更高且更有趣味性。同时，利用游戏固有的交互性和基于规则的特性，可以提升人工智能解决方案在各个领域的质量和适用性。游戏和玩要能巩固监督学习由数据驱动的基础，为人工智能模型在现实世界的应用提供更细致入微和适应性更强的模型。

举一个简单的例子。想象一下，在客户支持案例结束时，有一项后续行动，要求一位没有参与该案例的领域专家（即"监督者"）输入额外的数据（即"标注"）。对于这位领域专家而言，这是他自愿的行为，同时也是一种能够提升团体效能的组织公民行为。引入游戏机制来吸引领域专家并对他们采取的行动予以奖励，不失为提高数据质量的好方法。游戏是有规则的，从设计层面来看，监督学习在拥有大量被标记数据的前提下，能够发挥出最佳性能。为了收集各个领域的数据，可以通过设计游戏规则，奖励领域专家在游戏过程中对数据进行标记。

无监督学习

与监督学习不同，无监督学习在无标注数据或结果的情况下运行。如图 16-3 所示，无监督学习会识别数据中隐藏的模式和结构。[26] 这项机器学习技术在数据缺乏明确标签或预定义类别的情况下表现出色。在游戏环境中，由游戏自然生成的复杂且丰富的数据集，为无监督学习提供了可以应用的沃土。这些充斥着玩家选择、互动、见解和结果的环境，为无监督算法提供了一个动态环境，使其可以从中提取有价值的信息。

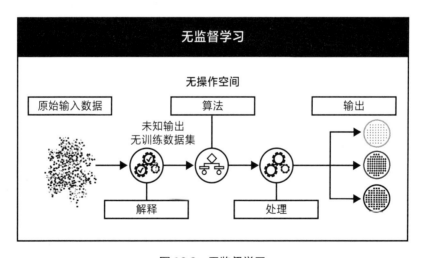

图 16-3　无监督学习

可以通过给游戏中的可选动作或行为添加游戏机制来收集数据。一个典型的例子是"Windows 语言质量游戏"。在这个"游戏"中，玩家们审查了 Windows 界面和用户体验设计的本地化版本的质量，游戏机制会对他们识别问题或验证准确性的行为给予奖励。[27]

游戏内的"工作"属于可选内容，并不属于任何激励或奖励系统。提供反馈这一行为可以被游戏化，利用游戏机制鼓励玩家花费额外的时间提供反馈，从而生成额外的数据。

强化学习

强化学习是机器学习的另一项技术，在这一过程中，模型被训练以通过学习决策达成回报最大化。与依赖标注数据的监督学习不同，强化学习通过试错机制运行，并逐渐明确哪些动作在给定环境中能产生最大的回报。图 16-4 描述了这项技术，[28] 它模拟了人类学习如何玩游戏的过程，在这个过程中，玩家会根据他们的行动结果，来调整自己的策略。

强化学习在游戏领域应用的一个范例，是谷歌 DeepMind 开发的 AlphaGo。[29] AlphaGo 的开发初衷是将机器学习应用于围棋这一以策略复杂性而闻名的棋类游戏。该人工智能系统通过与自己进行数以百万计的围棋对弈来学习下棋技巧，同时借助一种名为蒙特卡洛树搜索（Monte Carlo Tree Search, MCTS）的强化学习框架，逐渐改进其策略，最终达到了远超人类棋手的水平。[30] 在这个框架中，AlphaGo 在模拟对局中做出决策，并以输或赢的形式获得奖励和反馈。它在没有任何人为干预的情况下，从每一场对弈中有效地学习。2015 年，AlphaGo 成了首台击败人类围棋冠军的机器。

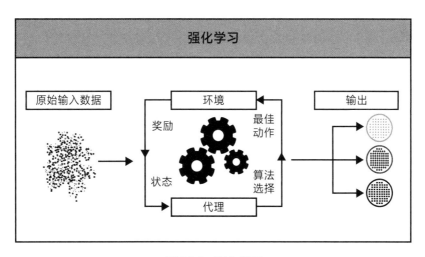

图 16-4　强化学习

强化学习和游戏之间的交互特别有趣，因为游戏提供了结构化但复杂的环境，促使人工智能系统从动态内容中学习。例如，AlphaGo 的学习过程涉及"从零开始"理解围棋策略的复杂性，做出那些了解规则的人类棋手从未尝试过的决策，进而开发出那些在未来影响人类顶级棋手对弈方式的全新策略。

正如我们从 AlphaGo 的例子所看到的那样，强化学习的原理可以适用于游戏之外、范围广阔的现实领域。从模拟客户支持互动中学习，到优化物流和制造流程，再到为自动驾驶汽车开发更复杂的导航系统，强化学习系统适应复杂环境，并通过自我博弈（self-play），在干预最小的情况下学习最佳策略的能力，被证明是极有用的。这种能力表明了人工智能系统开发方式的重大转变：从完全依赖人类生成数据的阶段，迈入了人工智能可以独立生成学习内容并改进的时代。

我们发现，游戏化能够通过收集原始输入数据，助力无监督学习或强化学习系统。此外，由于游戏有玩家需要遵守的规则，这些规则能指导玩家完成特定行为，从而在需要的领域生成数据。例如，在软件开发中，用户执行特定操作所产生的产品遥测数据，对于了解产品功能的使用方式非常有用。在产品发布之前，可以通过游戏机制激励和吸引用户，让他们尝试在特定场景使用产品以产生遥测数据，并将这些数据用来优化产品特性。

游戏机制的数据质量

数据有两个属性能成功地影响用户体验的质量：精确性和真实性，如图 16-5 所示。精确性属性影响是否有足够数量的具有代表性的数据来得出具有统计学意义的结论。真实性属性影响所收集的数据在多大程度上代表了真实的用户行为。问题在于，很多传统的大数据技术，比如，A/B 测试和合成事务，并不一定能提供真实的用户数据，而真实的用户数据也不具备得出精辟结论所需的精确度。"游戏化事务"的概念则能兼顾数据的高精确度和真实性。

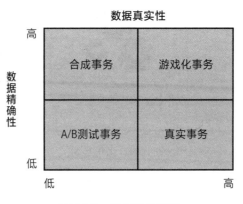

图 16-5　用户事务类型

众包数据的例子

广受欢迎的导航应用程序位智（Waze）就是一个典型例子，它说明了如何利用游戏化和众包数据来改善用户体验并提升服务效率。通过激励用户报告实时交通状况、道路危险情况和警察巡逻点，Waze 将游戏化元素融入其平台，将原本独自进行的导航行为转变为协作性强、极具参与性的社区活动。用户因其贡献获得积分、徽章和其他奖励，从而提升他们在应用程序社区中的地位等级。

Waze 激励用户积极参与，并提高了其所提供交通数据的准确性和及时性。游戏化的巧妙运用和众包的力量，使 Waze 能够提供由用户驱动的动态导航服务。与传统 GPS 系统相比，它能更有效地适应现实世界的状况。通过这种方法，Waze 证明了游戏化如何培养社区意识和价值感，共同为所有用户带来更了解路况的、更顺畅的驾驶体验。

维基百科（Wikipedia）是体现众包在数据生成方面具有变革潜力的典范，彰显了其全球用户社区的集体智慧和协作精神。通过授权来自不同背景的个人编辑、完善内容，维基百科利用其贡献者丰富多样的专业知识，建立了一个庞大的知识库。

这种参与式内容创建模式，使维基百科能够涵盖极为广泛的主题范围，内容从非传统到主流，确保了信息的全面性和时效性。贡献者们在传播知识这一共同承诺的激励下，持续参与内容的验证和改进工作，利用众包模式生成数据、审查并维护数据的准确性和可靠性。通过这种方法，维基百科展现了协作的力量如何创造出有价值的动态信息资源。任何人都可以通过互联网访问这些资源，从而实现了数字时代知识的大众化传播。

以 Waze 和维基百科为代表的众包模式，利用全球用户的集体投入，为数据生成和知识共享提供了创新方法。然而，这些模式也面临着固有的挑战，包括质量控制问题、易遭蓄意破坏、易受错误信息的影响、因贡献者不均衡的多样性而产生的偏见和隐私问题。Waze 面临着确保实时数据的准确性和最大限度减少驾驶员分心的具体困难；而维基百科则要努力维护其开放编辑内容的可靠性，并处理有争议话题引发的冲突。尽管存在这些挑战，但这两个平台都采用了算法数据处理、社区审核和严格的指导方针等策略，来维持其服务的完整性和实用性，这展示了众包模式在有效管理下的潜在优势。

游戏与玩耍的交叉点自然地与人工智能和机器学习联系在一起。总体来说，这也许并不像人们想象得那样令人惊讶。我们知道，所有动物都通过游戏和玩耍来学习，那么为什么机器不能从类似的技术中受益呢？通过游戏引导人类的行为，来帮助机器学习更加高效，这是多么令人兴奋的未来。

企业游戏设计要素

影响一项活动游戏化成功与否的因素有很多，包括游戏的角色设定或风格、游戏设计所采用的机制以及游戏的最终部署方式和衡量其成功的指标。

徽章、积分、排行榜和级别在游戏化平台非常受欢迎。然而，仅仅在网站上添加一个徽章，并不能称之为成功。佐治亚理工学院（Georgia Institute of Technology）的教授伊恩·博格斯特很好地阐述了这一点："'游戏化'这个词的修辞学力量是巨大的……游戏化给人一种安心感。它让副总裁和品牌经理们感到欣慰：他们所做的每一件事都是正确的，而且只要在现有产品中加入'游戏策略'，他们就能做得更好。对'游戏性'的大肆宣扬，就像在销售顾问丰盛的午餐会上，给夏巴塔面包涂上蒜泥蛋黄酱一样随意……游戏化很容易。它提供了简单、可重复的方法，在这些方法中，利益、荣誉和美学都不如便利性重要。"[31]

人们必须明白，游戏机制并不是万能的。将某人的工作游戏化，没法哄骗他们更加努力地工作或在周末加班。如果谨慎周密、有目的且有选择性地应用游戏机制，它就可以帮助企业改进业务流程，但滥用也会带来不利影响。

玩家角色

所有好的游戏设计都应考虑玩家类型。玩家可能被不同的游戏元素和不同的游戏机制所激励。考虑玩家类型，并设计能够吸引以下一种或多种玩家角色群体的游戏至关重要。

- **玩家之间相互对战**：这是一种在竞技体育中广泛流行的游戏机制，其结果直接反映在记分牌上，关乎荣辱。虽然许多运动员都能从竞争中获得动力，但这并不适合所有人。事实上，在工作场所，有些文化背景下的竞争型游戏机制会适得其反。例如，在一些文化中，如果员工在排行榜上排在老板前面，他们就会停止继续玩游戏，直到老板理所应当地回到榜首位置。这可能会破坏使用竞争型游戏机制以提高生产力的初衷。因此，了解受众并使用适当的激励技巧非常重要。

- **玩家自我对战**：这个游戏机制可以简单地表述为："我能击败自己吗？"许多人的动力不是来自外部竞争或外在奖励，而是来自强烈的内在自我竞争意识，以提高个人最佳水平为目的。

- **玩家与环境对战**：这个游戏机制包含了外部挑战，例如，猜谜、寻宝、找寻隐藏的秘密和探险。

游戏机制和部署技巧

以下是一些有用的游戏机制和部署技巧。

- **持续时间**：将众包游戏的持续时间限制在一定周数内，往往最能维持玩家的兴趣。这种方法通常可以灵活地调整规则或计分方式，甚至重新设计游戏，以提升游戏效果或激发玩家更好地参与游戏，但这一方法并非绝对有效。
- **游戏测试**：游戏测试是一种游戏设计实践，它让玩家试玩游戏的早期版本，哪怕只是一个纸制版模型，从而让游戏设计师有机会不断改进，使游戏对所有人都具有吸引力、公平且有趣。
- **自愿参与**：对于一款游戏而言，最重要的一点是确保玩家的参与是自愿的，而且让玩家感觉他们正在帮助其他人。玩家会出于不同的原因参与游戏，这没有关系；重要的是要运用不同的技巧来吸引玩家参与。
- **设置游戏管理员**：如果玩家对游戏有疑问或抱怨，应该设置一个人工游戏管理员为他们提供帮助。游戏管理员通常会发送一封介绍邮件，说明游戏内容、规则以及注册方式。他还会提供游戏建议，并听取玩家的反馈意见。一般来说，由一个人担任游戏管理员就足够了，但对于玩家众多的大规模游戏而言，可能需要一个游戏管理员团队。
- **奖品和奖励**：一般来说，对于应用在工作场所的游戏，建议不要使用奖品和奖励这类外在激励因素，而要依靠利他主义和公民意识等内在激励因素。这是因为，奖金可能会扭曲员工行为，特别是当奖金数额很大时。
- **衡量成功的标准**：正如我们需要衡量业务的成功一样，为游戏化部署确定适当的衡量成功的标准也很重要。首先要考虑游戏化部署的最终目标，并确定最符合目标且能被量化的衡量标准。在游戏化部署之前进行基准测量，以帮助确定需要改进的领域，并判断游戏化体验的成败。

为人工智能的应用制定游戏化策略

既然我们已经了解了影响一项活动游戏化成功的因素，那么接下来，就让我们深入

探讨一下制定自身专属的游戏化策略的步骤，同时也仔细看一下那些使其有效的细微之处和注意事项。

了解你组织中的人工智能格局

在开始游戏化之旅之前，了解团队、组织、公司中人工智能采用的现状是至关重要的。这一了解过程应包括评估人工智能工具的使用情况、确定人工智能可以带来重大改进的部门或流程，以及认识到采用人工智能的阻力。例如，如果员工认为人工智能工具令人生畏或过于复杂，那么就可以通过量身定制的游戏化策略，来简化这些技术，消除其神秘感。

设定明确的目标

为人工智能的应用而制定的游戏化策略，其目标应与组织中的各种目标保持一致。必须明确界定这些目标，无论是提高生产率、提升数据准确性，还是培育创新文化。明确的目标将指导游戏化策略的设计，确保策略中的每个元素都有特定的作用。你的目标应与我们在第 4 章中介绍的愿景保持一致。

识别和理解你的受众

游戏化策略成功与否，在很大程度上取决于它能否引起受众的共鸣。了解员工的年龄特征、动机和学习方式至关重要。正如第 12 章中所述，当今的劳动力和客户群中同时存在着几代人（婴儿潮世代、X 世代、Y 世代 / 千禧世代和 Z 世代），每一代人都有独特的动机、偏好和背景。例如，年轻的员工可能更喜欢针对个人的、竞争性更强的、以排行榜为驱动的方法，而重视协作的团队可能更喜欢集体挑战和集体奖励。

设计游戏化框架

设计游戏化框架是一个选择正确的游戏元素组合，并据此进行创造的过程。这种选择不是随机的，而是应该基于你的目标，以及对受众的分析。这个框架应该是平衡的，既要有足够的挑战性来吸引玩家参与，又不会太难以至于令人沮丧。该设计还必须确保游戏化能与所使用的人工智能工具无缝集成，以提供统一的用户体验。

试点测试和收集不同参与者的反馈

在大规模部署游戏化之前，进行试点测试非常重要。这种较小规模的部署，为了解玩家对游戏化策略的接受程度，提供了宝贵的洞见，让我们在大范围推广该策略之前，有机会进行调整。这一阶段的反馈至关重要，应积极收集并认真考虑。

　　在为你的游戏化策略开展试点测试时，你必须有意识地确定参与者群体的构成。这个小群体应该反映出更广泛的组织情况，包括各种特征或角色，从抗拒变革的人到热衷于人工智能的人。让对人工智能技术持怀疑或犹豫态度的人参与进来尤其有益。他们的早期参与可以为了解潜在的障碍和挑战，提供极有用的意见，而他们在整个试点过程中的体验变化，也可以指导游戏化策略的调整，使游戏化策略最终的推广更具包容性和有效性。

　　同样，接触人工智能技术的"超级用户"或早期采用者可以提供不同的视角。这类群体可以帮助识别经验较少的用户可能会忽略的高级功能，或是提出更深入的参与策略。他们的热情也具有感染力，有助于在其他员工中营造积极势头、引起兴趣，并促进互动。

　　平衡这些用户与普通用户（既不强烈抵制人工智能，也不热衷于人工智能）之间的关系也很关键。中间群体往往代表了大部分员工，能真实地反映游戏化策略在更大范围内的接受程度。

　　上述方法确保了游戏化策略是经过了测试和改进的，从而能考虑到不同类型用户的担忧，并充分利用他们的热情。这种方法还能使策略更全面、更有效，最终在项目大规模推行时，促进更多的认同并减少阻力。在开发过程的早期阶段，让各种各样的用户参与进来，可以使策略更加稳健、更具包容性，并能够推动人工智能目标的实现。

　　在推行游戏化策略时，清晰且具有激励性的沟通是关键。员工应了解这一计划的目的，以及它如何使他们和组织受益。不要低估"这对他们有什么好处"这一问题的力量，别让员工感觉这只是公司层面的又一项举措。设身处地地理解，会促进员工的认同并激发他们的热情。组织也应密切监控推广情况，关注参与度和用户反馈。

　　以下是一些额外的注意事项。

- **文化一致性**：游戏化策略必须反映并尊重公司的文化。例如，在高度重视团队合作的公司，游戏化应强调协作挑战和集体成就。若游戏化与公司文化不一致，就会导致员工参与度降低，甚至产生抵触情绪。

- **道德考量和数据隐私**：鉴于人工智能和游戏化由数据驱动的性质，道德考量和数据隐私不容忽视。该策略必须遵守所有相关的数据保护和安全法律法规以及道德准则。维持收集、使用和保护数据方面的透明度，对于建立信任至关重要。

- **适应性和持续改进**：人工智能和员工参与的格局在不断变化。因此，游戏化策略不应一成不变。它需要定期进行审查和调整，纳入用户反馈并适应不断变化的需求。这种灵活性可确保游戏化策略的长期有效性和相关性。
- **定义和追踪成功**：游戏化策略的成功可以通过各种 KPIs 来衡量，例如，参与率、技能提升程度以及人工智能工具的使用频率。定期跟踪这些指标，有助于了解游戏化策略产生的影响，并找出需要改进的地方。
- **反馈回路和迭代开发**：建立持续反馈的渠道，对于游戏化策略的迭代开发至关重要。应该为员工提供便捷的途径，让他们就自身的体验给出反馈。这些意见对于做出有根据的调整，并确保游戏化策略符合用户的需求和偏好非常宝贵。

实施游戏化策略以推动人工智能的采用和常规使用不是一次性的项目，而是一个持续的过程。它需要员工的投入、灵活性以及学习和适应的意愿。你可以通过不断完善策略，紧跟员工不断变化的需求和人工智能的进步，来维持员工的参与度，并培养一种崇尚创新和持续学习的文化。游戏是人类的一种独特特质，它对让人们参与由人工智能驱动的技术的发展历程至关重要，因为游戏机制利用了我们与生俱来的行为和动机。

衡量游戏化的影响

在评估游戏化策略时，还应该考虑其在推动人工智能应用方面的有效性。游戏化策略的成功不仅仅在于玩家的即时参与，还在于其对用户行为以及他们掌握人工智能技术的熟练程度的长期影响。将 KPIs 和定性衡量标准结合，对于全面评估这种影响至关重要。

确定相关 KPIs

KPIs 的选择应与你设定的初始目标相关。例如，如果目标是提高人工智能工具的使用频率，则可能包括以下相关 KPIs。

- **参与度指标**：这包括登录频率、会话持续时间和游戏化活动中的用户参与率等数据。
- **学习进度**：这包括人工智能学习模块的完成率、测验分数或游戏化系统中不同级别之间的晋级率等指标。
- **行为变化**：对比部署游戏化前后，人工智能工具使用的频率和深度。

- **绩效提升**：评估由于人工智能采用率和熟练程度的提高而产生的工作绩效或任务效率的提升。
- **用户反馈评分**：用户针对所体验的游戏化人工智能工具给出的评级或分数。

收集和分析与这些相关 KPIs 数据，需要一种系统的方法。这可能需要利用集成到人工智能和游戏化平台的分析工具。定期审查这些指标可以深入了解游戏化策略的有效性，并为进行必要的调整提供指导。

定性衡量

尽管相对主观，定性数据仍能为洞悉用户体验和满意度水平提供宝贵的意见。这些数据可以通过以下方式收集。

- **用户调查和访谈**：定期对用户进行调查或访谈，收集用户对游戏化人工智能工具的意见、建议和感受。
- **焦点小组**：让不同的用户组成小组参与讨论，以更深入地了解他们的体验和看法。
- **轶事证据**：来自用户的观察和非正式反馈，通常可以暴露出游戏化策略未预见的正面或者负面的影响。

将反馈回路集成到游戏化系统，可以提供实时数据和洞察。这些回路可以帮助实现即时调整，并培养持续改进的文化，确保游戏化策略在促进人工智能采用方面始终维持相关性和有效性。

采用定量衡量和定性衡量相结合的平衡方法，可以全面了解游戏化策略的影响。定量数据可以利用确凿的数字验证其有效性，而定性洞察则可以指导改善用户体验和优先参与策略的工作。这种结合有助于对游戏化策略进行微调，确保其在促进人工智能采用方面取得成功。

对评估方法的持续监控有助于快速确定需要改进的领域，并根据不断变化的用户需求和组织目标进行策略调整。这不是一次性活动，而是一个持续的过程，需要将其嵌入游戏化设计阶段，以确保其成为计划的一部分。

从成功和失败中学习

在人工智能和游戏化快速发展的背景下，整合这两项技术的探索之路充满了各种不同的故事，既有开创性的成功故事，也有启发性的失败故事。这些辉煌与挑战并存的故事，为我们提供了深刻的洞察，让我们了解在不同领域使用人工智能和游戏化技术的复杂性和潜力。本节将分析和探讨这些不同的故事，阐明为何某些举措能取得成功，而另一些举措却遇到了阻碍。

一方面，成功的故事有力地证明了游戏化显而易见的潜力。它们证明了如何将人工智能与引人入胜的游戏化元素结合，从而带来创新的解决方案、增强的用户体验，并在教育、娱乐等领域取得重大进展。这些成功不仅意味着技术的胜利，也体现了人类在利用技术实现创造性、高效且具有影响力的应用方面的聪明才智。通过研究这些故事，我们可以提炼出有助于成功部署人工智能和游戏化的关键策略、方法和实践经验。

另一方面，失败的故事也同样重要。它们为在整合人工智能和游戏化的过程中所遇到的挑战和陷阱，提供了重要的经验教训和警示。失败往往揭示了潜在的复杂性、意料之外的变数，以及使技术能力与用户需求和期望保持一致的重要性。通过分析这些不太成功的尝试，我们可以深入了解适应性、以用户为中心的设计理念，以及严格测试与反复迭代的必要性。这些故事强调，失败不是挫折，而是学习、完善和创新的机会。

这些成功和失败的故事共同构成了一个全面的叙事，强调了人工智能和游戏化整合过程的动态性本质。它们让我们了解，哪些做法有效、哪些无效及其相关原因。这种平衡的视角，对任何希望涉足这一领域的人来说都非常重要。它为我们提供了一张路线图，让我们了解这一领域的先驱们所取得的成就和遇到的挑战。

让我们深入研究具体的成功和失败的案例，力求从中汲取宝贵的经验教训和见解，为未来在人工智能、游戏和游戏化的交叉领域所做的努力尝试提供指导。

多邻国和由人工智能驱动的语言学习

游戏化与人工智能的整合，在不同领域催生了许多成功案例。其中一个领域是企业培训：公司通过应用带有人工智能驱动型分析功能的游戏化培训模块，为员工提供定制化的学习体验，提高了知识留存率和工作绩效。乐活（Fitbit）和减肥宝（MyFitnessPal）等健康和健身应用程序，也利用游戏化和人工智能，针对用户设置个性化健康挑战并追踪其进展，从而显著提高了用户参与度，助力用户获得更好的健康改善成果。

多邻国是另一个将游戏化与人工智能无缝结合的典型案例，它是每天服务超过 1900 万名用户的沉浸式高效语言学习平台。[32] 作为一款免费的移动应用程序，多邻国以游戏的形式提供语言学习服务，用户可在游戏中获得积分、提升等级并获得即时反馈——这些都是关键的游戏化元素。

多邻国成功整合人工智能的秘诀是什么？运用人工智能算法，打造个性化学习体验。[33] 人工智能会评估用户的学习进度、优势和劣势，从而相应地调整课程，[34] 确保为每位用户量身定制学习计划，最大限度地提高用户的学习效率和知识留存率。

在用户参与方面，多邻国的游戏化元素发挥了巨大作用。诸如赚取虚拟金币、解锁新关卡、参加联赛等游戏化设计，都能维持用户的积极性和参与度。事实证明，这种方法能有效确保用户的持续参与，而这正是在线学习平台面临的共同挑战。

这种游戏化方法是否产生了成效？答案是肯定的。2022 年，该应用程序的"高级用户"（指每月打开该应用程序超过 15 天的用户）显著增加。这一增长与其引入游戏化功能的时间相吻合，这些功能包括对应用程序的界面和学习路径整体结构的改造。[35] 根据 Sensor Tower 在 2023 年 8 月发布的报告，多邻国每天的用户量约 1900 万，这巩固了其在语言学习应用领域的重要地位。[36]

课堂游戏化和飞行常旅客计划

文章《10 个糟糕的游戏化案例：从失败的项目中学习》（10 Bad Gamification Examples: Learning from Failed Projects）[37] 讨论了多个不成功的游戏化项目，强调了战略规划和理解用户参与度的重要性。[38] 该文章指出了一些常见的错误，例如，奖励不一致、忽视用户动机和未能维持用户的长期参与。

该文分享的其中一个项目，展示了一位教师尝试将课堂游戏化的过程，即用经验值（Experience Points, XP）取代学生因完成作业和课堂出勤等任务而获得的成绩，以激励学生。这种方法主要利用了积分、排行榜和徽章（Points, Leaderboards, and Badges, PLBs）奖励系统，并假定仅靠这些元素就能增强学习体验。然而，在前面图 16-1 所示的技能 – 行为矩阵中，这些本应是学生在其身份设定下被要求 / 期望完成的角色行为。由于这些奖励背后缺乏更深层次的内在动力，该计划最终被迫终止。

最终，上述经验值只换来了一枚徽章。这个案例凸显了依赖外在奖励，而不促进学生真正意义上的参与，或者无法满足学生潜在的动机需求所带来的挑战。我们可以把这个例子推广到企业界，这对于考虑使用游戏化来提高员工人工智能素养的组织很有价值；在这种情况下，员工相当于学生，而经理 / 主管则相当于老师，他们必须激励员工完成培训并使用学习资源。此类项目应经过深思熟虑，以激发员工真正的兴趣并提供有意义的奖励，确保员工能够获得人工智能知识，并积极应用它，从而培养一种持续学习和创新的文化。

该文讨论的另一个案例研究，围绕飞行常旅客计划在有效利用游戏化元素方面的局限性展开。虽然这些计划旨在通过诸如航段里程和奖励里程等方式，来维持客户忠诚度，但它们通常无法为大多数参与者提供真正吸引人或有趣的体验。

赚取有意义奖励的门槛过高，可能会打击不常坐飞机的人的积极性。这说明了在应用游戏化方法时，想要真正提高用户参与度和忠诚度是一个挑战。从飞行常旅客计划的例子中，旨在推动客户采用人工智能的企业可以认识到整合有意义且有吸引力的游戏化元素的重要性。正如飞行常旅客计划中的高门槛会打击参与者的积极性一样，过于复杂或缺乏奖励的人工智能采用计划，也可能无法吸引用户。公司在设计其人工智能游戏化策略时，应提供明确、可实现的收益，确保由人工智能驱动的系统能够让所有人都感到有所收获且易于访问，从而促进更广泛的人群采用人工智能技术并激发他们的热情。

这些案例研究为计划部署游戏化的组织提供警示，强调要将游戏化元素有意义地集成到用户体验中，以防止用户幻想破灭，避免项目失败。

超越积分和排行榜：游戏化策略的未来

多年来，游戏化策略的发展，展示了从基本游戏机制到复杂且以叙事为主导的体验的转变。这一转变反映了更广泛的技术进步，以及对人类心理和动机不断加深的理解。在深入研究这一发展过程的同时，我们也看到了在未来，新兴技术和人工智能重新定义各个领域的游戏化体验的无限可能。

从积分、徽章到复杂叙事

如前所述，在早期，游戏化策略主要围绕简单的奖励系统，如积分、徽章和排行榜。这些元素利用了人类对成就和认可的内在渴望，使日常任务更具吸引力。

随着时间的推移，情境和故事的重要性逐渐显现。游戏化策略开始融入叙事和主题，将平凡的活动转化为更宏大叙事的一部分。这种转变凸显了情境的力量，使游戏化体验更加身临其境，对用户也更有情感吸引力。

游戏化的发展进一步吸纳了设计精良、直观且用户友好的用户体验设计，确保游戏化系统能够被更多受众接受和喜爱。

再次引用游戏化行业最早的先驱之一周郁凯的话："如果某样东西能够吸引人，是因为它能让你表达自己的创造力，让你通过掌握技能而感到成功，并给你带来更高层次的意义感，那么它就会让你感觉非常良好且充满力量。"[39]

通过人工智能实现超个性化

游戏化的未来在于实现超个性化,即人工智能算法将根据个人用户的偏好、行为和学习风格,定制游戏化体验的方方面面。人工智能将实现对挑战、奖励和叙事的动态调整,确保每个用户的旅程都具有独特的吸引力和适当的挑战性。无论是在学习方面,还是在工作效率方面,这种超个性化体验都将提高用户的参与度,并显著改善成果。

动机、沉浸式学习和培训

智能手机和社交媒体的普及,已经将游戏化融入了日常生活,实现了实时社交体验——允许用户比较成就、竞争和协作——并提升了用户参与度。

物联网技术将实体物品集成到游戏化系统,使日常活动和环境成为游戏的一部分。这为行为改变开辟了新的途径,例如,与可穿戴设备相关的健身挑战。

AR 和 VR 技术已经开始通过创造更身临其境的体验,来改变游戏化。例如,使用 VR 技术构建的游戏化学习环境,可以模拟现实生活中的培训场景,让学习者获得实践经验,而无须承担相关风险或成本。

AR 和 VR 技术通过提供高度身临其境的体验,彻底改变了游戏化学习和培训环境。想象一下,医学生在无风险的游戏化 VR 环境中进行复杂的手术,历史系学生通过 AR 模拟探索古代文明。这些身临其境的体验将使学习更高效、更难忘,提供了传统方法无法比拟的实践和探索经验。

由区块链助力的游戏化

将区块链技术与游戏化相结合,引入了更高的透明度、安全性,提高了用户授权水平。区块链技术可以构建安全、防篡改的系统,用于跟踪成就和管理数字奖励,甚至可能允许用户在不同的游戏化平台之间转移奖励。此外,区块链技术还能促进创建去中心化的游戏化生态系统,让用户对自己的数据和贡献拥有更多控制权。

由人工智能驱动的个性化

将人工智能和机器学习算法整合到游戏化系统,有望开创自适应学习、预测分析和动态内容生成的新时代,它们将共同把用户体验提升到前所未有的水平。这些先进技术使游戏化系统能够精准调整用户互动,实时适应个人学习风格、进度和偏好。这种个性化可确保每个用户的参与效果最大化,从而创造高度定制化的教育之旅。

此外，人工智能能够分析大量有关用户行为和偏好的数据集，对未来的互动进行预测建模，从而定制挑战和奖励，维持用户的积极性和参与度。

除了个性化和预测分析，人工智能还擅长生成动态内容，能根据用户的操作创造出无数多样化的挑战和叙事。这使得游戏化体验能够始终维持其新鲜感和吸引力，通过不断向用户展示新颖且贴合需求的内容，确保用户的长期参与。

总之，这些功能意味着游戏化系统与用户交互方式的变革性转变，它们提供了一个深度个性化、引人入胜且不断发展的学习环境。

其他考量

虽然游戏化与人工智能的融合，为提高用户参与度和实现个性化提供了大有可为的途径，但应对与之相关的挑战，对于游戏化可持续且符合道德规范的发展仍然至关重要。通过优先考虑道德和实际问题、数据隐私和安全性，谨慎平衡外部激励因素的使用，并致力于确保可访问性和包容性，开发者和从业者可以充分发挥这种强大协同作用的潜力。

道德和实际考量

随着人工智能与游戏化的集成程度加深，道德因素和以用户为中心的设计原则，也变得越来越重要。合乎道德规范的人工智能实践，对于维系信任和确保游戏化在用户生活中的积极作用至关重要。

此外，游戏化在影响用户行为方面的有效性也凸显了一项道德层面的责任：需要在激励性设计与对用户自主性的尊重之间，进行细致的平衡。这就需要精心设计游戏化策略，使其既能激励和吸引用户，又不使用操纵性手段，以维持用户决策过程的完整性。

数据隐私和安全

游戏化人工智能系统之所以能提供如此吸引人的个性化体验，在很大程度上依赖于收集和分析大量用户数据。这引起了人们对数据隐私和安全的密切关注。用户将从个人偏好到行为模式等敏感信息委托给这些系统，并假定他们的数据会受到保护。然而，数据泄露或未经授权的使用，仍然是一个紧迫的问题。确保采取强有力的数据保护措施和采用透明的数据处理方法，对于维护用户信任和遵守日益严格的数据保护法规至关重要。

过度依赖技术

另一个挑战是过度依赖技术的可能性，这反而可能破坏游戏化原本试图提高的积极性。虽然游戏化和由人工智能驱动的系统本就旨在通过提高任务的吸引力来激励用户，但用户可能会过度依赖外部奖励和反馈，从而削弱其内在动力。这种过度依赖可能会导致一种情况，即在缺乏游戏化元素或奖励的情况下，用户对任务本身的兴趣和参与度降低。游戏化策略要想取得长期成功，就必须平衡激励设计，确保它将作为内在动机的补充，而不是取而代之。

无障碍和包容性

此外，确保游戏化人工智能系统的无障碍使用和包容性，也是一项重大挑战。这些系统必须满足不同用户群体的需求，即使他们的技术熟练程度、身体和认知能力，以及获取技术的途径各不相同。这就要求进行精心设计，在过程中考虑到各种需求和偏好，包括打造适用于残障人士的用户界面，并确保游戏化应用程序在低端设备和互联网连接有限的地区也能使用。要防止现有数字鸿沟扩大，并确保游戏化和人工智能能够普遍实现其益处，达到这种程度的无障碍使用和包容性水平至关重要。

这些考虑因素共同构成了设计负责任且有影响力的游戏化策略的基础，它们优先考虑用户福祉，同时利用个性化参与的力量。

在人工智能时代，游戏、玩耍和乐趣体现了人类元素，并在我们与人工智能的合作伙伴关系中弘扬了人类精神。机器和算法无法复制人类固有的创造力和个性。人类思维的"游乐场"代表了我们人类的一切，并与这个新的人工智能世界息息相关。游戏可以向我们提出挑战；玩耍解放了我们的精神，让我们可以在低风险的情况下进行实验；而乐趣则让我们充满活力，全身心地投入其中，从而确保即使在推广这种令人生畏的全新人工智能技术时，我们仍能立足于快乐和无尽的好奇心，而这正是人类独有的特征。这些元素提醒我们，人类每一次进步的核心，都源于人类渴望探索未知世界的好奇心和游戏精神。通过游戏，我们学习了创造、勤劳、韧性、适应等精神并认识到人类的价值。这确保我们与人工智能并肩作战的旅程，不仅关乎效率和逻辑，更关乎想象力、创造力和无尽奇迹。对于人类与机器而言——合作比单打独斗更好。

游戏化的未来是光明的。人工智能的不断整合，预示着一个既令人兴奋又充满创新的游戏化新时代。

第 17 章
人工智能时代的卓越领导力

衡量一个人的最终尺度，不是看他在顺顺当当的时候待在哪儿，而是看他在受到非难和争议的时候如何应对。

—— 马丁·路德·金

现今的客户服务和支持领域的领导者正身处自身革命的最前沿，将带领自己的组织进入人工智能这片未知领域。这一转变与历史上的其他技术变革相似，例如，工业革命时期从手工生产向机械化生产的转变，以及数字革命时期从模拟技术向数字技术的转变。在每一个这样的关键时刻都需要领导者具有高瞻远瞩的领导力、拥抱未知的意愿、对组织成员的关怀和同理心，以及坚定地应对突破性变革所带来的挑战的决心。同样，客户服务和支持领域的人工智能革命，也为当今的领导者提供了一个独一无二的机会，使他们可以利用人工智能重新定义卓越服务、提高运营效率并为客户创造前所未有的价值，从而谱写企业历史的新篇章。正如过去的变革先驱者们所证明的那样，成功地驾驭这场变革，需要领导者同时具有远见、勇气和创新精神。

然而，与以往的革命不同，人工智能革命的特点，在于它史无前例的发展速度，以及对人们生活产生的普遍影响。人工智能技术的发展速度，以及融入我们商业和生活各个方面的速度，正在呈指数级增长。昨天的尖端技术，明天可能就过时了。人们要想保持技术的领先地位，就必须持续学习、做出改变并对未来具有前瞻性。

这种快速的转变，要求客户服务和支持领域的领导者具备敏捷性、前瞻性以及持续学习和适应的意愿。从本质上讲，人工智能革命不仅仅意味着采用一项新技术，更意味着一种拥抱变化并持续变革的心态。

在本章中，我们将开始一段非常个性化的旅程，这段旅程将揭示领导者在整合人工智能以塑造组织未来的过程中，所起到的关键作用。在前几章中，我们已经了解了愿景和战略等变革的基本要素，而现在，是时候去探索这个新时代所要求的领导力范式的深刻转变了。领导者必须勇于挑战现状、突破边界，并赋予团队力量，让团队在面对不确定性时能够进行创新性和自适应性的思考。本章将帮助你在这段旅程中收获满满。

人工智能时代的领导力

在人工智能时代，领导力既呈现出显著不同的新维度，也面临着全新挑战。人工智能技术的快速发展，不仅要求领导者精通业务和技术，还要求他们高瞻远瞩、道德高尚并具有适应能力。这些领导者必须在利用人工智能获得竞争优势，与确保其使用符合社会价值观和组织道德之间取得平衡。让我们深入研究人工智能时代至关重要的领导力特质和相关考量因素，对这个变革时代的领导力的意义展开发人深省的探讨。

高瞻远瞩的领导者

在人工智能的背景下，高瞻远瞩的领导者可以预见，人工智能技术对其组织乃至整个社会的潜在影响及其带来的机遇。他们擅长想象未来情景，在这些情景中，人工智能将增强人类的能力、改变各行各业，并解决复杂的社会问题。他们通过描绘一幅令人信服的未来图景，来激励他们的团队和利益相关者。在他们描绘的图景中，人工智能和人类智能将相互促进，从而带来前所未有的创新和进步。

假设有这样一位领导者，他构想了一个由人工智能驱动的客户服务系统，该系统能够预测并实时响应客户需求，甚至在客户发现问题之前就能提供解决方案。那么这位领导者就不是在被动应对技术趋势，而是在积极塑造一个让技术与客户建立更深入、更有意义连接的未来。

领导者在推动成功采用人工智能方面起到了至关重要的作用。高瞻远瞩的领导者，必须能够清晰且极具说服力地阐明，人工智能如何提升服务交付、简化运营流程和创造客户价值。他们必须倡导人工智能技术的采用，保障必要的资源，并培养一种拥抱创新和变革的组织文化。

让我们深入探究一下在采用人工智能时，培育创新文化、营造创新蓬勃发展且持续学习备受重视的环境的必要性。对于人工智能的整合而言，处理伴随着这一过程的固有风险并不是重点，创新才是。你必须营造一种鼓励创新、冒险且不怕失败的氛围，以应对这些挑战。对某些人来说，这会让他们立即联想到"快速试错，迅速前进"的文化理念。这种文化在创新型和敏捷型组织中尤为盛行，科技行业和初创企业尤其。这种文化通过消除与失败相关的耻辱感，来鼓励人们冒险和创新。与其将失败视为挫折，不如将其视为一个宝贵的学习机会。从长远来看，这有助于完善组织战略并带来更好的结果。

值得注意的是，虽然"快速试错，迅速前进"的方法在某些情况下非常有效，但在安全、合规或道德考量这些至关重要的领域，可能需要采取更加谨慎且深思熟虑的方法。在此情况下，实施稳健的风险管理措施是一个很好的选择，有助于安全地识别和降低风险，例如，设立沙盒环境，让人工智能技术在部署前，能够在受控环境中进行测试和完善。

此外，对个人和团队来说，营造心理安全感和建立支持机制至关重要。这可以确保他们感到有能力承担风险，并从失败中吸取教训，而不必担心失败的后果。鼓励尝试和允许失败，对这种文化至关重要，因为它们能带来发现和改进机会。引用詹姆斯·乔伊斯的话："错误是发现的大门。"

道德管理

道德管理在人工智能时代至关重要。领导者必须确保人工智能技术在部署过程中，遵守最高道德标准，保护隐私，确保透明度，避免偏见。这就需要领导者深刻理解人工智能在道德层面的影响，并致力于以公平惠及所有社会成员的方式来发展人工智能。

想象一下，一个旨在优化客户服务路线的人工智能系统，由于历史数据模式的原因，无意中对某些人群产生了偏见。一个有道德的领导者会纠正这种偏见，并实施系统性变革以防止类似问题再次发生，从而展现出自身对公平和平等的承诺。

在人工智能整合的过程中，必须将道德考量放在首位。随着人工智能越来越多地融入客户服务和组织运营，领导者必须倡导合乎道德规范的人工智能发展。合乎道德规范的人工智能发展，涉及制定明确的指导方针以规范人工智能的使用，包括公平、透明、问责制和隐私保护等原则。实施制衡以防止偏见、保护客户数据隐私，并确保人工智能决策是可解释且有理有据的，这些因素也都在考量范围之内。

可考虑的最佳实践之一，是在组织内部成立一个人工智能道德委员会，负责审查和批准人工智能项目，以确保这些项目符合既定的道德标准和社会期望。领导者还应倡导将伦理学家和社会科学家纳入人工智能开发团队，以确保团队在开发过程中，能够考虑到多种不同的观点。

与客户和更广泛的社区群体建立信任，对于成功实施人工智能至关重要。各组织应就其对人工智能的使用进行公开对话，内容包括使用人工智能的好处和为降低风险而采取的措施。保证人工智能决策和流程的透明度，有助于在利益相关者之间建立信任，并提升他们的信心。

适应能力与持续学习

在人工智能领域中，唯一不变的就是变化本身。领导者必须展现出强大的适应能力，并愿意根据新的技术进步和社会变革调整战略。持续学习是这种适应能力的一部分，因为领导者必须随时了解人工智能的发展，及其对企业和社会的影响。这种持续学习要求领导者投入精力，以理解人工智能的基本原理及其潜在影响。主要活动包括与人工智能专家接触、参加论坛和智库，并全身心投入持续学习，以始终领先于技术趋势。

微软的萨提亚·纳德拉就是拥有这一特质的代表人物。他倡导"无所不学"（learn-it-all）的文化，而不是"无所不知"（know-it-all）的文化，同时强调在技术发展的背景下，个人成长和适应能力的重要性。"无所不学"的文化倡导持续学习、协作和谦逊的

态度，培养的是一种成长心态：鼓励个人和团队寻求新知识、承认无知并接受反馈。[1]在这种文化的指导下，错误被视为宝贵的学习机会，集体成功比个人专长更重要。相比之下，"无所不知"文化则将个人专长放在首位，抑制了协作，助长了傲慢和抵制变革的情绪。这种封闭的思想会导致发展停滞和内部冲突，阻碍创新和改变。

可以考虑的一种方法是，定期为高管和决策者开展人工智能知识普及项目，确保领导团队能够就人工智能投资和计划做出明智的决策。

协作思维

人工智能的复杂性极其广泛影响，要求领导者促进跨学科、跨行业和跨国界的合作。其中的关键是，打破组织内部的孤岛并寻求合作伙伴关系和联盟，以加快创新和合乎道德规范的人工智能发展。这种协作思维还延伸到让不同的声音参与到人工智能的开发过程中，确保技术方案能够反映各种不同的观点和需求。

创建包括人工智能专家、伦理学家、客户服务专业人员和客户在内的跨职能团队，可以带来更全面、更创新的方法，有助于将人工智能整合到客户服务的过程中。领导者应促进跨职能协作，在人工智能计划中融入不同的视角和专业知识，确保提供全面而有效的解决方案。

勇于引领变革

在客户服务领域应用人工智能，会面临来自组织内部的阻力和习惯于传统服务模式的客户的担忧。领导者必须有勇气推动变革，做出艰难的决定，在技术进步与人文关怀之间取得平衡。

领导者要有拥抱并领导变革的勇气。而在当今这个充满活力的环境中，想要领导变革，就必须深刻理解真正推动企业生存和成功的因素。查尔斯·达尔文的一句名言很好地诠释了这一见解，反映了适应能力和反应能力的精髓。达尔文说："生存下来的物种，不是最强壮的，也不是最聪明的，而是最能适应变化的"。这一观点强调了适应能力相对于力量或智慧的重要性。从领导力角度来看，这有力地提醒我们，应对和驾驭变化的能力至关重要。能够展现这种适应能力的领导者，可以带领其组织穿越创新和转型的未知领域，确保组织在不断变化的世界中得以生存并取得成功。

这种勇气体现在对人工智能的潜在影响（例如，岗位职能的演变）保持透明，并采取积极措施，通过再培训和重新部署来化解这些问题。要将人工智能成功整合到客户服务领域，就必须得到组织各个层级的支持。领导者必须培育一种包容的文化，同时重视人工智能技术和人类员工的贡献。这包括就人工智能在组织中的作用进行清晰的沟通，制订培训计划帮助员工适应新技术，以及举办活动以庆祝人工智能整合的成功。

一项能对组织产生积极影响的文化层面的举措，是开展导师计划，让精通人工智能的员工与其他人分享自己的知识和技能，在人工智能转型的过程中培养社区意识并建立共同目标。

高情商领导

随着人工智能承担更多的认知任务，情商在领导力中的地位变得越来越重要。领导者必须在管理人工智能整合的过程中，在人性化方面表现出同理心、理解力和应变力。这包括消除人们对人工智能的恐惧和担忧，在过渡时期以同理心进行领导，以及承认人类员工在日益自动化的世界中所做的独特贡献。

为什么要拥有情商

情绪智力，通常被称为情商，指的是感知、理解和管理自己和他人情绪的能力，还包括识别和利用情绪信息来指导思想和行为的能力。[2] 将情商看作情绪智力，本质上说明了它的实用性和可测量性。情商有五个常见组成部分，包括自我意识、自我调节、动机、同理心和社交技能。高情商的人能够高效地处理充满压力的情况，比如变革。情商也是领导力的重要组成部分，它使领导者能够有效地沟通，为组织定下正确的基调，并理解自己的决策会如何影响他人。

一个鼓舞人心的领导力故事

20 世纪末，凯瑟琳·格雷厄姆和《华盛顿邮报》（*The Washington Post*）的故事，展现了技术转型期间堪称典范的领导力。[3] 这一时期对报业而言是一个重大转折点：报纸出版从传统的手工打字排版流程，过渡到了数字出版系统。凯瑟琳·格雷厄姆在这一变革时代所展现的领导力改变了《华盛顿邮报》，并为整个行业开创了先例。

20 世纪 80 年代初，在凯瑟琳·格雷厄姆的领导下，《华盛顿邮报》面临着向数字化生产流程转型的巨大挑战。此举旨在提高效率，并同时提高报纸的新闻质量。这一转型涉及大量的资金投入、员工再培训和对整个生产流程的全面改革。这些风险受到了公司内部和整个行业的质疑。

在此期间，格雷厄姆展现出了极具远见卓识的领导力。她很早就认识到，整合计算机技术既关系到运营效率，也是确保报纸未来影响力和竞争力的战略需要。在转型过程中，她展现出了诸多关键的领导力特质：清晰地认识到数字技术给《华盛顿邮报》和报业带来的变革潜力；

拥抱变革，以实现组织的成长和可持续发展；在做出艰难决定（比如对新技术进行大规模的财务投资）时，表现出非凡的勇气；以及适应新技术的杰出能力。她深知，在数字时代，领导力的关键在于对创新和变革秉持开放态度。

在凯瑟琳·格雷厄姆的领导下，《华盛顿邮报》成功实现了数字化转型，巩固了其作为领先的全国性报纸的地位，彰显了高瞻远瞩的领导者在引领技术变革方面的力量。本案例研究为面临人工智能革命的客户服务领域的领导者，提供了一个鼓舞人心的范例，凸显了远见、勇气、适应能力、包容心和合乎道德规范的领导力，在指导组织度过转型期方面的重要性。

领导者可以定期举办公开论坛，让员工表达他们对人工智能的想法和担忧。这一举措能够提供一个开展移情对话和协作解决问题的平台，使领导者得以在行动中展示自己的高情商。

客户服务和支持领域的人工智能革命，要求领导者不仅要有前瞻性思维、精通技术和业务，还要坚定地致力于遵守道德原则、提升包容性以及增进员工和社会的福祉。这些领导者将以清晰的愿景、道德指南针和对人文因素坚定不移的关注，应对人工智能整合过程中的复杂情况。通过展现这些特质，领导者可以利用人工智能的变革力量，推动组织取得成功，并为实现技术与人类深度融合、造福更多人的未来做出贡献。这段旅程复杂且充满挑战，但对成功驾驭它的领导者来说，从中获得的个人和职业回报都是无穷的。

转型之旅

将人工智能整合到你的业务中需要更深入地了解变革过程的各个方面。因此，让我们对此进行层层剖析，为领导者踏上这一开创性旅程提供更详尽的蓝图。

作为领导者，认识到人工智能的变革潜力仅仅是个开始。真正的挑战在于设想如何利用这些能力，推动业务增长并为增进社会福祉做出贡献。这需要对你所在的组织在利用人工智能的过程中所扮演的角色提出探究性问题，同时，你也要随时做好准备，能够回答这些问题。

指南针：周密规划你的愿景

你对人工智能集成的愿景应该既包含了远大抱负，又可付诸行动。它应该概述你的人工智能计划的预期成果，以及指导相关举措的价值观和原则。这意味着要考虑人工智能技术在道德层面的影响，例如，偏见、隐私和岗位替代，并承诺在人工智能实践中始终保持透明度、问责制和包容性。

为了构建一个具有吸引力的愿景，请与组织内外的利益相关者进行交流，包括员工、客户、社区领袖甚至批评者。这些对话可以为了解人们对人工智能的希望、恐惧和期待，提供有价值的见解，从而为制定更加细致入微、更具包容性的愿景提供依据。

以下是一些你可以考虑的能够促进利益相关者参与的策略和方法，这些策略和方法能帮助提升他们的参与度，以及收集多样化且有意义的见解。

- **圆桌讨论和研讨会**：组织互动会议，能让来自企业不同领域的利益相关者、客户和社区领袖，分享他们对人工智能的看法。你可以利用这些会议来探讨问题、机遇和道德方面的考虑。你也可以利用设计思维等创造性方法推动研讨会，与利益相关者共同制订解决方案，并探寻符合组织价值观和利益相关者需求的人工智能潜在应用场景。
- **调查和反馈机制**：开展有针对性的调查，以定量和定性数据的形式，收集利益相关者对在客户服务领域使用人工智能的看法。这些调查可针对不同群体（如员工、客户、行业专家）进行定制，以获取各种各样的见解。此外，建立持续的反馈机制，例如，设置数字意见箱或开设专门的人工智能创新论坛，以不断收集利益相关者的意见，并将其纳入你的人工智能战略。
- **利益相关者咨询委员会**：建立一个具有广泛视角的咨询委员会，包括伦理学家、技术专家、客户代表和来自各部门的员工。该咨询委员会被用于监督人工智能技术的部署过程是否符合道德规范、评估人工智能计划的潜在偏见或道德困境，以及为公司的人工智能愿景奠定基石，并可在上述方面发挥关键作用。该咨询委员会的指导对于塑造符合公司价值观的愿景不可或缺，并能预测和解决人工智能整合过程中的复杂问题。它确保了路线图既有远大抱负，又深深根植于合乎道德规范的实践。

通过运用这些策略，你可以切实促进利益相关者的参与，确保你在客户服务和支持领域的人工智能愿景既充满抱负，又以整个利益相关者社区的实际见解和集体智慧为基础。这种协作方式丰富了你的人工智能愿景，并为其成功实施奠定了坚实的基础，确保你的愿景能满足所有相关人员的需求，同时呼应了其价值观和道德考量。

地图：精准绘制你的路线

在人工智能领域规划你的实施路线，涉及短期胜利与长期目标的战略融合。首先要确定人工智能能够产生立竿见影效果的领域，例如，将常规任务自动化以提高效率，或者使用由人工智能驱动的分析技术以深入洞察客户行为。这些能够快速成功的项目，可以证明人工智能对你组织的价值，并为推进更宏大的项目造势。同时，也要致力于为长期转型奠定基础。

- 投资支持人工智能计划所需的基础设施，例如，数据存储和计算资源。
- 建立治理框架，确保以合乎道德规范的方式使用人工智能。
- 培育创新文化，鼓励实验，将失败视为学习机会。

团队：用心组建团队

在人工智能时代，打造团队不是单纯的技术人才招聘。我们需要创建的是一个涵盖多学科领域的团队，它能展现出各种各样的观点和技术技能。其中应包括能够弥合技术和业务间差距的人才，例如，产品经理和业务分析师，以及能够把控人工智能所产生的巨大影响的伦理学、法学和社会科学专家。未来的客户服务需要跨学科的人才合作，包括传统的支持工程师、软件工程师、伦理学家、数据科学家和内容创作者等。我们需要进一步推动人工智能学习，让这些模型能够直接为客户提供服务。

以下这份有助于客户服务领域人工智能愿景实现的角色清单，旨在为你构建团队提供可供参考的基础。它并非详尽无遗，也可能无法涵盖每个组织所需的所有角色。根据你的人工智能计划的具体需求、规模和范围，可能还需要添加额外的角色；此外，以下列出的某些角色可能并不适用你的组织。重要的是，要根据你公司的具体目标，以及你计划在客户服务领域使用人工智能应对的具体挑战，来调整团队组成。本角色清单可以作为你团队计划的起点，但也请你认真思考，将人工智能愿景有效付诸实践所需的各种专业知识和观点，并依此组建一支跨学科团队，让每个成员都能贡献独特技能和深刻见解，推动人工智能愿景的成功实现。

- **人工智能战略家**：他们领导组织中人工智能整合的愿景，确保愿景与业务目标和利益相关者的价值观保持一致。他们要识别可以借助人工智能提升客户服务的机会，并概述实施的战略方法。
- **数据科学家**：他们分析和解释复杂的数据，同时，开发契合客户服务需求的人工智能模型。他们在机器学习算法和预测建模方面的专业知识，对于创建能够改善客户互动体验的智能系统至关重要。

- **人工智能道德官**：他们指导团队进行道德层面的考量，确保对人工智能的应用能够尊重隐私，并且具有公平性和包容性。他们在制定防止偏见、保障客户权利的指导方针和实践方案方面，发挥着至关重要的作用。

- **软件开发人员**：他们开发人工智能技术并将其集成到现有的客户服务平台。他们负责技术开发，同时确保人工智能解决方案是可扩展的、安全的和高效的。

- **用户界面／用户体验设计师**：他们为由人工智能驱动的客户服务工具，设计简便易用的界面和用户体验。他们确保用户与人工智能进行的交互既客户友好、易于使用，又能吸引客户参与。

- **质量保证（Quality Assurance, QA）分析师**：他们测试人工智能应用程序，以确保这些应用程序符合质量标准和功能要求。他们的工作对于在部署应用程序之前识别和修复问题，并确保应用程序的可靠性和性能至关重要。

- **法律和合规性检查官**：他们确保人工智能的应用符合法律和法规的标准，特别是要符合与数据保护和消费者权益相关的法律和法规要求。他们帮助团队驾驭有关人工智能技术的复杂法律环境。

- **变革管理者**：他们推动组织内部和客户对人工智能技术的应用。他们开发培训计划并组建支持部门，以缓解员工压力，帮助他们平稳地度过变革时期，从而减少人工智能应用过程中面临的阻力，并在组织中培育一种对创新持开放态度的文化。

- **沟通专家**：他们管理着有关人工智能计划的内部和外部沟通事宜，确保了信息传递的透明性和一致性。他们是帮助变革领导者建立其与员工、客户以及利益相关者的信任和紧密联系的关键。

上述每一个角色都有助于团队形成合力，以合乎道德规范、以客户为中心的方式实施人工智能，并使其与公司的战略愿景保持一致，确保利用技术成功实现客户服务转型。

在教育和培训方面的投资，对于赋能你的团队，使之在人工智能时代蓬勃发展至关重要。这包括与大学合作、开设在线课程和举办内部研讨会，以确保你的团队了解人工智能及相关领域的最新发展。

航行：以坚韧不拔的精神引领旅程

整合人工智能的旅程，充满了从技术障碍到道德难题的各种挑战。想要应对这些挑战，领导者需要在决心、灵活性和同理心之间取得平衡。他们还要时刻准备从经验中学习，跟随人工智能发展的脚步，不断调整自己的战略。他们应当营造一个重视反馈的环境，并通过集体学习和强大的适应能力来培育自身的复原力。

请记住，衡量你的人工智能计划是否成功的标准，不仅仅是你所取得的技术进步，还有你对员工、客户和整个社会产生的积极影响。

传承：创造深远影响

当你踏上这段旅程时，请牢记你希望为后人留下的精神传承。这种传承应反映出一种承诺，即将人工智能作为一股向善的力量，用以增强人类能力（而非取而代之）、应对社会挑战以及促进可持续性和公平性。

你的传承还将由你所培育的文化定义：一种拥抱变化、重视道德考量，并为改善社会而倡导创新的文化。这是在技术发展之后，仍将长期存在的文化遗产。

将人工智能整合到客户服务和支持领域，正在改变我们的组织，重塑我们与客户互动和提供卓越服务的精髓。本章强调了一个与领导力本身同样经久不衰的真理：技术进步的核心在于高瞻远瞩的领导力精神。这是向所有敢于引领变革的人发出的邀请，请他们拥抱人工智能的无限可能，抓住摆在我们面前的巨大机遇。

我们诚挚地邀请你与我们共同迎接这一历史时刻，将其视作对你走向卓越的召唤，去重新定义客户服务和支持领域的未来。当你踏上这段激动人心的旅程时，请记住，领导力的真正精髓在于激励他人、赋予他人力量，以及满怀激情和真诚地进行领导的能力。不要只把这次机会看作一次过渡，而要将其视为一次重新定义卓越标准、与客户和团队建立更深层次的连接，以及以勇气领导并激励周围人的机会。自信地向前迈进吧，要知道，你今天开辟的道路将塑造未来多年客户服务和支持领域的新格局。

这段有关人工智能的旅途不仅仅是一次业务转型，更是对卓越领导力的呼唤。这是一个塑造未来、掌控技术走向，以展现我们对人类以及地球所怀有的至高理想的机会。让这个详述的故事成为你旅程中的灯塔，照亮通往未来的道路。在未来，人工智能和人类潜能的有机结合，将创造一个充满无限可能的世界。

第 18 章

未来工作：
引领人工智能革命

预测未来的最好方法就是创造未来。

——艾伦·凯

我们正站在新时代的开端，人工智能革命将改变我们今天所熟知的客户服务和支持领域。这一迅速逼近的现实为客户服务和支持工作带来了巨大的希望，但同时也带来了关于平衡人类直觉与机器精准度的挑战。人工智能会强化我们与客户的连接，还是会让我们与客户的互动变得不近人情？结果尚不确定。

请与我们一起，通过七种可能的情景，来探索客户服务与支持工作的未来：人工智能和人类的聪明才智将共同塑造一个更加光明、更加高效且更加深度连接的世界……当然，也可能事与愿违。我们并不知道答案，但在本章中，我们希望为你提供一些工具，来帮助你和你的团队找寻答案。未来已至，我们如何引领这场人工智能革命，将影响未来几代人的客户服务工作。

引领人工智能革命

随着人工智能的出现，未来各行各业的工作都将发生翻天覆地的变化。客户服务和支持领域可能会出现一系列变革。一方面，我们可能会看到基于人工智能的聊天机器人完全取代了人工互动；另一方面，我们也可能看到，最成功的公司依然保留着人工客户支持服务，甚至可能针对人工对话收取额外的费用。正如 Gartner 所预测的那样，我们可能会看到欧盟即将出台的类似于"与人交谈的权利"这样的法案，预计到 2028 年，欧盟可能会将此类法案作为客户服务领域消费者保护法的一部分。[1] 据我们所知，人工智能可能会变得极为先进，使人工智能客户服务成为高端客户的专属。又或者，我们也可能会看到客户服务中混合使用了所有这些方式。我们深知，人类的同理心和创造力，在人与人的交流中始终具有价值。我们也知道，正如历史上的其他技术一样，人工智能的发展将会创造今天尚不存在的新工作。

进步的织布机，故事的第二部分

让我们继续回到第 1 章中的虚构故事。

当玛丽和伊丽莎白还在思考她们的未来，以及动力织布机会对她们的生计造成的影响时，动力织布机的重要性与日俱增。这项新技术给人们的生活带来了前所未有的变化。纺织品的生产变得更加高效，而制造商很快就意识到产量的增加可以节省大量的生产成本。丰富的选择和低廉的价格让消费者兴奋不已：他们能够购买很多衣服，而在此之前，单件衣服的价格让大多数人都望而却步。随着消费者意识到布料的图案和颜色具有装饰和实用功能，纺织品的新用途被开发了出来。

纺纱工和织布工对新机器的恐惧并非毫无根据。很明显，她们的工作不再像从前那样不可或缺了。伊丽莎白是最早意识到这一点的人之一，她认为自己肯定能适应更快的生产节奏。然而，玛丽却在思考一旦自己的工作被淘汰，她的生活会变成什么样子。玛丽下定决心，不能因此而沮丧或恐惧；她要尽自己所能去学习新机器的操作方法，并了解她的老板和消费者对机器产出物的价值评判。

每天晚上下班后，玛丽和伊丽莎白都会围绕她们应该采取什么行动来维持生计，展开充分的讨论和辩论。伊丽莎白认为，作为一名纺织工，只要能适应更快的织布速度要求，她至少还有机会继续工作。然而，玛丽面临着更紧迫的问题，因为她的工作很快就会被淘汰，她知道自己必须尽快做出抉择。

在接下来的几个月里，工厂又引进了更多的动力织布机。工人们的恐惧与日俱增，纺纱工被裁员的传言在员工中不胫而走。玛丽保持着冷静，因为她有自己的计划。在伊丽莎白的陪伴下，她开始竭尽所能地学习这些新机器的工作原理。由于这些新机器并不完美，并且随着时间的推移出现了一些问题，她逐渐成为管理层的宝贵资源。玛丽成了创新的"催化剂"，她尝试在新机器中使用多种颜色的纱线，从而推动织布工创造出新颖可爱的图案和纹理。

一段时间后，玛丽发现她不再害怕未来了，反而对变革中的各种契机感到兴奋。这种新型织布机技术有助于纺织业的发展，并带来了新的工作岗位和工作方式。在意识到了这一点之后，玛丽对自己新掌握的知识和每天的工作价值充满信心。伊丽莎白也注意到，由于动力织布机具有快速生产的能力，能够使用更多颜色的纱线，织出更多的图案和纹理，这使得她的编织操作变得更有创造力。

动力织布机帮助纺织业从家庭手工业转变为大规模制造业，并带来了更高的效率和生产力。而在此期间，玛丽和伊丽莎白则凭借她们的知识和能力实现了转型和适应。最终，那些能够随着机器的发展而学习和成长的人，推动了世界的改变。

正如西蒙·温彻斯特所说：

如果所有知识，如果所有思想的总和，只要轻触一下玻璃光盘就唾手可得，那么这预示着什么？如果电子计算机正在迅速发展，变得比最强大的人类大脑还要强大和能干，那么，有史以来一直受益于人类智慧的主要受益者——人类社会，可能会走向何方？如果我们的大脑——确切地说，是我们自己，因为我们的大脑是我们永恒的本质——不再需要知识，因为计算机为我们代劳了一切，那么人类智慧还有什么用呢？一场存在主义的知识危机迫在眉睫：如果机器可以替我们获取所有知识，替我们进行思考，那么，我们存在的意义又是什么呢？[2]

本章是一场思想实验，可以用来帮助你为未知的未来做好准备。

德尔斐神谕

在古希腊、古波斯、古埃及和古罗马，对未来不确定的居民会通过祈求神谕，来获得对未来的预言。最著名的可能是希腊的德尔斐神谕（the Oracle Delphi），它由太阳神阿波罗的信使、女祭司皮提亚负责解释。[3]

人们会前往德尔斐神庙寻求她的指引，她在那里举行仪式，与阿波罗对话。据说，当皮提亚进入精神恍惚状态并与神对话时，她会对所有在场的人做出裁决。公元 393 年左右，罗马皇帝狄奥多西下令关闭所有异教圣地，德尔斐神庙也随之关闭。[4]

然而，想象一下，要是古希腊或古罗马的某个人看到我们与 ChatGPT 的互动，大概也会感到难以置信。这就引发了一些有趣的联想，就像是在通往德尔斐神庙的道路上，筹备提示工程一样！

我们确实有能力单独一人或与他人一起进行思想实验，以仔细思量在本章所提及的可能的未来（或其他未提及的未来）中，哪一种将在我们的组织发挥作用，以及作为领导者，我们如何才能为所有可能的未来做好准备。

从祈求德尔斐神谕以寻求指引的古老习俗中汲取灵感，我们会发现在当今时代，自己正处于充满不确定性和可能性的十字路口。通过开展思想实验，我们将踏上探索摆在组织面前的多种可能的未来的旅程。我们将用智慧武装自己，以驾驭等待着我们的挑战和机遇。

德尔斐神谕被当作连接神与凡人的通道，它所提供的洞察影响着当时的环境和个体的未来发展。与之类似，人工智能利用人类广博的知识和人造的计算能力，照亮我们前进的道路，引导我们穿越人工智能新时代错综复杂的迷雾。想象一下，古人在前往德尔斐神庙的途中，捡到一部装有 ChatGPT 应用程序的手机，他们会如何比较祈求神谕和咨询 ChatGPT 所获得的两种不同感受？这真是一件有趣的事。

思想实验的考量

当组织领导者利用思想实验评估可能的未来时，有几个问题需要考量。正如詹姆斯·罗伯特·布朗和费希格·伊夫塔赫所描述的那样："思想实验本质上是一种想象力手段。它有多种用途，如娱乐、教育、概念分析、探索、假设、理论选择、理论实践等。它在某些领域中的使用，比在其他领域中的使用更具有争议，但很少有人会反对那些用来说明复杂事态的思想实验，或者那些在教育场景中使用的思想实验。"[5]

思想实验是哲学、物理学和其他学科的重要工具，它允许个人和组织通过想象推理，而不是使用经验主义的方法，来探索假设、理论和原理。在进行思想实验时，有一些重要的考量因素，以确保实验的有效性和相关性。以下是其中最重要的四项考量。

- **清晰定义起始假设**：思想实验的起始假设或前提，必须被定义清晰。假设含糊不清，会导致不明确或误导性的结论。即使这些前提是假设性的，在实验背景下，初始前提也必须是清晰且合理的。

- **内在一致性**：思想实验中的情景和逻辑，必须与其内在保持一致。这意味着实验得出的结论应该从逻辑上遵循前提，而不是与它相互矛盾；在推导过程中引入初始设定和前提中没有考虑的外部因素，也是不可取的。想要保证思想实验的有效性，并使其结论被认真对待，维持内在一致性至关重要。

  电车难题就是一个很好的例子。[6]一辆电车正急速驶向五个人，而他们将会因此死亡。你站在控制电车方向的拉杆旁边。如果你拉动控制杆，电车就会转向另一个只有一个人的区域。你有以下两个选择。

  - 什么都不做，电车将会撞死那五个人。
  - 拉动控制杆，电车将转向那个只会撞死一个人的区域。

  思想实验通过确保每项行动的后果，都能依据前提被合乎逻辑地推导出来，而不会引入初始设定中没有考虑的矛盾或外部因素，从而保证内在一致性。构建这个两难困境，是为了探索道德原则，特别是对比主动造成伤害以挽救更多的生命，与被动地允许更多的伤害发生这两种情形各自蕴含的道德影响。

  - 如果你选择什么也不做，这与"不作为将导致电车继续沿着当前的路线行驶，从而导致五人死亡"的前提是一致的。
  - 如果你选择拉动控制杆，这与"你的行为直接导致电车改变轨道，导致一人死亡，而不是五人死亡"的前提是一致的。

  该思想实验没有引入任何可能破坏内部逻辑的外部因素，例如，提出电车可能会自己停下来，或者人们可以让开。这个情景的设计，是在有意迫使人们在一个封闭的逻辑系统中做出选择，以确保每个选择的结论（即其在道德层面的影响）都直接源自前提。

  在任何思想实验中，内在一致性都至关重要，因为它可以聚焦有关道德决策的探讨，以及作为与不作为所承载的道德权重。通过确保情景在逻辑上连贯且自洽，思想实验有助于对功利主义和伦理原则进行清晰的、有意义的洞察，而不会被不相关的考量、替代方案或矛盾混淆。这种清晰性和一致性，使思想实验在哲学探究和讨论中很有价值。

- **与当前问题的相关性**：思想实验应与要探讨的问题直接相关。它应旨在揭示具体的问题（在我们的案例中，是指人工智能在客户服务和支持领域的未来），并以易于理解的方式，提供与之相关的见解或有挑战性的假设。不相关的或不切题的思想实验作为附带的业余项目可能会很有趣，却无法促进人们对核心问题的理解。

- **简洁性和经济性**：虽然思想实验可以很复杂，但它也应尽可能地简化，避免不必要的复杂性，以便有效地传达想法或检验假设。这一原则通常与奥卡姆剃刀原理（Occam's Razor）有关。奥卡姆剃刀原理是一种解决问题的原则，它建议寻找由最少可能的元素集合所构建的解释，即在预测效果相同的相互竞争的猜想中，应选择假设最少的那个。[7]简洁性可确保思想实验重点突出，避免不相关的细节掩盖实验结论。

人工智能将如何重塑客户服务和支持

在快速发展的客户服务和支持领域，与人工智能的整合将我们置于十字路口。人工智能有可能改变我们对客户支持和互动的传统观念。它能做到人类做不到的事情，包括即时回答、全天候服务和即时情绪分析。同时，人类善于独立思考，能够迅速应对混乱的情况，并为客户提供富有同理心且真正的人与人之间的关怀。在探索客户服务领域未来的过程中，我们为你提供了七种可供参考的可能方案，每种方案都实现了技术与人性化的独特融合，旨在将客户体验提升到前所未有的水平。从能够处理 100% 的客户互动的人工智能驱动模型，到平衡了技术效率与具有无可替代性的人类同理心的混合方法，在这些设想的未来世界中，客户服务不仅是组织的一项服务职能，还是组织为客户量身打造的个性化之旅。

无论是通过打造基于人工智能的客户代言，还是依靠专业人工智能教练的崛起，抑或是借助由人工智能驱动并辅以人工支持的高端体验，这些情景都在引领我们去想象一个并不遥远的未来。在那里，技术与人类协作，并创造出更有意义、更高效且更个性化的客户互动。当我们站在所有这些变革可能性的边缘时，我们同时也正在见证充满活力的客户服务的转变，以及对客户连接和客户满意度本质的全新构想。这个未知的未来既令人感到艰辛，又充满无限自由的可能！

在客户服务和支持领域引领人工智能革命，就好比在技术进步、人类能力、情感和创造力交织的未知水域中规划航向。在我们思考人类共同的未来时，人工智能与客户服务的融合显然已经超越了"是否（融入）"或"何时（融入）"的问题，而是关于"如何（融入）"的问题，即如何以正确的方式做到这一点。在现阶段，我们并不知道答案。以下内容概述的可能的未来图景（可能还有我们没有考虑到的其他情况），让我们得以窥探这样一个世界：人工智能与人类能力互不竞争，而是在合作和伙伴关系中相辅相成，创造出既高效又富有同情心的客户服务体验。人类与机器协作的效果，永远优于单独使用任何一方。

此外，受德尔斐神谕启发的思想实验提醒着我们，对未来的前瞻性和准备工作非常重要。鉴于这些可能的未来，我们能够制定灵活且具有强大适应力的战略，以确保我们的组织在面对人工智能新世界带给我们的变革时，不是被动反应，而是主动积极地应对。这种方法将使我们在人工智能革命进程中生存并有机会谋求进一步发展，创造一个技术与人类和谐共处的未来，将客户服务体验提升到新的高度。

像电车问题这样的思想实验是一种发人深省、富有想象力的工具，可以帮助我们处理复杂的道德困境，这彰显了它在教育和概念分析领域的实用性。电车问题，尤其促使我们在一个严格定义的情境中，权衡作为与不作为所产生的后果，以促使我们在道德层面进行深刻的思辨。当把奥卡姆剃刀原理（即最简单的解决方案优于更复杂的解决方案）应用于电车问题时，人们会主张去选择假设最少的解决方案，也就是说，人们会选择导致最少死亡人数的行动方案，尽管这种解决方案在道德层面的简单性还存在哲学争议。然而，奥卡姆剃刀原理的应用并没有降低该问题中道德和伦理考量的复杂性，它只不过是指导人们选择了直接后果较小的方案，而该方案在道德上未必是正确的。因此，电车问题能够作为探索理论伦理框架的工具，而且凸显出将奥卡姆剃刀原理等原则应用于微妙的人类价值观和道德判断时存在的局限性。

在你思考客户服务和支持领域的未来时，考虑这些历史和哲学范例非常重要。本章的目标是启迪你去思考并通盘考虑你所在组织可能的未来图景，以及你将如何达成未来的目标。

成功引领这场人工智能革命的关键，在于我们的适应能力和创新能力。在认识到人工智能改变行业的潜力，并找到应用其技能的新方法的同时，我们还必须将人工智能作为一种能够改变我们的客户服务和支持领域的新工具。通过关注人工智能和人类客服的独特优势，我们能够创造一种混合模型：它既利用了人工智能的高效性和可扩展性，又同时保留了人类客服所独有的、能够促进真正客户连接和信任的不可替代的人情味。我们的奇妙旅程才刚刚开始，人类和机器将携手合作，以一种双方单独行动都无法实现的新方式，为其他人——我们的客户——提供服务。这是一段激动人心且令人感到惶惑的变革时期，但作为客户服务和支持领域的领导者，你正处于这一变革的最前沿，你可以引领这场变革，为客户提供更好的服务。

这是人工智能和人类智慧交融的新时代的曙光；我们正身处改变客户服务和支持领域，以及重新认识人机合作本质的大变局之中。这段旅程虽然充满风险和不确定性，但也蕴含着未来的希望：在未来，技术将增强我们人类的力量，使我们能够提供更个性化、更高效且更具同理心、同情心和理解力的客户服务体验。当我们航行在这片未知水域时，让我们秉持创新精神，拥抱人工智能带来的无限可能性，将其视为我们的合作伙伴，共同丰富人际联系方式。让我们共同开辟一条更加光明、更具包容性的未来之路，使每一次互动都成为人类温情与技术实力协同作用的见证。在这个未来，人工智能不会取代人情味，反而会将其升华和增强，从而创造一个让每一位客户都能感到被看见、被倾听、被重视的世界。这不仅是客户服务的未来，也是在日益数字化的世界中，我们相互连接、相互理解和相互关爱的未来新范式。

> 我们可以相信，过去的一切都只是序幕，所有的现在和过去不过是黎明的微光。我们可以相信，人类头脑中所创造的一切，不过是觉醒前的梦境。
>
> ——H·G. 威尔斯

未来图景 1：纯人工智能的客户服务模式

在第一种可能的未来图景中，我们将进入这样一个世界：人工智能聊天机器人和虚拟助手已经发展得足够成熟，能够处理所有行业 100% 的客户服务互动。这些人工智能系统由先进的机器学习算法支持，能够理解并高度准确地回应各种客户通过语音、文本以及视频表达的情绪和问题。公司已经接受了这种模式，因为它具有成本效益，能够提供全天候客户支持，而且不受人工工作时间、人力资源问题、日程安排和人工薪酬的限制。然而，这种转变导致客户服务部门的员工大量失业，前员工需要在日益自动化的组织结构中寻找新的角色。在享受即时响应和问题解决的同时，也有些客户怀念只有人际互动才能提供的个性化关怀和细致入微的理解。自动取款机在银行业的应用，就是一个很贴切的例子。

未来图景 2：混合服务模式中的优质人工支持

在第二种未来图景中，大多数客户服务互动都是由人工智能管理的，但公司会为客户提供与人工客服通话的选择，并收取一定的费用。这种模式迎合了重视人类同理心和人际互动的客户的需求，特别适用于那些需要深入理解和高情商的复杂问题。如果我们进一步扩展一下上文自动取款机的比喻，这就相当于银行开设了配备一名出纳员的小型"精品"分行。在第二种未来图景中，人工客服在特定领域接受过培训并拥有高超的技能，这使他们成为提供解决方案和建议的专家，因此提升了客户服务专业人员的地位和形象。这种方法不仅保留了就业机会，还提高了客户服务质量，为高端客户支持服务开辟了新的市场。混合服务模式成功地平衡了技术效率和人际互动所具有的不可替代的价值。

未来图景 3：人工智能与人类角色的共同发展

在第三种可能的未来图景中，人工智能和人类客服将成为合作伙伴，由人工智能处理客户的日常咨询，而由人类客服人员处理复杂或敏感的问题。这种人工智能与人类共同发展的方式，会带来客户服务领域的新角色需求，他们的工作侧重于对人工智能的监督、开展培训以及进行情感/情绪智能分析，从而确保人工智能系统不断从人类互动中学习和改进。对于将要担任这些新角色的人员，我们需要提供不断改进的教育和培训计划，着重培养其批判性思维、同理心和技术技能，以帮助他们做好准备。由此，这种用于增强人工智能和机器学习的内容创建类角色开始成长和发展。采用这种模式的公司，也能因致力于在日益数字化的世界中保持人性化服务而备受赞誉，从而培养客户忠诚度。这展现了积极乐观的未来图景，即技术与人类相互促进，创造出更有意义的工作，并改善整体的客户体验。我们的理念是，实现人类与机器的共赢远胜于任何一方的单打独斗。

未来图景 4：个性化人工智能客户服务的崛起

在第四种未来图景中，人工智能技术已经发展到能够为每位客户分配一位个性化人工智能顾问的地步。这位顾问可能是曾经帮助过这些客户的人类支持工程师的"数字双胞胎"，也可能是根据客户的产品配置、使用习惯和寻求支持的模式，专门训练出来的小规模语言模型。这些人工智能顾问可以在前所未有的程度上了解客户的个人偏好、客户服务历史和客户行为习惯，从而提供高度个性化的客户支持，把握追加销售机会并有针对性地推荐产品。这些人工智能模型可以与各种服务和平台无缝集成，成为满足所有客户服务需求的中心枢纽，并通过提高客户互动效率和根据个人偏好量身定制的服务，改善客户互动。这种方法提供的个性化水平，远非人工客服凭借其有限的记忆和寿命所能企及，显著提高了客户满意度。但是，这种深度个性化也会引起人们对隐私和数据安全的担忧，这促使我们在人工智能透明度和客户数据保护方面，制定更严格的法规和新标准。

未来图景 5：专业人工智能教练和顾问的兴起

在第五种未来图景中，客户服务领域已经发展到出现了能够与人工客服一起工作的基于人工智能的教练和顾问。这些人工智能系统的设计目的不是直接与客户互动，而是通过提供实时数据分析、建议，甚至情绪分析和情商辅导，来辅助和增强人工客服的服务能力。这种建制使人类始终处于客户服务圈内，并利用人工智能驱动的洞察力和建议，使人工客服能够更高效、更有效地处理更广泛的咨询，其中包括复杂和敏感的问题。客户服务专业人员的角色从支持客户进一步拓展到对人工智能进行管理和解释，这就需要他们掌握一套将技术专长与传统客户服务技能相结合的新技能组合。客户支持互动中大量的繁重工作，将由人工智能教练完成，而人类则提供"最后一公里"服务。在未来，人类与人工智能之间将形成共生关系，各自发挥所长，提供无与伦比的客户服务体验。

未来图景 6：为日常咨询提供人工支持而由人工智能驱动高端客户体验

在第六种未来图景中，客户服务的未来出现了意想不到的转折：人工智能已经发展到可以提供优质且高度个性化的体验的阶段，而这些体验曾经是顶级人工客服的专属工作领域。在这种情况下，人工智能系统能够处理复杂且细致入微的客户互动，包括管理高价值客户的账户和提供重要甚至是关键任务的解决方案。这些人工智能客服利用强大的机器学习能力，了解客户偏好和客户服务历史，甚至预测客户未来的需求，从而提供远远超出人类能力范围的客户服务水平。与此同时，人工客服的任务，是处理个性化要求较低的普通例行咨询和问题。这种角色逆转挑战了传统的高端客户服务理念：公司利用尖端的人工智能为客户提供奢华的体验，同时确保人工客服为更倾向于人际互动的客户提供温暖且具有同理心的服务。

未来图景 7：人工智能发展受挫，一切照旧

这第七种未来图景似乎极不可能，但如果不考虑这一图景，实验就不完整。在这种

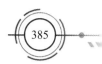

情况下，一线客户服务人员将继续执行与以往类似的任务。盛大的人工智能革命，并未对客户和支持工程师的日常生活产生任何影响。

探索七种未来图景

当我们结束对人工智能可能给客户服务和支持领域带来的七种未来图景的探索时，我们发现自己正处于一个变革性新时代的边缘。从完全的自动化到人类与人工智能错综复杂的合作关系，每种图景都为人工智能如何重塑我们的客户互动方式，提供了独特的视角。这些图景，无论是人类客服完全被取代，还是他们得以与人工智能共存和共同发展，都强调了人类在与技术同行过程中的关键时刻。这些未来图景并不仅仅是假设，它们更像蓝图，用以启发我们展开设想，并积极去设计如何将人工智能整合到我们与客户互动的基本结构中。

当我们站在这个人工智能时代的十字路口时，摆在我们面前的道路并不仅仅是假想的路线，还是潜在的现实，可能决定着在不远的将来，我们如何与客户互动，如何为我们的客户提供服务和支持。我们今天所做的选择——从我们拥抱的技术到我们所坚持的价值观——将决定未来几年客户服务领域的格局。

这是对该领域所有领导者和创新者发出的行动号召，让所有人能够为变革做好准备，并积极塑造变革。请以富有远见卓识的眼光和负责任的态度，去拥抱人工智能的潜力，确保在技术进步的同时，不会忽视作为客户服务核心的人文因素。人工智能究竟是成为人类劳动力的辅助工具，还是改变客户服务和支持角色的本质的工具，将取决于我们在引领这艘航船时所展现的智慧。

在本章结束之际，我们也邀请你一同思考这些未来：它们不是遥远的幻想，而是迫在眉睫、需要你参与并做出决策的可能。未来不只是被动发生在我们身边的事情，而是由我们创造的结果。

这是客户服务新时代的曙光，在这个时代，我们掌握着通向无限可能的钥匙。现在，是时候带着勇气和创造力向前迈进，去创造这个未来了。让我们带着清晰的愿景和坚定的决心踏上征程，将人工智能不只作为创新的工具，更作为实现真正意义上的人类进步的标志。我们可以携手打造一个科技与人类交融的未来，为所有利益相关者创造前所未有的价值。让我们迎接这一挑战，在这个连接日益紧密的世界中重新定义客户服务的意义。

第 19 章
后续工作和结束语

尽可能以最不循规蹈矩、最随性和最具想象力的原创方式，努力学习你最感兴趣的东西。

——理查德·费曼

在本书中，我们已经探索了在客户服务中与人工智能应用相关的诸多领域，这是一段相当精彩的旅程。人工智能革命已然来临，亲爱的读者，感谢你一直坚持阅读到现在。对我们所有人来说，这段旅程才刚刚开始。在本书的写作过程中，我们一直乐在其中。我们也知道，今日书中所写内容，很有可能在明天就会过时。但我们试图让这本书尽可能持续地为你带来长久的价值。

以下几条经验值得牢记。

- 取代客户服务人员工作的不是人工智能，而是真正擅长使用人工智能的人。因此，每个人都有责任学习。机会面前，人人平等。
- 人类工作的环境日新月异。如今，你还知道多少全职纺纱工和织布工？如果你已经工作了 10 年或更久，那么你的第一份工作现在还存在吗？工作中所需的技能一直在变化。
- 人工智能领域的发展速度比以往任何时候都快。对你个人和你的组织而言，最好的办法就是学习、学习、再学习。你需要随时去了解人工智能发展的最新动态，并成立一个人工智能学习小组，观看关于人工智能的在线视频，阅读学术论文，开展实验并亲自体验。
- 在引领人工智能革命的过程中，我们必须认识到，适应能力和持续学习既是有益的，也是必不可少的。人工智能技术和工作格局，正在以前所未有的速度发生变革，因此，个人和组织都必须保持敏捷。秉持终身学习的理念，同时怀揣好奇的心态，可以为你打开通往新机遇的大门，并确保你在面对变化时具备应变能力。关键在于，利用人工智能的力量来提升我们的能力，而不是将其视为对我们生计的威胁。
- 人工智能技术的普及，意味着人们获取强大技术和资源的途径比以往任何时候都更加广泛。这种便利性培育了鼓励创新和创造文化，让来自不同背景的人们都能参与到使用、开发和应用人工智能的过程中，并为客户服务领域做出贡献。这鼓舞着每一个人去塑造未来，无论他们当前的技能水平或专业能力如何。通过参与人工智能革命，我们都能够掌控人工智能，使其朝着有利于我们的客户甚至是惠及全人类的方向发展。
- 能够分享知识、最佳实践方法和经验教训的组织，将成功地利用人工智能，以负责任的方式为客户服务。
- 你有责任领导变革。创建一个强大的愿景，为你的组织绘制一幅有望成功通往未来客户服务和支持领域的路线图。

这样说可能有些主观，但事实上，由于你已经在阅读本书，这意味着你已经走在了变革的前沿。很多时候，我们会觉得自己就住在印刷机发明者约翰内斯·古腾堡的隔壁。当我们出门倒垃圾的时候，他把我们叫过去，打开他的车库门，说："嘿，看看这个，我正在研究一种叫印刷机的新东西。"这感觉就像我们如今的处境——鉴于你已经读到了这里，就等于已经看见了古腾堡的车库！你可以就此采取行动。

后续工作

在客户服务领域，这是一个激动人心的时刻。我们正乘着巨变的浪潮前行。人工智能技术正以光速发展。全世界数以亿计的人都在贡献训练数据，以建立比以往任何时候都更好的新模型。新的应用模式每天都在不断涌现——图像、声音和视频。在这个快速变革和转型的时代，我们这些服务行业的从业人员，正在开创一场由快速发展的人工智能和全球协作共同推动的客户服务革命。借助图像、声音和视频等新型人工智能渠道，我们正在打破壁垒，增强对客户的同理心，并塑造一个以技术提升每一次客户互动体验的未来，这让人们比以往任何时候都更加紧密地相连、更加相互理解。

关于人工智能技术应用在你的组织的畅想

身为领导者，你阅读本书，也许是因为好奇，也许是因为感到恐慌。但无论如何，你已然处于这个快节奏的世界，我们希望能够激发你的远大抱负。

"每一个伟大的梦想都始于梦想家。永远记住，你拥有探索星空、改变世界所需的内在力量、毅力和激情。"——这句话被误传出自哈丽特·塔布曼之口。[1]

我们引用这句误传的名言，主要出于以下几个原因。首先，它传达了一个关于"远大梦想"的信息，这对激励你非常重要。其次，它告诫我们必须谨慎对待我们所读到的内容和人工智能宣称的所谓"真实"。但最重要的是，我们想让你知道，这段旅程需要你成为一个有力量、有毅力、有激情且向着星空奋勇前进的追梦人。不管这句话是谁说的，它都是一句了不起的箴言。

人工智能技术正在以令人难以置信的速度发展，即使在今天看来不可能的事情，也可能很快就会实现。作为领导者，你必须接受这样一种理念，即在客户支持和服务领域应用人工智能，需要高瞻远瞩的思维和对创新的开放态度。人工智能技术的发展速度，意味着今天存在的局限性，明天就可能消失。作为领导者，不要只考虑人工智能的直接应用，如聊天机器人和自动回复，而要考虑人工智能通过洞察、预测分析和个性化

服务，改变客户服务体验的潜力。通过随时了解人工智能的发展，并在组织中培养勇于实验的文化，你可以让组织走在客户服务创新的前沿。从大局出发，思考如何将人工智能整合到各个接触点，以提升客户服务人员的效率和表现、提高客户满意度，并最终以前所未有的方式（包括深入了解客户需求以实现追加销售和促进客户参与）推动业务增长。

以下是爱彼迎（AirBnB）的纳巴·班纳吉在名为《我、我自己和人工智能》（*Me, Myself, and AI*）的播客节目中的一段话，谈及了拥抱人工智能的好处以及克服对其潜在危害的恐惧：

> 实际上，我对这个世界最大的期望，是人们不要那么害怕；给它（人工智能）一个机会。因为我认为，有时我们对坏事的恐惧，会阻碍我们接受好事。有太多的精力，被浪费在本应通过人工智能实现自动化的活动中——有太多的病人得不到治疗；有太多的公司可能需要帮助，需要大量的资金来支持本可由人工智能完成的基本工作；有太多的国家，可以从人工智能中获得如此多的优势。我知道，一旦人工智能落入坏人之手，就可能会被用来做坏事，但这个世界上好人比坏人多，我相信我们有能力利用我们的集体善良，让人工智能做好事。[2]

学习是做好准备的最佳途径

人工智能的发展日新月异。作为领导者，你必须抽出时间学习。在人工智能时代，对客户服务和支持领域的领导者来说，最重要的事情就是拥有持续学习的心态。知识就是力量，尤其是在瞬息万变的领域。抓住每一个学习的机会，因为保持信息灵通是有效利用人工智能并自信地领导团队的关键。

甘地说："像知道你明天就要死一样生活，像你将永远活着一样学习。"

在人工智能技术飞速发展、客户期望不断变化的今天，给领导者的指导非常明确：学习、学习、学习，不断学习。要成为一名领导者，就必须坚持不懈地致力于自我教育和提升。领导者必须深刻理解最新的行业趋势、技术进步和最佳实践方法。这种不断学习的历程，使你能够预测变化、构建创新的解决方案，并运用与技术变革保持同步的尖端战略。客户服务和支持部门的领导者可以通过培养好奇心和韧性文化，来激发团队的适应性和敏捷性。在这个飞速发展的世界里，学习能力和适应能力不仅是一种优势，也是保持与时俱进、自信且富有远见地领导变革的必要条件。

对组织中人工智能的使用和部署负责

要想在组织内部率先使用人工智能，就必须带着责任感和道德考量，认真对待人工智能的使用和部署。正如约翰·昆西·亚当斯的名言："如果你的行为鼓舞别人梦想更多、学习更多、行动更多及改变更多，你就是一位领导者。"

在应对人工智能技术带来的复杂多变的环境时，这一指导尤为重要。客户服务和支持组织的领导者，有责任确保人工智能在其组织内的使用和部署合乎道德规范，这包括制定明确的指导方针，优先考虑人工智能应用过程中的数据隐私、安全性和公平性。领导者必须倡导人工智能运营的透明度，使利益相关者能够清楚地了解人工智能的决策过程。

实施强有力的治理框架至关重要，这些框架可以监控人工智能对客户和整个社会的影响，解决潜在的偏见问题，并确保人工智能解决方案不会延续不平等或不公正。通过培养以合乎道德规范的方式使用人工智能的文化，领导者可以在客户和员工中建立信任，确保组织的人工智能计划能为社会做出积极贡献，并秉持责任和诚信方面的最高标准，帮助我们通过人类与人工智能的合作，共建美好未来。

为你的客户支持组织招纳技术人才

客户服务和支持部门的领导者要想跟上快速发展的人工智能技术的步伐，就必须为其团队吸纳多元的新型高级技术人才。聘用软件工程师和数据科学家，可以带来开发、部署和完善改变客户互动方式的人工智能模型所需的专业知识。内容创建者和知识管理专家，在整理数据和洞察信息方面发挥着关键作用，这些数据和洞察为人工智能系统提供了动力，确保系统能够为客户提供相关且准确的支持。

这种跨学科方法不仅能增强组织的创新能力和与时俱进的能力，还通过将这些专业人员与支持领域的专家安排在同一个团队中，确保人工智能的实施立足于对客户需求、技术可行性和人工智能最新进展的深刻理解，使组织始终处于卓越客户服务的最前沿。

构建人工智能团队：中心辐射型组织模式

当你在任何组织中进行人工智能研究并为其开发投入资金时，识别领域专业知识非常重要。你可能会忍不住想组建一个中心的"人工智能团队"，但对这种快速发展的技术来说，这种想法是有局限性的。诚然，中心团队可以充当枢纽，但你还需要授权各分支团队在其领域内进行实验，而不受中心团队的限制性监管，因为中心团队很难跟上创新的步伐。诗人斯坦利·维克多·帕斯卡维奇说得很好："生命之轮有许多辐条，但很少有人离开过轮毂。"

将新技术能力传播到整个组织

在将人工智能融入客户服务这一瞬息万变的环境的过程中，采用"中心辐射型"组织模式，以此为在整个组织内嵌入技术能力提供战略方法是非常重要的。这个方法的要义在于，让人们在各自的领域内创新，不要试图由一个中心团队控制一切，尤其是在面对人工智能这样快速发展的技术时。

与其将专业知识集中在一个集中化的大规模"人工智能团队"中，不如考虑将对人工智能的投资、与之相关的技能和知识分散到不同的客户支持团队中，使用一个由模型架构师和规划师组成的小型核心小组作为枢纽。这个中心枢纽将专注于总体战略、治理工作，并确保人工智能计划的一致性，而辐条——不同业务部门内的各个团队——则运用人工智能技术，应对各自领域的具体挑战和机遇。

这种分散式方法鼓励了创新、提升了敏捷性，并催生了根据每个团队的独特需求和目标量身定制的人工智能解决方案。这种方法还能培养一种持续学习和协作的文化，因为知识和最佳实践方法将在中心和辐条之间共享，员工也可以直接与领域专家互动。通过在整个组织中普及技术能力，企业可以更有效地利用人工智能来提高效率、提升客户体验并创造竞争优势。

此外，"中心辐射型"组织模式还可以确保人工智能的采用，在与企业的战略愿景保持一致的同时，具有应对技术、客户、产品，以及市场需求的快速变化所需的灵活性和专业性。这种集中监督与分散执行之间的平衡，是在当今快节奏的商业环境中，成功应对人工智能整合复杂性的关键。

了解部署人工智能对财务的影响

对于人工智能在客户服务领域的财务影响，你会听到各种各样的观点：有的人认为人工智能将节省数百万美元，而有的人则完全持否定的态度，不指望人工智能能节省一毛钱。你要做的就是要实事求是，了解你衡量人工智能集成所带来的财务影响的相关计划。在许多客户服务和支持组织中，人力成本或与员工数量相关的开支，在预算中所占比例最高。然而，员工在确保客户满意度方面，也发挥着最重要的作用。在预测财务影响时，通过战略方法进行建模和思考非常重要。

组织的领导者必须优先考虑并了解在客户服务领域部署人工智能，可能带来的财务方面的影响。这一过程要全面分析初始投资和前期成本与长期效益之间的关系，包括自动化和效率提高带来的成本节约，以及改善客户体验带来的潜在收入增长。领导者不仅要考虑与人工智能技术相关的直接成本，如开发、集成和维护，还要考虑间接成本，如员工培训、变革管理和内容开发。同样重要的是，通过 KPIs（如客户满意度评分、客户问题解决时间和服务可扩展性）来评估投资回报率。通过仔细评估这些财务影响，领导者可以做出明智的决策，使人工智能的部署与战略性业务目标保持一致，确保创新与财务责任之间的平衡。

考虑将人工智能直接与客户对接带来的风险和回报

将人工智能直接交到客户手中，需要在风险和回报之间取得微妙的平衡。一方面，人工智能可以通过提供个性化服务、即时自助支持和创新的互动模式，显著地提升客户体验，从而提高客户满意度和忠诚度；另一方面，错误答案、数据隐私问题、人工智能决策中的潜在偏见，以及非个性化的交互也会带来巨大风险，影响客户体验。领导者必须谨慎应对这些挑战，确保采取强有力的数据保护措施，并持续监控偏见、幻觉和模型漂移等问题，并兼顾在客户互动中极为重要的人性化关怀。通过考虑周全地管理客户互动的这些方面，组织可以充分发挥人工智能的潜能，彻底改变客户参与方式，同时维护客户的信任和满意度。

关注人工智能培训的内容

我们正在进入一个新世界，在这里，客户支持知识（常见于维基百科页面和支持文档）不再被视为普通内容。在客户支持领域，内容本身一直处于次要地位。而现在，随着我们进入人工智能的时代，这些内容却成了我们机器助手的"老师"。

著名计算机科学家李飞飞曾说："如果像许多人所说的那样，我们正处于下一次工业革命时期，那么人工智能肯定是其驱动力之一。"

在由人工智能驱动的客户服务时代，内容在竞争中的重要性急剧上升。由于人工智能系统严重依赖基于高质量综合数据的机器学习，因此，精心策划的培训内容对于确保这些系统准确、高效且合乎道德规范地运行至关重要。领导者必须对组织层面的专业技能进行投资，以开发丰富、多样且准确的训练数据集，以反映人工智能所依赖的真实世界场景。这一过程不仅要确保技术的准确性，还要考量文化敏感性并缓解偏见。通过优先考虑高质量的机器学习内容，组织可以增强人工智能在人工支持和决策方面的能力，确保其符合组织价值观和客户期望，并提升客户服务体验。

培育鼓励学习的文化

在这个技术变革日新月异的时代，培育一种鼓励学习的文化不仅是一种战略优势，更是生存和发展的必然要求。学习型文化通过营造一种不断演进、适应性强且随时准备迎接新挑战的工作场所文化氛围，使组织能够在持续创新的浪潮（尤其是人工智能和数字化转型领域）中坚持到底。

布鲁斯音乐家 B.B. 金说过："学习的美妙之处在于，没有人可以把它从你身上夺走"。

鼓励和奖励持续不断的教育可确保客户服务人员具有前瞻性思维、精通当前技术，并为未来的行业变革做好准备。这样的环境能促使人们对技术进步采取积极主动，而非被动应对的态度，使组织能够引领潮流并实现创新，而不是跟随市场趋势。此外，以学习为中心的文化还能吸引和留住顶尖人才，因为他们寻求的是一种支持、鼓励和歌颂成长的环境。在当今快速发展的趋势下，投资培育重视和鼓励学习的文化，对于推动创新、保持竞争优势和维持长期的组织复原力至关重要。

关注最新发展动态

随着我们进入一个机器在智能和效率方面日益超越人类能力的时代，你和你的团队必须紧跟最新的技术发展动态。人工智能和机器学习的快速发展，意味着机器不再只是工具，更是人类塑造企业和社会未来的合作伙伴。

苹果公司联合创始人史蒂夫·沃兹尼亚克说过："聪明人在哪里工作，大门就在哪里打开。"

对于领导者和组织而言，这强调了保持对行业趋势的敏锐关注，并以开放的态度尝试和适应这些创新的必要性。如果这意味着聘请一名技术助理，来帮助你缩小当前能力与未来需求之间的差距，那么这是一项值得进行的战略投资。这样的角色可以提供对新兴技术的宝贵见解，确保你的组织能够保持竞争力和创新性，并为充分利用人工智能技术的潜力做好准备。

帮助你的团队为人工智能的新未来做好准备

作为一名领导者，你站在这个变革时刻的最前沿和中心位置。未来充满了未知和机遇。它召唤我们去拥抱人工智能。让你的团队为这一旅程做好准备，为他们提供时间，让他们掌握实现蓬勃发展所需的技能、知识和心态。

诗人玛雅·安吉洛说过："如果你能发自内心地关爱他人，你就已经成功了。"

通过营造一个持续学习、不断创新且具有强复原力的环境，你可以让团队有能力应对挑战，并抓住未来的机遇。请记住，你所能留下的最宝贵财富，就是一支为未来做好充分准备的团队，他们能够充满信心且乐观地塑造未来。

密切关注政府政策、法规和人工智能相关条例

关注与人工智能相关的政府政策、法规和相关条例的最新动态非常重要。它们不是阻碍人工智能发展的障碍，而是一套指导原则，能够确保人工智能以符合道德规范、符合社会价值观且具有责任感的方式进行开发和部署。随着人工智能技术越来越多地融入我们生活的方方面面，从医疗到金融领域，相应的法律格局将持续发生变化。密切关注这些变化，对于组织应对潜在风险、把握机遇，并引领合乎道德规范的人工智能创新至关重要。积极主动地了解和适应这些法规，将保障组织的平稳运营，并使你的组织在以负责任的方式部署人工智能领域，成为领导者。

结束语

我们正处于客户服务和支持领域的人工智能革命初期，当下，对于愿意努力学习技术且富有远见的领导者的呼唤从未如此迫切。以客户为中心的领导者，正被他们的首席执行官和首席技术官拉上历史的舞台，并被要求通过部署人工智能解决方案，为企业带来前所未有的变革。在 21 世纪这个变革性时代，我们所面临的情形，与我们的祖先以及过去几代人在任何新技术出现之时所经历的一样——掌舵者有机会重新定义我们应对新变化的本质方式。对我们这些从事客户服务的人来说，这意味着令人兴奋的全新客户互动模式：利用人工智能打造不仅更高效，而且极具个性化且富有同情心的客户体验。这将为我们提供一种全新的工作范式。

> 我早就注意到，成功之人不是坐等机会来临，而是主动出击，去创造奇迹。
>
> —— 列奥纳多·达·芬奇

一切从你开始！

术语表

A

A/B test transactions　A/B 测试　A/B 测试是指，在受控实验中，向一部分用户展示软件产品或功能的两个不同版本，以此确定首选功能或产品。

accuracy metrics　准确率指标　机器学习中的准确率指标是指通过将模型预测的实际结果与数据标签进行比较，来评估模型性能的标准。

action plan generation　行动计划生成　为了在给定的时间框架或背景下实现特定的目标或目的，让模型产生一套系统化的步骤或行动计划的过程。

adaptability　适应性　随着时间的推移，从新数据和经验中学习的能力。

adversarial debiasing　对抗去偏　一种机器学习方法，通过训练分类器以准确预测结果，并同时训练对抗分类器来识别和减少分类器决策过程中的偏见。此方法有助于促进公平和减少歧视。

adversarial robustness　对抗鲁棒性　人工智能模型在面对专门用于误导或操纵其预测结果的对抗性输入时，保持其性能水平和准确率的能力。

agent satisfaction, ASAT　代理满意度　衡量客户服务代理对工作环境、工具和整体工作条件的满意度和幸福感。

agglomerative clustering　凝聚式聚类　一种自下而上的分层聚类技术。该技术最初将每个数据点都作为一个独立聚类，然后根据相似性逐步对这些聚类进行合并，持续迭代此过程，直到达到所需的聚类个数。

AI model　人工智能模型　一种借助数据集进行训练的计算机程序，它不需要持续的人为干预，就可以自主地识别出特定模式或做出决策。

algorithmic impact assessment　算法影响评估　是指对部署算法或机器学习模型给利益相关者（包括个人、社区和社会）的潜在影响和后果进行评估。该过程评估公平性、透明度、隐私保护和潜在偏见等因素，以减轻有害影响，并促进合乎道德规范的算法使用。

anglophone data **英语数据** 主要由英文数据集组成，通常用于语言分析、NLP 和其他与语言相关的任务。

anonymization **匿名化** 从数据中去除或修改个人可识别信息，用以保护个人隐私和机密的过程。这个过程同时确保了数据的可用性和完整性，使其可被用于分析或其他目的。

application programming interface, API **应用程序接口** 一组用于构建软件应用程序，并与之交互的规则和协议，它们促进不同软件组件之间的通信。

artificial intelligence, AI **人工智能** 指那些被设计用来执行通常需要人类智能才能完成的任务（例如，理解语言、识别模式、解决问题和做出决策）的机器。

auditability and accountability checks **可审计性和问责制检查** 确保人工智能系统遵守道德标准、符合监管要求和社会价值观的流程和机制。

augmented reality, AR **增强现实** 通过技术增强对现实生活场景的模拟。

authentic transactions **真实事务** 由真实的环境中的真实用户所执行的真实操作。

average handling time **平均处理时间** 一种客户服务运营中的度量标准，用于衡量解决一个客户支持案例所需的时间，测量基准是其平均值。

B

backlog size **积压量** 表示在给定时刻尚未解决的客户查询的总数。

base prompt **基础提示词** 与人工智能模型进行交互的起点，通常被嵌入在用户界面中，以统一影响所有的用户。

bilingual evaluation understudy, BLEU **双语评估替补** 通过将机器翻译与一个或多个人工创建的参考翻译进行对比，来评估机器翻译质量的指标。

blockchain **区块链** 一种安全的数字分类账本，信息以区块的形式存储，并在互联网上相互链接。信息一旦被记录仕案，就几乎无法更改，从而确保了信息的透明度和可信度。

C

caching **缓存** 将经常访问的数据副本存储在临时存储位置（例如，高速缓冲存储器），以缩短访问时间并提高系统性能的过程。

centers of excellence **卓越中心** 组织内的专门团队，专注于开发和分享某一特定领域或范畴的专业知识、最佳实践方法和创新解决方案。卓越中心是知识和卓越能力的核心，推动着组织的不断进步和创新。

central processing unit, CPU　**中央处理器**　计算机的主要组件，用于处理大多数处理任务并执行指令。它通常被称为计算机的"大脑"。

centroid-based clustering　**基于中心点的聚类**　通过将每个点分配给最近的聚类中心点，使数据点围绕聚类中心点（即聚类质心）进行聚集。

chain-of-thought　**思维链**　一连串有逻辑关系的想法或思维，它们自然地从一个流向另一个，通常构成推理或决策的基础。思维链提示词提供连续的线索或提示，以引导人工智能模型做出回应，促使它生成有条理且合乎逻辑、遵循一致的思维线索的输出。

ChatGPT　OpenAI 开发的一款由 LLMs 提供支持的人工智能聊天机器人。

chunking　**分块**　在人工智能模型开发的过程中，将大规模数据集或复杂的输入划分为更小、更易于管理的片段或"块"。

classification error rate　**分类错误率**　被错误分类的模型实例或观测数据在整个数据集中所占的比率，通常通过计算被错误分类的实例数占数据集中的总实例数的比例来得出。

Claude　**克劳德**　由 Anthropic 开发的人工智能聊天机器人，同时也是为该机器人提供动力的底层 LLMs 的名称。

client relations associate　**客户关系助理**　负责每天与客户互动、建立关系并提供服务，以帮助在客户和公司之间建立信任。

clustering　**聚类**　一种机器学习技术，用于将相似的数据点或对象归入同一聚类，同一聚类对象之间的相似度，高于不同聚类间对象的相似度，且无须预先设定标签或类别。

code coverage　**代码覆盖率**　用于衡量通过自动化测试的软件应用程序源代码的覆盖程度。它量化了已测试的代码行、语句、分支或条件的比例，揭示了测试过程的彻底性。代码覆盖率越高，表明软件中潜藏未被发现的错误或问题的可能性越低。

commingling　**混合**　当生成式人工智能模型将两个或多个内容相似的文档组合在一起时会发生的情况，这有可能导致输出的内容出现"幻觉"现象。

compliance metrics　**合规性指标**　用于衡量人工智能系统在多大程度上，遵守法律标准、道德规范和行业特定法规的指标。

compliance rates　**合规率**　衡量客户服务遵守内部政策和外部法规的程度。

concept drift　**概念漂移**　在机器学习领域，当目标变量的统计特性或变量之间的关系随时间变化时，这种现象就会出现，这就需要进行模型调整或重新训练以维持性能。

consistency　**一致性**　保证学习算法的一致性，可确保随着训练数据量的增加，算法能发

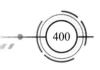

现并契合数据中真正的潜在模式或关系，从而做出更准确、更可靠的预测。

constitutional AI process　宪法人工智能过程　对人工智能系统的设计、部署和运行进行管理的框架，旨在确保其遵守预定义的道德标准和法律原则。

content delivery network, CDN　内容分发网络　一种策略性地分布在不同的地理区域的分布式服务器网络，旨在以高性能和高可靠性，向用户提供图像、视频和网页等网络内容。

content moderation classifiers　内容审核分类器　一种经过训练的机器学习模型，用以分析用户生成的内容（例如，文本、图像或视频）并将它们分类，以确定其适当性、合法性或对社区准则的遵守情况，从而使平台有效地执行内容审核策略。

content　内容　文档、网站、播客、视频或其他媒体中的数字信息。

contextual understanding　情境理解　在机器学习领域，模型在问题域的更广泛背景下，解释和理解数据的能力，包括结合相关信息进行准确的预测或决策。

continuous bag of words, CBOW　连续词袋　CBOW 模型根据目标词的上下文来预测该词。在这个模型中，人工智能的运作就像一个猜词游戏，通过同一句子中分布在该词周围的词语，推断缺失的词语，从而增强其语言理解能力。

continuous monitoring　持续监测　包括实时或定期地对系统、流程或数据进行持续观测和评估，从而检测、分析并及时应对变化、异常或事件。

corrective feedback　纠正性反馈　向个人或系统提供的信息，旨在修正错误、误解或偏离预期性能的情况。

cost per contact　每次客户接触成本　衡量每次客户交互所产生的总费用的指标。

cost-effectiveness at scale　大规模成本效益　评估与运行规模相关的财务和计算成本。

counting　计数　在 NLP 语境中，指的是计算语料库中 N-Gram 出现的频率。计算方法是，用特定 N-Gram 的出现次数，除以语料库中 N-Gram 的总数。这一指标有助于理解文本中某些词语组合的普遍程度，并用于语言建模和统计机器翻译等任务。

cross-validation method　交叉验证法　一种用于评估机器学习模型性能的统计学方法。该方法将数据集分成多个子集，在这些数据子集上训练模型，然后使用剩余数据对模型进行评估。这一过程会重复多次，期间使用不同的子集进行训练和评估，从而获得更可靠的模型性能估计值。

curation　数据管理　包括选择、组织和改进数据的系统化过程，用以提高数据质量、相关性和针对特定用途的可用性。

customer care　客户关怀　个人、团体或企业如何对待他们的客户。

customer effort score, CES　**客户努力程度得分**　用于衡量客户解决自身问题时的难易程度。

customer pain time, CPT　**客户痛苦时长**　通过衡量从问题发生或工单创建到状态更新的延迟时间，来量化客户的痛苦。它代表了客户等待响应的时长。

customer retention rate, CRR　**客户留存率**　衡量公司在特定时期内成功留住客户的成效。

customer satisfaction, CSAT　**客户满意度**　用于衡量客户对产品、服务或与公司互动的满意度的指标。通常通过调查或反馈表进行评估，即客户在调查或反馈表上对其满意度进行评分，或就其体验提供定性反馈。

customer sentiment analysis　**客户情绪分析**　分析文本数据（如客户评论、意见或社交媒体帖子），以确认文本中针对其产品、服务或品牌所表达的情绪。它通常将文本所代表的情绪分为正面、负面或中性，以领会客户的意见和态度。

customer service　**客户服务**　指公司对购买或使用其产品或服务的个人，所提供的帮助和指导。

customer service agent　**客户服务代理**　与客户进行交互以提供帮助、处理查询、解决问题或协助完成交易的人员。

customer service representative, CSR　**客户服务代表**　负责直接与客户互动，以处理和解决投诉、协助订单处理，并提供有关某一组织的产品和服务的信息的员工。

customer support　**客户支持**　公司为帮助客户解决与公司产品或服务相关的咨询、问题或疑虑，而提供的一系列服务。这些服务包括排除技术故障、回答有关产品功能的问题、提供产品使用指导，以及解决客户投诉或问题。

D

data augmentation　**数据增强**　通过改变现有样本，来增加额外训练数据以提升模型鲁棒性和性能的做法。

data fidelity　**数据保真度**　数据的准确性、可靠性和完整性，反映其与真实或预期信息的一致性，即无错误、遗漏或失真。高数据保真度表明数据与真实世界的现象高度契合，而低数据保真度则表明数据不准确或与真实信息存在出入。

days to close, DTC　**关闭天数**　衡量完成客户支持周期并结案的平均时间（以天为单位）。

days to resolve, DTR　**解决天数**　也被称为解决时间（Time to Resolution, TTR），这是一个用于量化向客户交付最终解决方案所需花费的平均时间（以天为单位）的指标。

deep learning　深度学习　机器学习的一个分支，使用多层人工神经网络（因此称为"深度"）进行学习。这些神经网络可以学习数据的分层表示，自动从原始输入中发现模式和特征。

demonstrations　示范　由人类或其他来源所提供的范例或实例，用于说明期望的行为或结果。作为学习算法的训练数据，使算法能够通过观察和模仿示范行为来学习模式、策略或政策。示范通常用于模仿学习这类旨在复制人类或专家行为的技术。

density-based clustering　基于密度的聚类　一种根据数据点的分布密度，将数据点分组为聚类的方法，密度较低的区域会将数据点密集的区域分隔开来。

direct message, DM　直接消息 / 私信　通常缩写为 DM，指在信息平台或社交媒体网络上，个体用户之间发送的私人信息，通常对其他用户不可见。

disparate impact　差异性影响　当算法或模型虽然没有明确将种族或性别等受保护特征作为输入，但系统性地导致了不同群体间的不平等结果时，就会出现差异性影响。这种偏见会对某些群体产生不利影响，可能导致歧视或不公平待遇。

distance-based clustering　基于距离的聚类　一种根据数据点之间的距离（通常使用欧几里得距离等指标），将数据点分组为聚类的方法。

divisive clustering　分裂聚类　一种自上而下的分层聚类技术，所有数据点最初都属于一个聚类。然后，根据相似性将数据集递归地分解为更小的聚类，直到每个数据点都形成其自己的聚类或满足某个停止准则为止。

E

embeddings from language models, ELMo　基于语言模型的词嵌入　一种由 LSTM 模型构建的深度语境化单词表示形式。ELMo 可捕捉单词用法的复杂特征，包括句法和语义，以及这些特征在不同语言环境中的变化。这种能力对于理解具有多重含义（一词多义）的单词特别有用。

employee engagement metrics　员工参与度指标　反映员工对其工作和组织的投入程度和满意程度。

equality of opportunity　机会平等　确保在考虑相关资格时，所有小组获得正面结果的可能性相同。它的计算涉及衡量和比较不同组间的真正率。

Erlang　爱尔朗　电信行业用于量化系统总流量负荷的计量单位。一个爱尔朗单位代表一个语音路径连续使用一小时的流量，可用于评估有效处理呼叫量所需的容量。

ethical principles　道德原则　在人工智能开发过程中，隐私保护、安全、透明、包容性和可问责性等道德原则，指导着以负责任的方式创建和应用人工智能模型。

Euclidean distance　欧几里得距离　指欧几里得空间中两点之间线段的长度，通常用于评估数据点之间的相似性。

EU AI Act　《欧盟人工智能法案》　《欧盟人工智能法案》是欧盟委员会于 2024 年 3 月通过的一项法规，旨在为欧盟范围内人工智能系统的开发、部署和使用建立一个共同的监管和法律的框架，以确保其安全、公平且符合道德标准，同时促进创新和保护基本权利。

extrinsic motivation　外在动机　指个体进行某项活动或从事某种行为的动力，该动力基于外部奖励或压力，而非活动本身的内在乐趣或满足感。这些外部因素可能包括金钱、成绩、表扬或避免负面后果。

F

F1 score　F1 分数　统计学中用来衡量二分类模型的一种指标，它兼顾了分类模型的精确率和召回率，F1 分数可以看作是对模型精确率和召回率的一种调和平均。

false negative rate　假负率　二分类问题中的假负率是指被模型错误分类为负例的正例在所有正例中所占的比例。它的计算方法是用假负例数，除以真正例数与假负例数之和。

false positive rate　假正率　二分类问题中的假正率是指被模型错误分类为正例的负例在所有负例中所占的比例。它的计算方法是用假正例数，除以真负例数与假正例数之和。

feedback analysis　反馈分析法　一种通过评估用户主观反馈和言论，来深入了解用户体验的定性评估方法。

few-shot prompting　少样本提示　指在向人工智能模型提供指令的同时，给出数量有限的示例（通常在 2~10 个之间），来引导模型生成期望的响应。

fine-tuning　微调　对人工智能模型进行微调，是指根据新数据调整预训练参数，从而提升模型针对特定任务的性能。

first contact resolution, FCR　首次联系解决率　客户服务领域使用的一种衡量指标，用以表示客户的问题是否在初次联系时就得到了解决。

first-day/week resolution, FDR/FWR　首日 / 周解决率　客户服务领域使用的一种衡量指标，分别用于衡量客户支持案例在第一天或第一周内得到解决的速度。

floating point operations per second, FLOPS　每秒浮点运算次数　一种衡量计算机性能

的指标，具体评估计算机在给定时间内执行浮点算术运算的能力。FLOPS 通常用于量化处理器、GPU 和其他硬件组件的计算能力。

flow theory　心流理论　由心理学家米哈里·契克森米哈赖于 1970 年提出，描述了一种深度沉浸和参与活动的状态，其特征是失去自我意识和对时间的感知。

formatting content　内容排版　涉及数据的排列和组织建构，旨在提高数据的清晰度和表现力，包括布局、样式和编排等要素。

Fréchet inception distance, FID　弗雷歇初始距离　用于评估人工智能模型生成的图像质量的指标。它使用预训练神经网络生成的特征空间，将生成图像的特征分布与真实图像进行比较。FID 分数越低，表示生成图像与真实图像的相似度越高，说明生成图像的质量越高，真实性和多样性越强。

front line service delivery　一线服务交付　在工作场所直接与客户或顾客互动的专业人士。这些人通常是组织与客户或公众之间的主要联系人，在树立公司形象和满足客户需求方面发挥着至关重要的作用。

G

gamification　游戏化　指在非游戏环境中使用游戏设计元素（例如，积分、排行榜和挑战），来吸引和激励人们实现目标。

gamified transactions　游戏化事务　用户在游戏机制的影响下开展的活动，通过典型的游戏元素（例如，得分、竞争或完成挑战）来鼓励用户参与。

General Data Protection Regulation, GDPR　《通用数据保护条例》　欧盟为保护欧盟（European Union, EU）和欧洲经济区（European Economic Area, EEA）内个人数据和隐私，而建立的综合法律框架。它为个人信息的收集、使用和共享制定了严格的准则。

generalizability　泛化能力　模型或理论将其所学知识或原理，应用于除初始训练集或验证集之外的未出现过的新数据或新情况的能力。模型或理论的高泛化能力，表明它能有效地在不同的环境或场景中做出准确的预测或决策，体现出其应用的鲁棒性和可靠性。泛化能力是评估机器学习模型和科学理论的性能和适用性的关键。

generative adversarial networks, GANs　生成式对抗网络　一种人工智能模型，由两个神经网络组成：生成器和鉴别器。生成器创建新的数据样本，例如，图像；而鉴别器则对这些样本进行评估，以区分真实的和虚假的数据。GANs 通过两个网络之间的竞争和协作，来学习生成与原始训练数据非常相似的真实数据。

generative AI, GenAI **生成式人工智能** 人工智能的一个子领域，利用计算机算法生成类似于人类创建内容的输出，包括文本、图像、代码等。生成式人工智能模型可以从输入的训练数据中学习模式和结构，从而生成具有类似特征的新数据。

global vectors for word representation, GloVe **词向量全局表征** 机器学习中用于获取单词向量表示的模型。虽然 GloVe 与 Word2vec 相似，但它结合了全局单词使用统计数据和本地上下文信息来增强嵌入效果，从而提供了对单词关系更全面的理解。

graphics processing unit, GPU **图形处理器** 一种专门设计的电子电路，用于快速操作和更改内存，以加速帧缓冲器中图像的生成，并将其输出到显示设备。GPU 广泛应用于计算机和游戏机，尤其擅长渲染图形密集型的应用程序，如视频游戏、多媒体内容和计算机辅助设计（Computer-Aided Design, CAD）软件。此外，由于其并行处理能力，GPU 已成为加速科学模拟、机器学习和人工智能计算的基础。

grounding **落地** 确保人工智能系统的决策或输出根植于相关且准确的数据，并得到其支持的过程，为保障其功能和可靠性奠定坚实的基础。

guest relations **客户关系** 包括管理与客户的互动、为他们提供信息和帮助，并确保他们获得积极正面的体验。

H

hallucination **（人工智能）幻觉** 人工智能模型生成错误输出或编造答案的现象，通常会产生与现实或特定任务背景不符的输出结果。

Health Insurance Portability and Accountability Act, HIPAA **《健康保险流通与责任法案》** 美国颁布的一项法律，旨在建立隐私标准，保护病人的医疗记录，以及与医疗计划、医生、医院和其他医疗服务提供者共享的其他健康信息。

help desk **服务台** 为遇到技术问题或在软件、硬件或系统相关问题上寻求帮助的用户而设立的一线支持系统。它充当一个中心联络点，用户可以在这里报告问题、提出疑问并获得指导以有效地解决问题。无论是由人工客服人员提供服务还是由自动化系统提供支持，它都能提供实时的客户帮助和支持。

hierarchical clustering **分层聚类** 一种聚类分析方法，根据数据点的相似性，递归地合并或划分数据点，以构建聚类的层次结构，最终形成树形结构，即树状图。

hierarchical Dirichlet process, HDP **层次狄雷克雷过程** 一种用于聚类的非参数贝叶斯方法，它可以创建无限多的聚类，这些聚类可以在相关的组之间共享。

hotpot QA　火锅问答　为机器学习领域的问答（Questioning-Answering, QA）任务量身定制的基准数据集。这个经过精心策划的数据集包含多个问题及其相应的答案，并对支持性事实进行了强有力的监督，旨在通过提供更多可解释的预测来提高系统性能。该数据集由卡内基梅隆大学（Carnegie Mellon University）、斯坦福大学（Stanford University）和蒙特利尔大学（Université de Montréal）的 NLP 研究团队收集。

hub-and-spoke model　中心辐射模型　组织结构中的中心辐射模型的特点，是以一个中心实体（"枢纽"）作为主要的协调或控制枢纽，而附属实体（"辐条"）则主要与中心枢纽互动，彼此之间并不直接互动。该模型通常用于简化组织沟通、决策和资源分配流程。

human-in-the-loop, HITL　人在回路　一种将人工智能的效率与人类操作员的细致理解相结合的混合参与模式，它通过集成人类的专业知识，来改进由人工智能驱动的流程。

hyper-personalization　超个性化　利用人工智能和实时数据，为个人用户和客户提供量身定制的内容、产品和服务。在游戏领域，它代表着个性化体验的未来，人工智能算法可根据个人喜好、行为和学习风格来定制游戏过程的各个方面，从而提高用户参与度和满意度。

I

inception score, IS　图像生成评价指标得分　用于评估生成式对抗网络所生成图像的质量和多样性的指标。它通过分析单个图像的质量和生成样本的多样性，来衡量网络生成逼真图像的能力。

incremental learning　增量学习　一种机器学习范式。在这种范式中，随着新数据的出现，模型会不断更新和完善，而无须从头开始重新训练整个模型。

index　索引　通常是一种用于有效检索和存储信息的数据结构，在数据库和搜索引擎中广泛使用。

industry　行业　基于其主要业务活动而相互关联或相关的公司集团，它们通常共享类似的产品、服务或细分市场。

information security management system, ISMS　信息安全管理系统　信息安全管理系统，又称信息安全管理标准，是一个结构化的框架，由一系列旨在系统地管理组织的敏感数据的政策和程序组成。其主要目标是维护数据安全标准，并最大限度地减少未经授权的访问或数据泄露的风险。

ingestion　数据摄取　人工智能背景下的数据摄取，指的是收集大量数据的过程，包括对各种来源的数据进行导入、预处理并使之加载到人工智能模型中，以进行分析、训练或推理。

innovation metrics　创新指标　创新指标用于评估人工智能模型在多大程度上，有助于开发新的解决方案或显著改进现有流程。

input metrics　输入指标　输入指标用于衡量流程开始时提供的要素或资源。与烘焙蛋糕时测量配料用量类似，它们评估了投入工作的内容的数量或特征。

intent determination　意图确定　人工智能识别和解读用户查询或互动背后的潜在目的或原因的过程。

internet of things, IoT　物联网　嵌入了传感器、软件和其他技术的互联设备网络，它使这些设备能够通过互联网收集并相互交换数据，还能与外部系统交换数据。

interpolation　插值法　一种统计方法，将不同 N-Gram（例如，单字符、双字符和三字符）的概率结合起来，从而在语言建模的特异性和通用性之间取得平衡。

intrinsic motivation　内在动机　指从事某项活动的动力源自其内在的乐趣、兴趣或满足感，而不是外部奖励或压力。受内在动机驱使的人，会认为活动本身就具有价值且能让人获得成就感。

K

key performance indicators, KPIs　关键绩效指标　一种可衡量的目标，用于评估个人或企业实现业务目标的效率。KPIs 是在一定时期内与特定目标挂钩的衡量标准。

***K*-means clustering　*K* 均值聚类**　一种无监督机器学习算法，它将未标记的数据集分成不同的聚类，并根据数据点与聚类中心（质心）的距离，将其分配到 K 个聚类中的某一个。它通过迭代优化质心的位置，使数据点与其所分配的质心之间的距离最小，从而有效地将相似的数据点分组。

knowledge retention　知识保留　人工智能模型长期保留和应用以前所学信息的能力。

knowledge transfer　知识转移　人工智能模型将先前获得的信息或专业知识，从一项任务应用到另一项任务的过程，这些任务不同但相关。

L

large language models, LLMs　大语言模型　在大量文本数据的基础上进行训练的人工智能模型，能够理解和生成类似人类的语言。例如，ChatGPT 是 LLMs 的一个实例，它利用庞大的文本语料库来进行自然语言对话。

large-scale AI models　大规模人工智能模型　大规模人工智能模型，是在庞大的数据集上训练的高级神经网络，能够高效地执行复杂的多方面任务。这些模型的特点是能够处理和分析大量数据，以高精度和高效率应对多方面的挑战。

latency　时延　在计算和网络语境下，指数据在网络上从源传输到目的地所需的时间。负载情况下的时延，是指系统、服务或网络处于满负荷运行状态，或者面临高请求量或流量时所产生的时延。

latent Dirichlet allocation, LDA　隐含狄利克雷分布　一种基于单词分布的情况，为文档分配主题的概率主题模型。它是在大量文本数据集合中，挖掘主题或话题的最常用方法之一。

Likert scale　李克特量表　一种用于评估态度、意见或看法的常用心理测量工具。它向受访者提供一系列陈述或项目，并要求他们表明对陈述或项目同意或不同意的程度，通常采用从"非常同意"到"非常不同意"的等级范围或数字评级。

long short-term memory, LSTM　长短期记忆模型　一种用于人工智能和机器学习的递归神经网络架构。其设计目的是在很长时间段内处理并记忆连续数据，在保留重要信息的同时，过滤掉无关的细节。LSTM 被广泛应用于 NLP、语音识别和时间序列预测等任务中，在这些任务中，理解上下文和捕捉长期依赖关系至关重要。

M

mean time to resolution, MTTR　平均解决时间　客户服务领域用来衡量支持人员解决客户问题，并使该案例被视为已解决所需的平均时间的指标。

meta-learning　元学习　机器学习的一个子领域，它根据过去的经验对算法进行训练，以优化算法自身的学习过程。

metric for evaluation of translation with explicit ordering, METEOR　显式排序翻译评价指标　用来评估机器翻译质量的指标，它同时考虑词汇和句法因素，通过比较机器生成的译文和参考译文之间的相似度来评估。

mixture of experts, MoE　混合专家　一种训练多个子模型的机器学习技术，每个子模型专门处理不同的数据子集，并成为"专家"。然后，使用门控机制将这些"专家"的输出结果组合起来，该门控机制可动态确定每个"专家"的输出结果与给定输入的相关性。

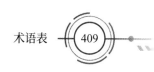

model drift **模型漂移** 也称为模型衰退，是指由于底层数据分布的变化、特征的过时或模型对其原本旨在解决的问题的代表性降低，导致模型性能随时间下降的现象。

model tuning **模型调优** 调整人工智能模型的参数，以优化其在特定任务上的性能。这可能涉及修改模型的各个方面（例如，学习率、模型架构或输入特征），以使其更好地与期望输出保持一致。

Monte Carlo tree search, MCTS **蒙特卡洛树搜索** 人工智能在游戏等复杂情况下做出决策时，所使用的一种搜索算法。它的工作原理是从当前位置出发，模拟多种可能的走法，从而识别出哪种走法能取得胜利。人工智能利用这些模拟建立了一棵决策树，并根据这些模拟游戏的结果不断更新和改进其选择。在此情况下，人工智能就能在不需要人类帮助的情况下做出更好的决策。

N

net promoter score, NPS **净推荐值** 评估客户向他人推荐公司产品或服务的意愿的指标。它也可以被看作衡量客户忠诚度和满意度的指标。它基于一个单一的调查问题，仅要求客户对向朋友或同事推荐该公司、服务或产品的可能性进行评级。客户的评分范围为 0~10 分，其中评分为 9~10 分的客户被视为"推荐者"，评分为 7~8 分的客户被视为"中立者"，而评分为 0~6 分的客户被视为"批评者"。

neural language models, NLMs **神经语言模型** 一种利用神经网络来学习和理解语言内部的语义和句法关系的高级计算模型。这些模型通过在大规模文本数据集中进行训练，捕捉单词的分布式表征及其上下文信息。

noise level **噪声水平** 数据或信号中不需要的或随机的干扰的数量。这些干扰可能使人们难以看到或理解其中包含的重要信息。减少这类噪声有助于获得更清晰、更准确的结果。

non-negative matrix factorization, NMF **非负矩阵分解** 一种用于将一个大矩阵分解成两个小矩阵的方法，其规则是这些矩阵中的所有值都不能为负。当数据天然不存在负值时，这种技术尤其有用，例如，在图像处理（像素亮度总是正值）或文本分析（单词或特征的计数也始终为正）领域。NMF 有助于揭示此类数据中的模式和组成部分。

O

objectives and Key Results, OKRs **目标与关键成果法** 团队和个人使用的目标设定框架，用于设定可衡量结果的明确目标。

one-shot prompting　单样本提示　给予模型单个例子或指令，来指导其执行任务或学习过程。该技术用于了解模型在有限输入的基础上，执行任务或生成适当响应的能力。

optimized data protocols　优化数据协议　一种通信协议，其设计目的是通过最小化开销和最大化吞吐量，来提高网络数据传输的效率和有效性。

organization　组织　由为共同的目标而集体工作的个人所组成的实体，例如，公司、机构或协会。

output metrics　输出指标　用于衡量流程、项目以及活动的结果或成果的可量化指标。如果说输入指标衡量的是用于烘焙的原料，那么输出指标衡量的就是蛋糕的大小、卡路里以及该蛋糕在烘焙比赛中的得分。

overfitting　过拟合　机器学习过程中的一个问题，即一个模型在训练时过度拟合其训练数据，甚至包括了数据中的噪声和随机细节。因此，该模型在面对未出现过的全新数据时表现不佳，因为它只学会识别训练集中的特定模式和异常，而不能识别潜在的趋势。这使得它在根据新信息进行预测或决策时效率较低。

overjustification effect　过度理由效应　当引入外部奖赏来激励个人参与某项他本来就感兴趣的活动时，所产生的一种心理现象。当这些奖励，特别是那些被视为过度控制或破坏个人自主性的奖励，降低了个人内在动机时，就会产生这种效应。结果是，这个人对活动本身的兴趣可能会降低，转而依赖外部激励。

P

partitioning clustering　分区聚类　一种在数据分析中使用的技术，它将数据集划分为不同且不重叠的聚类。具体做法是，根据预定义的标准（例如，数据点之间的距离或相似性），将每个数据点精确分配到一个聚类中。

perplexity　困惑度　通过量化语言模型对文本样本的预测效果，来衡量语言模型的性能。它被广泛运用在 NLP 任务中，例如，语言建模和机器翻译。困惑度越低，表示模型预测样本文本的能力越强，预测的不确定性或模糊性越低。困惑度的计算方法是对交叉熵损失进行指数运算，并按样本文本的字数进行归一化处理。

personally identifiable information, PII　个人可识别信息　可用于识别、联系或查找特定个人的各种各样的信息或数据。个人识别信息包括但不限于姓名、社会保障号码、地址、电子邮件地址或生物识别记录等。

playtest　游戏测试　一种游戏设计实践，由玩家测试游戏的早期版本，并为游戏设计师提供宝贵的反馈意见。通过迭代游戏会话，设计师可以观察玩家如何与游戏互动、识别潜在问题，并深入了解游戏的哪些方面是吸引人的、公平的和令人愉快的。通过这一过程，设计师可以完善和改进游戏机制，提升其平衡性和整体体验，确保最终产品对所有玩家都具有吸引力，并能让他们乐在其中。

proximal policy optimization, PPO　近端策略优化　机器学习领域使用的一种强化学习算法，用于训练执行决策任务的代理。它的运作需要根据试错经验，以小幅增量的方式迭代调整代理的策略，并观察由此产生的结果。这使得代理能够从自己的行动中学习，并随着时间的推移而不断改进。

precision　精度　用于评估人工智能模型在分类任务中的性能的指标。它衡量模型从所有预测实例中正确识别出相关实例的准确率。它也被定义为阳性预测的准确率。

precision-recall trade-off　精度 – 召回率权衡　描述了精度和召回率之间的反向关系，即提高一个会降低另一个。如果提高精度，就会降低召回率，反之亦然，因此你不可能同时拥有高精度和高召回率。

preference-based feedback　基于偏好的反馈　用户通过提供输入信息，来表明他们对某些项目、活动或选择的偏好，以及喜欢或不喜欢的态度。在推荐系统和交互式应用中，这种反馈通常用于个性化推荐和改善用户体验。

preprocessing　预处理　是数据准备的初始阶段，在这一阶段，要对原始数据进行转换、清理和整理，以方便对其进行分析和模型训练。

pre-trained language model　预训练语言模型　在庞大的文本数据集上经过初始训练的人工智能系统，可以理解和生成类似人类的语言。这种全面的预训练，使模型能够执行一系列与语言相关的任务（例如，翻译、摘要和对话），而无须针对特定应用进行微调。

preemptive support　抢先式支持　在客户不知情的情况下，预测并解决问题。

privacy protection metrics　隐私保护指标　用于衡量人工智能系统，在管理和保护个人和敏感数据方面的有效性的指标。

proactive support　主动支持　一种公司在客户寻求帮助之前，就采取措施为其提供帮助的客户服务方法。具体包括提供客户可能会觉得有用的新产品或服务、及时处理发生的任何问题或错误，以及为确保积极的客户体验而付出额外的努力。抢先式行动是为了防止预期的威胁，而主动行动则是为了防止未来可能出现的潜在问题所采取的范围更广泛的举措。

prompt chaining　链式提示　NLP 中用于指导语言模型生成过程的一种技术。它通过按顺序应用一系列提示，让模型生成更复杂、更连贯的输出，从而提高质量。模型可以通过将提示链接起来，在上一个输入的基础上，生成更多与上下文相关的结构化回应。

prompt design　提示设计　精心构建输入提示和会话中的促进因素，以引导人工智能模型的回复达到预期结果。有效的提示设计确保了提示的清晰度，并为模型提供了上下文线索。

prompt engineering　提示工程　精心设计的精确的指令，以最大限度地提升人工智能模型的性能。它通过基于规则的提示、数据增强和提示调整，来优化针对特定任务的人工智能模型。提示工程超越了提示设计的范畴，它通过微调模型参数、增加训练数据和完善提示策略，实现各种任务和领域中模型的最佳性能。

prompt library　提示库　一组预定义且精心策划的提示或输入模板的集合，旨在与语言模型进行交互，从而使人工智能系统产生特定的回应和动作。

prompt tuning　提示调优　提示工程的一个特定组成部分，指反复调整和完善用于指导人工智能模型生成回应的输入提示的过程。这种技术包括试验不同的提示语阐述方式、结构或参数，以优化模型在特定任务或目标下的性能。

prompt　提示　为启动特定任务或交互，而向语言模型或其他人工智能系统提供的输入。它可以表现为多种形式，例如，问题、陈述或命令，并且通常被用于引导人工智能系统生成回应。

Q

quality assurance, QA　质量保障　为确保产品或服务符合特定要求和标准，而实施的系统过程。质量保障旨在防止缺陷、错误和问题，并提高客户满意度。

quality of service, QoS　服务质量　指网络或服务的整体性能，特别是从用户角度看到的性能。为了定量地衡量服务质量，需要考虑多个方面（例如，资源可用性、带宽和延迟），以满足特定的用户需求。

R

reasoning & action, ReAct　推理行动结合　将推理和行动与 LLMs 相结合的一个框架，用于为任务生成基于口语和文本的行动指令。这些指令交替出现，并通过外部观察，来进行反馈。这种方法有助于 LLMs 学习同步进行推理和行动，让它们能够先思考，再采取行动。

reactive support 被动支持 指在客户主动联系企业寻求帮助后，为其提供的协助。这种支持可通过聊天、电话和电子邮件等渠道进行。

real-world knowledge 真实世界知识 在训练数据中没有显式出现的有关外部世界的信息、见解或原则等，模型可以利用它们做出与人类直觉或认知相符的预测或决策。

recall 召回率 用于评估分类模型性能的指标，特别适用于那些以识别数据集中所有相关实例为目标的任务。它衡量的是模型正确识别出的阳性实例在所有阳性实例中所占的比例。换句话说，召回率体现了模型捕捉特定类别中所有相关实例的能力。召回率的数值越高，说明模型越有效地识别了大部分阳性实例，而召回率的数值越低，越说明模型遗漏了很多阳性实例。

recall-oriented understudy for gisting evaluation, ROUGE 基于召回率的自动摘要评估法 通过将自动文本摘要系统和机器翻译生成的摘要，与参考摘要或参考译文（通常是人工生成的）进行比较，以评价摘要质量的一套指标。

regulatory adherence scores 监管合规评分 一组用于评估人工智能系统遵守相关法律和监管标准程度的指标。

reinforcement learning 强化学习 机器学习的一个独特分支，以其能够从自己的行为和随之而来的奖励中自主学习的能力而著称。

reinforcement learning from AI feedback, RLAIF 人工智能反馈强化学习 一种将强化学习算法与来自其他人工智能模型的反馈整合在一起以实现混合学习的方法。通过利用人工智能生成的反馈，该系统增强了学习代理的决策能力。从 RLHF 过渡到 RLAIF，解决了 RLHF 中人类反馈有限的问题，从而实现了更高效、更具扩展性的学习过程。

reinforcement learning from human feedback, RLHF 人类反馈强化学习 一种强化学习代理通过学习人类直接提供的反馈信息，来提高其决策能力的方法。这种方法允许学习代理根据人类的偏好或决定来改进自己的行为，从而使行为更契合人类的价值观和期望。

relevance 相关性 用于衡量某一特征或输入变量，有助于准确预测目标变量或相关结果的程度。这一概念在模型构建和数据分析中至关重要，因为确定最具影响力的变量，可以提高预测的精准性和有效性。

resource allocation efficiency 资源配置效率 为实现预期目标或成果，而分配和利用可用资源（如时间、资金和人员等）的有效性。

resource utilization efficiency 资源利用率 用于描述可用资源（如 CPU、内存、磁盘

空间、网络带宽和人力资源)，在系统或组织内执行任务或提供服务时被有效利用的程度。它衡量了资源的分配、管理和利用程度，以实现预期的结果或目标，同时最大限度地减少浪费、闲置时间和资源利用不足的情况。

responsible AI, RAI　负责任的人工智能　以合乎道德规范、透明且负责任的方式，设计、开发和部署人工智能系统。这一概念涵盖了广泛的原则，包括公平、透明、可问责制、隐私保护、安全和包容性，以确保人工智能技术不会固守偏见、侵犯隐私或造成伤害。

retention　留存　旨在确保客户或顾客长期使用公司产品或服务，并对其感到满意的战略和实践。其目标是通过提供持续的增值支持和服务，来减少客户流失并提高客户忠诚度。

retraining　重训练　通过整合新数据来更新或改进训练模型的过程。这包括向现有模型输入更多数据，以及调整其参数或结构，以提高其性能并使其适应基础数据分布的变化。

retrieval augmentation　检索增强　使用额外的信息和上下文扩充原始查询，以提升信息或数据检索的效果，这种技术可提高搜索结果和推荐内容的准确性和相关性。

return on investment, ROI　投资回报率　是一种性能指标，用于比较创建、部署和维护特定解决方案所涉及的收益（或回报）与成本，来评估投资的效率或盈利能力。其计算方法为净利润除以投资成本，并以百分比或比率来表示。

robustness　鲁棒性　指模型在条件和数据集出现预期或意外变化的情况下，仍保持高性能和可靠性的能力。鲁棒的模型设计包括创建最小限度地受错误或干扰影响的模型，以确保模型在不同场景中都能保持一致的准确性。

S

scalability metrics　可扩展性指标　用于评估系统、应用程序或基础架构在不影响性能、可靠性和效率的情况下，处理不断增加的工作负载或需求的能力的指标。这些指标通常对吞吐量、响应时间、资源利用率和系统容量等方面进行量化，从而让人们深入了解系统在适应不断增长的用户群、数据量或计算要求方面的扩展能力。

security compliance metrics　安全合规性指标　这些指标评估了人工智能系统在面对网络威胁和漏洞时的鲁棒性。

self-consistency　自我一致性　模型或算法生成契合其所学的模式或原理且具有内在连贯性的预测或输出结果的能力，这确保了模型性能的可靠性和鲁棒性。

semi-supervised learning　半监督学习　一种机器学习方法，在训练过程中将少量有标签数据与大量无标签数据相结合。它利用有标签数据指导学习过程，同时利用无标签数据提高模型的性能和泛化性。当获取带标签的数据成本高昂或耗时较长时，该方法非常有用。

sentiment analysis　情绪分析　一种用于根据文本所表达的情绪，对文本进行分析和分类的 NLP 技术，它将情绪划归为正面、负面或中性，以了解文本中所传达的主观意见或态度。

service level agreements, SLAs　服务水平协议　服务提供商与客户之间达成的正式契约，规定了预期的服务标准，它阐述了用以衡量服务质量和性能的指标，以及如果达不到商定的服务水平时，服务提供商应采取的补救措施或需承担的处罚。

simple rating　简单评分　根据一套有限的标准，为项目或实体打分或评级的直接方法，通常用于评价、审查或评估。

Skip-Gram　跳转模型　一种用于找出与给定单词最相关词汇的无监督学习技术。它与 CBOW 的操作方式正好相反：在被给定了一个特定的单词后，Skip-Gram 会尝试预测该单词周围的单词，帮助人工智能掌握上下文和句子中单词之间的关系。

smoothing　平滑处理　在语言建模和统计学领域，平滑是指在 N-Grams 的计数中添加微小数值，以避免将零概率分配给未被发现的事件或序列。这种调整有助于模型更有效地处理数据稀疏问题，并确保所有可能的序列都有非零的发生概率，这对于做出可靠的预测至关重要，尤其是在涉及 NLP 的任务中。

statistical language model　统计语言模型　一种用于量化给定语言中单词序列出现的概率的计算模型。它使用统计学方法来分析自然语言的结构和模式，使其能够根据上下文，预测特定单词序列出现的可能性。

statistical or demographic parity　统计或人口统计学平等　在此情景下，不同种族或性别的群体有同等机会获得特定的结果，例如，被雇用或被允许参加一个项目。这一概念旨在为所有群体提供平等的代表权和机会，从而确保人口统计数据的公平性。在人工智能领域，模型的公平性取决于其在训练过程所学习数据的均等性，这强调了无偏见且具有代表性的数据集的重要性。

stratified sampling　分层抽样　一种抽样技术，它根据具体特征将人口划分为不同的子群体或层次（抽样单元）。然后从每个层次中随机抽取样本，以确保所有子群体在最终样本中都有一定比例的代表。

stress testing　压力测试　一种将系统置于极端或具有挑战性的条件下（通常超出正常运行参数），以对系统的鲁棒性、可靠性以及性能进行评估的方法。这种评估有助于找出系统中潜在的弱点或故障点，并确保系统有能力经受不利环境的考验。

subject matter experts, SMEs　领域专家　精通某一领域或主题的专家。

supervised learning　监督学习　一种使算法在有标签数据上进行训练的机器学习类型。这意味着输入数据与正确的输出是配对的，这使模型能够学习它们之间的关系。其目标是使模型能够准确预测未出现过的全新数据的输出结果。

support engineer　技术支持工程师　为客户提供与软件、硬件或其他技术产品有关的技术援助和支持的专业人员。他们的主要职责是排除故障、解决问题并提供解决方案，以确保模型的最佳性能并维持客户满意度。

synthetic transactions　合成事务　人工智能系统或模型中人为生成的交互。这些交互均由脚本精心编排，旨在模仿真实世界的场景或用户行为。人工智能领域的合成事务，通常用于在模型实际部署之前对其进行测试和验证。

T

task-switching overhead　任务切换开销　表示从一个任务或进程切换或过渡到另一个任务或进程，所需的额外时间和资源，这些额外的时间和资源将导致效率降低和计算负载增加。

telemetry　遥测　从远程或无法获取的信息源中收集数据，并将其传输到集中的位置进行监控、分析和决策。

tensor processing unit, TPU　张量处理单元　是谷歌为加速机器学习而开发的定制专用集成电路（Application-Specific Integrated Circuit, ASIC）。TPU 被设计用于高效执行张量上的矩阵运算，而张量是神经网络等机器学习算法中使用的主要数据结构。这些芯片在高速、低功耗处理方面进行了优化，因此在训练和执行大规模深度学习模型时非常有效。

the diffusion of innovations theory　创新扩散理论　一种社会科学理论，用于解释新思想、新产品或新技术如何随着时间的推移在人群中传播和被采纳，同时考虑了传播渠道、社会网络和创新本身的特点等因素的影响。该理论由埃弗雷特·罗杰斯于 1962 年提出。

thermal throttling　过热降频　CPU 或 GPU 等硬件组件采用的一种保护机制，用于降低硬件过热和潜在损坏的风险。当温度上升到可能危及这些硬件组件正常运行状态的水平时，过热降频就会启动，通过降低硬件性能降低温度。

throughput　吞吐量　系统、进程或组件在规定时间内处理特定工作量或数据的能力。它通常以单位时间内处理的单位工作量或数据量来量化，例如，每秒事务数、每分钟请求数或每秒字节数。

time to close, TTC　关闭时间　关闭时间，也被称为关闭天数（DTC），是用于衡量完成支持周期、关闭客户事件或工单所需的时间的指标（通常以天为单位）。

time to resolution, TTR　解决时间　一种客户服务指标，用于衡量从报告客户问题到问题完全解决所持续的时间。

tokenization　词元化　一种常见的分块形式，它将文本分解为语言中最小的有意义单位，即词元。这些词元通常是单词，但也可以是子词或字符，这取决于所使用的特定词元化策略。

token　词元　人工智能模型处理的最小的有意义数据单元。以下是 OpenAI 提供的一些有助于理解词元长度的经验法则。

1 个词元 ≈ 4 个英文字符，1 个词元 ≈ 3/4 个单词，100 个词元 ≈ 75 个单词；

或 1~2 个句子 ≈ 30 个词元，1 个段落 ≈ 100 个词元，1500 个单词 ≈ 2048 个词元

training data　训练数据　用于训练机器学习模型如何进行预测或分类的数据和示例集。它由"输入 – 输出"对组成，其中输入表示数据的特征或属性，输出是模型需要预测或分类的相应标签或目标值。

transfer learning, TL　迁移学习　一种机器学习技术，它将从一项任务或一个数据集中获得的知识，重新作为相关或不同任务的起始基础，而无须从头开始学习过程。

Transformer　Transformer 模型　谷歌于 2017 年推出的一种深度学习架构，该架构利用自我关注机制动态关注输入的不同部分，能够同时而非按顺序地处理数据。这类模型可以近乎实时地翻译文本和语音。这种架构能有效处理输入数据过程中的长距离依赖关系，使其在翻译、文本生成等任务中发挥巨大作用。

transparency and explainability indexes　透明度和可解释性指标　用于评估人工智能模型决策过程的清晰度和可理解性的定性评估指标。这些指标旨在衡量人类能够在多大程度上轻松理解和解释模型预测或行动背后的推理逻辑。

tree of thoughts, ToT　思维树　一种基于隐喻概念的提示技术，它描述了人类头脑中思想或概念的层次结构。就像树枝一样，思想从中心主题或概念中发散开来，创造出相互连接的认知结构网络。

two-stage combination test　两阶段组合测试　一种统计学方法，旨在通过将测试分为两个连续阶段，来降低误报风险。在第一阶段进行初步测试，以确定潜在的重要结果或

信号。然后，在第二阶段进行进一步测试，以确认或仔细审查第一阶段的发现。该方法有助于降低误报的可能性，并提高统计推断的可靠性。

U

underfitting　欠拟合　机器学习中的欠拟合，发生在模型过于简单，无法充分捕捉数据的潜在模式或结构时，这会导致模型在训练数据和未出现过的新数据上都表现不佳。欠拟合问题可以通过使用更复杂的模型、增加模型容量，或者提供更多相关特征或数据进行训练来解决。

ungrounded content　无依据内容　缺乏足够证据、验证或事实依据的信息或数据，这往往导致人们对这些数据的准确性或可靠性感到不确定或怀疑。

universal basic income, UBI　全民基本收入　一种社会福利概念，它建议为一个国家的全体公民或居民定期、无条件地发放现金。与传统的社会援助计划不同，全民基本收入与领取者的特定条件（例如，就业状况或收入水平）无关。每个人都可以领取到一笔固定的资金，以满足他们的基本需求。

unsupervised learning　无监督学习　机器学习的一种类型，这种模式下的算法在无标签数据上进行训练。系统会尝试自行从数据中学习潜在的模式和结构，该模式通常被用于聚类和关联分析，其目的是识别数据中隐藏的模式或分组。

user engagement metrics　用户参与度指标　用于衡量用户与人工智能系统交互情况的指标，包括交互的频率、持续时间和深度。

user experience optimization, UXO　用户体验优化　用于提升用户与产品、服务或系统交互时的整体体验的系统过程。它包括分析用户行为、偏好和反馈，以确定需要改进的领域，并实施设计变更，从而提升可用性、可访问性和满意度。

user retention rate　用户留存率　用于衡量在特定时间内，持续使用人工智能系统的用户比例的指标。它有助于深入了解系统留住用户，并长期维持用户兴趣和参与度的能力。

V

virtual reality, VR　虚拟现实　一种模拟逼真三维环境的沉浸式技术，可让用户如同身临其境般地与人工世界进行互动和体验。用户可以通过专门的硬件（例如，VR 头盔和控制器），实时探索和操控虚拟环境。此类活动通常具有高度的互动性和沉浸感。

W

Word2vec 由谷歌研究人员开发的一种 NLP 技术，它可根据单词在上下文中的用法和周围词语，将单词转换成数字向量。这些向量可根据单词所处的上下文，捕捉单词的含义信息，从而提高机器学习的效率，尤其是在涉及 NLU 的任务中。

Z

zero-shot prompting 零样本提示 指在没有任何示例或训练数据的情况下，向人工智能模型提供如何响应的指令。这是交给模型的一项任务，而模型并没有接受过有关该任务的明确训练。尽管缺乏具体的示例，但零样本提示仍能依赖模型的概括能力，并根据其已有的知识和训练来理解任务。

致谢

这本书见证了众人的非凡努力和精诚合作的力量。我们向所有与我们分享深刻见解、专业知识和热忱的人表示最深切的感谢。

在人工智能时代，我们正经历着前所未有的变革。我们知道，讲述我们自己故事的时机稍纵即逝。因此，我们努力确保本书能够为在现实世界中构建和部署人工智能模型，提供切实可行的步骤。虽然将人工智能集成到客户服务和支持领域有着巨大的好处，但许多其他行业也可以从中获益。

感谢邓欣博士、菲德拉·博伊诺迪里斯、穆斯塔法·沙基尔·艾哈迈德、迈克尔·菲茨杰拉德和杰森·韦姆的贡献，你们无私的知识分享，极大地帮助了这个项目。没有你们的贡献和智慧，我们很难取得这个项目的成功。

感谢执行主编洛蕾塔·耶茨和副主编肖拉夫·博斯，你们的指导让我们愿景成真。正是你们在幕后孜孜不倦地工作，这本书才能变为现实。感谢我们的开发编辑里克·库根，你敏锐的眼光和经过深思熟虑的建议使我们的表达更加精准。我们还要特别感谢我们的技术评审员邓欣博士，你让我们保持真诚，让我们不会产生"幻觉"！

我们还要感谢J.B.伍德先生，他为本书撰写前言，并发表了鼓舞人心的致辞。他不仅相信人工智能的力量及其对客户体验能产生的积极作用，还相信协作的价值，深知创新是推动我们行业进步的核心。

感谢我们的家人和朋友，没有你们的关爱和支持，这本书不会这么快面世。这是一段难忘的旅程，没有你们，我们不可能顺利走完。你们每天都激励着我们。

感谢我们的读者，当你们在自己的组织中采用人工智能模型时，我们希望这本书能为你们提供信息和帮助。尽管技术发展日新月异，但卓越领导力的基础始终如一。我们鼓励你密切关注激动人心的人工智能创新及其带来的一切！

欢迎你的反馈和意见，并期待你的回音！

贡献者

邓欣博士（Dr. Xin Deng）目前是微软的机器学习科学家。邓博士在确保这个项目的技术准确性和推进项目实施方面发挥了重要作用。她在人工智能和机器学习领域的背景，为本书形成对人工智能、机器学习和数据科学的现状和未来的观点提供了帮助。她正在利用 GPT 模型，用她的专业知识为微软 M365 Outlook Copilot 产品做积极贡献。

菲德拉·博伊诺迪里斯（Phaedra Boinodiris）目前领导着 IBM 咨询部门的可信人工智能实践工作，她是整个咨询部门人工智能道德委员会的协调人，也是 IBM 技术研究院领导团队的一员，并领导着 IBM 的可信人工智能卓越中心。她是未来世界联盟的联合创始人，也是《我们其他人的 AI》（*AI for the Rest of Us*）一书的合著者。

莫斯塔克·沙基尔·艾哈迈德（Mostaq Shakil Ahmed）在微软领导着一个覆盖 48 个国家和地区的庞大全球团队。他担任现代工作支持工程（包括 Microsoft Copilot 支持业务）的全球总经理。沙基尔撰写了许多关于软件全球化的论文，并在华盛顿大学担任同一课题的兼职讲师。

迈克尔·菲茨杰拉德（Michael Fitzqerald）是微软的财务经理。他拥有达特茅斯大学塔克商学院（Tuck School of Business at Dartmouth）的工商管理硕士学位（MBA）和塔夫茨大学弗莱彻学院（Fletcher School at Tufts University）的法律与外交文学硕士学位。

杰森·韦姆（Jason Weum）是微软 Teams、SharePoint、OneDrive、Viva 和 Office 的支持总监。他专注于通过人工智能、自助服务、主动诊断和产品改进的方法，最大限度地减少支持查询，打造无与伦比的、人工智能优先的客户支持体验。

译者简介

吴涛

东南大学计算机专业硕士，有 20 多年的软件开发、测试、产品管理以及技术研究经验，曾就职于多家世界 500 强企业，包括华为、IBM、微软、Gartner 等，担任高级产品经理、研究总监等。她从事过交换机、混合云、PaaS 数据库软件等的开发工作，以及云计算、AI 等新兴技术的研究咨询工作。

杨锦芳

西安交通大学计算机专业硕士，从业的 20 多年中，曾就职于 IBM、联想等多家世界 500 强企业，担任高级软件研发经理等。她从事过云计算数据中心基础架构、高性能计算，以及协同办公软件等的开发工作，对人工智能等领域有极大兴趣。

刘永鑫

吉林大学计算机软件与应用专业硕士，从业的 20 多年中，曾经在汤森路透（Thomson Reuters），亚马逊等多家世界 500 强企业任职，担任高级软件研发经理等。她从事过金融、互联网广告、物流、汽车等行业的软件开发工作，深入理解分布式系统、云计算、大数据等，并对新技术、新生事物非常感兴趣。其译作包括《万物皆计算：科学奇才的探索之旅》等。

芮苏英

东南大学计算机软件与应用专业硕士，从业 20 余年，曾在亚马逊、微软、IBM、小米等担任高级软件研发经理、资深工程师等。她曾从事互联网广告、物流、大数据相关领域的研发工作，业余时间喜欢写作、阅读和翻译图书。其译作包括《万物皆计算：科学奇才的探索之旅》等。